旅游心理

张树夫　主编

中国林业出版社

图书在版编目(CIP)数据

旅游心理/张树夫主编.—北京:中国林业出版社,2000.8(2011.1重印)
ISBN 978-7-5038-2665-8

Ⅰ.旅…　Ⅱ.张…　Ⅲ.旅游心理学　Ⅳ.F590

中国版本图书馆CIP数据核字(2000)第47951号

出版:中国林业出版社(100009　北京西城区刘海胡同7号)
E-mail:cfphz@qublic.bta.net.cn　电话:83223051
发行:新华书店北京发行所
印刷:北京地质印刷厂
印次:2000年9月第1版
印次:2011年1月第5次
开本:787mm×960mm　1/16
印张:25.75
字数:470千字
定价:29.80元

序

如果说20世纪的最后20年是中国旅游业的起步阶段，那么21世纪的第一个10年将是中国旅游业蓬勃发展的时期。在过去的20年里，中国旅游业完成了由外事接待型向服务产业型，由旅游资源大国向亚洲旅游大国的历史性转变。本世纪的第一个10年，或者花更多一点时间，中国旅游业将完成由亚洲旅游大国向世界旅游大国的历史性跨越，从而实现成为世界最大旅游接待地的宏伟目标。

中国是一个有着5000年悠久历史的文明古国，中华民族积淀有丰厚的旅游文化底蕴，但过去它只是作为一种文化遗产形态而存在。古代的所有旅行、旅游活动，都只具社会文化意义，较少经济的成份。20世纪二三十年代，虽然也有国际旅游，但由于战乱频繁而并未顺利成长为一种产业。最近20年来，中国的旅游却是以全新的产业化面貌出现在世人的面前。对于我们这个虽然有着悠久的旅游传统却缺少旅游产业化经验的国家而言，全国性发展旅游业真是开天辟地第一回。

首先，我们需要在旅游产业化的制度层面上和国际社会诸旅游大国接轨，否则我们将无法融入到全球大市场中去。20年来我们的旅游产业发展过程就是一部不断挣脱计划经济的桎梏，同时又努力和国际旅游市场经济制度接轨的历史。其次，我们需要在旅游产业化的物质层面上和国际接轨，即旅游产业化所必须的旅游设施应遵循国际惯例。否则我们将会遇到“书不同文、车不同轨”式的麻烦，以致拒人于千里之外。第三，我们需要一批又一批高素质的旅游从业人员，来推动中国的旅游产业。否则我们将会毁掉祖先留下的资源，失掉改革开放争得的市场。因此，在中国，旅游教育便十分自然、十分紧迫地被提上了议事日程。

一般人会认为通过高等旅游教育，培养高素质的旅游从业人员十分重要。其实，我们的各级领导干部，尤其是主抓旅游产业的领导干部；我们的国民，特别是旅游景区内的国民，都有自觉接受旅游教育的义务。《儒林外史》上说，南京城连挑大粪的人身上都有六朝烟水气。可见一个普通公民的素质如何会直接或间接影响旅游景区的对外形象，或曰旅游地形象。所以普及旅游知识，提高从业水平，惟其如此，中国丰富灿烂的旅游资源才会最大限度地得到科学维护和永续利用，中国优良的文化传统才会最大限度地走向世界并得到史无前例的弘扬。

也许有人会问：新千年伊始，旅游教育又有何新特点呢？答曰：2000年中国旅游业最大的变化是国内旅游迅猛发展，增长速度令世人惊诧。今年五一节7天假日内，全国范围接待旅游者4700万人次，旅游收入181亿美元。近5年来，全国已有24个省市将旅游业作为第三产业中的支柱产业、先导产业来发展。旅游开发规划热和国内旅游热，加上西部大开发的时代机缘，势必给旅游教育打上新的时代烙印，这就是全民旅游教育时代的来临。

奉献在您面前的这套高等院校旅游专业系列教材就是以服务全民旅游教育为宗旨的旅游知识读本。本套教材包括《旅游概论》、《旅游文化》、《旅游经济》、《旅游资源》、《旅游地理》、《旅游英语》、《旅游规划》、《旅游饭店经营》、《旅行社经营》、《旅游景区经营》、《旅游心理》、《客源地》、《旅游营销》、《旅游法规》、《旅游区划》等。

本套教材致力于贯彻科研成果应用化和教学心得理论化相结合的原则；创造意识培养和创新能力训练相结合的原则；基本学科原理和行业、产业实际相结合的原则。考虑到旅游学科边缘性强的特点，还致力于贯彻文理工管互相渗透的原则。

本套教材立足于总结学科发展轨迹这样一个高度，对本世纪人类，特别是改革开放以来中国人民在从事旅游业和旅游教育中所取得的经验和教训，进行综述性扫描，力求给读者展现一幅全景式的“画卷”。

本套教材注重大信息量和大众化风格的追求。同时，参考借鉴了欧、美国家经典教材的成功经验，并力争在编写体例上有所超越。特别是在内容安排和案例引用上避免了地方性局限，以满足全国范围内各区域、各层次的读者要求。

自然，我们也十分清楚，由于旅游学科是一个十分年轻的学科，基础理论研究尚觉薄弱，而实际操作应用又需求过旺；当然，最主要的还是我们本身水平的局限，这套教材离我们所期望的目标还有距离，离学界同仁和广大读者的要求更有差距。我们诚挚地期待着大家的批评指正。我们也将密切关注旅游产业、旅游科研和旅游教育的每一步新进展，并通过修订增补，使这套教材不断完善和充满生命力，从而为我们伟大的祖国实现世界旅游大国这一宏伟目标贡献绵薄之力，为全民旅游教育做一点基础性工作。

2000年8月于东南大学旅游研究所

前　　言

旅游心理学是一门研究旅游活动中人的心理活动及其规律的科学。它对旅游产品的生产、销售、旅游服务质量以及旅游企业经营管理水平的提高有重要的现实意义和理论意义。

本书包括五个部分，即五篇。第一篇导言，主要阐述旅游心理学的学科性质、研究对象、任务和方法；第二篇旅游者心理与行为，主要论述旅游者的旅游心理及其行为特点；第三篇社会心理与旅游，主要论述在社会因素影响下的旅游者旅游行为的反映；第四篇旅游服务心理，主要论述如何针对旅游者的心理需求，提供有针对性的个性化服务的要诀；第五篇旅游企业管理心理，主要论述在企业管理中如何强化人的管理的理论与方法。

本书的特点是：①博采众多国内外已有教材和专著的特长、精华，融合有关最新研究的成果，尽力反映新观念、新思想、新理论。②力求理论系统化，阐述透彻，大信息量，联系实际，深入浅出，实用性强。③本书各部分内容，既整合成一有机整体，又自成体系，以便读者根据需要选择使用。

本书既是高校旅游专业教材，又可作为自学考试及旅游从业人员的培训教材，也可作为相关学科研究人员的参考书。

本书由张树夫主编，负责设计大纲、审稿、定稿和最后统稿。赵宁曦、王金池、吴国英、双传学参与大纲设计讨论。各章执笔人员如下：第二章，赵宁曦、张树夫、吴继勋；第十二、十三章，赵宁曦；第六章，双传学；第七、十五章，双传学、张树夫；第八、九、十章，王金池；第十四章，王金池、张树夫；第十七、十八章，吴国英；第十九章，吴国英、张树夫；第二十一章，吕晓玲；第二十四章，李雪冬；其余各章，张树夫。喻学才教授担任主审。

旅游心理及行为研究是一个非常重要且活跃的领域，随着旅游实践的不断深入，新的思想、理论定将不断涌现、深化。鉴于编著者的学识与信息有限，本书一定存在许多不足之处，敬请专家学者和广大读者批评指正。

2000 年 8 月

目　录

第三篇 社会心理与旅游

第四篇 旅游服务心理

第五篇　旅游企业管理心理

第一篇　导　言

第一章　科学的旅游心理学

旅游心理学是一门新兴的学科，是在旅游学和心理学这两门科学的基础上产生的，是心理学一个新的分支。它已经成为旅游业管理人士和高等学校旅游系学生的必修课程。

这一章开宗明义阐明旅游、旅游者和旅游业的概念，着重论述旅游心理学的研究对象、意义、任务和研究方法。

第一节　旅游与旅游业

一、旅游的概念

旅游是“旅行”和“游览”两者相互结合的活动。两者既互相联系又互相区别，游览是旅游的目的，旅行是达到目的的手段。

长期以来，一些旅游国际组织和学者给旅游确定过多个定义。曾为世界旅游界接受的“艾斯特”定义是：“旅游是非定居者旅行和暂时居留而引起的现象和关系的总合。这些人不会导致永久居留，并且不从事赚钱活动。”这一定义是1942年由瑞士的汉泽克尔（Hunziker）和克拉普夫（Krapf）两位教授提出的，并于20世纪70年代由国际旅游科学专家联合会（International Association of Scientific Experts in Tourism）所采用。

世界旅游组织（World Tourism Organization，简称WTO）于1991年6月25日，在加拿大召开了“旅游统计国际大会”，对旅游基本概念作了新的定义：旅游是“包括人们为了休闲、商务和其他目的，离开他们惯常的环境，到某些地方去以及在某些地方停留，但连续不超过一年的活动。”

这一定义的特点是：除商务活动和其他目的外，突出了“休闲”。随着世界各国包括我国在内的经济、科学技术、文化的发展，个人经济收入及自由支配时间的增加（如不少国家实行每星期五天工作制），劳动与休闲成为人们生活不可分割的两个方面。法国社会学家杜马兹迪埃（Joffre Dumazedier）在《走向休闲的社会》一书中提出了对休闲的观点：“所谓休闲，就是用个人从工作岗位、家庭、社会义务中解脱出来的时间，为了休息，为了消遣，或为了培养与谋生无关的智能，以及为了自发地参加社会活动和自由创造力，是随心所欲活动的总称。”

对于“休闲”的理解，一般地讲，可以解释为：当一个人通过劳动干完了自己的工作，或享受法定休假日，并满足了他的基本需要之后，这个人就有了属于他自己自由支配的时间。人们对于休闲时间，可以根据其周期性和时间的长短以不同方式加以利用，或看书读报，或参加各种文体活动，或短途旅游，或集中短暂假期作异地旅游。相对来说，旅游和休闲是密不可分的，休闲时间是旅游的必要条件。没有可自由支配的休闲时间，就不可能参与旅游活动。旅游是休闲的形式和手段之一，而且是综合性、高层次的休闲活动。

旅游和休闲的区别在于，只有离开居住地到异地一定时间以上，并以观光、商贸、度假、健身、娱乐、探亲、访友、游山玩水、烧香礼佛或朝圣等为主要目的的休闲活动，才是旅游活动。到了 20 世纪 50 年代后，因大型喷气式飞机的出现、国际或一个国家内的航线四通八达，星级宾馆和餐饮业条件日益完善，新的旅游资源不断开发出来，使旅游作为休闲活动的一种形式，越来越被人们所接受。据美国佛罗里达中心大学老迪克·波普旅游研究所所长小爱德华·梅奥和商业管理学院副院长兰斯·P·贾维斯编著的《旅游心理学》一书中认为：“据估计，美国每年花费在闲暇上的钱超过 1200 亿美元。百分之六十五的美国人，每年至少有一次假日旅游，很多人还要作多次短期的假日和周末旅游。据估计，在美国国内旅游者每年花在旅游上的各项费用达 610 亿美元。到国外旅游的美国人，在国外消费超过 90 亿美元。”由于该书是 80 年代中期出版，所反映的旅游消费也是 80 年代水平，90 年代或 21 世纪，消费额度还要大得多。显而易见，旅游是一桩大买卖。据新华社圣地亚哥 9 月 27 日（1999 年）电：“世界旅游组织第十三届大会在此间开幕，世界旅游组织公布统计数字表明，1998 年全球跨国旅游者达到 6.25 亿人次，国际旅游收入达 4440 亿美元。据该组织预计，到 2020 年，全球跨国游客将达到 16 亿人次，国际旅游收入有望突破 20000 亿美元。”1999 年 12 月 2 日，世界旅游组织秘书长弗朗切斯科·弗兰贾利在法国沙莫尼开幕的“世界旅游峰会”上说：“1960 年，全球游客人数仅为 7000 万，旅游收入只有 70 亿美元；到 1998 年游客已增至 6.35 亿人，收入达到 4450 亿美元，在不到 40 年的时间里分别增加了 38 倍、60 多倍。”他预测，到 2020 年，全球游客人数将达 15 亿，旅游收入总和将达 20000 亿美元。”这两者预测虽稍有差异，但表明：二十年后，旅游业将发展成为世界第一大产业。

在国际上比较有影响的旅游概念性定义还有：

（1）旅游是人们离开其通常居住和工作的地方，短期暂时前往某地的运动和在该地逗留期间的各种活动。

(2) 美国参议院领导的一个研究小组曾提出，旅游是人们出于日常上班工作以外的任何原因，离开其居家所在的地区，到某个或某些地方旅行的行动和活动。

(3) 美国密执安大学商学院旅馆和餐饮管理系的罗伯特·麦金托什(Robert W. Mcintosh) 教授在《旅游的原理、体制和科学》一书中认为，旅游是“在吸引和接待旅游者及其他访问者的过程中，由于旅游者、旅游企业、东道国政府及其地区居民的相互作用而产生的一切现象和关系的总和”或“它是吸引旅游者、运送旅游者、向旅游者提供食宿、热情友好地满足旅游者需求的一门科学和一项专术，同时它又是一种商业”。

这些阐述旅游概念的定义,基本总结和归纳了一些国外学者的研究成果。但不足的是，有的定义亦没有揭示出旅游的本质属性，即旅游是在一定社会经济条件下发生和发展的一种社会经济活动，是受社会风气影响和制约的一种物质文化活动。

二、旅游的出现与发展

旅游活动作为在一定社会经济条件下发生和发展的一种社会现象自古有之，但古代、近代、现代的各个不同历史时期旅游的目的、内容、范围、使用交通工具（或徒步旅行）是不尽相同的。

（一）古代旅游

一般说旅游活动在古代就有，但究竟何时出现，由于世界各国、各民族的发展历史不同，对古代这一历史时期无统一时限，因而一些历史学家、旅游学专家对古代旅游出现的时间说法不一。

有人认为，世界最早的旅游活动，大约是在公元前 4000 年出现的。当时的古巴比伦王国发明了钱币、文字和车轮，人们既可以用货币也可以用货物来支付他们的交通和食宿费用,这些旅游活动是由于贸易的发展而产生的。公元前 1490 年，古埃及霍荡海贝塞女王的奔达诸国（今索马里）之行，或许是有史以来第一次以寻找安宁和观光为目的的旅游。

有人认为,上古原始社会的人类,由于生产工具简陋和生产力的低下,人类生存无时不在饥饿和自然灾难侵袭的威胁之中，在客观上既无旅行的物质基础，主观上亦无外出旅游的愿望。

当时虽因气候天灾等自然原因，或战争的威胁，人类为求生被迫进行从一个地方转移到另一个地方的迁移活动，但这不属于现今意义的旅游。人类有意识的外出旅游活动，应始于原始社会末期，并在奴隶社会时期得到了迅速的发展。但这主要不是消遣和度假活动，而是由产品或商品交换而促发的一种经济活动，是生产力和社会经济的发展推动了产品交换，从而推动了人们对旅游的需要。

有人认为，古代腓尼基人是第一批真正现代意义上的旅游者，他们从一地旅行到另一地去经商。东方的早期旅游很大程度上也是以贸易为目的的。也有其他的目的，哲学家柏拉图、亚里士多德等人访问过埃及和小亚细亚，希腊历史学家希罗多德曾于公元前四世纪到黑海地区、埃及、腓尼基和希腊等地周游。

这些观点，虽说法不一，却共同说明了旅游这一社会现象是自古有之，历史十分悠久。

纵观中外历史，有不少关于古代旅游的记载。我国早在公元前2000年，夏代太康帝从首都安邑（今山西安邑县西）带着家属到洛水北岸打猎，接连几个月。由于夏代发明了舟车，使公元前1562年～前1066年间，商代商人的足迹东北到渤海沿岸乃至朝鲜半岛，东南达今日浙江，西南达到了今日之皖鄂乃至四川，西北达到了今日之陕甘宁绥乃至远及新疆，……已经走遍了他们所知道的世界。到公元前722年～前221年的春秋战国时期，商业活动有了更大的发展，出现了许多大商人。他们负货贩运，周游天下。如郑国爱国商人弦高一次贩牛数百头去周都城洛邑，中途遇秦国军队将袭击郑国，他一面使人星夜奔告郑国王准备御敌；一面假国王之命以牛犒秦军，使敌军改攻滑国，避免了郑国国难。这期间，孔子率子路、冉有等诸弟子周游卫、宋、陈、蔡等国，在陈蔡之间受当地发兵围于野，孔子绝粮三日，而弦歌不辍。在今河南淮阳县城外西南隅，有孔子在陈绝粮处遗迹，明代建祠名“厄台”，后改名为“弦歌台”。

我国从秦代至清代（公元前221年～公元1911年），由于经济与交通不断发展，为旅游发展提供了必要的经济基础和物质条件，参加旅游的人数和范围都有重大发展。其中突出的有以秦始皇（五次巡游天下），隋炀帝和清代康熙、乾隆两帝（几次下江南）为代表的帝王巡游；有“东临碣石”的魏武帝曹操；有以唐代大诗人李白、杜甫和徐霞客为代表的文人漫游祖国名山大川；有以汉代张骞出使西域和明代郑和七下西洋为代表的公务旅游；有以玄奘西行取经、鉴真和尚赴日传经为代表的宗教旅行；有以药学家李时珍为代表的采药旅行。但是更多的仍然是历代商人（主要是行商）的经商旅行。如汉代全国出现了比战国时更多更大的商业城市，其中长安是全国中心城市，洛阳、邯郸、临淄、成都是一个大地区的中心商市，各地商人到这些商业中心买卖货物。从史书与文学作品几乎将“旅”与“商”连在一起称为“商旅”，不难推断出这一历史时期的旅行者的基本构成。另外，各朝代的对外贸易也不断发展，不仅中国商人通过丝绸之路或海路去外国进行对外贸易，各国商人也纷纷来我国长安、番禺、泉州等城市经商。

西欧封建社会时期的旅行发展情况是落后于当时的中国的。从公元5世纪罗马帝国的衰亡到16世纪中叶这段漫长时期中，西欧的旅行规模没有什么进展。1558年英国女王伊丽莎白一世继位，之后，旅行活动开始有新的发展。当时，由于医生介绍天然温泉对各种病痛有疗效，形成了赴温泉地方旅行的热潮，一直延续了两个世纪才开始向海水浴转移。除同样以商务旅行为主流外，以教育为目的旅行也开始发展，人们从一些名人经历中认识到旅游对开阔眼界的作用。这种以求知为目的的旅行在以纯消遣娱乐为动机的旅游流行前延续了好几世纪，并继续延续至今。

（二）近代旅游

就整个世界的旅游发展来说，到了19世纪初期，旅游在较多方面已开始具有今天意义的旅游特点。无疑产业革命和科技不断发展为近代旅游创造了条件。不少人的工作和生活地点逐步从农村或小城镇转移到工业城市，导致一部分人需要适时逃避节奏紧张的都市生活和拥挤嘈杂的环境压力，产生返回自由、宁静的大自然环境中去，上高山，去幽谷，赴蓝天碧海的海滨泳场，随波逐浪，或去风景优美的名胜古迹，充分享受大自然风光的追求。

1841年7月，英国人托马斯·库克（Thomas Cook）利用包租火车方式，组织了一次从莱斯特前往洛赫伯勒的、有570人参加的团体旅游；1845年，他创办了世界上第一个旅行代理业务（也可以说世界上第一个旅行社），开始提供最早的有组织的旅行服务；至1864年，经托马斯·库克组织的旅游人次已累计达100多万人。

从此，旅游不再是个人的消费活动，开始向商品化方向发展。这期间，在社会化大生产的影响下，经济发达的国家里人们的生活水平大部分在不断提高，同时拥有多余的休闲时间；加上火车、大型轮船出现，使世界各国的洲际旅游、环球旅游，从理想变为现实，旅游者不再是少数人。与此同时，世界各国出现了许多为吸引旅游者而建立的游览胜地。

1840年后，我国经历了鸦片战争的屈辱，“锁国政策”被冲破“五口通商”，全国各地商人涌向上海等大城市，上海和江浙两省人民来往更多。如“红顶商人”胡雪岩在杭州创办胡庆余堂后，派人去各地采办药材，而他也赴上海、湖州等地进行丝、茶贸易。特别是浙江省宁波商人、轮机师更是跑遍我国各省和世界多数国家，逐步形成了“宁波帮”；浙江青田人背负青田石雕到中欧各国贩卖；粤、闽两省许多人到东南亚各国寻亲、访友，其人数更是成千上万。

（三）现代旅游

现代旅游是指1945年第二次世界大战结束以来，特别是20世纪60年代以后迅速普及于世界各国的社会化大众旅游。

50多年来，促使旅游活动在世界范围内不断向新的高度发展的主要因素是：①虽然战后世界上仍不时有局部战争发生，大战没有打，小战不断，但和平环境在全世界大部分国家和地区范围内，有较长时间的持续，和平与缓和一直占据着主导地位，特别是在欧美地区更是如此。这为旅游活动的发展提供了必要的前提和保证。②50多年来世界人口迅速增加。在战后初期，世界人口仅25亿；到60年代末，已增加到36亿；1975年达到40亿；1987年7月11日，世界人口达到了50亿；1999年10月达到了60亿。尽管人口问题是人类实现社会和经济持续发展所面临的最严峻的挑战，而且当前发展中国家中有13亿人口以每人每天不足一美元的收入维持生活，但从旅游来说，世界人口增加基数成为旅游人数增长的基础。③世界经济迅速发展。经济的发展使得众多国家的人均收入，或者说众多国家居民家庭平均收入得到增加，尤其是发达国家更是如此。④高科技发展促使交通运输工具进步，空中客车式巨型飞机、高速铁路、高速公路的出现，缩短了旅行的时空距离，使得旅游者有机会在较短的时间内作长距离旅行。在旅行中的交通达到迅速、安全，旅途中尽量少花时间，真正能争取到“旅速游缓”，游览时保持旺盛精力和从容尽兴。⑤生产自动化、智能化程度提高，劳动密集型生产逐步减少，使带薪休假期增加，这样参与旅游的人不仅是中上层人士，而且已扩展到普通的劳动大众，旅游度假已经不再只是资产阶级独享。廉价团体旅游和包价旅游的不断发展和世界各国政府对旅游者来访采取支持和鼓励的措施，也推动了旅游的蓬勃发展。

1949年，中华人民共和国成立后，人民当家作主，为我国旅游事业开辟了广阔前景。不仅国内旅游逐步发展，而且随着我国对外影响的增长，开拓了国际旅游。党的十一届三中全会后，在建设具有中国特色社会主义路线和方针的指导下，在邓小平旅游经济思想指导下，1981年，国务院进一步明确我国旅游事业要走中国式的发展道路，促使我国旅游迅速发展。自1978年至1998年的二十年，我国实现了由旅游资源大国到亚洲旅游大国的历史性跨越。1978年我国入境人数只有180.9万人次，居世界第48位；旅游创汇仅2.63亿美元，居世界第41位。据统计，1998年我国的入境旅游有6437.8万人次，位居世界第6位；创汇126亿美元，世界排名为第7位；国内旅游有6.94亿人次，旅游收入达人民币2391亿元。1999年，我国入境旅游突破7279万人次，旅游创汇突破141亿美元，国内旅游收入为2831亿元人民币。

三、旅游者

在旅游活动中作为旅游者的人是主体，这是由于旅游是人的活动，是人类社会实践活动的一部分。不仅旅游本身是人的活动，而且旅游业的一切接待服务工作无一不是围绕和针对参与旅游活动的人提供的。可以这样说，没有旅游者就没有旅游活动，更不能使旅游活动成为社会现象，从而也就不会有旅游业。

那么，什么样的人才算旅游者？简单讲：可以这样认为，旅游者是出于就业和移民以外的任何原因，暂时离开常住地去异乡访问的人。这一旅游者的概念性定义，在世界各国旅游组织并不存在大的认识差异。

关于旅游者定义问题，多年来一直为一些国际权威机构所注意，从国际联盟（The League of Nations）到联合国（UN）、世界旅游组织（WTO）及至我国国家统计局，都曾为旅游者的定义问题做了大量的探讨和研究工作。1937年，国际联盟统计专家委员会曾对“外国旅游者”解释如下：外国旅游者就是离开自己的住在国，到另一个国家访问至少24小时的人。这一解释明确可列入旅游者的人员包括：①为了消遣、家庭事务及身体健康方面的目的而出国旅行的人；②为出席会议或作为公务代表而出国旅行人（包括科学、管理、外交、宗教、体育等会议或公务）；③为工商业务原因而出国旅行的人；④在海上巡游过程中前来访问的人员，即使其停留时间不足24小时，亦视为旅游者（停留时间不足24小时者应分开作为一类，必要时可不管其长居何处）。

这一解释又明确不能列为旅游者的人员包括：①抵达某国就业任职，不管是否订有合同，或者在该国从事营业活动者，均不能列为旅游者。②到国外定居者。③到国外学习，膳宿在校的学生。④凡属边境地区居民及落户定居而又越过边界去工作的人。⑤临时过境而不停留的旅行者，即使在境内时间超过24小时也不算旅游者。

1963年，联合国在罗马召开国际旅游会议，对旅游者也确定了一个定义，并建议联合国统计委员会对这个定义进行研究。这次会议出于统计工作的目的，提出采用“游客”（Visitor）这一总体概念。然后把游客划分为两类，一类是旅游者（Tourist），另一类则是短程游览者（Excursionist）。这一定义具体分别如下：“游客”指除为获得有报酬的职业以外，基于任何原因到一个不是自己常住的国家去访问的任何人。在这个定义下，“游客”包括：①“旅游者”，即：到一个国家作短期访问至少逗留24小时的游客。其旅行目的可属下列之一：消遣（包括娱乐、度假、疗养保健、学习、宗教、体育运动）；工商业务、家事、公务出使、出席会议。②“短期游览者”，即：到一个国家作短暂访问逗留不足24小时的游客（包括海上巡游旅行者）。这一定义不包括那些在法律意义上并未进入所在国的过境旅客（例如没有离开机场中转区域的航空旅客）。

1967年，联合国统计委员会召集的专家统计小组采纳了1963年罗马旅游会议对“游客”所下的定义，并建议世界各国都采用这一定义。1968年，联合国统计委员会正式通过了这个定义。同年，国际官方旅游组织联盟（IUOTO）也通过了这一定义。这一定义在将旅游（tourism）和旅行（travel）的概念同化方面明显地向前迈了一步。但是这个定义仍有其局限性，因为它主要指的是国际旅游者。

国家统计局自1978年起，开始着手进行旅游统计工作。翌年，对来我国的国际旅游者的解释作了如下规定：

旅游者是指来我国参观旅行、探亲、访友、休养、考察或从事贸易、业务、体育、宗教活动、参加会议等的外国人、华侨和港澳同胞。

旅游者不包括下列八种人：①应邀来我国进行访问，由部长以上人员率领的党、政、议会、军政代表团成员；②各国驻华使馆人员；③常驻我国的外国专家、留学生、新闻记者等；④乘国际班机直接过境的旅客、机组人员和在口岸逗留不过夜的铁路员工和飞翔船船员；⑤边境地区往来的居民；⑥归国定居的华侨、港澳同胞；⑦到我国定居的外国人和原已出境又返回我国定居的外国侨民；⑧归国或出国人员。

经过实际统计工作，发现这些规定中存在一些欠妥之处。后来，在统计工作中执行这些规定时，我国有关部门针对原规定中的有关词句作了新的改动或限定。在来我国大陆旅游者的定义中增列了台湾同胞；在不属旅游者范围的八类人员中，规定第三类人员的常驻期为一年以上，第六类人员改为回大陆定居的华侨，港澳台同胞，第八类人员改为归国的我出国人员，等等。对这些规定中的一些用语限定如下：①外国人，指持外国国籍的人，加入外籍的中国血统华人亦包括在内；②华侨，指持有中国护照，但侨居外国的中国同胞；③港澳台同胞，指居住在我国香港、澳门地区和台湾省的中国同胞。

上述我国国家统计局的规定，实际上也是从入境的旅游者的定居地、来访目的和停留时间等方面来区分是否是旅游者，因而这些规定同罗马会议和世界旅游组织对游客的定义内容基本相符。

然而世界上一些国家对于本国内旅游者的范围划定或定义的看法则远没有统一。如，加拿大政府部门在划分国内旅游者时使用的定义为：“旅游者指到离开其所居社区边界至少50英里以外的地方去旅行的人。”在美国使用最广的国内旅游者的定义是1973年美国国家旅游资源评论委员会提出的定义，即："旅游者为了出差、消遣、个人事务或者出于工作上下班之外的其他任何原因而离家外出旅行至少50英里（单程）的人，而不管其在外过夜还是当日返回。"英国在国内旅游统计方面同美国情况相反，强调的是必须在外过夜，而不管旅行距离如何。英格兰旅游局在其每月一度的英国旅游调查（British Tourism Survey）中对国内旅游者的定义为："基于上下班以外的任务原因，离开居住地外出旅行过夜至少一次的人。"至于外出旅行的距离则未作任何明确规定。

国内旅游与国际旅游的根本区别在于是否跨越国界。除了国际或国内这两个限制性定语之外，对旅游者或游客的定义不应有什么区别。对于旅游者技术性定义认识存在不同认识，而对于旅游者概念性定义，世界各国则并不存在大的认识差异。所以可以这样认为，无论国际旅游者还是国内旅游者，都是出于就业和移民以外的任何原因，暂离开常住地去异乡访问的人。

四、旅游业

旅游业是旅游发展的产物，同时也是旅游发展的推动力量。旅游业是一个由若干性质截然不同，又有同为旅游服务的密切联系的行业松散地组合起来的集合体。与旅游有关系的"饭店"在我国商代已出现，时称"驿传"，专供传递公文者和来往官员居住；周代，在交通要道设的饭店叫"客舍"，同时也出现了饮食店；到春秋战国时名为"客馆"。在我国历史上各个朝代都有不同名称的"客栈"和"客馆"为过路旅客供应食宿。欧洲最原始的住宿设施大约在古罗马时代，也就是人类有了钱币制度以后，随着贸易的发展和旅行距离的逐渐扩大，住宿的需要日益增加，于是出现一批设备简陋的"客栈"，直到英国产业革命后客栈经营才大有进步。古人出外旅游当然也需要住宿和饮食，但是严格地说，这些为古代旅游者服务的行业还不具有现代意义的旅游业的特点。旅游活动作为一种经济事业，却是到了近代才有的。现在世界上一般认为，现代旅游业创始人是英国的托马斯·库克。他在19世纪40年代创建了世界上最早的有组织的旅游服务形式。自他最早从事旅游业时起，旅游业便具有两个基本目的：满足旅游者的需求和创收，这是现代旅游业创始的显著标志。之后旅游业逐渐发展，1850年巴黎建成大饭店（Grand Hotel），开始出现真正现代意义的饭店。

对于旅游业的基本概念或定义问题，国际上一些旅游学家有着不同的认识，一般可分为狭义和广义两种见解。狭义的见解，如认为：旅游业就是在旅游者和交通、住宿及其他有关单位中间，通过办理旅游签证、中间联络、代购代销，通过为旅游者导游、交涉、代办手续，此外利用本商社的交通工具、住宿设备提供服务，从而取得报酬的行业。在我国，也有人认为只有旅游局和旅行社才算旅游业部门。广义的见解，如认为：旅游业是为国内外旅游者服务的一系列相互有关的行业。旅游关联到旅客、旅行方式、膳宿供应设施和其他各种事物。它构成一个综合性的概念——随着时间和环境不断变化的、一个正在形成和统一的概念。我国南开大学旅游学系李天元认为，如果要给旅游业下一个定义，那么旅游业就是以旅游市场为对象，为其旅游活动创造便利条件并提供其所需商品和服务的综合性产业。

第二节 旅游心理学是一门科学

“旅游”作为一种综合性社会现象，同一切事物一样，有其产生、发展和变化的客观规律。随着旅游活动长期发展，社会科学的研究领域扩展到了“旅游”活动，从而一门新科学便应运而生。旅游科学就是对旅游活动（着重是旅游业）这种客观存在的社会现象进行深入的系统的研究，从理论上找出其内在规律，以形成知识体系。旅游学研究的内容是很丰富的，涉及旅游业的定义、性质、特点、构成、要素、条件、意义、作用、市场、市场营销，旅游资源开发、区域规划、景点建设、国内与国际间协作等等。基于旅游业满足旅游者的需求和产业创收两个目的是同时实现的，而旅游活动的主体是人——旅游者和旅游业从业人员，旅游创收又有其特殊的价值规律，于是社会科学在旅游学研究领域又扩展到人，即旅游者和旅游从业人员。作为新的边缘科学，旅游学和心理学的分支——旅游心理学便由此而产生了。旅游心理学是研究旅游者与各种旅游从业人员心理活动发生、发展和变化规律的科学。从科学上看，这无疑地抓住了维系旅游活动的主体的研究。

通常说，人的心理活动就是指人的心理过程和个性心理的特征两个方面。人类生活在世界上，是生活在极其复杂的自然和社会环境之中，因而人的心理活动是十分复杂和丰富多彩的。旅游者和旅游从业人员在旅游活动中，在自然和社会的特定环境内的心理活动，同样是十分复杂和丰富多彩的。

旅游者在旅游活动中，观风景，听海浪波涛声和导游介绍，在万紫千红的园林里嗅花香，吃当地名菜名点，触摸各种物体，这就是用眼、耳、鼻、舌、手去观察事物，称它感觉和知觉。对旅游经历过的景点和事物，再次接触时，能够认识它，必要时，还可以回忆起以前经历过的旅游活动，这叫记忆。在旅游中听到瀑布的声音，不会误认为海浪波涛声，这是因为两种声音都听到过，都有清晰记忆的缘故。人们要认识事物，不能只限于它的表面现象，还要深入到它的本质。只靠感觉、知觉、记忆不够，还必须对感知的材料用已有的知识进行分析、思考，才能深入到事物的本质，把握事物的规律，这种分析思考活动叫思维。人们还能在过去经验的基础上，在头脑中创造出新事物的形象，这就是想象。人们按着自觉的目标去从事旅游活动，体验着这样或那样的情感。这些知觉、感觉、记忆、思维、想象、意志、情感的过程，就是心理过程。在人的头脑里发生着的每一种心理过程、也就是这个人的心理活动的某一方面的表现。

人不仅是一个活动的有机体，而且是一个具体的个人，一个社会的成员，是这个特定社会生活的积极的参加者。每一个人，作为一个个体，作为一个社会的实体之一，在他的生活和教育条件的影响下，就形成着心理活动上的若干固定的特点，这些特点，表现在这样的一些方面，如：一定的能力的发展，某种需要和兴趣的倾向，性格的特点等等。一个人在其发展过程中所形成的这些相对不变的心理活动的特点，就叫做个性的心理特性。

心理过程和个性的心理特性统称为心理活动，简称心理。

旅游心理学是研究旅游活动中旅游者心理，旅游从业人员、游客交往和服务方面的心理；研究旅游业内部管理和领导者的心理等活动及其规律的科学。

这一门科学表明了旅游心理学与其他心理学的区别，界定了自己在社会科学中的独特性。这是因为，旅游心理学是运用心理学的理论和方法研究人类社会活动领域中特定的活动——旅游活动中的心理现象及其规律。

第三节　学习、研究旅游心理学的重要意义

多年来，旅游已成为当代发展势头最迅猛的社会活动。它作为物质与精神的全面感受，作为中、高层次的消费行为和生活方式，已经开始成为人们生活中自然需要不可缺少的内容，越来越多的人积极投入旅游活动之中。旅游心理学这门年轻科学为旅游事业提供心理依据和心理理论指导，使旅游事业如虎添翼。

学习、研究旅游心理学的重要意义主要有以下几方面：

一、为开发旅游资源提供心理学依据

旅游资源作为旅游客体，与旅游主体（旅游者）和旅游媒体（旅行社）共同组成旅游业。一定地理空间上的旅游资源及其相关的旅游服务设施的有机结合，就成为旅游者进行旅游活动目的地。因此，旅游资源是开展旅游活动，

发展现代旅游业的基本条件之一。它的作用就在于吸引游客，满足旅游者的需要，使旅游者产生积极愉快的心理感觉。凡是能够造就对旅游者具有吸引力环境的自然因素、社会因素或其他任何因素，都可构成旅游资源。通过对旅游心理学的学习与研究，了解人们产生旅游活动的需要、动机和兴趣等心理倾向，研究不同类型的人的心理，研究如何诱发游客动机和旅游者在旅游中的心理变化状况，从而为旅游资源和旅游景点有针对性地科学规划和合理开发提供心理学依据。这样既发挥吸引游客的作用，又达到争取和扩大客源的预期目的。

一般说，旅游者外出旅游，都怀着强烈的猎奇心理和追慕名山大川、名胜古迹的心理。他们都希望旅游目的地能满足自己需要的独特风格，具有新意；或是符合自己长期梦想的追慕。所以各地方的旅游开发区就应选在本地最吸引人的名山大川、奇峰异洞、历史遗址、自然风光旖旎的地方。旅游心理学提供的心理学依据，可使旅游资源和旅游景区景点，都能以特色旅游来吸引广大旅游者。反之，一些旅游景区景点大同小异，或大造假景，必是收效甚微。例如有一地方兴建了一条“汉街”风景点，一位古建筑家看了这飞檐翘角的仿古十足的街道大摇其头，说道：“在汉代还没有街道，街道形成在宋代。”目前不少地方都在新建“明清一条街”，对这种全新的仿古街，不仅国内旅游者没有胃口欣赏，想糊弄老外也没有那么容易，因为假的总是假的，识货的老外对这种精心安排的游街往往是一迭声的“NO”。

二、为科学安排旅游设施提供心理学依据

旅游设施是旅游业必备的工作条件和服务手段，各旅游地区无论是在旅行、住宿、饮食供应、游乐场所和购物点都必须有相应的良好的设施。这些旅游设施的现代化程度越高，它的效率和效益也可能相应增加，当它为旅游业提供服务时，主要是以旅游者作为主体来考虑的。旅游业一切设施，无论它的现代化程度多高，也都必须是在充分考虑到旅游者生理和心理特点的前提下，才能论证它的科学性和实用性。例如现代旅馆可为旅游创造方便、恬静、雅致的生活环境，但是不能够都建设高档、豪华的四、五星级宾馆，因为我国旅游者经济收入尚有差异，生活条件也有差异，因此，旅游设施，尤其是住宿、饮食方面设施，应安排有高中档，甚至是小旅馆、小饭店。即使在经济上有条件住豪华宾馆的外国旅游者，往往在旅游中基于猎奇心理，喜欢住乡村别墅式度假村、农民住宅、山间小屋或少数民族地区竹楼等等，喜爱具有浓厚的中国特色的民间旅游设施。人的心理状态是一定条件下的反映，具有能动性和可变性，因此，在旅游设施安排上，很重要的是要学习、研究

旅游心理学。

三、为搞好旅游服务提供理论指导

现代旅游业是为旅游者的旅行游览活动提供各种服务而收取费用的行业。旅游业为了适应现代旅游日益发展的需要，满足旅游者的需求，把与旅游活动有关各部门、各企业综合成为一个为旅游者提供各种服务的特殊行业。而旅游服务工作又主要是面对具有丰富心理活动的、各种类型的旅游者。对旅游者提供优质服务，这对发展旅游业是至关重要的。

优质服务不会"天上掉下来"，而是要旅游业大力提高服务质量。为了提高服务质量，除了提高服务技能、加强规章制度和奖惩措施建设等条件外，重要的一条是要了解服务的对象。这就必须学习、研究和掌握旅游者的心理，从而有根据地开展有针对性的优质服务，这样才能创造出最佳服务水平，使广大旅游者在观赏自然风光中满足了自己的心理需求后，又得到优质的服务，在身心上获得享受和产生喜悦欢快的心情。加强旅游心理学的学习和研究，普及其知识，对发展旅游事业，提高旅游服务质量和水平，是有重要意义的。

四、为优化旅游企业经营管理提供心理学依据

旅游服务水平高低和质量优劣，和旅游企业的经营管理水平有密切关系。面对旅游市场的激烈竞争，面对旅游发展的日新月异，需要旅游业的管理人员在经营上灵活善变，不断调整经营方针，制定经营策略，改善措施，优化经营管理，从而在市场不断变化的竞争中取得优势。旅游企业优化经营管理，就需要进行科学的预测和决策，其最终的目的就是要能吸引旅游者，保持源源不断的客源。旅游心理学的学习研究，可以帮助旅游企业管理人员运用这门科学的原理，一方面了解和分析旅游者的心理趋势，开展有效的宣传去招徕游客，制定受旅游者欢迎的经营措施，不断提高经营效果和经济收入；另一方面熟谙旅游企业职工求尊重、求荣誉、优越感和自卑感并存等心理，以有效地激发他们的工作积极性、主动性、创造性，搞好旅游服务；同时要求企业经营管理人员增强自身素质，调适求尊重、求服从、追求成功等心理，提高本身的管理艺术和领导水平，健全组织机构；形成良好的机制。旅游心理学致力于旅游管理心理的研究，就是为搞好旅游管理、提高旅游管理水平提供理论武器。

五、有助于提高旅游企业职工队伍的素质

我国旅游企业的职工是企业的主人，发展旅游事业和优化服务质量，主

要依靠全体旅游工作人员的共同努力。为此，提高旅游企业职工的职业素质，极大地调动他们的积极性是企业成功的关键。旅游心理学作为一门科学，研究的是有关旅游专业的心理方面的基本理论和知识，这是旅游业职工不可缺少的基本理论和知识。深入学习旅游心理学，掌握这门科学的基本理论和知识，可使广大企业职工能正确认识服务工作的对象，把握对象的心理特点、需要和不同对象的差异、不同需要，培养工作所需要的心理品质。旅游业职工的高素质、高水平在很大程度上取决于旅游心理学这门科学的应用水准。

第四节 旅游心理学研究的对象和任务

一、旅游心理学研究的对象

任何一门学科都有它的研究对象。旅游心理学也和其他科学一样，有它特定的研究领域和对象，它是在旅游这一社会实践需要中发生和发展的一门新的学科。

旅游心理学研究的对象是旅游活动中的旅游者、旅游业从业人员和旅游管理者的心理活动及其规律。

旅游者是旅游活动中的主体，旅游者的心理活动及其规律是旅游心理学的主要研究对象。参加旅游活动的旅游者的类型是多样的，他们的国籍、民族、宗教信仰、肤色、语言、经济收入、性格、职业、习惯、爱好不同，因此，对于旅游的需求、动机、兴趣就有很大的差异，而且这些旅游者在旅游活动中所注意、观察、感受到的旅游景点以及由此产生的心理现象，也不会是完全相同的。即使是同一个旅游者，由于受主观和客观条件的影响，在不同的时候他也会有不同的心理状态，面对相同的旅游条件，在一个时期会有感到满足的反应，在另一个时期又会有感到不满足的反应。在同一个或大体相同的旅游条件下，心理状态的不同会使一个旅游者产生大不相同的心理感受和体验。因此，旅游者的心理因素是自始至终影响着旅游活动全过程的重要因素，也是旅游心理学研究的主要对象。旅游心理学就是通过对旅游者的旅游动机、旅游知觉、旅游态度、旅游情绪、旅游人际关系、旅游美感体验等方面的研究，探索旅游者的心理现象对旅游行为的产生、旅游选择和旅游心理效果的影响。

在广大的旅游者的旅游活动中，有众多的旅游企业的从业人员，包括经理、部门经理、主管及从事具体服务工作的职工，如旅馆、餐厅的服务员，商场的售货员，导游，旅游汽车的司乘人员，现代化游乐场的员工等等，为之服务，由此，旅游者与旅游业从业人员发生紧密的人际关系。由于旅游者把旅游认为是一种精神上的享受，而旅游服务是有偿服务；又因旅游者处于异地他乡，面对生疏的环境和陌生的人，尽管在新鲜的自然情景中产生了好奇和兴奋喜悦的心理，但仍会产生紧张或不安的感觉。在这种心理状态中，他们对旅游服务人员中的人际关系是很敏感的，而且具有更明显、更突出的需求，所以旅游服务中的人际关系对旅游者的心理会产生很大的影响；还有不可忽视的旅游活动对象和旅游服务对旅游者的心理影响。旅游活动对象是一个具有广泛意义的概念，它包括已被开发的旅游资源，旅游活动的内容、方式以及旅游设施等条件；旅游服务包括旅游交通服务、旅行社接待服务、旅游饭店服务、旅游购物服务、旅游娱乐服务等旅游全程服务。这两者是开展旅游活动的物质前提，是个体产生旅游动机的诱因，是实现旅游活动的外部条件，是影响旅游选择和旅游心理效果的客观因素。旅游活动对象和旅游服务如果能符合旅游者的兴趣、需要和动机，就能成为个体旅游行为的促进因素。因此，联系旅游者的心理因素，对不同的旅游活动对象和旅游服务可能产生的心理影响进行研究，研究这两者怎样才能产生积极的影响，怎样防止可能产生的消极因素，这是旅游心理学的研究对象。

旅游从业人员在与各种各样的旅游者交往和服务中，如何调适自身心理呢？旅游业从业人员的心理，优秀服务人员的心理品质，培养和训练服务工作的规律，服务人员的各种心理活动的特点，以及旅游者和旅游业从业人员之间相互作用关系中的心理活动变化规律的特点，都是旅游心理学研究的对象。

旅游业的管理工作是旅游活动中重要的一环，直接影响旅游者旅游活动的兴趣和满足需要。要搞好旅游管理工作，就必须清楚一般从业人员与领导者之间的心理状况，了解旅游管理者的心理，因为只有依据旅游管理心理的状况及规律去管理，充分调动每一位从业人员的工作主动性和积极性，对旅游企业进行科学管理，才能提高服务水平，不断增加旅游经济效益。旅游心理学要把旅游管理作为自己的研究对象。

上述旅游心理学的几方面研究对象，是相互联系的，对其中任何一方面的研究都应作为整体中的有机部分进行，避免进行孤立的研究。只有这样，才能研究出发展旅游活动的规律性。

二、旅游心理学的任务

旅游心理学作为一门应用科学，它能从理论上比较系统地有目的地研究旅游活动中人们的心理现象和行为及其规律。掌握这些规律的目的就是指导发展旅游事业。旅游心理学的任务是：

（一）不断发展旅游心理学的理论体系

旅游心理学还是一门年轻的科学，它是旅游学和心理学两门科学的分支，一般说运用旅游心理学原理可以分析研究许多旅游活动中人们的心理活动和行为。可是旅游是复杂的社会现象。旅游业的发展既有社会和经济的因素，又有心理和生理的因素，各种因素之间有着错综复杂的关系。多年来虽然我国和各国的一些旅游心理学研究者都在着手研究这一门科学，都取得了一些令人瞩目的成果，但仍有许多问题尚未解决，还有一些新问题不断产生。例如，我国如何适应国际国内旅游市场多变的发展形势，如何发展大城市的会展旅游。据国际大会和会议协会的统计，全世界每年举办的参加国 4 个以上、与会外宾人数超过 50 人的各种会议有 40 万个以上，其市场价格超过 2500 亿美元，这意味着会展旅游将成为 21 世纪令人瞩目的旅游活动。如何提高社会主义旅游业的竞争能力，有经济问题，但更多的是心理问题。类似这种属于旅游心理学研究内容的问题得到圆满的解决，无疑将会充实和提高旅游心理科学的理论水平，不断完善和发展旅游心理学的理论体系。

（二）分析研究旅游者心理活动及其规律

这是旅游心理学的主要任务。既要研究旅游者的一般心理现象；又要研究各种不同旅游者，尤其是我国主要客源国的旅游者，在需要、动机、兴趣、爱好、习惯、气质、性格等方面的心理特点；并且要区分不同的国籍和民族、不同的性别年龄、不同的宗教信仰、不同的职业和文化背景等所造成的心理活动的差异；研究不同的旅游活动对象和旅游服务对不同的旅游者可能产生的心理影响。旅游者在旅游的全过程中的心理活动是十分活跃的，在旅游的准备阶段、旅途中、游览观光阶段和旅行结束时均有所表现，剖析各个阶段他们的心理变化规律是很有必要的理论研究。

（三）以旅游者心理活动规律，指导旅游活动的实践

凡是能符合旅游者兴趣、需要和动机的旅游活动的内容、方式和旅游设施，一定能收到良好的效果。例如，针对那些到我国大城市从事商务活动而又稍有闲暇的异国来客，在外资企业工作不知如何打发星期日的老外，当地旅游部门可安排散客服务“一日游”。在旅游业发达的国家，散客服务一直是一个强大的系统。能在此地找到自己熟悉的旅游方式，并且在旅游活动中获得需要的满足，令老外们十分惬意；新创设的散客服务中心的生意也稳定增长，一日游的本身内容则迅速地丰富和拓展。可是国外散客的需求变化很快，已经不满足于一般的观光游，希望更多地接触、了解中国传统文化内容。

还要研究不同的旅游者的注意、想象、兴趣等心理活动与旅游设施的关

系。据此，为旅游者提供一个舒适、满意的旅游生活环境，建立和安排妙趣横生、丰富多彩的旅游设施与活动。

（四）研究旅游服务心理

通过研究使旅游服务工作人员在旅游过程的各个环节中能够提供适合旅游者心理的优质服务。例如，作为宾馆管理中一项新课题，会议旅游服务要形成规范化操作程序，还有待于进一步的探索。

（五）研究旅游从业人员心理

旅游企业从业人员在工作中保持良好的心理状态，与提高服务质量关系密切。他们应该具有哪些良好的心理品质，如何培养这些心理品质？从业人员的心理规律，的确值得认真去研究。

（六）研究旅游管理心理

旅游业的科学管理水平与服务水平关系极大。旅游企业领导者担负着旅游经济活动的决策、组织、指挥、协调等多方面的任务，在旅游业的经营活动中占据重要的地位，旅游企业的命运与他们息息相关，旅游服务质量的高低也与他们的管理能力和管理水平有着直接的关系。领导者心理活动对他们的管理工作也会产生重要的影响。要认真研究旅游管理心理，以调适企业领导者的心理，提高管理者的管理艺术，把大多数从业人员团结在一起，努力搞好旅游服务。

第五节 旅游心理学研究的原则与方法

心理学家认为，人的心理现象是世界上最复杂和最难被认识的现象。旅游心理学研究的对象是旅游活动中的人们的心理现象。因此，如果没有正确的指导思想和科学的方法论，就很难使旅游心理学的研究达到科学的地步，取得较大的成效。旅游心理学只有坚持辩证唯物主义的方法论，才能发现并掌握旅游活动中人们的心理发生和发展规律。

一、基本原则

（一）客观性原则

心理是客观现实的反映。旅游者的心理活动是丰富多彩，千变万化的，但是无论他们的心理活动如何复杂，其心理都是客观现实的反映。他们的心理活动的内容来源于客观现实，他们通过旅游活动的实践对客观现实进行反映。心理活动也同其他现象一样，是一种客观存在的事实，有它发生、发展规律性。这就要求研究者坚持实事求是的科学态度，按照旅游活动中人们心理现象的本来面貌去反映，去分析，而不附加任何主观臆想和揣测。要保证获得真实客观材料，其结论确实反映对象本身的客观真实联系。

（二）发展性原则

世界上任何事物都处在运动和发展变化之中。旅游活动中的人们的心理现象也是这样，总是在不断地变化发展着。就个体旅游者的某一心理活动来看，其在不同的旅游活动对象和旅游设施中，或在不同年龄阶段的表现方式就有所不同；旅游企业从业人员的一种心理品质形成之后，随着环境和实践活动的改变，也会有一定的发展。遵循发展性原则，既有利于预测人的心理发展的前景和方向，也有利于做好当前的服务工作。旅游心理学把旅游活动中人们的心理活动归结于发展过程中的研究，防止和反对静止、凝固地看待心理现象，这是旅游心理学研究的一个重要原则。

（三）系统性原则

系统性原则要求旅游心理学对旅游活动中的人们心理活动进行研究时，必须考虑各种内外部因素之间相互联系和制约的作用，注意把某一心理现象放在多层次、多因素的系统之中进行分析。旅游者的心理活动是一个极其复杂的动态系统，它与外部刺激、旅游活动内容、旅游资源环境、旅游设施以及其他各种心理现象之间，都有紧密的联系。其中，任何一种因素的变化，都可能引起人的心理变化。因此，旅游心理学研究人的心理现象，必须进行全面的、系统的分析和观察，而决不能把它当作孤立的东西进行简单研究。

（四）理论联系实际的原则

理论联系实际的原则要求研究课题从实践中来，研究成果为实践服务，并受实践的检验。遵循这一原则就要密切联系旅游服务工作实际，了解旅游服务工作中存在的主要问题，从中提出有关心理现象的研究课题。这样研究的成果，就可以为发展旅游事业的实践服务。

二、研究方法

在旅游心理学研究的基本原则指导下，旅游心理学的具体研究方法可以有多种，现介绍几种主要方法。

（一）观察法

观察法是人类认识世界的基本方法，也是心理学研究的主要方法之一。它是在通常的旅游活动的条件下，通过旅游者或旅游企业从业人员的言语、表情、行为、动作等外部表现，了解他们的心理状态和心理特点的方法。

人的心理活动是人脑的机能，人的各种活动都是在人的心理的支配、调节下进行的，旅游心理活动是在旅游活动中人们的大脑内部进行的，因而具有内隐性，不可能被直接观察到。但是，旅游心理活动是决定和支配旅游活动中人们行为表现的原因，它必然会在他们外显的旅游行为上表现出来。

根据观察内容可分为全面观察与重点观察。全面观察，例如通过旅游，陪同观察国外入境旅游者从入境到出境期间全部旅游行为。重点观察，例如研究人员可以通过对旅游者如何选择旅游点、旅游线路和旅游活动方式的观察，重点了解人们的需要、动机、兴趣和态度的倾向性，发现他们中有的倾向于自然风光旅游，有的主要倾向于历史名胜古迹的了解，有的对了解当地风土人情兴趣甚浓。

为了使观察富有成效，研究者还须事先制定观察计划，明确观察目的，对所要观察的问题有基本的了解。观察法还应在自然条件下进行，使被观察者不知道自己被观察，否则行为表现的自然性就会消失。

观察法的优点是保持被观察对象心理表现的自然性和客观性。在很短的时间内观察被观察对象，很难观察得全面，并且研究者处于被动地位，只能消极地对待他所需要的心理现象的出现，不能精确地确定某种心理现象的发生原因。由于观察所能得到的往往只是他的外部形态和表现，只能给人以感性的认识，这就需要有一定的旅游心理学的知识和经验，将观察所得的表面现象和印象通过分析研究上升到理性认识，得出比较正确的判断，才能达到应有的成效。

（二）调查法

调查法是指通过事先拟定的一系列问题，针对某些心理品质及其他相关因素收集信息加以分析的方法。在旅游活动中向旅游者明确地提出问题，通过对方对问题的回答来了解他们的心理活动。旅游业的特点是服务对象——旅游者流动性大，逗留时间短，一般不可能作深入了解。但是通过调查了解旅游者对旅游活动的需要，对旅游资源的安排，对住房、饮食、购物的要求，最喜欢的旅游地，旅游方式等，可以得到较为真实的旅游者的心理倾向。

开展调查必须明确调查的目的和对象。一般旅游部门可备有调查表或意见表格，采用比较简单易懂的方法，使旅游者在不费力的情况下填写。这类表将经常反映着旅游者在心理方面的一些感觉，是研究旅游者心理的常用方法，调查后应加以归类分析，然后总结出旅游者心理活动的一些规律。

调查法的具体方式是座谈会和问卷调查。座谈会，就是邀请旅游者或其他社会人士举行座谈会，就需要了解的问题请他们自由地发表自己的意见、看法和愿望，从而了解他们的旅游心理倾向。问卷调查，即事先把要调查的内容拟成一个一个问题，印成问卷，请被调查者在问卷上作出书面的回答，通过回答了解他们的旅游心理需要倾向。问卷的设计越使对方简便省时，越能得到对方的合作。还可采用抽样调查法，对不同国籍、民族、年龄、性别、职业、阶层及文化教育程度的人分别进行专门的调查，以研究不同类型的旅游者的心理倾向和心理特点。调查法优点在于它可以对很大范围的人进行分析研究；缺点是需要对方付出一定的时间代价，不允许随时随地进行。而且，调查法对涉及态度的问题的回答未必完全真实，所得材料的价值要打折扣。

（三）谈话——询问法

谈话——询问法是运用谈话的方式，来研究谈话对象心理的方法。在旅游活动中与旅游者的接触交往中，应利用适当的场合和机会同旅游者交谈。一般谈话前要根据研究的目的和谈话对象的特点拟定谈话内容，这样在交谈中就可适当地提出拟定的问题询问对方的看法、感受和体会，以了解和分析他的心理活动，从中了解旅游者的兴趣、需要、情感、意向和态度倾向，从语言的风格上还可以了解这位游客的气质、性格等。谈话一般应在无拘束的友好气氛中进行，态度要自然、真诚，使对方乐于交谈，以便取得较好的效果。

（四）资料综合分析法

资料综合分析法是对旅游活动中的人们进行全面分析，并对各类对象进行旅游心理比较的研究方法。如对不同国家的人进行旅游心理分析；对不同性别、年龄、阶层、信仰、文化教育程度和经济收入的人，分别进行旅游心理分析，从而发现同一类型的人共同的旅游心理倾向。在对不同类型的人分别研究的基础上，对各类人的旅游心理特点进行比较，从中可以发现他们之中哪一类人的旅游动机最强，他们各自倾向哪一类旅游内容、哪种方式的旅游。

旅游心理学不同的研究方法，各有优点和不足，应该根据研究的内容和研究目的，进行适当的选择。

第六节　旅游心理学的理论基础

依据旅游这一社会现象的实践和旅游理论发展的需要，按照科学分工的要求和本领域研究的进展，旅游心理学是一门介于旅游学和心理学之间，并有自己独立研究对象的边缘学科，是一门应用性较强的科学。

旅游心理学的研究，需要有正确的理论作指导。它有自己的理论基础。历史唯物论作为社会历史的一般科学，是各门社会科学包括旅游心理学在内的共同的理论基础。旅游心理学在历史唯物论指导下，才能获得对旅游这一社会生活现象的正确认识，才能在无限的社会生活现象中做到去粗存精，去伪存真，由此及彼，由表及里，认识本质，把握规律。各门社会科学包括旅游心理学在历史唯物论基础上，根据对社会生活现象特定领域的认识，建立起自己的理论体系。历史唯物论既是一门独立的科学，它的原理又渗透在各门社会科学之中。各门社会科学既以历史唯物论为理论基础，又不能代替历史唯物论；旅游心理学作为一门独立的科学，它同历史唯物论也同样存在着这种辩证的关系。

旅游现象错综复杂，千变万化。研究旅游心理学的首要任务就是要在错综复杂、千变万化的旅游社会生活现象中找出主要的东西，认识它的规律性。

旅游心理学还有它的基础理论和核心理论。

基础理论主要是借助心理学的研究成果。心理学在经历了长期的唯心论的论争之后，已经逐步建立起体现辩证唯物主义观点的心理学的基础理论体系。心理学是研究人的心理现象及其规律的科学。人的心理现象的研究包括两个方面，一个方面是心理过程，其中有认识（感知觉、记忆、思维）、情感、意志；另一个方面是个体心理特征（兴趣、能力、性格、气质）。旅游心理学要探索和研究旅游活动中人们心理活动和行为及其规律，必须借助和应用已经有的、经实践证明符合人们心理活动和行为规律的心理学基础理论，以及在其他心理学应用学科中可以借鉴的一些基本原理。旅游心理学的基础理论除心理学外，还涉及社会心理学、社会学、经济学等学科理论。这些学科理论虽不是旅游心理学理论"本身"，但是旅游心理学理论的构筑必须以此为基础。

社会心理学是研究人在社会环境中心理活动的发展和变化规律的科学。它把学科的重点放在社会这个宏观系统与个人这个微观系统交点上，即一方面研究人的社会行为的心理机制，另一方面又要考察人的心理过程的社会机制。社会心理学与普通心理学的区别在于，普通心理学主要是研究个体心理活动的基本形式、过程及其规律性；而社会心理学不仅要研究个体在交往中产生特有的心理现象（如社会认知、态度改变、侵犯、相助等），而且要研究群体中的共同心理现象，及其对个体心理的影响。旅游心理学研究旅游这种社会活动中人们的心理发展和变化，以便做好旅游服务工作。它可以从社会心理学的有关原理中得到启发，可以借助社会心理学观察问题的方法来研究人的旅游行为的变化。

社会学是关于人类社会和社会行为的解释，它把社会作为整体，研究社会现象及其变化规律。它认为人的行为主要是在所属群体以及这些群体内发生的，在社会相互作用中形成。社会学研究内容如社会角色、人的社会化、社会生活方式、群体内行为、社会组织以及社会管理等。由于旅游行为本身的社会属性，社会学可以帮助理解旅游活动中各种错综复杂的社会现象，以及这些现象给人的旅游行为、管理行为带来的心理影响。

经济学是处理人和社会寻求其物质需求与欲望满足方式的社会科学；或研究满足人的物质需求与需要的艺术。在某种意义上，旅游是社会经济发展的产物。经济学理论的研究，可以帮助从客观上理解成千上万的人由于种种原因周期性地外出旅游，寻求在自己家庭里不大容易找到的有趣味性的旅游行为；对旅游企业可以运用经济学原理配合旅游心理学的研究，帮助其科学合理地使用有限的旅游资源，开发新的旅游景区、旅游景点，一方面满足旅游者的各种需要和欲望，另一方面企业获得最佳经济效益；尤其是一个国家的旅游业或某个旅游企业，在市场竞争激烈的变化环境中，必须运用经济学原理和旅游心理学的研究不断调整经营方针，改善经营措施，制定经营策略，进行科学的预测和决策，通过竞争取得优势达到吸引旅游者，保持源源不断的客源。

一般来说，旅游心理学的基础理论远不止上述的这些学科，像管理心理学和行为科学、管理学、领导心理学、消费行为学、服务学等学科的原理也为旅游心理学提供了理论基础，它们同旅游心理学都有着密切的关系。

核心理论是指紧紧围绕旅游活动所探索和研究的旅游者的消费行为、旅游企业从业人员服务与管理行为的有关理论。

科学的旅游心理学是一门新兴的、应用性较强的学科。作为高等院校旅游专业教材，它应贯彻科研成果应用化和教学心得理论化相结合的原则、创造意识培养和创新能力训练相结合的原则。我国是一个具有中国特色的社会主义国家，旅游产业是社会主义经济发展中的支柱产业，旅游业的发展已列入世界的前茅。因此，我们必须按照我国国情，紧密联系我国的实际，适当吸取国外的科研成果，建立一门具有中国特色的旅游心理学。

学习旅游心理学的基本理论要与旅游行业、产业相结合。首先了解旅游与旅游业概貌，如旅游、旅游者与旅游业的概念，它的发展历史等；然后，领会旅游心理学为什么是一门科学，它的研究对象、任务、意义及研究方法，理解旅游心理学的理论基础是历史唯物论，是心理学、社会心理学、社会学等的基本理论，以及它与其他有关学科的关系。

思考题：

1. 为什么旅游心理学是一门科学？
2. 旅游心理学的研究对象是什么？其具体内容有哪几方面？
3. 为什么说研究旅游心理学有重要意义？能否以具体事实加以说明？
4. 简述旅游心理学的任务及研究方法。

第二篇　旅游者心理与行为

第二章　旅游者心理与行为的研究

旅游活动的主体是旅游者，他是旅游业赖以生存和发展的关键。旅游心理学研究的重要课题是旅游者的心理与行为。

人的行为是在头脑支配下产生的，旅游者的行为也不例外，是在旅游者的头脑支配下产生的，它是旅游者心理活动的外在表现，是旅游者心理活动的外化结果。因此，旅游心理学研究旅游者心理，不可不研究能够客观地观察到的旅游者的外在行为。

旅游行为是一种特殊形式的消费行为。旅游行为同其他行为一样，有其自身的特点。这些特点是由旅游作为一种特殊商品而决定的。旅游行为也是有其自身的规律，这规律是其他消费行为所没有的，即使有，也不会那样明显。为探索和研究旅游行为的内在规律，首先对产生旅游行为的基本要素和旅游行为的影响因素要有一个基本的了解。

第一节　旅游行为的基本要素

一、行为与人类行为的共同特征

行为不仅是心理学研究的课题，也是生物科学、社会科学及行为科学研究的课题。这些学科的专家们都给行为下定义，诸如："生物以其外部和内部活动为中介与周围环境相互作用。内部即心理活动。人的行为有其自然前提，但基本上是受社会制约的……""行为就是人类日常生活中所表现的一切活动""行为一般是指可以观察到的肌肉和外分泌腺的活动，是由身体的某一部分的运动以及泪、唾液等状态表现出来的"等。以上的定义从不同角度阐述了行为的含义。

格式塔（是德文"Gestalt"的音译，意思为"完形""结构""整体"等）心理学派的勒温（Kust Lewin，1890～1947年）对人的行为提出了一个公式：

$$B = f(P, E)$$

式中：B（Behavior）代表行为；

P（Person）代表人；

E（Environment）代表环境；

f（Function）代表函数关系。

以上公式通俗地说，就是人的行为取决于个体的内在因素和外部条件。不同的人对同一环境可以产生不同的行为，同一个人对不同环境也可以产生不同的行为。勒温认为，科学的心理学必须讨论整个情况，即人和环境的状态。勒温的理论还认为，人的行为因时间、地点、所处的环境和个体内部的身心状态而表现出不同的反应。同时，他把人的行为定义为：个体与环境相互作用的结果。

行为主义心理学创始人华生（J. B. Watson，1878～1958 年）主张只研究个体的行为；这一学派不同意对人的心理和意识进行内省研究，认为心理学是行为的科学，而不是意识的科学，理由是意识无法进行客观观察，因而不能作为科学研究的对象。他们提出心理科学应当研究"客观观察所能获得的，并对所有人都是清楚的东西"，也就是人的行为。华生还主张心理学应对环境与人和动物的行为之间的关系进行研究，并提出了"刺激—反应"，用符号表示为 S—R 的行为主义公式。行为主义学派把反应看成是机械式的由刺激直接引起的，从而否认了或忽视了人的心理因素的作用。这种观点虽带有唯物主义的性质，但因过于机械地强调某一刺激必然会引起某种反应，故远远不能解释瞬息多变、极为复杂的人类行为的特征。

新行为主义主要代表人物托尔曼（E. C. Tolman）于 1935 年首创"中介变因"的概念。他提出的行为公式：

$$B=f(S, A)$$

式中：B 为行为变因；

S 为情境变因；

A 为前提变因（包括遗传、年龄和旧经验等）。

该学派的这种观点开始注意到个体自身对行为的作用。

新行为主义另一代表人物赫尔（C. L. Hull）赞赏托尔曼的"中介变因"的概念。他提出了"迫力"（drive）这一类似需要的中介变因，根据数理演绎和运用逻辑符号，他对行为又提出了一个极其复杂的模式：

$${}_{S}E_{R}=f(D \cdot {}_{S}H_{R})$$

式中：S、R 代表"刺激—反应"的联系；

${}_{S}E_{R}$ 代表反应势能，即指对学得的"刺激—反应"联系发生反应的势能（是有机体完成某种行为的力量）；

D 代表生物迫力，即指生物驱力；

${}_{S}H_{R}$ 代表习惯强度，即指已学得的"刺激—反应"联系所组成的习惯强度。

各学派理论相互补充，使人类行为逐渐演变的表示公式为：

S—O—R

式中：S 代表刺激；

O 代表中间变量，主要指人的内在因素；

R 代表反应。

内在因素对人的行为有明显的影响，人的不同的行为受人的不同的内在因素（思想、意识、情感、需要、态度等），即心理因素所支配。这里刺激（S）、个体（O）、反应（R）之间的相互关系可用图 2-1 表示。

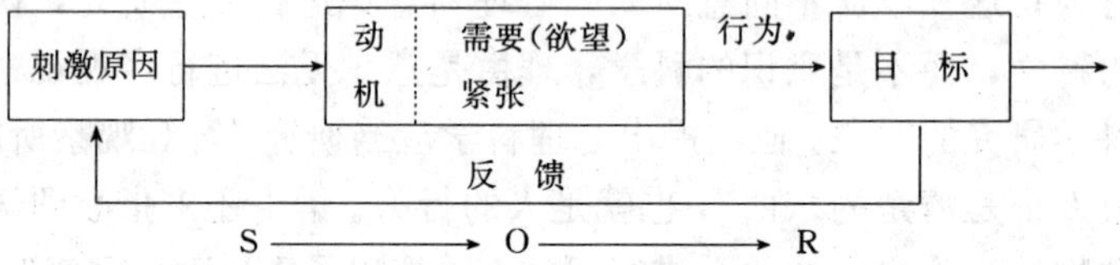

图2-1　S、O、R之间的相互关系图

这个模式是连续性、循环性的。实现一个目标，行为暂完成；此目标又通过反馈作为新刺激提出新目标，从而产生新的行为。

心理学研究提出，人类行为的共同特征是：

(1) 行为的自觉性与主动性。人类行为是自动、自发而不是被动产生的，外界客观刺激因素可能影响人的行为，但无法发动人的行为。外因必须通过内因起作用，只有提高人的自觉性，才会有积极主动的行为。

(2) 行为的因果性。人类行为都有一定的起因。遗传素质、外部环境是影响行为的生理原因和外部原因。人的动机、需要（欲望）等是行为的内部原因。

(3) 行为的目的性。人类行为并非盲目的行动，它不但有起因，而且有目标。有直接目标、也有间接目标；有总目标，也有子目标；有长远目标，也有短期目标。

(4) 行为的持久性、连续性。人类行为在目标没有达到之前，不会终止，也许行为的方法会改变，但仍继续指向同一目标。旧目标达到还会向新目标攀登。

(5) 行为的稳定性与可塑性。人类行为经过学习、训练、重复、实践，可能形成较稳定的、习惯的活动方式；环境的变化也会造成行为的可塑性的特点。

二、旅游行为的基本要素

对于旅游行为的概念，不同学科有不同的看法。近10多年来，许多经济学家、哲学家、心理学家和行为科学家对研究旅游行为都十分感兴趣。经济学家认为，旅游行为是人们在旅游活动中寻找、购买、使用和评定希望满足其需要的产品、服务和思想时表现出来的行为和过程；哲学家认为，旅游行为是人们在旅游活动中表现出来的一切活动；心理学家认为，旅游行为是人们在闲暇时间之内，在一定的经济条件之下，为了避免紧张、消除疲劳，获得多种满足，经过挑选选中的，在家庭环境之外进行的特殊消费活动中所表现出来的行为总称。

旅游行为的基本要素是："旅游心理"（或旅游消费行为）和"旅游环境"。旅游行为是旅游心理和旅游环境相互作用的结果。旅游者在旅游活动中不是孤立存在的，而是活动于特定的旅游环境之中，这个环境包括气候、阳光、空气、旅游资源、旅游服务、旅游地和个体所处的社会的、政治的、经济的、文化科技等自然环境和社会环境。外界环境对旅游者的影响是客观存在的。旅游者和旅游环境的关系也是辩证统一的关系。旅游环境是外因，是旅游行为变化的条件；旅游者心理因素是内因，是旅游行为变化的根据。旅游环境对旅游者心理有影响作用，但必须通过旅游者自身心理因素的条件才能起作用。

（一）旅游心理

旅游心理学研究旅游者行为，主要研究支配旅游行为的旅游者心理。心理因素是旅游行为诸因素中的核心因素，也是旅游心理的核心概念。

旅游心理，按照心理学的基本理论，是指旅游活动中旅游者的感觉、知觉、记忆、思维、情绪、情感、意志以及气质、性格、能力、需要、动机、兴趣、理想等心理现象。

著名宋代文学家苏东坡的《题西林壁》诗"横看成岭侧成峰，远近高低各不同。不识庐山真面目，只缘身在此山中。"使我国不少旅游者产生动机的需要，向往去游览庐山，要身在庐山实地观察，是否能识庐山真面目；旅游者通过记忆，回想过去旅游庐山的奇景，产生再次去庐山旅游的想法；不少旅游者对旅游经历中观赏到蔚为壮观的长白山天池，雄伟壮丽的长江三峡，水如青罗带、山若碧玉簪、水滴石穿成奇洞的桂林阳朔间的美景等所产生的喜悦心情等等，这些都是旅游者的心理活动或心理现象。可见心理现象是复杂和多样的；而且，旅游者心理是旅游活动中的客观现实反映，是在旅游实践中发生和发展的。旅游心理概括起来可分为心理过程、个性心理和心理状态三类。

旅游心理过程即旅游心理活动过程，它是指人脑对客观事物不同方面及其相互关系的反映过程，是心理现象的动态形式，其基本内容包括认识过程、情感过程和意志过程。认识过程，是人从感性认识到理性认识发展的过程。这一过程是通过一系列心理活动，包括感觉、知觉、记忆、想象、思维和注意等过程来完成的。它是一切心理活动产生的基础，只有通过认识过程才能进入复杂的心理活动。情感过程是指人在认识客观事物中并不是呆板的、冷漠的，而是不仅有所知，而且也会有所感。如旅游者对祖国名山大川、泰山之雄、华山之险、黄山之妙、嵩山之峻、雁荡之绝等叹为奇观；对旅游企业服务出色的赞许；在旅途中购物遇伪劣商品的愤怒；为取得旅游成功而喜悦等，这些便是在认识基础上所产生的喜、怒、哀、乐等情感。情感的产生会对认识活动起动力作用。意志过程是指旅游者在认识客观事物中，不仅有所知和有所感，而且还会有所行。旅游者在旅游活动中为了实现预定目标，必然有克服各种困难、努力进取的心理活动。例如敢于攀登黄山天都峰；敢于冒着风浪在海水中游泳；以自行车周游全国等等磨炼意志 。意志是在认识的基础上产生，在情感的推动下形成的。意志形成后，反过来对认识与情感又起强化作用。认识、情感和意志过程是相互联系、相互制约的统一整体。

心理过程是人的心理的共性，但在每一个人身上体现时，由于社会生活环境、教育、先天条件等因素的影响，又会表现出特殊性、差异性，并逐步形成人的心理的个性。个性是一个人在活动中所表现出来的比较稳定的带有倾向性的各种心理特征的总和，它是人的心理现象的静态形式。个性心理包括三个方面：个性倾向性、个性心理特征和自我意识。

个性倾向性是指个人在社会生活过程中逐渐形成的思想倾向，是需要、动机、兴趣、理想、信念、世界观等。它是人的个性心理结构中最活跃的因素。这些倾向的不同是个人之间差异的一个重要方面，是决定一个行为方向并起动力作用的重要因素。在个性倾向性的成分中，需要是基础，对其他成分起调节、支配作用；信念、世界观居最高层次，决定着一个人总的思想倾向。个性倾向性作为个性的潜在力量，使人的个性心理表现出一定的社会倾向性，在阶级社会中还表现出阶级性。个性心理特征是指个人稳定的心理特点，它表明人与人之间在具体的心理面貌上的差异。个性心理特征包括能力、气质和性格，体现着人的心理的鲜明差异性，例如有的旅游者对旅游景点记得牢，有的却忘得快；有的旅游者长于摄影，对旅游景点都能立此存照，有的能绘画，尤其长于风景画，这些都是能力的差异。有的人外向，有的人内向；有的旅游者在旅游活动中安静沉着，对景点细细观赏，有的却性情急躁，对景观赏粗枝大叶，这是气质方面的差异。有的旅游者大方诚挚，有个别的却自私虚伪，这是性格方面的差异。“人心不同，各如其面”，就是表明人的个性心理特征方面存在的差异。自我意识是个体对自己的态度和认识，它是个性心理的调控结构，体现着一个人的成熟度，决定着人的个性心理的发展水平。自我意识包括自我认识、自我体验、自我评价、自我监督、自我调控、自我教育、自尊心等成分，是一个多维度、多层次的心理系统。

个性心理的三个方面互相依存，互相制约，协调发展。正是在这三种因素的相互作用下，才构成一个以个性倾向性为方向，以个体心理特征为表现，以自我意识为调控的有机的个性心理的整体。心理过程与个性心理的联系非常紧密。首先，心理过程在每个人身上表现时，总具有个人的特点。也就是说，个性心理是通过心理过程形成的；其次，个性心理要通过人的心理过程表现出来，并制约着心理过程的发展。正是因为心理过程和个性心理相互融汇，相互制约，才形成一个人完整的心理面貌。

还有一种“注意”的心理现象，它不属于某一种独立的心理过程，而是伴随着各种心理过程而存在的特殊的心理状态。

心理状态是指一个人在一定时间内心理活动的综合表现。由于人们在认识、情感、意志或不同活动背景下，当时所处的心理活动相对稳定的水平不同，人有多种多样的心理状态。旅游者在旅游中由于活动不同，表现出来的心理状态也是各种各样。如从一地去另一地乘坐飞机心理状态，到达旅店住宿心理状态，在餐厅用餐心理状态，在旅游景点游览观光心理状态，攀登高山心理状态……旅游具体活动有多少种，就可有多少类心理状态。要想使旅游活动能顺利进行，并取得好的效果，就需要有一种能与之相适应的最佳心理状态。

（二）旅游环境

相对于中心事物而言与某一中心事物有关的周围事物，就是这个事物的环境。这表明，人在世界上并不是生活在真空之中，即使宇航员，乘上宇宙飞船离开地球去探测月球，也不是生活在真空之中，人与人之间和人与环境之间，必然要发生各种各样的联系，相互影响。旅游行为的基本要素之一的旅游环境作为客观现实，是旅游者心理产生的源泉和必要条件。在旅游者消费行为系统中成为消费需要的对象和消费行为所追求的目标。

旅游环境一般说包括气候、阳光、空气、旅游资源、旅游服务、旅游地和个体所处的社会的、经济的、文化科技等自然环境和社会环境。可是在旅游专家中说法不一，有人认为，旅游环境可划分为硬环境和软环境两个部分。硬环境指综合环境体中的景观环境、交通环境、住宿环境、道路环境、购物环境、康乐环境以及文化环境等；软环境指旅游地劳动质量与服务水平、居民文化素养与友好态度、管理与经营方针、国家政治与政策、地貌风貌与风光、语言文化及安全感等。从旅游心理学研究角度来说，凡是能够造就对旅游者具有吸引力，能够培养旅游者感情的环境（包括人文景观、自然景观、旅游地人口流量、交通通讯状况、旅游设施设置情况、旅游活动项目及其变化情况和旅游服务表现等状况），只要能使旅游者较早地被视为表示具有某种经历的特征，或能够产生某种旅游纪念的心理状态，受欢迎并能满足其旅游动机的环境，都可称为旅游环境。

旅游环境对旅游者产生吸引力的基础在于：同他们在其常住地或本国所能进行某些活动的条件相比，旅游目的地所提供的环境能够使他们活动得更好，或者使他们能够从事某些在其常住地或本国根本没有条件进行的活动。一般说，旅游者对原有的、真实的、典型的旅游环境十分青睐。这些具有各自特点、特色、风格和真实面貌的旅游环境常是吸引旅游者旅游的动机，促进人们进行活动的源头因素。

第二节 旅游行为的影响因素

一、旅游者的一般决策和重大决策

决策是指人们在对某些行动方案的知觉和具有正面的或负面的后果和成功的可能性等考虑的基础上做出抉择的过程。上述定义包括以下三个方面的涵义：其一，决策必须是对某些行动方案的知觉和考虑；其二，决策必须在行动方案实施后具有正面的或负面的后果；其三，决策还必须具有成功的可能性。

决策还有一个含义：它是人们为实现一定目标而制定行动方案，并准备实施的活动，也是一个提出问题、分析问题、解决问题的过程。

当一个人需要出家门去旅游前，他一定要拟定出许多有关的旅游打算。如，赴哪个旅游景区、选择什么样路线、游览多少天、乘坐何种交通工具、住宿在哪家饭店、在哪些餐厅用餐、和谁同行，花费多少等，都要作出决定。旅游心理学研究，把旅游者看作决策者，有助于理解旅游行为。一般说，旅游决定是一个比较复杂的决定，它不仅包含有一系列心理活动过程，而且与众多的社会因素相关。旅游心理学研究旅游者如何拟定旅游决策，以及拟定过程和对决策有影响的因素，这对激发人们的旅游行为有积极意义；还对旅游服务和旅游者后续旅游行为的研究有一定的重要作用。

据美国佛罗里达中心大学老迪克·波普旅游研究所所长小爱德华·J·梅奥和商业管理学院副院长兰斯·P·贾维斯编著的《旅游心理学》一书介绍：旅游者个人用几种不同的决策方式作出这些决定，包括最一般的到最重大的决定，并提出了如图 2-2 所示的决策的连续统一图。

作一般决策	←……→	作重大决策
多	对可供选择的各种可能的了解和认识	少
低	对了解情况的必要性的认识	高
短	作出决策所需要的时间	长

图2-2　两种决策的对比关系

一般性决策是指决策者在解决一般性问题时，依据本人长期处理这类问题的经验迅速作出决定的过程，似乎已经成了一种常规和习惯，又称常规决策。旅游者采取一般决策方式的较多。因为采取这种方式，人们几乎不加思索地，很快就可以作出决定。例如，我国较多的旅游者是参加旅行社安排的旅游，拟定一般决策，就是如何选择一家信誉卓著、服务好、收费又合理的旅游社；按照自己需要确定旅游景区，一般是选择从未去过的风光绮丽、景色宜人、有名的旅游景点等等。还有，近年来，我国民航业越来越发达，远至乌鲁木齐、拉萨等，很多城市都已有直达航班，沿海大中城市的旅游者去西北、西南和海南省等旅游地旅游，都会不加思索地、习惯地选择乘飞机去目的地，以收到“旅速游缓”的旅游效果。有时人们出门旅游还要作重大决策，这主要是一家人自助式出门旅游，旅游点、旅游线路和交通、吃、住都要作出决定；同样的还有同单位几个同事结伴自助式旅游或是单位组织部分人出外考察观光、或是企业去外地商务活动附带参观、观光等等，都要作重大决策。而且要花相当多的时间和精力去搜集情况和考虑各种不同方案，最后确定最佳的决策。

还有一类决策几乎是一瞬间即可作出，这称为“瞬时性决策”或称为“冲动性决策”。例如某一旅游团体于 1999 年 3 月初赴南京旅游，到达目的地，看到一则广告介绍了'99 中国南京国际梅花节和梅花山梅花盛开颇为引人入胜的游览项目，于是他们决定中断原来决定的旅游景点，而改往梅花山观赏满山芬芳艳丽、溢彩飘香的梅花，这种决策就是瞬时决策。瞬时决策往往是受广告宣传的鼓励而作出的原决策外的选择。

一个旅游者作出某几次旅游决定时，所采用的决策方式并非一成不变。例如，从上海出发去镇江、扬州、南京三日游，这一次可能按一般决策，以乘火车为主要的交通；而下一次，他可能用相当多的时间审慎地在几家旅行社中选择长江游轮的镇、扬、宁三日游，游轮晚上行驶，船上设施服务较优，游客在船上住宿，白天靠岸三地，可尽兴游览。又如，旅游者出外旅游，这一次从节约考虑，住宿于星级以下饭店；而下一次出门旅游时，为使自己住得舒适一些，就审慎地在几家星级宾馆中进行选择。有时候旅游者用一般性决策没能达到预期目的，而又继续采用重大决策方式去寻找更为满意的地方。

旅游心理学研究中，纵观整个旅游决策活动，发现人们在作旅游决策时，常由于国籍不同、民族不同、生活观念不同、个人经济条件的差异、闲暇或休假时间的长短、旅游地对个人的重要程度等不同因素，而各有不同。

旅游心理学研究旅游者采用何种旅游决策方式，对促进和影响人们的旅游消费有积极意义。对于从事旅游广告的业务单位，了解这些过程和理解旅游者何时采取何种决策方式，旅游业宣传人员可以决定在何时向旅游者提供何种旅游信息，提供多少才能影响他们的决定。个体旅游者拟订一般决策时，常常是根据自己已掌握的信息和想法，所以一定要在旅游者需要作决策之前，做好宣传工作；或者设计的广告采用鲜明强烈的色彩，醒目突出的标题和图案，新奇有趣的内容，才能对旅游者产生强的吸引力，激发他的兴趣，加深他的注意程度，才有可能影响旅游者的一般决策。例如在云南昆明举办的'99世界昆明国际园艺博览会，它在5月1日开幕的几个月前（广大旅游者尚无打算游览云南）就陆续通过各种传媒和宣传工具进行有强烈色彩的宣传；加上会上有68个国家的展区，把各国园艺精品汇集一地争奇斗艳，充满异国风情；另外，我国34个省市区展园（包括港澳台），大体上按照它们在中国版图上的位置布局，所以“世博会”开幕后，吸引了国内外广大旅游者作出重大决策，纷纷赴昆明观光，并且带动了昆明周边地区、石林、西双版纳和贵州黄果树瀑布等旅游景区的观光热潮。5月1日～10月31日，“世博会”共接待了中外游客940多万人次入园参观游览。又如，各地重视旅游宣传工作，一般举办旅游节、“旅游交易会”的活动，在春秋两季前的旅游淡季旅游者尚未作出决策前，这些活动效果极大。南京周边地区旅游交易会自1996年至今已举办四届，参加交易的各地名胜古迹，单1998年就吸引了南京市外出旅游者200万人次；通过南京中转赴周边地区旅游者突破500万人次，其宣传效果由此可见。这表明，当旅游者采用重大决策方式时，一般对能帮助他进行选择的信息很敏感，除注意广告、旅游指南、报刊旅游专刊介绍、旅行社的资料外，常常寻求他人的帮助，如找亲属、朋友、同事等。所以，旅游企业或旅行社要为广大旅游者提供有关的详细、可靠的旅游信息，这将对旅游者的决策起很大的作用。

二、个人旅游行为的主要影响因素

旅游心理学探索和理解一个旅游者是怎样作出一般决策或重大决策的，从研究中可以发现个人旅游行为的主要影响因素是：心理因素和社会因素。

影响旅游行为的内在心理因素，包括知觉、学习、动机、人格和态度。知觉是人脑对当前直接作用于感觉器官的客观事物的整体的反映。学习是指一个人在社会实践中，以语言为中介，通过各种方式和途径，主动积极地、直接和间接地掌握人类社会历史经验、积累个体经验，认识与了解最能满足自己需要的旅游活动与服务，从而使自己消费行为发生变化的过程。动机是激励人们进行活动的内部原因或动力，是旅游行为的产生原因和推动力量。人格是个人所表现出来的行为模式，以及以一定方式表现其经验和行为的心理结构。态度是个人对待外界对象（包括人、事和物）较为稳固的，由认知、情感、意向三种成分构成的内在心理倾向，以相当一致的肯定或否定的表态。

上述的这些心理因素对个体旅游行为所产生的影响是个体内在方面的影响，可是，这种影响并不是在真空状态下产生的，因为，旅游决策不论是何种方式在很大程度上都受到外界（旅游环境）的影响。因此，旅游心理学有必要去分析一下他人对个人旅游行为的影响。他人所施加的影响被称为“社会影响”。如图 2-3 所示，这些社会影响大致可以分为四个主要方面，即家庭的影响，群体的影响，社会阶层影响，社会文化的影响。

图 2-3　个人旅游行为的主要影响因素

探索、讨论和研究图 2-3 所示的诸因素，可以从中了解和掌握影响旅游者旅游行为的一般规律，从而有利于开发旅游市场，改善旅游企业经营管理和服务，制定相应的对策。有关心理因素和社会因素将在本书中各章分别进行详细的探讨。

旅游心理学将心理学基本理论应用于旅游实践活动，重点研究旅游心理和行为规律，分析旅游业工作中的心理因素，这为发展旅游事业，改善旅游业经营管理，提高服务质量提供了理论依据。

旅游行为的基本要素是旅游心理和旅游环境，它是旅游心理和旅游环境相互作用的结果。旅游心理学认为，把旅游者看作旅游决策者有助于理解旅游行为，旅游者拟订旅游决策及其过程，对激发人们的旅游行为有积极意义，还对旅游服务及旅游者后续旅游行为的研究有重要作用。从研究中还可以发现个人旅游行为的主要影响因素是心理因素和社会因素。

思考题：

1. 旅游行为有哪些主要基本要素？
2. 简述旅游心理与旅游环境的基本涵义。
3. 什么是旅游者一般决策和重大决策？
4. 个人旅游行为的主要影响因素是什么？

第三章　知觉与旅游行为

旅游和闲暇行为产生各种各样的决定。这些决定涉及到选择问题，人们对摆在面前的诸多选择，如到哪里去旅游？怎样去？怎样度过休闲时间？可能作出的主观判断取决于许多因素，其中最重要的一个因素就是人们对每一个选择能否满足人们要求程度的感知觉。因此要理解人们的旅游与休闲行为的心理，首先要懂得知觉。心理学家把感知觉过程看成是理解各种行为的关键，当然也是解释所有不同类型旅游行为的关键变量之一。

旅游心理学研究和探讨知觉及其在旅游行为中所起的作用。一个旅游部门如能理解旅游者是怎样形成与旅游有关的服务项目的知觉，就有可能对这些知觉产生很大的影响，使旅游行为朝着有利的方向发展。因此，了解旅游者的行为首先必须从理解旅游者的知觉过程入手。

第一节　感知觉的心理原理

一、感觉、知觉、旅游知觉的基本概念

（一）感知觉

感觉是人脑对直接作用于感觉器官的客观事物个别属性的反映，是一种最简单的心理现象。知觉是直接作用于感觉器官的客观事物整体属性在人脑中的反映。感觉与知觉紧密联系，正常的成年人身上，纯粹的感觉形式是少见的，多数是以感知的形式出现。如人们早晨出门感觉冷，实际是一种“天气冷”的感知觉。当然“知觉”是以感觉信息为基础，在知识经验的参与下，经人脑的加工，对事物作出解释的过程，从而形成对客观事物的整体知觉。

如图 3-1 有甲乙丙丁戊五个图形。其中每个图形的个别成分相似，由此引起的感觉应相似，但因为知识经验的作用，人们只对甲图能作出正确解释，形成“人脸的图形”知觉。因此，实际生活中，人又以知觉的形式直接反映事物。

（二）旅游知觉

它是直接作用于旅游者感觉器官的旅游刺激环境的整体属性在人脑中的综合反映。如旅游者知觉中的“青山绿水”是在其感觉到的颜色、大小、形

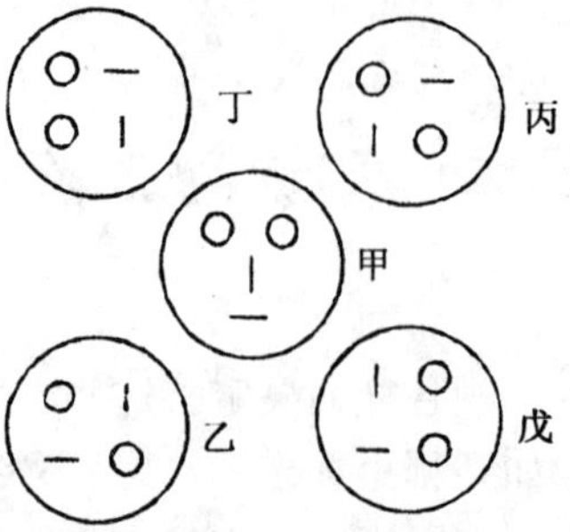

图 3-1　经验在知觉中的作用

态等基础上组织起来的。所以，旅游知觉是旅游感觉的综合。再如“优美的园林”是以亭台楼阁、假山喷泉、花草树木、鸟语花香等个别属性的旅游感觉，经旅游者头脑综合后的知觉。

旅游知觉包括视知觉、听知觉、味知觉、嗅知觉、触知觉、运动知觉及空间知觉和时间知觉。如旅游时间知觉反映旅游刺激物的延续性和顺序，旅游时间的长短、先后、快慢、节奏等，这在游览日程的制定时会经常碰到，如果游览日程安排得好，会带给客人高低起伏、回味无穷的心理感受，否则客人就会感到大同小异、枯燥无味。

二、旅游知觉的心理过程及影响因素

感知是我们理解世界的过程。虽然感知过程可在一瞬间发生，但它却不是一个简单的过程。没有哪两个人看到的世界会一模一样。为什么不同的旅游者对同一旅游活动会持不同的看法，作不同的解释，产生不同的知觉？为什么仅有些客体被注意到？为什么有些东西被记住，有些东西被忘记了？对感知过程及其影响因素的理解能帮助我们回答这些重要问题。对旅游工作者而言，了解旅游者所感知到的旅游刺激物及他们怎样添加、改变或解释这些旅游知觉，有助于我们理解旅游者的知觉，并预测旅游行为。

（一）旅游知觉过程

感知的实际过程是个体选择、组织和解释刺激，形成一种有意义的与新鲜世界相一致的心理画面的过程。它是一个复杂过程，要经过生理和心理两个过程，在一定时期内人们并不感知所有对象，仅感觉极少数的刺激，即我们对接触、注意、理解和记住的对象需加以仔细的选择，因此，知觉常常被描述为“对刺激的连续过滤过程”。这个过程实际由选择到构造再到感知三步曲组成。

（1）选择性注意。在外界环境中适应个人心理特点和心理状态的信息进入知觉世界，另一些信息未进入或进入后不被重视。

（2）选择性理解构造。个体对外界的刺激，加以理解构造成有组织有意义的对象。

（3）选择性保持并感知。外在的各种刺激，凡符合个体心理状况，不但被优先感知而且在记忆中保留一段时间，个体还根据个人的经验所得的知识加以补充甚至夸大，这样才能在以后影响旅游行为。

（二）影响因素

旅游产品怎样被旅游者感知取决于多种因素，它不仅复杂，其中有些还尚未研究清楚。已知影响旅游知觉的因素可分两类：

1．客观刺激因素

包括①知觉对象本身的特性；②组合规律；③个体的生理条件。

知觉的先决条件是刺激的客观存在。旅游刺激本身的性质（大小、规模、颜色、音响、形态、质地、运动）等若出乎我们的预料变化了，就会影响人们的注意而纳入旅游知觉。如刺激的强弱、对比、反复、新奇、运动等，在旅游刺激中表现为险峻挺拔的高山，奇卉珍禽，雄伟、珍贵的古建筑，绚丽多姿的风土人情，万绿丛中的红花，夜幕降临下的万家灯火，山涧的流水飞瀑，山林中漂泊不定、变幻莫测的云海，特殊的天气现象（佛光），别具一格的旅游风味小吃、纪念品，常见的历史文物古迹。旅游刺激的组织规律及旅游者个体的生理条件，感觉器官的生理功能是否正常，身体健康状况，疲劳程度都对旅游刺激的知觉产生影响。如体弱有生理缺陷的旅游者对爬山信心不足，对远距离的旅游顾虑重重甚至成为阻力。

2．主观个人因素

包括①需要与动机；② 经验与期望；③ 态度与价值观；④人格特征（兴趣、态度、性格、社会阶层意识）；⑤ 其他（智力水平，情绪刺激因素等服务的反应）。旅游刺激是社会知觉产生的根源，旅游者主观的个体心理因素，选择组织解释和产生旅游知觉并影响旅游行为。

由于旅游刺激环境是一个复杂的知觉环境，对旅游环境中感知的一些客体、活动及旅游项目的知觉，主观个人心理因素起着极其重要的作用。

三、旅游知觉的特性及其影响因素

旅游知觉的特性是在旅游者感知过程中体现出来的，因此影响旅游知觉的因素常在这一特性中表现出来。我们对旅游知觉选择性、理解性、恒常性、整体性等特性的理解，有助于我们对旅游者作出并实施旅游决策时的一些心理和行为的理解。

（一）选择性（选择性注意）

在一定时间内，旅游环境对旅游者的感官刺激是复杂多样的，旅游者不能感知一切事物，只好对注意的旅游对象加以选择。因此，旅游知觉具有选择性或选择性注意的特性。如自然界常山水并存，古人却道："仁者乐山，智者乐水"，说明古人就了解乐山或乐水取决于人们对山水的选择性注意的知觉。旅游者根据主观的需要、目的，主动地、有意识地注意某些刺激对象或无意地被某种旅游刺激物吸引作为对象产生清晰的知觉印象而周围的事物及旅游环境则成为旅游感知的背景，知觉印象较模糊。旅游知觉的选择性注意的特性规律，使旅游者能够把注意力集中到少数重要的旅游刺激或刺激的重要方面，排除次要旅游刺激的干扰，使旅游者更好地接受旅游客体，产生良好的旅游知觉，获得一种旅游乐趣。这种摒弃非本质的、无关的或从个人文化角度出发难以接受的事物的知觉筛选过程，常被描述为"感知防御"形式。它帮助旅游者筛除与他不相干的刺激，可为我们节省时间、精力。知觉选择性特性，在旅游资源的开发、设施的建设、旅游服务和旅游宣传中均有重要意义。

在日常生活中，人们的信念常局限于一些周而复始的日常琐事，因而常具有渴望感知没有接触过的新刺激的倾向，旅游即为这种倾向的一部分。这时，旅游者希望尽可能多地把各种刺激纳入知觉，扩大知觉的对象，体验日常生活中没有或无法体验的丰富多彩的人生乐趣，获得一种美的享受。此时，旅游者对超载的刺激信息，不是采用选择性注意，而是借助于另一种方法，对付超载的旅游信息。如利用明信片、笔、纸、照相机、录像机、旅游日记等，记录下旅游时无法深入感知的事物。这些辅助工具的目的，是延长注意的过程，使旅游者在事后能回顾当时无法多加注意的听觉和视觉形象，并在必要时从这些事物中获得更多的含义或乐趣，这有助于解释为什么大多数旅游者都乐于携带照相机和摄像设备。

旅游者把对象从背景中筛选出来有一定的规律，旅游知觉的选择性注意受到多种因素的影响，这里主要介绍几种：

1. 旅游刺激对象本身的特性

人们生活在一个复杂的感知环境中，既有物的自然方面的刺激，又有人的社会方面的刺激，各种刺激不能全部被人们注意而纳入知觉世界。旅游活动中，旅游刺激物鲜艳新奇，富于变化；刺激的强度大，时间长；都会引起旅游者的选择注意而纳入知觉世界。如旅游者对旅游产品的知觉，似曾相识，无甚特色、千篇一律的产品很难成为旅游者的知觉对象。所以，旅游者在对大量的广告信息进行筛选的过程中，只注意那些标题鲜明、广告画面突出的信息而很少阅读广告的正文。

2. *知觉对象与背景的差别律*

旅游对象与背景差别大小影响着旅游者的选择。

3. *旅游者主体本身的特性*

旅游者的生理条件不同，意识倾向不同，在接受旅游环境的刺激时会有不同的知觉。这是由于旅游休闲领域是一种复杂的感知环境。研究表明，没有两个旅游者以完全相同的方式感知某一旅游目的地或旅游产品。在对旅游环境中的一些客体、活动及旅游项目的知觉中，旅游者主体本身的特性（心理方面的因素）起着极其重要的作用。主要包括需要动机、经验期望、态度情绪、个性特性、社会地位等。

（二）理解性（选择性理解）

旅游者对旅游刺激物的感知是一个主观的筛选过滤过程，在选择过程中，人们往往根据以前的知识、经验和知觉时的动机兴趣来理解、觉察刺激并进行取舍、加工。用一定的形式理解客观事物的含义形成整体的知觉印象，这便是旅游知觉中的理解性特征。知觉的理解性有助于提高知觉速度，节约感知的时间，构成完整的知觉印象，也有助于解释不同的旅游者对同一旅游产品的知觉不同。

经验可以影响知觉的选择性理解，使人容易注意到见过的熟悉的对象而忽略不熟悉的事物。比如一个旅游者和一个博物学家在原始森林中，旅游者知觉为自然风光；博物学家看到的则是地质地貌条件，气候状况，动植物的种类……经验还可以影响我们对知觉对象的理解。例如一个在朴素宁静的乡村长大的人，对城市的繁华和喧闹的环境，可能具有城市人所无法理解的不安全感；而城市人对农村环境在最初感到新奇之余，又会有较大的寂寞感。

知觉的理解性不仅受到经验的影响，而且受到语言的指导。特别是在知觉环境复杂陌生，旅游刺激物的外部特征不明显时，导游的语言引导可补充旅游者知觉的内容，使旅游者对旅游对象的知觉理解趋于完善。比如：旅客发现中国许多景点中的亭子的顶部是圆形的，而下面是方形的，就像北京天坛主体建筑是圆形的，而围墙却是方形的；这些现象曾引起西方旅游者的争论，有的说是为了美观好看，而导游在讲解时短短一句话就画龙点睛，使他们得出正确结论：那是中国古代“天圆地方”学说在中国建筑中的体现与运用。这样，旅游者不仅理解了原因，而且对中国传统文化和古代中国人的思维有了初步的认识。

理解的一种手段是对人、行为、事件和物体加以分类，霍尔特·里普曼称之为“刻板归类法”。例如：喷气式飞机一等舱的旅客被不加思索地刻板归纳为公司的总经理、腰缠万贯的社会名流、无需为生计操劳的富翁。如塔式建筑从年代、用途、材料、外形结构上虽然千差万别可以分很多类，但旅游者常常简单地把它们知觉为塔。刻板归类过程虽然减少了感知过程所涉及的工作量，只需要少量的信息就可以对一知觉对象作出大致的判断。但是，在感知过程中信息没有被充分利用，旅游者根据有限的信息得出的归类结论很可能是不准确的，出现以偏概全的现象。比如旅游者若缺乏历史知识，对临潼华清池的景观会觉得不值一游。实际上，若有些历史知识，有导游讲解，旅游者就会从沉默的山水泉石、亭台楼阁、花草树木中感受到大唐王朝的兴衰及中国近代、现代历史的风云变幻。因此，刻板归类可以提高或降低人们对他推销的产品和服务的知觉。

另外，旅游者在理解知觉对象时，在心理上倾向于避免理解和接受与自己的经验、态度、价值观念等过去的信息相矛盾冲突和不一致的信息。他们一般寻求符合他们心理信念的信息，而忽略与之不协调的信息。也就是说，在解释理解刺激时，会放大他的某些特征，而缩小另一些特征甚至置之不理。这会导致“知觉失真”或者“知觉歪曲”，使刺激的含义背离客观实际而被曲解。它使人们能够对付与其信仰偏爱不一致的大量信息。知觉曲解是旅游活动中的普遍现象。旅游者常常根据具体的状况，有选择地感知理解旅游产品的各种信息和旅游广告等刺激。例如他们常常通过景观特色来感知理解旅游地，而忽视旅游设施、旅游管理等状况。

（三）恒常性（选择性保持）

恒常性是当旅游条件在一定范围内发生变化时，旅游知觉的对象仍然保持相对不变的特性。当旅游者向导游挥手告别时，他远去的身影虽然越来越小，但导游不会感到客人的身体在变小。例如旅游者旅游黄山归来，黄山的雄伟秀丽的印象仍然保留在他们的感知中，因为刺激的信息被感知后可能被记住一段时间。人们选择新的记忆并保持的是和他们的需要、价值观心理倾向相联系的信息。这种选择性保持，使得只有被保留下来的旅游知觉，才能对后续的旅游行为产生影响。这是因为人们总是在已有知识经验的基础上知觉客体并按已有的印象理解当前变化的客体，所以知觉的对象能保持不变，使知觉具有恒常性的特点。

（四）整体性（组织性）

人们对旅游活动中的刺激进行筛选时并不是杂乱无章的，而是有选择地把有关刺激组成一个对旅游者来说具有某种意义的整体来知觉，这就是知觉的统一完整性。这种整体的模式对旅游者的行为将产生影响。这是因为旅游刺激物和各部分的属性，总是以同一的整体作用于旅游者，构成一个整体刺激物，当旅游刺激物的个别属性或个别部分作用于旅游者时，也常受到过去知识经验的影响产生旅游刺激物的整体印象。因此，人们在知觉事物时，并不是对对象个别属性或孤立部分进行感知，而是倾向于将不同属性及部分的对象知觉为一个统一整体。如远处走来熟人，虽然看不清面孔，但可凭借身体外形、走路姿势等个别特征和经验为线索，辨认出来。由于人的知觉具有整体性的特点，人们对物对人的知觉才具有完整的知觉印象，形成完整、正确的认识。

完形心理学派提出以统一整体方式来分析知觉：即当事人观察某一对象时，实为观察一个结构形式——“完形”。该学派的创始人德国的马斯·韦得海默尔认为，经验带有整体性质是在组成部分中不能找到的，为了理解对客体的知觉，我们必须理解各种要素是怎样被组织成完形的。格式塔（它来源于德语 Gestalt，“完形”之意）心理学家提出了一些有助于解释这些完形的规律即知觉的组织现象。

1. *相似原则*

相似性是知觉组织的一个主要刺激因素，在别的方面相同的情况下，两种或者多种知觉对象倘若性质或形状相似，易被人们知觉为同一类（一个整体），既彼此相似的旅游刺激物比彼此不相容的旅游刺激物更容易组合在一起，因而成为旅游者知觉的对象。

图 3-2 表明相似原理是怎样起作用的。

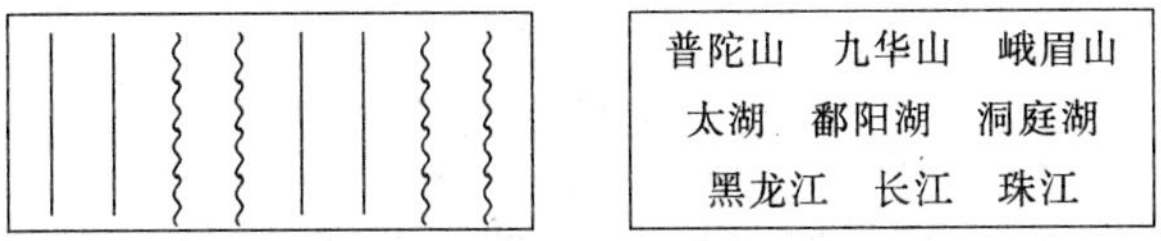

(1) (2)

图 3-2 相似组合

图（1）中，直线和曲线虽然距离相等，但往往将形状相似的直线和曲线的知觉为一组，共 4 组。

图（2）中的旅游景点虽各有特色，但旅游者常常将其分为山、湖、江旅游地来知觉。普陀山、峨眉山、九华山，许多旅游者把他们知觉为一组——佛教圣地。他们从旅游资源、旅游设施、服务等方面有许多相似之处，那么去一个地方就可以了解佛教名山的大致结构，这虽然有利于旅游旺季时分流（既然差不多只去一个地方就行了，从而减少了各地的客流量），但这在某种程度上对各旅游地推销旅游产品不利。了解到旅游知觉的这一特性，我们就应该注意宣传各景点的特点，同时在开发生产旅游产品、进行广告宣传时注意突出特色，不要搞雷同、重复建设。不然客源会减少。例如我们很多地方建了“三国城”，却无人问津。

2. 接近（邻近）原则

接近是我们把感知到的东西组织起来的第二个刺激因素。在别的方面相同的情况下，在时间或空间上彼此接近（临近）的刺激物容易被知觉为一个整体而成为知觉对象。

如图 3-3 中，人们不会将 *a*，*b*，*c*，*d*，*e*，*f* 6 条直线看成是分散的，而将接近的两条线知觉为一组，共 3 对平行线。

在对旅游目的地的知觉中，旅游者往往把相近的旅游目的地归为一组来知觉。如苏州、无锡，常州、镇江、南京，山海关与北戴河，旅游者常常将它们知觉为一条旅游线和一个旅游观光区来组织旅游。例如现在很多旅行社将新加坡、马来西亚、泰国组成“东南亚几日游”，正是运用这种接近组合构成完整的旅游产品来推销给旅游者以迎合旅游者知觉组合的特点，使他们花费最少的时间、精力、金钱而可以游览尽可能多的景点，获得最大的收获。当然，接近律也可能造成游客的分流，如天津、北京相邻，经常作为一个旅游整体来看待，常常出现人们忽略天津只去北京旅游，这也是天津旅游发展不快的原因之一。

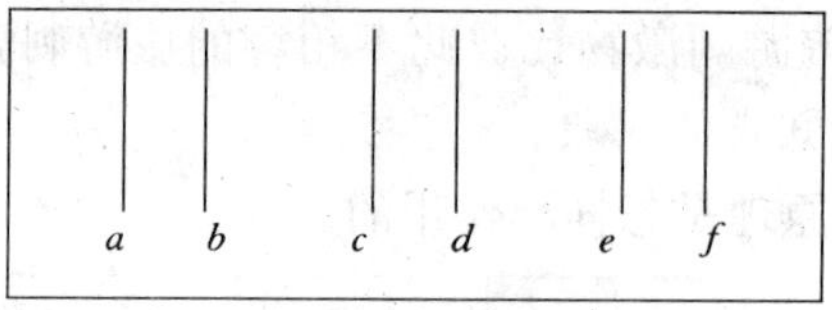

图 3-3　接近组合

3. 对称律（闭锁原理或闭合原则）

对称律是促使我们把组成完整的对称图形的客体感知为整体的一部分的第三个方面的刺激。若干个旅游刺激对象共同包围一个空间，有形成同一知觉型态的倾向，则这几个旅游知觉对象很容易构成一个旅游知觉单位。

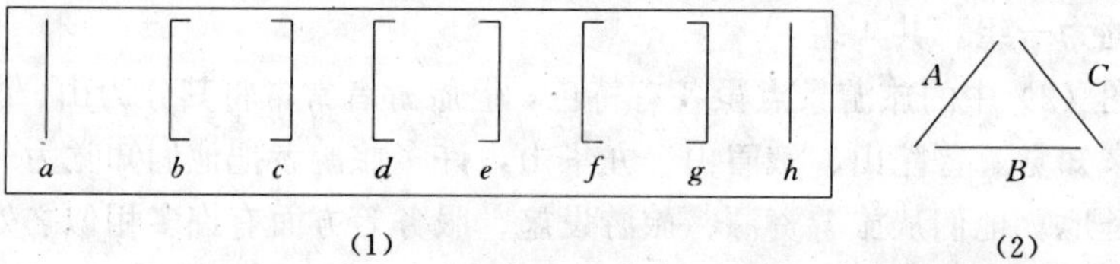

图3-4　封闭组合

如图 3-4 中 *bc*，*de* 各构成一个知觉单位，*A*、*B*、*C* 构成三角形。例如承德避暑山庄周围有八个不同的庙宇。由于它们环绕在避暑山庄周围，构成一个旅游知觉单位，被旅游者感知为与承德避暑山庄一体的外八庙景观——承德旅游区。

人有闭合的心理需要。当旅游知觉刺激中的特征并不十分清楚地显示彼此关系时，人们都会自觉或不自觉地根据以往的经验主观地增加或者减少缺失的部分，使它成为一个完整的图景表现出来，从而获得一个有意义的和完整的整体旅游知觉。如旅游中导游常常有意无意地利用这一原理，留下一些空白，使旅游者置于其中去完成它，实际上帮助旅游者留下了较深的印象。

4. 连续原理

几个旅游刺激对象，在空间和时间上具有连续的性质，就容易被人们知觉为一个整体。如图 3-5 所示他们不是被感知为零散点，而是被知觉为一条弧线和直线相交。在拥挤的公园里，尽管戴同样旅游帽作为标志的旅客被来往游人所分隔，但他们朝一个方向前进，人们容易将它们知觉为一个旅游团体。

图 3-5　连续组合

5. 背景律（刺激本身周围的环境影响知觉）

在同一时期内，被人们清晰感知到的东西就是知觉的对象，而被人们模糊感知到的东西就为该对象的背景。背景是指客体所处的环境或背景，它常常决定于这一客体如何被感知，对象和背景均属知觉整体中的一部分，两者相互依存，各自不能缺少对方而单独存在，因此，背景的变化会对知觉对象产生影响。如图 3-6（1），可互换的双面脸说明了背景原理及它是怎样起作用的。如果将暗色部分感知为背景，人脸就出现在左侧，如果把白色部分看成背景，人脸就出现在右侧。再如（2）图中 a、b 两线长度相等，但在知觉现象上 a 长于 b，这是由于受箭头方向的影响。再如（3）图中：左图中 3 个角皆为钝角，右图加上虚线后，这时原来的三个角$\angle AOB$，$\angle BOC$，$\angle COA$ 都成了直角，这是刺激受参考架构影响的现象。

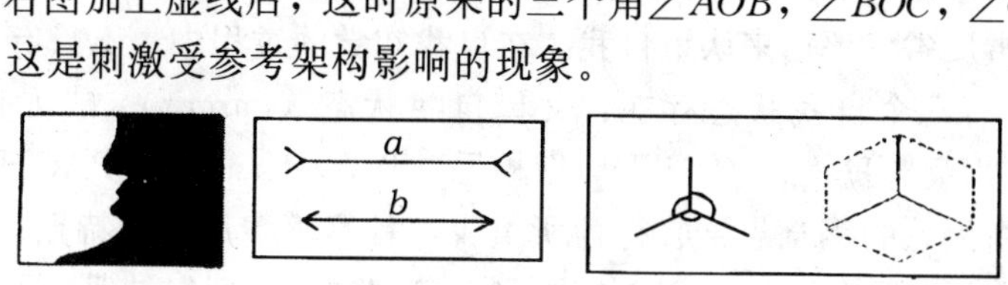

（1）　（2）　（3）

图 3-6　背景原理

在旅游活动或对目的地知觉中，越是对象和背景差别大，就越容易引起人们的知觉，背景变化越大越能显示出对象的光彩迷人，容易引人注意，增加游兴。知觉的组织现象与知觉受刺激对象周围环境影响的事实说明，一个人的知觉，不可能单由所面对的事物的特征所决定，而要受较大的整个知觉系统的影响。

第二节 旅游活动中的社会知觉

一、社会知觉的概念

社会知觉是指主体对社会环境中有关个人或团体特征的知觉。社会知觉的过程不仅要依据主体的社会经验对有关的信息线索进行选择与识别，还包括分析、比较、归类、概括、判断、推理等思维活动。社会知觉是人们在社会行为与社会活动中逐渐产生、形成、发展起来的，是影响人际关系的建立与活动效果的重要因素之一，影响人们的社会行为。旅游是一社会活动，组织者、接待者与旅游者之间相互知觉的内容及性质影响相互关系的建立、维持和发展，并在很大程度上影响旅游活动的效果，对我们了解旅游者的动机、感情、意图、推测其旅游行为有重要意义。

二、社会知觉的类型

社会知觉包括：对他人的知觉，人际知觉，角色知觉和自我知觉。

（一）自我知觉

是主体对自己心理活动与特征的认知与判断。它决定了自我行为的基本形态及其生活的态度。旅游工作者正确的自我知觉有利于责任心和职业道德感的形成，并与旅游者建立良好的人际关系。

人们在社会生活和旅游活动中可以通过以下途径认识自我：①以人为镜，认识自我；②扮演角色，促进自我知觉的发展；③社会比较，认识评价自我；④自我分析反省、评估来认识自我。在自我知觉的过程中，不只有一个“自我”，而是有三个自我状态存在：父母自我状态（Parent）、成人自我状态（Adult）、儿童自我状态（Child），即柏恩（T. A. Berne）的PAC理论。“儿童自我”由天然的感觉思维、行为所组成，具有感情用事的特点；“父母自我”认识人、训斥人，有权威式的作风特点；“成人自我”是理性思维，行为不受情绪的影响，能够面对客观现实，正确解决问题。如果旅游者和旅游工作者都同时表现出“儿童自我”和“家长自我”，就会出现冲突。旅游工作者为搞好旅游接待服务工作，应该有意培养“成人自我”，正确面对各种旅游者。

（二）对他人的知觉

主要指对他人的感情、动机、性格等心理状态和个性心理特征的认知。我们通过什么途径去知觉别人？俗话说："听其言，观其行，而后知其人。"也就是说，知觉一个人可以依据其言论的内容和风格，行为的方向、性质、方式及在旅游活动中的表情等外显行为，去了解一个人的心理及品质，形成一个初步的印象，从而获得对其身份、兴趣、爱好、能力、气质、性格等的认识。心理学的研究表明：具有情绪标志的面部表情、语言表情、身段（行为）表情、手势表情是识别判断他人情绪的重要线索。通过观察旅游者表情的各种细微的差别，判断其情绪状态，预测其可能的行为，以便提供针对性的服务。旅游者也可以观察周围人的表情变化，来推测行为方向，决定自己的行动。

（三）人际知觉

是指人与人之间相互关系的知觉。人际知觉是社会知觉中最核心的成分。一个旅游者在社会群体或旅游群体中，其个体行为必定受其他成员的影响。如旅游者与旅游工作者之间，旅游者与旅游目的地的居民之间，旅游者与旅游者之间的人际知觉如何，对旅游知觉都能够产生重要影响和作用。

从人际吸引的心理分析来看，人际关系的心理因素是复杂的，它既有认知成份，又有情绪和行为成分，而情绪的成分是人际关系的主要特征。

影响人际吸引的一些重要因素（也是我们判断人际关系的几个主要方面）包括：①空间因素。人们空间距离的远近是我们判断人们亲、疏的一个重要标志。②交往频率。即人们互相接触的次数多少，是人们获得正确人际知觉不可缺少的过程。如一个旅游团体内，成员之间因兴趣爱好或目标一致，交往频率高，成员间了解多，容易形成共同的感受和体验，在此基础上，容易增进友谊，建立密切的关系。③类似性因素。理想、信仰和态度相似，人的思想感情容易相融洽。所谓"情投意合"，就是条件相类似的，彼此容易交朋友。在日常生活或者在旅游团中，常常可见同龄人相互吸引、接近。社会背景、教育水平、经济收入、籍贯、职业、社会地位、社会价值、资历等方面相似的人容易相互吸引和结合。④互补因素。双方的需要正好成为互补时容易吸引。如：依赖性强的需权力欲者控制，权力欲者希望控制依赖者，双方会产生强烈的吸引力，形成良好的人际关系知觉。

（四）角色知觉

是对某个人在社会活动中所扮演角色的认知与判断，以及对有关角色行为社会标准的认知。角色标明了人在种种社会关系中的作用、权力和责任，反映了人们对个体的期望和要求。角色知觉包括对自我和他人角色的知觉。在旅游活动中，对角色的认知在判断人们的行为、搞好旅游服务工作、顺利完成旅游日程等方面有着重要作用。在人际关系中，一旦环境因素和角色因素确立后，两者之间的交往形态和人际关系也随后大体确定，如果当事人不依照社会已形成的人际之间的确定关系进行交往，就很难与他人相处，这必然会影响人际关系朝着良性方向发展。如旅游活动中，导游与旅游者的关系一旦被确定，他们就依据彼此间所认可的相互交往方式来行事。导游有权要求旅游者在旅游中遵守有关的规定，旅游者有权要求导游解答旅游中遇到的疑问，当遇到麻烦时，也首先想到是请导游帮助解决。所以，角色确定后，各个角色所应展现在社会上的形象、行为、职责也随后确立，角色之间的关系与交往形式也就大体决定了。

人对角色行为的辨认往往要以一定的角色标准为依据。角色行为规范和标准的建立可以从不同的心理角度着眼：①情绪情感标准。如演员喜怒外显。②动机标准。如商人追求利润为目的。③社会服务标准。如导游应热情耐心，服务周到。④社会地位标准。如科学家与教授在社会上有较高的地位。⑤个性心理特征等。角色知觉及角色行为的获得受以下因素的影响：①角色期待。对角色期待的明显程度能产生关心、信任、鼓励作用，如医生对病人的角色，具有被强烈期待的性质，所以易于被清楚地知觉。②角色冲突。可能障碍也可能促进人们对社会角色的认知与行为。③社会刻板印象。可能有利也可能妨碍人的角色知觉。角色知觉是角色行为（实现）的主要因素，角色实现是个人对环境的一种适应。如果社会对角色的期待暧昧不清或个人对有关社会给予的角色知觉不明确或对角色的知觉错误，则可以预料他的角色行为（角色实现）必定发生偏差。如果一个角色中有数种期待便产生角色冲突，解决的方法是改变自己的行为或地点、时间上把两者分清，即根据环境的变化实现对角色行为的转变——角色转变。

总之，如何获得正确的社会知觉，如何给别人良好的知觉及正确地认识角色的行为标准和实现角色的行为，对于我们自己，对于指导我们的管理对象，培养旅游业未来的人才都有重要意义。作为旅游工作者，应加强自我知觉，检点自己的行为，充分认识自己所扮演的角色及工作的意义和职责，从而与旅游者建立良好的人际关系。

三、影响社会知觉的心理效应及心理定势

（一）第一印象（首因效应）

首因效应是指初次见面形成的第一印象会产生一种心理倾向，影响人的进一步知觉。心理学家鲁钦（A. S. Luehins）的研究认为，先出现的线条或资

料对总印象的形成具有较大的决定力。通常第一印象良好，使人进一步知觉他的长处，从而对他的判断长处多于短处。反之第一印象不佳则会发现短处多于长处。首因效应表明，得到别人的第一印象时会伴随一定的态度，而形成进一步的知觉。如旅游者在旅游活动中第一次接触到的事物所形成的印象，会影响到以后对知觉对象的知觉。旅游者进入一个新的旅游地，第一次接触当地人，第一次品尝地方风味，第一次游览某一名胜，留下深刻的旅游印象，形成一定的心理定势。在以后的旅游活动中，他会不自觉地将当前的印象同第一印象相联系。如第一印象良好，对以后的不良印象也易容忍；相反，好印象也会相形失色。第一印象具有层次性、广泛性和推延性的特点，如旅游者游览某一景点得到一个良好的印象，他会对该地区所有的景点产生良好的印象，在某个景点受到某服务人员热情的服务，他会将这一印象延伸到这个景点所有服务员。所以第一印象不仅鲜明牢固，而且对以后的人际知觉起指导性作用，人与人交往，总是以最初印象为媒介。首因效应本质上体现了一种优先效应：人们接受信息时，总是倾向于最初的信息，并常按照这种信息来解释后面的信息是“非本质”的、“偶然的”；前后的信息不一致时，常屈从于前面的信息，形成整体一致的印象。初始效应的形成与人们知觉的恒常性有关。人们初次相见，往往没有任何有关的信息可以参照，但以后交往的人们就会按过去得到的有关信息，尤其是初次印象来解释当前的知觉信息，使知觉对象保持不变，因此尽管第一印象难免对以后的知觉带来偏差，但却是人们认识不可缺少的信息来源，这就是第一印象得以存在并发挥重要作用的理由。

（二）新近效应（近因效应）

心理学家通过实验发现：在有两种或两种以上意义不同的刺激物依次出现的场合，印象形成决定因素往往是后来新出现的刺激物。新近效应（近因效应）是指一个人最后给人留下的印象有强烈的影响。在旅游的接待中，如果服务人员不能把优质服务贯穿始终，那么给旅游者的印象很可能是后者，并以此作为该企业的总体印象。在旅游接待中即要“慎始”也要“善终”，将好服务贯穿始终，使旅游者对整个旅游活动都感到满意。

近因效应和首因效应，都是客观存在的，为什么有的旅游者受首因效应影响，有的却受近因效应的影响？这主要取决于旅游者的认识结构。研究表明，认知结构简单的人易出现近因效应，认知结构复杂的人则易出现首因效应。以上两种效应在社会知觉中都起重要作用，只是依据的条件不同而有别。一般，在接触陌生的对象及知觉到的最初和最后的材料中间没有无关的材料时，起始效应（首印效应）起重要作用；当接触熟悉对象及在两种材料中插入无关的材料，则新近效应（近因效应起重要作用），最早和最后出现的时间间隔越长，则新近效应的作用愈强。

（三）光环效应（月轮效应或晕轮效应）

月晕是刮风天气的前夜，人们隔着云雾看月时，由于光的折射，会看到一个实际并不存在的月亮周围的大圆环，即月亮的光环。月轮或晕轮效应（光环效应）是社会知觉中的一种以点概面、以偏概全的偏见倾向。人们从对象的某种特征泛化到其他一系列有关特征甚至整体特征，从而产生美化或丑化对象的印象，这种如月晕的效应，带有明显的主观性，在印象形成中具有演化、扩张和定势作用。它使人们从所知觉到的特征泛化推及到未知觉的特征，从局部的信息形成一个完整的印象。如我们对某个人的印象好，会逐渐扩展到夸大其长处、优点，而缩小、忽略其缺点，产生以偏概全、爱屋及“物”的偏差，即从喜欢一个人的某个特征推及到喜爱他整个人，进而喜爱一切与这个人有关的物，这是晕轮效应的偏差化。如导游给旅游者留下了良好的第一印象后，旅游者旅行中一般都较配合导游的安排，即使某些方面欠缺，旅游者也往往容易谅解。当然，在旅游活动中，旅游者也可能因某项或某人服务质量不好就推及到旅游企业整体，认为该企业一无是处。

晕轮效应的成因：①与人的知觉整体性特征有关；②晕轮效应的存在受内隐人格理论的作用，即人们普遍认为，人的各项品质间有其内在联系。如热情的人往往对人亲切友好，富于幽默感，肯帮助别人，容易相处，这样某人只要有了“热情”这一核心特征，人们就会自然而然补足其他关联的特征，产生晕轮效应。③人们往往把一个人的性格特征与他的外部表现联系在一起。如人们认为具有自私自利、欺软怕硬性格特征的人，则会在其他方面表现出虚伪阴险，表里不一，对人只知利用不愿帮助，或阿谀奉承，或骄横跋扈，这些特征也会在举止表情上反映出来。于是，人们既可从外表知觉内心，又可从内在性格特征演化到外表的评价上。

（四）经验效应（定势效应）

在社会知觉中，人们常受以前经验模式的影响，产生一种不自觉的心理活动的准备状态，在头脑中形成一定的思维定势，即经验效应是指人们凭借以往的经验、认识、判断、决策、行动的心理活动方式。它将对方的某些特征“先入为主”地存在于自我意识中，使认知者在认识时不由自主地处于一种有准备的心理状态对知觉对象持某种习惯的思维方式（定向趋势）。如中国古代有“疑人偷斧”的典故，说的是一位农夫丢失了一把斧子，怀疑是邻居的儿子偷的，于是农夫看他走路的样子、面部的表情，都像是偷斧子的。后来农夫找到了斧子，再看邻居的儿子怎么也不像偷斧子的了。这里知觉的对象没有变，所变的是农夫丢失斧子前后的心理状态。

这种经验或定势效应的形成，与我们知觉形成时的理解性有关。因为在知觉事物时，我们总是根据经验来理解它并为随后要知觉的对象作好心理准备。这种经验效应形成的心理定势在社会知觉中，既有积极影响，有助于人际交往的正确发展；又有消极作用，导致认识者形成知觉偏差，影响人际交往的正确发展。

（五）刻板印象

刻板印象是社会上一部分人对某类事物、人物所持的共同的、固定的、概括的、笼统的看法和印象，就像刻在木板上一样难以改变。它不是个体现象而是群体的“共识”，是一定范围人群共有的、积淀深厚而广阔的宏观心理定势。它有助于人们对众多人的特征作概括了解，同时又可阻碍人们对个体的正确知觉。在人际知觉中，人们往往按某人的一些容易辨别的类别特征，如年龄、性别、民族、职业、文化等特征，把他归属于某一类成员，然后把属于这类成员的典型特征都归属于他身上，以此为据去知觉判断他。这实际上可以理解为对社会上各种各样人物的一种角色期待。刻板印象对旅游者来说是一种知人、识事、辨物的手段，虽然它有助于快速地认识人、事、物，并将其归类；有助于旅游活动中的决策，但有一定的局限性。对旅游业而言，它可为我们知觉某一国家、地区的旅游者提供一个基本的情况，有助于确定提供何种类型的产品和服务。同时又要求我们灵活对待每一位旅游者，不能拿刻板印象硬套。

刻板印象的产生与知觉的选择性特性密切相关。人们不仅对曾经接触过的人具有刻板印象，即使对从未见过的人也会根据间接的资料与信息产生刻板印象。于是，人们总是带着一定模式有选择地知觉人的各个特征，发现并选择与期待的模式相吻合的特征而舍弃不符合的特征。

（六）制约现象

在现实中，我们常常会根据某一特性的存在而推论与此有关的某些特征也同时存在，这种制约现象可用图 3-7 表示。

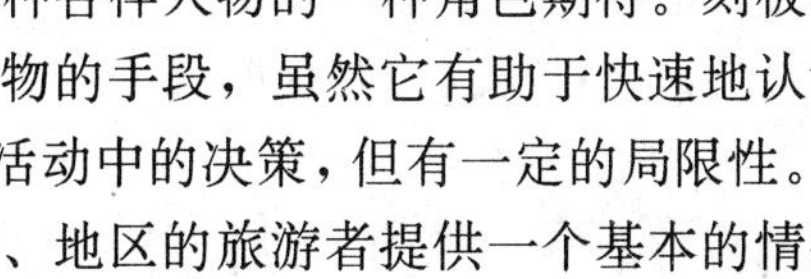

图3-7　制约现象

假如每 S_1 出现时都伴随 S_2 则 S_1、S_2 间形成一个刺激单元，它引起的反应为 R_2，则后来仅有 S_1 无 S_2 时也能引起 R_2 反应。

如人们曾对一个人形成了良好印象，后来当遇到跟这个人的某些人格特征（如音容笑貌）相类似的人，就容易在不知不觉中，对其产生良好印象，平时所说“一见如故”就属于这种制约现象。

（七）情绪效应

主体当时的情绪状态可影响到对人的评价，同时，交往双方还可以产生“情绪传染”的心理效果。主体情绪不正常，也可引起对方不良态度的反应。如导游作为旅游团的主体，他的情绪不佳，可引起游客的不良反应，影响游客的游兴。

总之，随着社会环境的变化，社会知觉现象及其规律也会发生变化。对社会知觉起重要影响的心理效应还有错觉印象、线索偏差、速信心理、投射作用等。应该指出的，各种心理效应，互相影响制约，并在许多情况下同时影响和制约人们的知觉方式、知觉内容和效果。

下面一节，我们将应用上述旅游知觉的原理来论述它在旅游活动中是怎样起作用并影响旅游行为的。这部分讨论（例子）有助于我们了解旅游者对某一旅游产品或服务的重要性，了解旅游者对旅游产品或服务的知觉有助于解释它在旅游市场上受人们欢迎的相对程度。

第三节 旅游者对旅游条件的知觉与旅游行为

旅游活动中的“吃、住、行、游、购、娱”各个环节构成了旅游的基本条件，旅游者对这些旅游对象和实现旅游活动必要条件的知觉印象直接影响到对旅游目的地的选择，影响到旅游者的决策行为及对旅游的态度。因此，旅游者对这些旅游对象和条件的知觉与旅游决策行为的研究有十分重要的意义。其中对“行”和“购”两个基本条件的知觉及旅游行为我们放在第四篇旅游服务心理中的交通服务心理、购物服务心理中论述，本节主要讨论①旅游者对旅游目的地的知觉及这些知觉如何影响旅游者对旅游地的选择；②旅游者对旅游的设施的知觉，他们怎样影响旅游者对吃、住等行为的决策反应；③旅游者对娱乐服务的知觉；④旅游者对旅游广告的知觉。

一、对旅游目的地的知觉

旅游者作出到甲地而不到乙地或其他旅游目的地的旅游决策，很大程度上取决他们的知觉。在旅游行为的不同阶段，知觉的信息来源不同。在行为决策阶段（即人们前往某一旅游目的地之前）知觉的信息来源以自己或他人的经验，对旅游目的地的知觉信息来源以间接信息为主，如新闻媒介的有关文章、专题报道、旅游广告、书刊、旅游手册、电影、电视等，这种知觉结果影响其对旅游目的地的选择。在旅游活动阶段，知觉的信息来源于旅游者亲眼所见并身临其境的对旅游目的地的亲身经历，以直接信息为主，其知觉结果影响旅游者的消费行为。

心理研究表明，当一个客体或事件被感知时，它通常是以一组相似的客体或事件之一被感知，人们在感知旅游目的地时，通常也是把相类似的旅游目的地归为一类进行选择。世界上可供旅游的地点很多，旅游者必须在许多可能的地点中作出选择，它促使旅游者将各种选择进行比较，比较的依据是以各种决策标准衡量每个选择所得到的知觉。因此，我们要了解旅游者怎样作出他的旅游决策，就必须知道他们的决策标准及个体以对他所面临的各种选择的感知（即以他的决策标准对旅游目的地的综合评价与理解）。

旅游者个人的决策标准与个人的要求条件和个人的价值观念有关系。没有两个人以同样的方式来感知一个旅游目的地，因为人们的知觉具有选择性。因此，人们对旅游目的地的知觉是因人而异，甚至是因国而异的。如 1983 年，我国国内数十家旅行社对海外十个国家的游客的调查结果说明（表 3-1），外国人对到中国来参观历史古迹，观赏自然风光及品尝美味佳肴，普遍具有良好的知觉印象，它是外国游客选择来中国这一旅游目的地的知觉基础。部分人感知来中国这一旅游目的地能体验到不同的文化、生活方式和购买到精美的纪念品（工艺品、礼物），但对旅游设施、旅游服务、娱乐等方面的知觉印象较差，它影响了外国游客来华的人数。这反映了 80 年代初我国旅游起步时外国游人对中国的知觉印象。实际上，外国人对中国的知觉，除客观因素外，还与历史的原因、个人的经历态度、偏见、爱好、文化因素、传媒的误导相关，他们得到的可能是对中国歪曲了的信息，在此基础上形成的知觉影响了对中国作为旅游目的地的选择。但中国又是一个地大物博、旅游资源丰富的国家，使外国旅游者知觉上产生模糊感、神秘感。因此，中国对一些外国旅游者具有特殊的吸引力。特别是那些具有求新奇、求名利的外国旅游者，中国这一旅游地能带给他们足够多的新刺激和心理满足感。如改革开放初期外国旅游者大量拥入中国，可能就是基于这一原因，但当时旅游设施、交通服务等条件较差，它影响了外国旅游者对中国旅游地整体的良好知觉。

在 1994 年国家旅游局又调查了 15 个国家的来华旅游者，发现 90%的人对宾馆、导游、餐饮的设施服务的知觉印象良好，说明他们对中国这一旅游目的地的知觉在改进，但在交通、景点的厕所、价格等问题上还有待进一步改进。为了使中国这一旅游目的地能在外国旅游者心目中形成良好的知觉形象，必须通过广泛的调查研究，了解中国在外国旅游者心目中的形象，他们

表 3-1 外国游客对中国作为旅游目的地的知觉

游客的评价 / 游客产生国 / 游客可得到的期望	泰国	马来西亚	印度尼西亚	澳大利亚	日本	墨西哥	加拿大	美国	德国	法国
体验不同的文化和生活方式	−	+	±	−	±	−	+		+	±
参观重要的历史古迹	+	+	+	+	+	+	+	+	+	+
欣赏美丽的自然风光	+	+	+	+	+	+	+	+	+	+
追求宜人的气候	±	−	−	−	−	−	−	∓	−	−
购买精美的工艺品、礼物纪念品	+	+	−	−	+	+	+		∓	±
品尝精美可口的食物	+	+	+	+	±	+	+	+	∓	+
享受舒适的接待设施	+	−	−	−	−	+	∓	∓	±	∓
学习有助于自身事业或社会生活知识	±	+	−	∓	∓	−	∓	∓	±	∓
评价的度假（低廉的费用开支）	−	−	−	−	−		−	−	−	−
参加冬季运动	−	−	−	−	−	−	−		−	−
参加娱乐活动	−	−	−	−	−	−	−	−	−	−
会见有意义的人	±	+	−	∓	−		∓	∓	∓	∓
参观社会主义制度下的建设成就	+	+	−	−	−	∓		∓		∓

注：（+）表示旅游者的期望；（−）表示旅游着无比期望；（±）表示部分旅游者有这种期望；（∓）表示个别旅游者有这种期望

就会把它知觉为什么样的旅游地。我们应依据心理学所揭示的人的知觉规律，有针对性地开展主题鲜明、形式多样的宣传，引导旅游决策，以高质量的旅游商品强化旅游者的满意感，使人们对中国这一旅游目的地的知觉完全符合或更加接近于人们为自己制定的旅游决策标准。

二、旅游者对娱乐服务的知觉

娱乐活动是旅游行为中非常需要的要素，并贯穿始终，它是人们旅游的目的之一，为旅游者提供了放松、休息、愉快、开心、解除烦恼等旅游活动的环境、气氛。

旅游者知觉娱乐活动时，除利用一定的娱乐设施外，主要取决于旅游服务质量的高低。国外学者帕提苏拉曼对服务质量评价的标准，提出了 200 多种，其中主要有 5 个具体的标准：①有形性（娱乐设施、服务人员的仪表）；②可靠性（指可靠、准确地提供许诺的服务能力）；③信任性（服务人员给人以信任和信心）；④责任性（热情帮助娱乐者的意愿）；⑤移情作用（指对娱乐者的关心和个别照顾，体现了娱乐服务人员对娱乐者需要的理解）。

K·J·麦凯和 J·L·克朗普顿认为，旅游者感知理解娱乐服务的过程如下：首先，人们在过去的经历、公平的观念、语言交流、察觉到的需要与非人际沟通（如广告）等方面的影响下，按“帕氏”的上述标准，建立头脑中的娱乐服务模型，产生娱乐服务的预期（ES）；然后，人们在实际的娱乐活动中，又用“帕氏”的5项标准感知实际的娱乐服务，产生了娱乐服务的感受（PS）。最后将结果相比较。如果PS＜ES，旅游者不满意，产生消极的娱乐服务的知觉印象；如果PS＝ES，娱乐者感到满意，产生积极的娱乐服务印象；如果PS＞ES，则旅游者就感到非常满意，产生最佳的娱乐服务印象。旅游者对娱乐服务的感知过程及结果说明，要想使娱乐服务给旅游者留下良好的印象，不仅要建造娱乐设施服务于旅游者，而且，要按照“帕氏”的5项基本标准不断完善娱乐服务设施、娱乐环境，改善娱乐服务方式，提供良好的娱乐服务，满足旅游者的需要，从而更好地创造旅游业的经济和社会效益。

三、旅游者对旅游设施的知觉

旅游设施包括住宿设施、餐饮设施、购物设施、娱乐体育设施等专业设施和交通设施、通讯设施等基础设施。旅游设施是为旅游者的需要而存在的。旅游设施是旅游活动顺利开展的必要物质条件，若只有旅游资源的吸引力，没有旅游设施的很好配合，则很难形成规模市场。旅游者对旅游设施的知觉如何对他们的旅游行为和消费行为将产生很大的影响。这里我们主要探讨的是提供中上层服务的旅游设施。

旅游设施作用于人，首先是被人感知，产生一定的旅游感知觉。它是通过人们的视知觉、听知觉、嗅知觉、味知觉、平衡知觉、温度知觉、运动知觉、时间知觉等来产生。在旅游设施的规划建设中，应尽量满足旅游者对设施的美观、安全、方便、舒适卫生等方面的心理需要，使旅游设施既具有一定的特色，又能使旅游者感觉到合宜、舒适，产生良好的旅游知觉。

（一）视知觉方面

旅游设施的形状、结构、材料、光亮度等如何带给旅游者最舒适的知觉？一般形状独特的旅游设施会给人耳目一新的感觉，如广州的白天鹅宾馆，其主体建筑就像一只展翅欲飞的天鹅，给人以奇特的心理感觉。如餐厅中，中式餐厅以暖色的黄、橙、红为主，充满欢乐喜气的氛围，在暖色的环境中就餐，可减缓旅客的就餐速度，给人一种安定温暖的感觉，符合中国传统的进餐心理。所以，许多中餐厅不仅挂上红灯笼张灯结彩，而且在高级的宴会餐桌上也常摆几只红辣椒。西餐厅多以中性色或冷色调为主，餐桌、餐具多为白色加上蓝、绿色的灯光，冷色可加快人们的活动节奏，符合西方人快节奏的生活特色。现在的快餐厅多为冷色调，使人们不得不短时间完成进餐过程。餐厅中的不同灯光可使菜肴呈现出不同色彩。一般，黄色灯光使菜肴呈现诱人的鲜嫩色相，增强人的食欲；中性色下，菜肴呈现正常的色相；蓝色灯光使菜肴呈现腐败色相，降低就餐者的食欲。因此，可利用视知觉的规律，使旅游者产生冷与暖，强与弱，膨胀与收缩等不同知觉，使旅游者对旅游设施产生良好美学效果的知觉。

（二）听知觉方面

不同的声音可以创造不同的环境气氛，给旅游者不同的心理感受。人们对“噪音”不能适应，特别是长期生活在高强度噪音中的人们具有向往宁静的自然环境的心理愿望。鸟语花香，泉响乐声等大自然的天籁之音，可使之心旷神怡，产生良好的心理感受。所以现代饭店不仅选址于风景优美、环境清净之处，而且还采用隔音性良好的建筑材料，避免室外噪声的干扰，特别是客房，严格控制各种设施发出的机械噪声，如浴缸防水声、空调声、窗帘启合声等。

（三）嗅知觉

旅游者外出时具有卫生需要，特别的气味会给旅游者带来不适感，因此，旅游设施应注意空气的洁净度，无异味，特别是卫生设施不仅要注意通风性能，而且要不断打扫并喷洒些空气清新剂。对客房中的毛巾、浴巾、窗垫、毛毯等，不仅要求柔软，而且要消毒，无异味。

（四）温度知觉

人们对温度的知觉随气候条件的变化会有所不同，旅游者觉得最舒适的温度 20 摄氏度左右，旅游设施在设计建设时应考虑到并处理好门、窗、天窗的设置使房间有充分的日照。另外，现代化的空调装置也有助于满足人们肤觉的需要，创造舒适的温度条件。再有，旅客在旅馆中洗澡，大多数人需要热水，这就要保证热水管道的畅通。

（五）空间知觉方面

有关设施应注意空间的合理使用。如旅馆的客房、餐厅、商场等都应对各种设施在空间的位置加以周密的安排，使旅游者知觉有较大的共享空间。

总之，旅游设施从设计建设到保养维护，各方面都考虑到旅游者的各种感知因素，使旅游者有一个良好的知觉环境。如外国很多宾馆饭店 80 年代更新了旅游设施吸引了大批国内外旅游者。在设施上不仅建立了五大系统：空调、音响、闭路电视、电脑电话、消防自动报警系统，窗户全是合金大型框架，玻璃隔音良好，而且，餐厅大厅灯光讲究，周围设计成庭园景色。如上海的希尔顿酒店大厅处建起小桥流水，山泉水瀑，种上青树藤蔓，尤如置于江南水乡的自然风光中，使旅游者在视觉、听觉、味觉、嗅觉等多方面同时得到满足，可谓是一种知觉享受。另外，一些非常实用的小设施，如针线包、擦鞋用品、衣刷、牙刷、肥皂、洗衣粉、洗发液、淋浴液、火柴、茶叶、手纸等，甚至卫生消毒的标志，都能满足旅游者的心理需要，使其获得舒适、亲切、温暖的良好旅游知觉，产生积极的旅游行为。

四、旅游者对旅游广告的知觉

在旅游产品和服务的推销中，广告起着不可低估的作用。广告中如何利用旅游者的感知规律，使之对广告宣传的旅游项目产生好感，从而产生积极的旅游行为，这是我们这部分所要讨论的问题。下面，我们从一个国外的例子来说明前面讲的知觉原理怎样能够有效地应用于旅游广告。美国有许多相互竞争的航空公司，一些地方性的航空公司业务范围和规模虽有大幅度的增长，但许多乘客对它们的知觉往往与新的变化情况不符，为纠正人们对它们的错觉（如认为这些地方航空公司规模和航线结构有局限性），它们采用广告来纠正人们的知觉。图 3-8 说明了比较在向人们传递信息中的价值。美国阿勒格尼公司每年客运量几乎达到 11 万这个情况对大多数读者来说没有多大意义，因为他们没有可与这一数字相比较的基准点。但是，在与另一家规模已

您知道阿勒格尼航空公司的乘客比泛美航空公司多二百万吗？

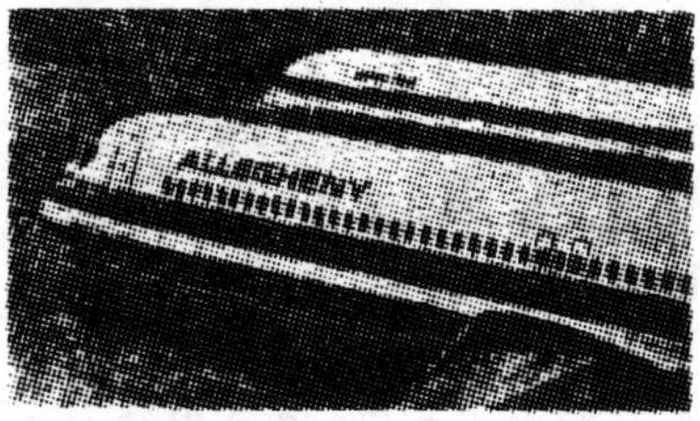

乘客总数：阿勒格尼 10 905 000

泛　美　8 257 000

资料来源：美国民用航空局最近 12 个月的数字

（不包括阿勒格尼公司 12 个短途航班的 1 431 000 位乘客）

一家大型航空公司的乘客人数以百万来计算，一家好的航空公司决不会忘记每位乘客都是一个“人”。阿勒格尼公司力求做到既大又好。现在您刚开始知道我们的规模有多大。

请乘坐阿勒格尼公司的客机，在我们喷气式客机的不分等级的客舱中享受轻松和舒适。

我们有班机飞您想去的城市，并有您所要求的工作日航班时刻安排。有您需要的减价优待票，所以您和全家一起旅游时不必担心会花尽存款。此外，我们有懂得关心人的工作人员，这种关心是谁都需要的。

下次旅游，请乘坐我们的飞机，看看我们的服务有多周到。

请与您的旅行社接洽或直接打电话到敝公司。欢迎您乘坐我们的飞机！

阿 勒 格 尼

它的航线通往各地。

图 3-8　阿勒格尼公司广告

在旅客心目中留下深刻印象的航空公司进行比较后，阿勒格尼公司的客运量就既有了意义，又有了影响。阿勒格尼航空公司或泛美航空公司的客运量与大多数人无关，因此这些数字不大可能被人记住。然而阿勒格尼公司竟然比一家很大的国际航空公司还大这一信息不但较易记住，而且较有意义，可作为留档存查的一条信息。

如果一张印刷的广告引起了读者的注意（选择性注意），那被注意到的部分通常是标题以及插图。因此，广告必须要能仅仅依靠这两个广告要素来表达其主要信息。大多数读者不会去读广告的正文。阿勒格尼公司的那张广告中标题和插图利用得特别好，通过这两个广告要素，有效地沟通了广告的信息。标题和插图相辅相成，进一步增进了该广告一目了然地传递信息的能力。读者的注意力被引向了处于插图前景中显著地位的阿勒格尼公司的客机，其机头伸在泛美航空公司的客机之前。

理解旅游行为的一个重要起点是对知觉的理解。本章提出了知觉的一些基本心理原理，说明了它们怎样影响各种旅游现象的知觉。知觉是一种筛选过程。旅游者对诸多刺激的理解受到各种客观因素及个人的期望、人格、经验、需要、动机和情绪等主观因素的影响。具有同样需要和同样动机的人会选择不同的方式来得到满足。就旅游而言，这有助于解释人们为何去不同的旅游地点，选择不同的旅游娱乐方式和旅游设施。

知觉对各种旅游决定的影响进一步说明了打算去旅游的人需要获取帮助他在心目中树立旅游产品和服务的准确形象的信息旅游是一种无形的、有高度象征性的产品。因此，旅游现象的知觉比许多其他产品和服务的知觉要复杂得多。

本章的一个中心要点是，一个机构如能理解旅游者怎样形成与旅游有关的服务的知觉，它就能对这些知觉产生重大的影响。由于知觉过程是旅游者决策过程的不可分割的组成部分，改变知觉的能力可以使消费者的惠顾行为向着有利的方向改变。

思考题：

1. 什么是知觉？什么是旅游知觉？
2. 谈谈知觉的选择性与旅游的关系。

3. 试述知觉的完形原理。
4. 试述影响旅游行为常见的社会知觉的心理定势与心理效应。
5. 试述旅游者对旅游条件的知觉与旅游行为的关系。

第四章　学习与旅游行为

心理学家们研究表明，所有人类行为都包括某种形式的学习。这当然也包括旅游者旅游行为在内，个体旅游者的行为的许多变化都要受到学习过程的影响。旅游者在面临困难及解决问题的过程中所表现出来的行为也都受到学习过程的影响。影响人们行为变化的因素很多，学习因素是影响行为变化的一个关键心理因素。旅游者在旅游活动中既是消费者，又是问题的解决者，要学习些什么才能解决旅游活动中所发生的各种具体问题，满足旅游的需要呢？学习与旅游行为是旅游心理学要探讨的重要问题之一。

第一节　学　　习

一、学习的一般概念

学习是一个很广泛的概念，学习的概念有广义和狭义之分。

从广义上说，学习是人和动物在生活中获得个体的行为经验的过程。学习是有机体适应环境变化的基本途径，是动物和人类生活中普遍存在的一种现象。

狭义的学习指人的学习。人在社会实践中对客观现实的认识过程，主要指以语言为中介，通过各种方式和途径，主动积极地、直接和间接地掌握人类社会历史经验，积累个体经验，有计划、有系统地掌握知识、技能和行为规范的活动。

人的学习不同于动物的学习。人的学习不仅在量的方面复杂化了，在质的方面也产生了新的特点，不论学习的内容、形式，还是学习的功能，都跟动物有着本质上的不同。其特点表现在：

（一）人的学习是掌握人类社会历史经验的过程

人除了先天遗传、种族经验和后天获得的个体经验同动物有同样的以外，还具有另一类，也是很重要的经验，即以个体经验的形式加以掌握的人类社会积累起来的历史经验。人类在其社会历史发展过程中，经过许多世纪以来的实践，积累起极其丰富的知识经验，这些知识经验首先凝聚在生产过程和产品中，贮存在先辈的头脑中，一代一代传下来，记载于书本中。后人通过社会实践，通过系统的学习、接受教育，不断经过生产活动，而获得知识、技能和行为规范。这是动物学习不可能有的。

（二）人类学习是以语言为中介来进行的

语言是各种事物及事物之间关系的抽象化和概括化的信号，也是记载人类积累的知识经验的工具，同时也是人们相互传递经验和交际的手段。言语的交际，逐渐扩大了个体掌握人类知识经验的可能性。人的学习总是在同其他人的交往中发生的，是通过语言的中介作用掌握人类历史经验的过程。

（三）人的学习具有积极主动性

动物的学习是为了适应环境，是消极被动、无目的、无计划的过程。人类的学习不单纯是适应环境，而且要认识世界、改造世界，使环境更好地为人类服务。人是在积极作用于周围环境，与周围人们交往的过程中进行学习的，因此人类的学习是一个自觉的、积极主动的过程。人类的学习不仅是为了满足生理需要，更重要的是满足社会需要。人类的学习是一个有目的、有计划的过程，是有极为丰富的学习动机的，为了达到目的，人要探索各种有效的方法和途径，这些都是动物学习所不可能有的。

二、学习

旅游心理学根据心理学对学习的一般概念的理论引申，所有旅游者旅游行为都包括某种形式的学习。个体旅游者的行为随时间逐渐发生变化，而这些变化则往往受到学习过程的影响。

旅游者既是消费者，又是问题解决者。他要考虑如何解决各种旅游问题——选择哪一处旅游景点，是元旦还是春节休假时出发，乘飞机还是乘火车，旅游路线及天数，找哪家宾馆；如果参加旅行社要做哪些准备等——由于各种经济、心理、家庭、社会和文化方面的原因而发生变化。旅游者的经济收入有高低，各个旅行社的不同旅游点的收费标准起伏不定，旅游者的动机和知觉也会发生变化。当旅游者的年龄增长，从一个年龄范畴进到另一个年龄范畴时，他发现自己的旅游行为往往也必须同时改变。年轻人无所顾忌，全国各处许多奇特自然景观，都有他们的足迹；而老年旅游者会发现不能再爬高山，喜爱在疗养胜地或海滨、或拥有名泉的旅游点，边休养边游览观光悠闲自在。他们在生理上和心理上发生变化，旅游环境也发生变化，迫使他们改变自己的旅游行为，他们被迫去适应。他们要适应以便使自己仍能达到所期望达到的旅游目标，学习在这个过程中起着重要的作用，因为适应是学习得来的。

学习的过程——对旅游者自己和周围旅游环境的变化的适应过程——能

对旅游者旅游行为产生重大的影响。学习能对我们的知觉、人格、动机和态度产生深刻作用；也可以说，是对影响旅游行为的许多关键的心理因素有深刻作用的一个心理过程。

通常参与旅游活动之前，需要旅游者系统地评价可供选择的旅游地和行动方式。凡是审慎的、胸有成竹的、符合实际的旅游决定，是旅游者运用过去旅游的经验中（或是别人的旅游经验信息）学习到的东西，才作出比较有成效的决定。例如，一个旅游者在前一次异地游时，为了节约时间，便参加了当地旅行社“一日游”或“二日游”，这样的好处是能观光当地比较有代表性的景物，花费也不多；但是也遇到对于旅游景物都是“走马观花”，难以仔细领略其中的真趣；而且吃饭问题是旅行社指定的固定餐馆，往往是价高质次，又是在比较偏僻地方，使自己无法另寻餐厅；旅行社的导游往往在不多的时间里安排大家购物，少不了要被温柔地“宰一刀”等一系列问题。因此，下一次他再异地游时，运用上次学习到的经验教训，就不再找当地旅行社，所作的决定就是自助游，按照自己的情趣，尽心进行游览。又如，现在有一些精明的旅游者巧妙地利用旅行社订房订票的能力，在落实了交通、住宿以后，进行自助式旅游活动，白天宽宽松松，自由自在，按照自己设计的线路心情舒畅地进行观光游览；中晚餐适当地享用当地一些名菜名点；晚上快快乐乐地自娱自乐，这种较有成效的旅游决定是因过去经验而习得的。这些都表明某些旅游行为只有在意识到它们是以个体旅游者所了解的情况（经验的积累）为基础之后，才能充分满足自己的旅游需求。

近年来不少人节日出外旅游，已逐渐成为一种习惯，这是由于他们平日不断的工作带来紧张情绪，而他们知道出门旅游可以舒缓紧张。由于旅游确实可以陶冶个体旅游者心情，尤其是春光明媚的春游。从生理角度看，对人体健康大有裨益。和煦的阳光、清新的空气、翠绿的草木、宁静的自然环境，都有利于保护头脑中枢神经。

这能使旅游者学习到旅游可以给他以缓和紧张、心情舒畅的酬偿，而只要这种旅游行为能得到令人满意酬偿，他就将继续旅游。这样，可能逐渐成为习惯，只要节日到来之前，他就会产生旅游的冲动。

学习是一种广泛的活动，是包罗万象的。对一个人来说，从其出生时开始，持续到死亡时为止。有的人在婴儿时，由其父母带往外地旅游，已开始学习；到进入托儿所、幼儿园时不仅常与父母一起出门旅游，而且在春秋两季还会与小朋友同游；而到小学、中学，学校组织学生春游、秋游已成为向大自然学习的必修课程；进入大学后，不满足集体旅游了，能利用假期，独来独往进行“远足”了。即使到了老年，在重阳敬老节，单位组织旅游，有些人在儿子、孙子照顾下还可能出境游。只要把新的旅游情况运用到解决旅游问题的情景中，就要涉及到学习，它甚至在旅游者的情感、情绪、自我概念以及整个人格的发展中起着重要作用。

第二节　怎样学习旅游

旅游心理学要研究旅游者在旅游活动中学习怎样选择旅游产品的服务，也学习怎样消费它们；对于旅游者在旅游活动中扮演各种旅游产品和服务的买主和消费者的角色，他通过学习何种旅游产品和服务最适合其具体需要来学习解决旅游问题。动机和态度对解决问题的过程施加着相当大的影响，而两者都可以学习得到。

一、旅游动机的学习

旅游动机是激励人们进行旅游活动的内部原因或动力。人的一切有意识的旅游活动都是在动机的驱使下进行的。

人类探索的需要是先天的需要，几乎每个人一出世就具有探索的需要，如婴儿在医院出生后的婴儿室中就想见到外面的事物；小学生们想探索他们学校的附近环境；而走上社会的青年人则想到全国各地去看看，到外国去看看。除了探索的需要这个基本内驱力外，影响旅游者的旅游行为的大多数其他动机不是先天的，而是后天学习得来的。有的心理学家承认，成年人的大多数动机是习得的或获得的。这说明，绝大多数旅游行为是从家庭成员、学校、亲友、同事和其他传播文化常识的人们那里学习得来的。一个人通常学习以下的需要和动机：地位、权力、进攻性、焦虑、恐惧、交往需要、成就、力量、独立生活、自信和自尊等。例如，人们减轻焦虑的旅游动机不是生来就有的，而是他参与了赏心悦目、心旷神怡的旅游活动后才产生的；又如，个人对地位的需要也不是天生就有的，是他认识到社会地位、职业地位会给他以威望，会使他受到他人的尊敬，有助于树立自我形象后产生的。这种后天学得的对于社会地位的需要又在较大程度上促使人们选择高层的旅游活动，作出参与豪华游，坐飞机头等舱，住五星级高等宾馆等的旅游决策。

旅游者的需要和动机是可以学习得到的，使旅游行为不仅成为可能，而且随着这些需要和动机的学习所得、未所得，或以某种新的方式重新学习得到而可能和确实有所变化。例如，个体对地位的需要可能在相当早的生活中就被学习到，但是取得地位的机会在不同年龄阶段都会有一定的变化。一个中小学生所具有的少先队中队长或学生会干部的地位，对一个已在机关或企业担任处长或经理的成年人，或70岁的离退休人员来说就算不得什么了。就是在同一年龄的人们对地位的需要方式也不相同，对某一个人来说，到北京参加全国性会议和观光首都名胜古迹象征着有地位；而对于另一个人来说，去香港旅游才是有地位的象征；还有些人的地位象征则是出国旅游或考察。我国那些国际旅行社推销的“出境游”、国内旅行社推销的有豪华设备的度假村、各旅游点的豪华游和其他旅游产品，他们可以使一些人满足对地位的需要。这些虽然不是一种轻而易举的工作，但都是能成功地推销某一些旅游服务项目的一种方式。

一种特殊的需要或动机可能也包括达到更大更高或更全面的目标的需要。我们可以把需要和动机看成是一个层次结构，各个层次的需要和动机却是学习得到的。图4-1所示就是这种层次结构的实例。

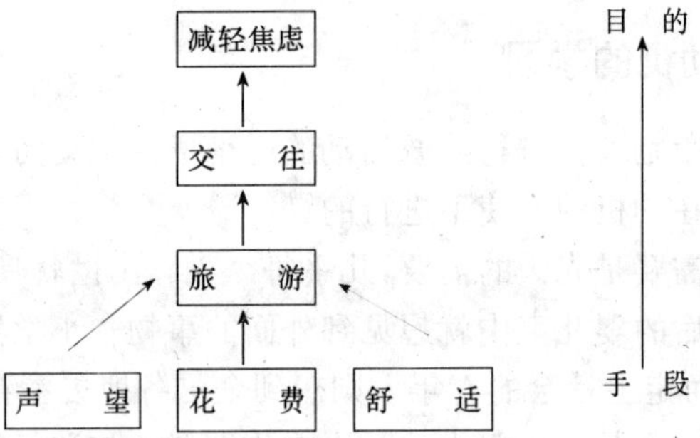

图4-1 需要和动机层次结构图

减轻焦虑是大中城市和工业城市中生活高度紧张的人们相当重要的一种动机。对付焦虑的一种方法是与有选择的人群交往。正式团体（如各级工会、妇女联合会和各种社会团体）的成员资格，可以使一位个体旅游者获得信心。尊重、尊敬和地位——所有这些都可以减轻焦虑，而各种团体也往往以旅游活动方式来联系成员。旅游者出外旅游，可能是以声望、花费、舒适以及其他因素的习得的动机来选定的。但是如果因经济收入所限，当导致旅游费用与其他开支有矛盾时，这样，他可能放弃这一次旅游，或者选择花费较少的较近的旅游景区作“标准团”的普通旅游；相反，收入较高的旅游者，则可能去远处或出境游，进行豪华级旅游。

二、旅游态度的学习

态度是个人对待外界对象（包括人、事和物）较为稳固的，由认知、情感、行为倾向三种成分所构成的内在心理倾向。人在社会生活中，不仅会对他人及各种社会事物产生认知活动，而且也会在认知的基础上对人和各种事物产生一定的态度。态度会影响人如何去对待事物，也左右着人如何去行动和取得何种社会效果。

旅游活动是人们众多社会活动中的一部分，人们对它持什么看法，认为它是有意义的、有价值的，还是无意义、无价值的，赞成或反对，是喜欢它还是厌恶它，有否参与旅游活动的愿望或打算，这就是人们对旅游活动的态度。旅游态度的概念是个人对待旅游对象（包括人、事、物和旅游环境）和旅游条件作出行为反应的心理倾向。

个体旅游者所持的态度产生于学习的过程。这种态度在很大程度上是以他的认知、信念和见解为基础的。人们从家庭、学校、亲友、同事、邻居处学习到这些信念和见解；他们从自己参加的团体，从自己所生活的社会和从新闻媒介、电视、广播和因特网上学习这些信念和见解的信息。人们通过这些信息的学习，就会形成自己一定的信念和见解，促使人们形成一定的态度。家庭、亲友、老师、同学、同事、邻居也给人们提供了榜样，告诉对各种事物应该持有何种情感——这些情感也促使他形成态度。

态度也可以通过人们担当的角色而学习得来。这里提到的“角色”是指人在社会上所处的地位、从事的职业、承担的责任以及据此而应有的行为模式。每一个人在社会上都担当着各种角色。如在家庭中是丈夫或妻子，对子女是父母，对父母是子女，在旅游企业里是经理或导游员，参加旅游是游客等。每一角色都是学习得的，而且部分学习就要求每个人对自己既定的角色采取适合这个角色的态度。通常一个人在选择某一特定的态度上有着某些灵活的余地，但是假使完全拒绝采取一种适当的态度时，就意味着拒绝担当这一角色。例如，父母对其子女的态度可以在慈爱而又随和或者慈爱又严厉两者之间选择，但总体上要求父母对子女的态度是既爱抚关怀，又严格要求。从父母那里，子女将学习到对旅游的某种态度，他们也同样被教会怎样旅游。

教育过程明显地影响人的态度和行为。在我国，“万般皆下品，唯有读书高”的思想影响甚深，把受教育看得高于一切的态度深深铭刻在人们心中，这种态度是一直代代相传的。教育是学习态度的一种好方式。有的旅游者本来不考虑进行的旅游，而了解到这一次对受教育有较大收获，他就欣然把出门作为容易接受的事了。

通过提高知觉能力学习态度。知觉是人对外界事物的整体反映，是人将感觉获得的信息进行选择、组合，从而形成完整映象的过程。它通过头脑的感受察觉对象的含义。这里是说对人的知觉，它包括对别人的态度、动机、感情等的知觉，所以知觉是态度形成的基础，态度的学习也受到知觉的极大影响。正是人们有对事物的认知、理解和正确评价，才形成了对事物的正确态度。旅游者通过提高知觉的能力，就能对旅游对象、旅游环境条件，对众多的旅游景点、旅游活动项目和旅游设施，进行正确地、全面地类化和标定；就能准确地划分什么样的旅游地区，旅游线路和旅游交通、住宿、饮食等服务设施能够满足自己什么样的需要和动机。

我国实行改革开放，会使不少旅游者形成新的旅游态度和改变旧的旅游态度，从而对旅游行为发生显著影响。例如，在改革开放以来，人们已经学习和认识到，旧的传统家庭观念，三代同居的大家庭已起了变化；从新的角度看待家庭、让儿子媳妇孙儿与父母分开成立小家庭，不仅可以接受，而且是有益的，社会不再强求父母为了自己孩子们的幸福，时常操心甚至做出那样大的牺牲。对老一辈人来说，家庭的团结一致曾经是一个重要的传统观念。然而进入20世纪90年代，家庭所有成员已经学习和认识到各行其是并不是什么见不得人的事。而且父母日益意识到自己需要与已成家的儿女分开居住，让自己享有单独活动的自由；儿女们也需要单独生活的时间，这种正在改变之中的态度是学习得来的。这种对待家庭的新态度，可能已对旅游行为产生重大影响。例如，有的旅游者以前每每出游总是与妻女同行，虽说小家庭的温馨快乐使旅途增色不少，然而他总感到游而有憾，难以尽兴；因而他采取"单身游"，尽管旅途孤独一些，但自由自在，玩得尽兴，似乎更能游出成效，游得痛快，而他也让妻子或孩子单独出游，享受旅游乐趣，并使孩子锻炼自己生活的意志和毅力。这也表明，旅游这种文化现象在当今大多数人的心中已不再是少数人的事了。我国扩大改革开放，国内旅游者出境旅游，外国旅游者来我国观光游览人数逐年增加，这正是在旅游这种社会文化现象影响下，人们对旅游态度学习得来的结果。

中华人民共和国成立以来，妇女解放，男女平等，人们对于妇女社会地位的态度也发生了根本的改变。"妇女能顶半边天"，在劳动大军中同男子同样成为主力。在科技、教育、文艺等战线，妇女都有出色的人才，尤其是体育，女运动员的成绩优于男运动员，女子足球1999年获得世界杯亚军；越来越多的女企业家不断涌现，她们都需要作更多的旅游。这就要求她们学习适应新的角色的工作以及伴之而来的旅游态度。现在的妇女不再是"一家之主"的丈夫温顺娴静的陪伴者了，她们外出再也不是由自己的丈夫为其办理旅游手续，她们更可能单独去旅游，而且和其他旅游者一样，她们必须应付和旅游有关的各种问题。然而作为一名妇女，也带来了一些独特的问题，使她们更加注意到自己的人身安全。

通过社会实践，学习旅游态度。社会实践是在一定社会态度支配下的社会活动。这种社会实践不仅对支配它的态度进行验证，好的社会实践也能对支配它的态度起强化作用。一个对旅游持否定态度的人，本来是不会参加旅游活动的，但可能他在一个偶然的机会或在自己单位参加了一次很有乐趣的旅游活动，并且获得了亲身体验，对旅游产生了兴趣。他的这种改变，就是态度学习的结果。然而，还应看到，这种作为实践经验的结果而形成的态度，还要受到旅游者本人对旅游活动的期望的影响，而这些期望又是从学习怎样旅游消费过程中形成的。这又表明，态度也可以通过旅游者的旅游经历或购买旅游产品和享受旅游服务而获得。

三、旅游消费的学习

学习旅游消费，这是指人们必须学会如何成为旅游市场的一个精明的消费者；旅游消费者必须学会如何辨别、区分和评价互相竞争的旅游产品和服务；以及如何处理自己旅游决策中可能发生的风险和尚未在事先觉察到的隐忧。即使是最有旅游经验的旅游者也在不断地学习和改变他的旅游消费行为，这是由于旅游消费的复杂性所决定的。旅游消费涉及到旅游产品和服务价格的变化、广告的变化、具体服务价值趋于多样化、高档化的变化以及旅游消费者本人收支水平的变化等方面。旅游产品的变化，人们需求的变化，迫使人们要调整和改变自己的旅游行为，来适应变化发展了的情况，这种适应变化就需要学习，即使有经验的旅游者也要继续学习，因为经过一段时间，他的收入可能增加，这就允许他考虑过去不能考虑的旅游产品和高档次服务项目，因而被迫重新学习过去已学习过的、却已忘记了的东西。

（一）学习如何对付旅游风险和不可知因素

旅游消费的学习涉及面很广，如选择什么样的旅游景点，需要什么样的旅游服务，什么样的价格是合理的，避免什么样的风险等。最重要的一条是旅游消费者在旅游决策中，学习如何对付风险和不可知因素，这对学习旅游消费是极其重要的。

任何旅游决策必然包含有风险和不可知因素，而且还会带来预想不到的后果。常见到的风险有两大类：功能风险和心理风险。

功能风险涉及到旅游产品的质量和旅游业服务优劣问题。当旅游者购买的旅游产品和享受的服务不能像预想的那样满意时，就存在着功能风险。例如，因飞机晚点，而改变了旅程；旅行社安排住宿临时降低了住房标准；游览时导游不“导游”而“导购"；当地旅游时租赁的大客车不准时到达集合点使人空等。

心理风险是指旅游产品和服务是否能增强个体旅游者的幸福感、丰富他的自我形象、或改进别人对他的看法等。衣服、交通工具和许多旅游服务是显而易见的和象征性的物品，有很大的心理风险。例如在旅游活动中穿一件大方的休闲衫；或者女士穿着的背心式上衣都会引起别人的不同评价和看法。

当人们感到所参加旅行社的旅游活动，可能既不能满足功能目标，又不能满足心理目标时，因此可能既浪费钱财又浪费时间，这称为觉察性风险，又称知觉性风险。旅游者参加一次昂贵的豪华型旅游活动，觉察性风险就会使人十分不安。个体旅游者对旅游消费性情境之所以能觉察到风险，其原因是：

（1）对去哪里旅游犹豫不定。

（2）对出门旅游能否最大满足需要心中无数。

（3）缺乏旅游消费经验，因而觉察到可能有风险，尤其是第一次出境去泰国等国旅游，就会出现这种感觉。

（4）觉察到任何选择都会有积极或消极的后果。例如，长途旅行乘火车可以观赏沿途风光，但却要耗费太多的时间。

（5）个体旅游者的旅游决策不同于同工作系统或同行的大多数人通常所作的旅游决策。

(6)经济上的考虑。当个人预算自己的经济状况可能会有重大变化时，参加旅游活动可能会觉察到风险。

一般说减轻或消除风险的方法有：

（1）对旅游产品和服务的期望不要过高。旅游者有兴趣出门旅游，就是对旅游目的地的景点有幻想，并期望能观赏到平常不易见到的奇景（如山东蓬莱的“海市蜃楼”等，事实上不是经常出现的）。期望本身意味着乐趣，对旅游来说，尤为如此。但是旅游者可能没有想到，上高山旅游因多日天气晴朗而观赏不到云海；一些奇景也不是这次旅游能遇到；有些旅游区宣传的所谓“八景”，实际上多是有名无实，而且有些景点虽有美名却是凑数的，看了使人失望。所以旅游业或旅行社人员必须担负双重任务，一方面全面介绍旅游景点的特色风光，增强旅游者的兴趣和想象；另一方面又要说明不足之处，让他们对旅游的现实有思想准备，将期望降低，以使他们游罢回来不是大失所望，败兴而归。

（2）经常参加自己信赖的有名的旅行社组织的旅游活动，或参加历史悠久、收费合理、服务周到的旅行社。如自助旅游，到旅游目的地选择当地有名牌之称的宾馆和餐厅。选择名牌的行为并不意味着个体旅游者对此完全满意，这可能仅仅说明他感到这些选择还可以接受。因为他觉得没有任何理由花费精力和时间或承担风险再去寻找更好的旅行社或旅游企业。对旅游业来说明了这一情况十分重要，他们只有向旅游消费者提供有信誉的名牌旅游产品和优质服务，才能稳定现有的游客，争取更多的新游客。

(3) 寻求更多的旅游信息。一般说旅游消费者获取旅游信息越多，越可靠，那么他在购买旅游产品时感觉到的风险就越少。因为一个旅行社的信誉、服务状况，收费是否适当合理，不仅有别人经历的口碑信息，而且还可与几家旅行社作比较。这些信息使旅游者确信，参加这家旅行社旅游确实很少发生令人意外的事，确实不会给他带来多大风险。

(二) 学会对待购买旅游产品后的疑虑

旅游者即使在已作出购买旅游产品决定之后，仍然可能存在疑虑的感觉，消费行为理论家称之为“购买后的失调”。他的这种旅游决定可能产生疑虑或后悔有两个主要原因：

(1) 旅游者可能在作出决定之后，又发现更为理想，更为满意又节省费用的旅游景点。出现这种情况，他产生疑虑或后悔是不足为奇的。

(2) 旅游者在作出旅游决定后，也可能出现意外情况。旅行社出发后突然调整旅游路线、更换景点；旅游同伴对旅游地的评论与自己心目中的印象出入等都能引起旅游者心理上的疑虑或不适。

总之，疑虑的出现如果发生在旅游消费前，旅游者就有可能改变主意或取消预定的旅游活动计划。如果疑虑发生在旅游消费活动之后，可能使旅游者以后不再光顾。因此，学习减除疑虑很重要。减除疑虑的常见办法有：

(1) 有选择地寻求支持旅游者自己决策的一些信息，避开使他趋于放弃选择的一些信息，这两者活动都称为“选择性接触”。

(2) 旅游者通过遗忘掉放弃选择的旅游产品的优点及记住它的缺点，来减轻购买旅游产品后的疑虑，这种感知技巧称为选择性回忆。例如旅游者乘火车长途旅行，可以故意忘掉乘飞机旅游可以节省时间，而有意去想乘火车节省了多少钱。

(3) 当旅游者断定，如果他作别的选择，其效果仍与现选择的目的地相同，这样也会减少疑虑和后悔。

四、怎样学习

前面已提到过，心理学家认为，所有人类行为都包含某种形式的学习。这个概念的引申涵义是，学习也是个体旅游者的行为随时逐渐改变的因素。旅游者的旅游消费行为的变化是实践的经历和信息这两大类学习的结果。换句话说，通过旅游实践和接触信息的过程就是学习的过程。讨论学习过程本身，能使旅游心理学研究理解怎样能对旅游者以及他们的决定发生影响。

(一) 实践是学习的源泉

只有人们的社会实践，才是人们对于外界认识的真理性的标准。只有在社会实践过程中，人们达到了思想中所预想的结果时，人们的认识才被证实了。人们要想得到工作的胜利即得到预想的结果，一定要使自己的思想合乎客观外界的规律性。

人在实践过程中，开始只是看到过程中各个事物的现象方面，看到各个事物的片面，看到各个事物之间的外部联系。社会实践的继续，使人们在实践中引起感觉和印象的东西反复了多次，于是在人们的脑子里生起了一个认识过程中的突变，产生了概念。概念这种东西已经不是事物的现象，不是事物的各个片面，不是它们的外部联系，而是抓着了事物的本质，事物的全体，事物的内部联系了。概念同感觉，不但是数量上的差别，而且有了性质上的差别。循此继进，使用判断和推理的方法，就可产生出合乎论理的结论来。

学习旅游消费行为的源泉是实践。旅游者通过不断旅游活动的实践，开始只看到旅游活动中各种事物的现象和各个事物的外部联系。旅游实践的继续，使他对旅游活动中引起感觉和印象的东西反复多次，于是在脑子里生起了一个认识过程的突变，产生了概念。这种概念已经不是旅游活动中各种事物的现象，而是抓住了它的本质、它的全体、它们的内部联系了。例如，旅游者多次乘中国民航的班机，都对空中小姐热情的服务印象很深，这种实践使他由此断定，中国民航所有的班机都会提供第一流服务；又如旅游者多次参加的某旅行社所提供旅游景点的服务，感到十分满意，使他不仅再次出外旅游总到这家旅行社，而且还会向自己亲友推荐。

（二）信息是学习旅游消费行为的重要来源

当一个旅游者接触信息和对信息归类时，学习就开始了。旅游信息主要来自两个渠道：旅游商业环境和个体社交环境。

1. 旅游商业环境

旅游商业环境包括广告、推销等。旅游业和旅行社应用图片和文字向潜在的旅游者传递有关旅游信息，介绍各旅游景区的特色和具体美景，来推销自己业务。这些信息从下列几个方面对潜在的旅游者和旅游者产生影响。

①创造性地传递销售旅游产品信息，可以引起潜在旅游者和旅游者的兴趣，强化他们已开始有的旅游动机，激发他们对面前的旅游作出决定。一个训练有素的旅行社推销员应具备这种信息传递的能力。②商业信息也可以通过说服旅游消费者改变其作出旅游决定的方式，来影响他的旅游决定。例如，一个旅游者对旅行社的某一旅游地区的收费标准有异义，表示不想旅游时；旅行社常用算细帐方式来说服他，表示飞机来回、住高级星级宾馆、饮食高标准、豪华空调巴士接送、服务热情周到等，这不仅较别家旅行社合算，而且他自己出去旅游花费更多。③对于没有已往经历可以借鉴的旅游者，商业信

息的作用也许尤其明显。这样的信息往往可以帮助一个没有经验的旅游者学会如何作出重要的旅游决策。例如，第一次到香港、澳门旅游的人，可以从中国旅行社分发的《带你游港澳》的介绍资料，实际上也是宣传港澳的信息中学到不少东西。④旅行社也可以通过传递信息改变或增加潜在的旅游者挑选多种旅游景点。⑤以旅游者为宣传对象的商业信息，也可能无意地提醒了游客某项具体旅游项目服务或旅游产品可能有的消极方面。例如，当某旅行社宣传说“你选择了一个最受欢迎的旅游胜地”时，可能暗示游客那里人满为患，拥挤不堪。又如，某家航空公司在广告中强调安全、准时，恰好容易让人产生乘飞机旅游是有危险的联想。

2. 个体的社交环境

个体的社交环境包括家庭、亲属、朋友、同事、同学等，这是个人获得信息的主要来源。来自社交环境的信息与来自商业环境的信息在效果上稍有不同。这种不同，主要是因为与亲属、朋友等人私人关系紧密。他们在传递信息时，常常是经过自己实践过的、毫不保留的，并且还会详加解释和说明。由于是亲属、朋友传递的信息，人们会感到它比商业环境得来的信息更真实、更可靠、更重要，也更少偏见。来自旅游者社交环境的信息对其动机往往有尤其明确的影响。

旅游者可能比较主动地从自己亲属，朋友等社交环境中寻求信息，不仅是由于旅游者认为这种信息，比来自商业环境的信息更为真实，更为可信；而且因为在与亲属、朋友交往相处中，可以双方相互沟通信息，交流看法和评价。社交环境允许个人可以提出问题，获得具有评价性的信息，从而减少风险，并使自己心中有数。

（三）寻求信息

人们在寻求帮助他们作出旅游决定的信息方面，积极主动程度是有所不同的，研究他们在这方面的不同是有益的。旅游者审慎地、有意识地寻求信息的迫切程度，取决于这个人有多少旅游实践经验，在他知觉中将作的旅游决定中涉及到多大的风险和具有不可知的因素的程度，以及他所感到的作出符合自己需要或完善的决定的重要程度。有三种人最需要信息，并努力寻求信息：①没有旅游经验的人；②在旅游决策中觉察到有高度风险的人；③认为有绝对必要作出最佳旅游决策的人。

就第三种人来说，他们之中也可分为两种情况：一种人觉得，任何一个可供选择的旅游胜地都使人满意；而另一种人却可能整天在审慎考虑到底那里是最佳的名山大川。用心理学的术语来说，第一种人被称为知足者；而第二种人被称为精益求精者。

旅游市场是由知足者和精益求精者所组成。事实上，有可能同一个人既是知足者又是精益求精者。由于知足者只要选择一个满意的就行了，他在寻求信息时不很主动。而精益求精者为了作出最佳选择，因此，需要更多信息并且在寻求信息时显得十分活跃。

就假日旅游来说，知足者可能只需要与正规日常工作有所不同的消遣；而精益求精者觉得既然花时间和费用去作假日旅游，就必须取得最大的价值和得到充分的满足。这两种人在旅游活动中的野营环境中，知足者往往悠闲自得，他在景区内漫步，或在池塘中钓鱼，或在树荫下和朋友聊天，而不会带回任何东西；而精益求精者则不同，他在漫游中，眼光却在到处观望有什么东西可以带回作纪念品，如拣奇形怪状的小山石，采药用植物标本或者选购一些小树苗和花草等，证明他这次不是白白度过的，花费时间和精力都不是徒劳的。

在拟订旅游决策方面，这两种人也很大不同。如在交通工具和住宿条件上，知足者常常不加思索地就作出决定，而且事后也不会感到疑虑和后悔；而精益求精者很可能花大量时间和精力去估价几种可供选择的方案，在此过程中，他将寻求和收集大量旅游信息，审慎地考虑旅游活动每一个细节，然后作出最后的决定。

旅游是社会生活现象之一，它是人们的一种社会实践活动，是一种外在行为。旅游行为作为活动和行为，无论是就其旅游内容的选择还是就其旅游活动本身的进行，都是一个不断努力和持续的过程。而人们整个旅游行为过程，都包括了学习过程。“学习、学习、再学习，实践、实践、再实践”对旅游者学习有重要的指导意义。因为旅游行为过程，不仅包括了学习，而且也是一个实践过程。实践又是学习的源泉。一个旅游者不断进行旅游活动的实践，再实践，将使自己对旅游这一社会现象的思想认识合乎客观外界的规律性，更使自己的持续旅游活动一次更比一次优化。

思考题：

1. 为什么学习因素是影响旅游行为变化的一个关键心理因素？
2. 为什么要学习旅游消费？

3. 什么是"觉察风险"？旅游者觉察到它的原因有哪些？

4. 旅游者用以减少购买旅游商品后疑虑的方法有哪些？

第五章　动机与旅游行为

旅游动机是激发旅游行为及其心理效果的重要心理因素之一。旅游心理学研究旅游者的心理和行为的首要目的，是为了探索旅游者参加旅游活动的行为指向和持续的两个问题，即研究人们为什么要出外旅游，为什么要见识世界各国，为什么要去自己的故土寻根，为什么要寻亲访友，为什么要选择不同的旅游点，以及在旅游活动中应当具备哪些条件才能使旅游者取得良好效果，这是个体旅游者行为的指向问题；再者旅游者为什么能始终积极地、高高兴兴地去参加某项旅游活动，乐此不疲。这两个问题就是旅游者的行为动机问题。

因此，旅游心理学研究旅游者的旅游行为动机，目的在于深入了解人们旅游原因，以预测旅游业发展和引导旅游者行为，争取招徕更多的旅游者参加国内外旅游。

第一节　动　　机

一、动机概念

多年来，社会科学有关学科对动机的研究非常充分，但不同学科的学者对动机的概念至今存在着差异。

行为科学认为，人的各种行为都是由一定动机引起的，而动机又产生于人们本身存在的需要。人们为了满足自己的需要，就要确定自己行为的目标。人都是为达到一定目标而行动的。

领导心理学认为，动机是推动个体活动的内部动力。其英文 Motivation 来源于拉丁文 Movere，具有“使动”的意思。动机指明了个体行动的方向以及它由什么引起，又如何保持不变的原因。

管理心理学学者认为，研究动机问题是心理学中一个重要的内容。但是，在心理学应用动机这个词时，与我们日常用语中的动机是有区别的。在心理学中，一般认为动机是一种内隐变量，它是看不到、摸不着，也无法直接测量的，但它可以引起行为，可在行为中表现出来。这是一种推动人们完成某种行为的力量，是一种内部的心理过程，有时也称之为激励。

现代管理心理学学者认为，把能激励人的行动，并引起行动满足某种需要的欲望、愿望、理想、信念等主观心理因素叫动机。人的行为总是由一定动机引起的。

社会心理学学者认为，动机是使生活主体趋向一定目标的内在动力，它隐藏在行为的背后，是行为的动因。动机是一种内在动力，这种“力”的作用，是在主体内部驱使主体向着一定的目标行动。动机作为内驱力、内在动力，是在心理活动中出现的心理力。

旅游心理学对动机的研究，当然主要参考心理学的基本理论。一个好的动机定义，最重要应该包括推动（始发）成分、引导作用、维持作用等几个方面。一些旅游心理学的著作对动机的表述，大体上大同小异。对动机的概念可以表述如下：动机是支配人们行为最根本最直接的驱动力。它是保护、满足、提高人的自身价值，减轻人的心理、生理紧张不安状态的内部力量。有意识的需要是动机的源泉。

当人产生某种需要时，心理上会产生紧张或不自在的状态，成为一种内在的驱动力，就产生了动机，有了动机进而就要选择或寻找目标，当目标确定后，随之就为满足需要而进行活动。行为使产生的动机在需要不断得到满足中而不断减弱，直至行为结束，人的心理紧张也随之解除了。然后又产生新的需要，引起第二个行为。图 5-1 介绍一种动机过程的模式：

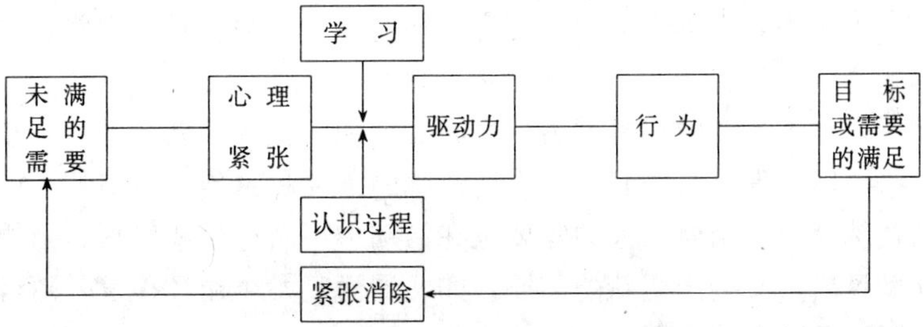

图5-1　动机过程的模式

人的行为实质上是满足需要的活动，由于需要的存在，所以才有满足需要的动机。前者与人的自然需要相联系，而后者与人的社会需要相联系。根据指向，动机可分为物质动机和精神动机。

二、人的一般需要

人的一生有各种需要。不同的人有不同的需要，不同社会、不同历史时期的人也有不同的需要。没有无需要的人，人没有无需要的时候。

需要的基本概念是：个体对其生存和发展的某些条件感到缺乏而出现体

内平衡倾向和择取倾向，力求获得满足的一种心理状态。这概念有三个基本意思：个体生活体缺乏时（饥、寒、不识字，即缺食、缺衣、缺文化）称缺乏状态；个体生活体自己去平衡这种缺乏状态（要吃、要穿、要读书），这种平衡是个体生活体内部的自动平衡；个体生活体去择取缺乏物（吃饭、穿衣、识字）。缺乏状态是需要产生的原因，由于出现缺乏状态的平衡，进而有对缺乏之物的择取。但是，需要不是平衡过程本身和择取本身，而是这个平衡的倾向和择取的倾向，需要是作为"倾向"出现的。①需要是一种缺乏状态，这种缺乏状态是个体生活体不断出现的内部状态。人的缺乏状态有两种：生理上的缺乏和心理上缺乏。②需要是由缺乏状态引起的主体自动平衡倾向。缺乏状态是需要产生的前提，但是，不是所有缺乏状态都能成为需要，由缺乏状态到需要，中间有一个转换的环节，就是自动平衡。主体内部的这个自动平衡过程就是对缺乏状态的解除，使缺乏得到满足，同时，这个自动平衡是需要形成的内部机制。没有这个自动平衡，"缺乏"照旧是"缺乏"，不读书，照旧不识字。需要是"缺乏"尚未得到满足的一种状态，表现为自动平衡倾向。③需要是伴随主动自动平衡倾向出现的择取倾向。平衡作为一个过程是个矢量，带有方向性。因此，个体生活体对缺乏状态平衡，必须有对缺乏对象（或需要对象）的选择和获取，才能实现平衡。自动平衡倾向必须有择取倾向伴随而出，才能使"缺乏"、"平衡"这些体内状态转化为需要，择取的东西代表主体需要内容。需要的内容，相对于主体而言是客观的，但是，择取倾向本身是心理状态的一种，它是主观的。

需要是人类活动的基本动力，它激发人朝一定的方向行动，并指向某种具体对象，以求得自身的满足。人所体验的需要越强烈，越迫切，由它引起的活动就越有力。同时，人的需要也在活动中不断产生和发展，当原有的需要得到满足后，又会产生新的需要，如此周而复始，循环往复，随着社会历史的发展而不断向前发展。

人的需要有以下特征：

（1）需要的对象性。人的任何需要都是指向一定对象的。人类需要的对象既指物质性的东西，也指精神性的内容；既指社会生活与社会活动，也指活动的结果；既表现为想要追求某一事物或开始某一活动的意念，也表现为想要避开某一事物或停止某一活动的意念。

（2）需要与个体生存发展的相关性。需要是个体生存发展的必要条件；个体生存发展的不同阶段，有不同的优势需要和需要特点。

（3）人类需要共同性与个别差异性。最基本的生理需要、精神需要和社会活动需要是人类不可缺少的，这是共同性的需要；另外，每个人由于内部生理心理状态以及外部环境条件不同，其需要也有明显个体差异性和优势现象。

（4）人类需要的社会历史制约性。人类的需要是随着历史的发展而发展的，是随着社会生产力的发展，随着满足某种需要对象范围的改变和满足方式改变而发展的。早期社会，人类的需要较简单，主要追求生理和安全需要，后来随着社会发展，才产生文化与精神的需要。人类的需要逐渐复杂化、多样化。

人的需要有生理需要（又称自然需要）和社会需要。生理需要是由于人生理上的缺乏状态引起的体内自动平衡倾向和择取倾向，是人类为了维持生命和种族繁衍所必需的，包括对阳光、空气、水、食物、配偶、居住、穿用、保健等的需要；社会需要是人们社会生活上的缺乏状态引起的主体自动平衡倾向和择取倾向。社会生活包括物质生活、文化生活和精神生活，因此，社会需要包括物质的、文化的和精神的需要。社会需要包括群属、交际、沟通、学习、自我补充、自理、自立、自尊和他尊、自我实现、利他、奉献等。

人的生理需要和社会需要相互联系。生理需要是社会需要的物质基础，社会需要是生理需要的扩大和提高，高级的社会需要具有不可溯性。

安全需要是生理需要向社会需要的过渡。人碰见危害生命或人身安全的事情，会自发地、本能地避开，趋向有利的人或物，是一种趋利避害；安全需要还包括人际关系和社会关系的安全需要、角色执行和角色完成上的安全需要、法律上的安全需要等。安全需要十分重要，它直接涉及到人的生命活动和社会活动、身体和心理（精神）的健康。

三、马斯洛的需要层次理论（Hierarchy of Needs Theory）

在国内外旅游心理学中，马斯洛的动机理论中的需要层次论影响很大。因此，为了进一步研究旅游动机，不能不对马斯洛的需要层次论作个了解和评价。

马斯洛（Abraham Harold Maslow，1908～1970年），是50年代中期兴起的人本主义心理学派的主要创始人，他的理论既不同于行为主义的外因决定论，又不同于弗洛伊德的生物还原论。他创立的是“第三势力”学说，即人本主义心理学。他的动机理论体现在《动机和人格》一书中，马斯洛认为，人的动机是由五种需要构成的，这些需要存在于个人内部，并有层次高低之分。如图5-2所示。

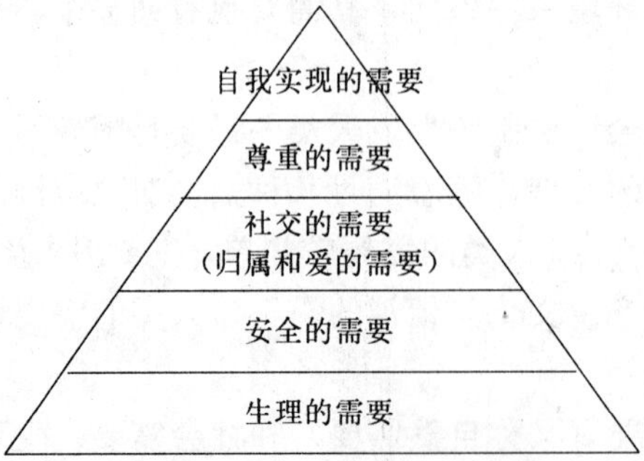

图5-2　人类需要的层次关系

马斯洛的需要层次理论有两个基本论点：①人是有需要的动物，其需要取决于他已经得到了什么和尚缺少什么。只有尚未满足的需要能够影响行为。换言之，已经得到满足的需要不再能起激励作用。②人的需要都有轻重层次，某一层次需要得到满足后，另一层需要才出现。

马斯洛认为，在特定的时刻，人的一切需要如果都未得到满足，那么满足最主要的需要就比满足其他需要更迫切，只有排在前面的那些需要得到了满足，才能产生更高一级需要。而且只有当前面的需要得到充分的满足后，后面的需要才显出其激励作用。但是，他又认为，只有当低层次的需要得到满足后，高层次的需要才能到来。但任何一种需要并不因为下一个高层次的需要的出现而消失，只是高层次需要产生后，低层次需要对行为影响变小而已。各层次的需要呈相互依赖与重叠关系，如下图 5-3 所示。

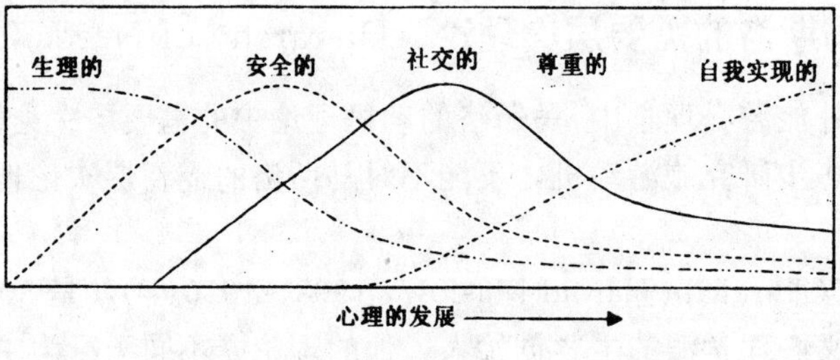

图 5-3　五种层次需要的心理发展关系

马斯洛将需要分为五级：生理的需要、安全的需要、社交的需要、尊重的需要、自我实现的需要。

（一）生理的需要（Physiological Needs）

任何动物都有这种需要，但不同的动物，其需要的表现形式是不同的。就人类而言，人们为了能够继续生存，首先必须满足基本的生活要求，如对食物、水、氧气、衣着、住所、配偶等需要。马斯洛认为人的生理需要是最首要的，只要这一需要还未得到满足，他就会无视或把所有其他的需要推到外面去。马斯洛指出，“如果一个人极度饥饿，那么，除了食物外，他对其他东西无兴趣。他梦见的是食物，记忆的是食物，想到的是食物。他只对食物发生感情，只感觉到食物，而且也只需要食物……”。

（二）**安全的需要**（Safety Needs）

人们在生理需要基本满足之后，需要的是安全。首先是生活环境的确定，有安身之地、有交际场所，有工作地点；其次，是生活秩序的稳定，生活有规律，活动有计划、有条不紊；再次，还需要人际关系可靠、可依、可预测、安然相处、无后顾之忧，吵架、离婚、意外事件、突然袭击，都使人自危、紧张、不安；安全不仅满足机体的物理空间需要，而且减少心理上恐惧感。马斯洛认为，安全的需要虽然在一生中无时不有，但其需要的程度以童年期最为强烈。

（三）**社交的需要**（Belongingness and Love Needs）

社交需要英语直译为归属和爱的需要。当生理需要与安全需要得到满足后，对归属和爱的需要就出现了。马斯洛说：“现在这个人开始追求与他人建立友情，即自己团体里求得一席之地。他会为了这个目标而不遗余力。他会把这个看得高于世界上任何别的东西，他甚至会忘记了他当初饥肠辘辘时曾把爱当作不切实际或不重要的东西嗤之以鼻。”马斯洛还认为，“爱的需要涉及给予爱和接受爱……。我们必须懂憬爱，我们必须能教会爱、创造爱、预测爱。否则，整个世界就会陷于敌意和猜忌之中。”

（四）**尊重的需要**（Esteem Needs）

当社交需要获得满足后，尊重的需要便出现了。马斯洛把人们对尊重的需要分为两类——自尊和来自他人的尊重。自尊包括对获得信心、能力、本领、成就、独立和自由的愿望。来自他人的尊重包括这样一些概念：威望、承认、接受、关心、地位、名誉和赏识。

（五）**自我实现的需要**（Self-actualization Needs）

这是最不容易理解的需要。马斯洛认为，自我需要的满足将会增强这种需要的力量，所以它具有更大的激励作用。马斯洛在著作《人性的极致》（The Furtherest Reaches of Human Nature）一书中，提出了达到自我实现的几种途径。其主要观点是：①自我实现意味着自我在实现其本身时的那一刹那。这个时刻最关键的一点是“无私念”，也就是排除由于世故、老练而带来的种种私心杂念。②如果把生活设想为一系列的选择。在这种情况下，如果勇敢地选择进取而不是畏难而退，那么就是通向自我实现的通路。自我实现不是一次完成，而是一个连续进行的过程。③自我实现就是要有自己的主见，倾听自己内心的呼声，而不是盲从。④诚实和对自己的行为负责是自我实现的重要方面。要忠实于自己的内在的想法，不加以隐瞒，敢于承担责任。这样做就是迈向自我实现的一大步。每承担一次责任，也就是一次自我实现。⑤以上几条都是迈向自我实现的步子，也是做出更好的生活选择的保证。能坚持这样做的人，在以后再遇到需要做出这样的时刻，就能有更好的选择，更适合于他本人气质的选择。⑥自我实现不是一种静止的潜能存在的状态，而是一个人实现他的潜能的过程；自我实现要经历一个勤奋的，需要拿出精力与时间的准备阶段才能达到，应当竭尽所能为达到第一流而努力奋斗。⑦顶峰经验是自我实现的刹那。在这种情况下，能更好地把自己的潜能发挥出来。⑧要达到自我实现，则要善于剖析自己——喜欢什么？不喜欢什么？对自己来说什么是好、什么是坏？自己在走向何方？自己的使命是什么？

对于马斯洛的需要层次论有不同的评价。有学者认为，就个人价值设计而言，马斯洛的层次理论基本上是合理的但又有重大不足和欠缺，它始终没能真正摆脱掉本能论。这不仅表现在他认为低级需要是一种本能，而且，当他过分强调需要在人性中的作用时，也就把需要绝对化成一种本能，一种天赋趋势。因为，人们从事的各种活动和在活动中结成的关系，人身上的所有能量，只能通过活动和社会关系（社会相互作用）才会变成现实的力量。

即使在西方的学者，也有不少人指出马斯洛理论的不足之处。如在哈罗德·孔茨（H. Koontz）著的《管理学》书中就例举了许多外国学者的研究证明，人的需要并不是像马斯洛所说的那样分成不同等级的。马斯洛的层次理论是在西方社会中提出来的，自然也带有资本主义社会中人的特性，马斯洛自己也不讳言，承认他的范例“仅仅是来自西方文化的人”，所以，他的理论并不能代表各社会制度的人的理论。

国内学术界对马斯洛需要层次论的评价，着重在自我实现的需要这点上，认为这种需要仍是从个人出发，是强调自我潜能的发挥，而不能概括高级的社会性需要。在我国社会主义社会条件下，集体主义精神、为人民服务、为祖国利益、为社会主义事业的利益而牺牲个人利益这样行为的表现都是属于高级需要；有人认为马斯洛的理论过分强调抽象的人的本性的作用，忽视社会因素对人的心理影响；也有人认为，马斯洛的需要层次论有机械主义色彩，只有下一级的需要得到满足后，才能上升到高一级的需要，这是一种机械上升的看法，对人的意识的能动性估计不够；还有人认为，马斯洛的需要理论中始终没有个人对社会的奉献，而是要求社会满足个人而没有个人为社会服务。事实上，自我实现必须具备一定的社会生活条件，条件不具备，任何个人的自我实现都是不可能的。

第二节　旅游动机与行为

一、旅游动机的概念

旅游是人们的一种实践活动，是一种外在行为。作为活动和行为，总是需要在某种力量的激发下才会产生。那么这种力量是什么呢？旅游活动作为人的一种自主行为，推动它产生、演进的不可能是某种外部的力量，而应该是旅游活动的主动自身的内部力量，旅游心理学的研究表明，这种内部力量就是旅游动机。旅游动机是引发、维持个体的旅游行为并将行为导向旅游目标的心理动力。小爱德华·J·梅奥认为，旅游动机是支配旅游行为的最根本驱力。

旅游动机对旅游行为的作用是：推动旅游者创造进行旅游活动需要具备的客观条件。如安排时间和必要的经费等；促使旅游者搜集、分析和评价旅游信息，作为进行旅游选择的依据；支配旅游者选择最适合自己需要活动内容和最有利于实现旅游动机的旅游方式，制定旅游计划，为进行旅游活动作好准备；引发、维持旅游者的旅游行为，旅游动机正是推动旅游者进行不断努力以维护旅游活动进程的力量；引导旅游行为向实现预定目标的方向进行；旅游动机是旅游者衡量旅游效果，进行旅游评价的主观标准。旅游活动中积极的旅游感受，美好的景点印象，不仅成为促进新的旅游活动的积极心理因素，而且可能使旅游者产生再来此地重游的旅游动机。

二、旅游动机的特性及其基本特征

旅游动机有什么特性，这是理解旅游动机需要研究的重要内容之一。旅游动机具有两种基本特性：强度特性和指向性特性。

作为旅游行为内部驱动力的旅游动机具有强度特性，旅游动机强弱的表现，决定能否由内部因素转化为外部行为，即能否推动旅游者去参加旅游活动。它的强度又有绝对强度和相对强度之分。

旅游动机的绝对强度，即它自身强度的绝对量。当旅游动机达到足以产生旅游行为的强度时，而且同时具备有自由支配时间和经费等必要条件，就可直接转化为旅游行为，推动旅游者参加到现实的旅游活动中去；如果还不具备这样的条件，则强的旅游动机将促使主体为实现旅游愿望去创造那些必要的条件。反之，旅游动机弱时，就不可能转化为旅游行为，而以愿望的形式存储于个体意识中，如果以后能使旅游动机强化到绝对强度时，即可转化为旅游行为。前者即可认为是现实的游客；而后者则是潜在的游客。现实的游客是决定着当前的旅游业的客源竞争对象，而潜在的游客，是今后丰富的潜在客源市场，将对旅游业发展具有决定性的意义。

旅游动机的相对强度，即与其他动机比较，在强度大小的差别。一个具有旅游动机的人，还会有许多其他动机，共同构成他的动机体系。这动机系统中的各个动机具有不同的强度，旅游动机和其他动机相比或强、或弱，这就是它的相对强度。只有当旅游动机在这动机体系中在强度上占有优势，才能发生旅游行为；反之，则不能产生旅游行为，只能以个人愿望的形式存储于个体的意识中成为潜在的旅游动机。今后在一定条件下，潜在旅游动机达到必要的强度时，才会产生旅游行为。

旅游动机的强度特性，决定着旅游行为能否产生，因此，为了促使人们旅游行为的产生，就应当采取有效的措施去增强人们旅游动机的强度。

旅游动机反映着旅游者的需要，而需要总是要求有一定的旅游对象、内容来满足，以实现动机。旅游动机总是要指向一定方向的目标，指向一定的旅游对象、旅游内容和旅游活动方式，这就是旅游动机的指向性特性。

旅游动机尽管由于受到各种因素影响，但总是存在着一定的趋向性和规律性，这些规律性体现于旅游动机的基本特征之中。

旅游动机的基本特征：

（一）旅游动机的多样化

由于各个旅游者的收入水平、文化水平、职业、性格、年龄、国籍、民族和生活习惯的不同，自然会有多种多样的兴趣、爱好，对于旅游商品和服务的需要是千差万别和丰富多彩的。旅游者旅游需要的差异，就使旅游动机具有多样性。各个旅游者之间，其外出旅游动机有所不同，有的是去观赏名胜古迹，有的是为了探亲访友，有的是选择名山大川休息疗养……凡此种种，无不显示旅游动机的多样性。同一个旅游者在不同的假期或时间，其旅游动机也具有多样性，春节时可能出外探亲；夏季去北方避暑；明年又可能为考察异国风土人情而出境游。

（二）旅游动机是有层次的

旅游者的旅游需要是有层次的，通常总是由低层次向高层次逐渐延伸和发展的。当低层次的、最基本的生活需要达到温饱甚至小康时，即生存需要被满足后，就会产生高层次的社会需要和精神需要。旅游者外出旅游更多的是为了多交朋友，社交，相互了解，自尊和他尊的精神领域的需求。

（三）旅游动机的发展性

我国随着社会主义经济发展和人民生活水平的不断提高，旅游者们对旅游对象和服务的需要都在不断地发展。以我国 1949～1999 年 50 年的旅游业发展轨迹看，50 年前普通人维持生存都难，谁还做梦去旅游，近年来不但可以走出家门游山玩水，更能跨出国门，看看外面的世界；而且如今出门游，不光讲玩，还要品位、吃好住好、身心都要有所收获，才算完美。不少旅行社为了满足旅游者的需要，已从单纯的几十条旅游热线，发展了数十条出国游线，几百条国内游线，城市观光游、生态游、健身游、探险等等专项旅游也纷纷出台，让游客各取所需，使旅游动机具有发展性。

（四）旅游动机和另一种动机交叉往往同时存在

旅游者出门旅游的动机往往并非单一，而是旅游动机和另一种动机交叉起来，同时存在。如需要游山玩水的同时，又想要探望老朋友，结交新朋友或寻根问祖；外出经商考察，又想观光当地人文景观；需要去名胜风景区休息疗养，又要观赏自然风光。

（五）旅游动机的周期性

人们的旅游行为消费是一个无止境的活动过程，人的一生是一个不间断的旅游行为消费过程，因而旅游动机具有周期性。旅游者的旅游动机获得满足后，于一定时间内暂时不再产生，但随着时间的推移或另一个节假日放长假时还会重新出现旅游动机，呈现周期性。旅游动机的周期性主要是由旅游者的生理机制需要引起，并受到旅游环境发展的周期和社会时尚变化周期的影响。

三、旅游动机类型

了解旅游动机的类型，不仅有助于对旅游动机作进一步的研究，摸索其规律性；并且有利于系统地掌握每一类旅游动机的内容和所需求的活动对象的条件，促使旅游业主动地去创设或完善这些条件。

一些旅游研究学者对旅游动机提出了不同的类型，参考和了解这些旅游动机类型，对进一步研究旅游动机有启发。

美国学者奥德曼将旅游动机分为八类，如表 5-1 所示。

在《日本的旅游事业》一书中，编者介绍了田中喜一先生和今井省吾先生对旅游动机的分类。田中喜一认为动机可分为四类：心理动机（思乡、交友、信仰等）；精神动机（对知识、见闻、欢乐的需求）；身体动机（治疗、休养、运动等）；经济动机（购物或经商）。今井省吾对现代旅游动机的分类是：消除紧张的动机（交换气氛，从繁杂中解脱出来，接触自然）；扩大自己成绩

表 5-1 美国学者奥德曼将旅游动机分为八大类

分　类	目　的
健康动机	使身心得到调整保养
好奇动机	对自然景观和人文景观的好奇心
体育动机	参与或观看某些体育活动或比赛
探亲访友	寻根问祖　归还故土
公务动机	外出考察　公务　经商
寻求乐趣	为了游玩　娱乐（达到某种刺激）
精神寄托或宗教信仰	朝圣　参加宗教活动或欣赏文艺　音乐等
自我尊重	受邀请或寻访名胜

的动机（对未来的向往，接触自然）；社会存在的动机（朋友之间友好往来，大家一起旅游，了解常识，为了家庭团圆）。

美国的罗伯特·麦金托什（Robert W. Mcintosh）提出基本旅游动机可分为四种类型：生理动机诱发因素——体力的休息，参加体育活动、海滩消遣、娱乐活动以及健康的种种考虑；文化动机诱发因素——获得有关其他国家知识的愿望，包括他们的音乐、艺术、民俗、舞蹈、绘画和宗教；人的动机诱发因素——结识各种新朋友，省亲访友，避开日常的例行公事以及家庭或邻居，或建立新的友谊的愿望；地位和声望动机诱发因素——想要受人承认、引人注目、受人赏识和具有好名声的愿望。罗伯特·麦金托什也强调说："我们很难指望旅游行为会只涉及单纯的一种动机。旅游是一种复杂的象征性行为形式，旅游者通常是努力通过这一形式来满足多重的需要。"

随着我国旅游事业的扩大和发展，按照我国国情，联系我国相当数量的旅游者的心理需要、社会需要和精神需要的实际中的差异，他们的旅游动机大致上有：

（1）游览型动机。这类旅游者纯粹是到景点作一般性游览，看看名胜古迹，开开眼界，只是游山玩水，增长见识，没有什么特殊要求。

（2）休闲型动机。这类旅游者选择著名风光秀美的旅游景区，或住度假村，或憩息豪华宾馆或在疗养胜地休息，他们追求自在、舒畅、潇洒，整个旅游活动要围绕休闲为中心，放慢游程节奏；而且出游是夏日避暑，冬日防寒。

（3）文化型动机。这类旅游者具有一定文化修养，注重景点探源，寻觅人文景观的文化遗迹，注重饮食文化，饱览乡土文化。

（4）经济型动机。这类旅游者出外旅游多数是以经商为目的，或是为了营销和交流业务，或是参观大型交易会，或是考察当地商业环境和商情，或是与客商交往、订立商务合同等；也有部分旅游是到京、津、沪等大城市观光购物。

（5）探险型动机。这类旅游者勇于探索自然奥秘，或去大沙漠罗布泊，或去长江源头，或进行长江、黄河漂流。

（6）生态旅游型动机。这类旅游者是走向自然，认识自然，注重在生态游中与自然的感情交流，使自己在山林、旷野、海滨领略大自然野趣，认识大自然的规律；在生态游中保护环境，除了脚印，什么也不留；除了照片，什么也都不取。

（7）社交型动机。不少旅游者为了探亲访支、寻根问祖、结识新朋友而进行旅游。这包括个人、团体以至政府间的访问，人员间进行的公事往来、文化、技术、科研交流活动，而这类活动都要接触新的人际环境，发生人际交往并且依靠这种新的人际交往实现旅游活动。在我国尤其突出的是部门、社团、企业的对口接待和交往。

（8）纪念型动机。这类旅游者把旅游作为某种重要事件的纪念，主要是结婚纪念日旅游；也有不少人在庆祝国庆时去首都北京旅游观光。

（9）宗教朝觐型动机。这类旅游者多数是虔诚的宗教信仰者，是为了朝圣或其他宗教活动目的需要而去旅游。例如信奉伊斯兰教的教徒去麦加朝圣；我国不少佛教徒去峨眉山、五台山、普陀山、九华山等佛教名山朝圣进香礼佛或做佛事，尤以港澳同胞、台湾同胞到名山名寺拜佛或为他们先人做超度佛事居多；也有一些信奉道教的人士去龙虎山、茅山进香。

（10）我国人民出境游和外国旅游者来我国旅游型动机。这类旅游者不论是我国人民或是外国的游客，他们都要求探求不同国家、不同民族的文化传统，了解不同国家的经济面貌，不同国家和民族的生活方式、习俗、风土人情，也欣赏异国的风光景物及奇特的动植物等。

突出的是港澳游型动机。随着我国改革开放，赴港澳探亲旅游进入了我国内地人民的生活。1991～1997 年，仅到港澳会亲访友、观光旅游的内地人每年都达数十万人。1997 年 7 月 1 日、1999 年 12 月 20 日，香港、澳门先后胜利回归，分别成立中华人民共和国香港特别行政区、中华人民共和国澳门特别行政区，实行“一国两制”后，我国内地人民怀着走出去看看自己的国土的动机，赴港、澳观光旅游。

四、决定旅游动机产生的因素

旅游者旅游动机的产生，受旅游者本身及其所处的社会环境两方面因素的影响。

（一）旅游者本身因素

旅游者产生旅游动机首先受他的本身主、客观两方面因素的影响。客观因素是指旅游者的经济支付旅游费用能力和有余暇时间，这是产生旅游动机的前提性因素。意大利有句谚语说："旅行者该有猪的嘴，鹿的腿，老鹰的眼睛，驴子的耳朵，骆驼的肩背，猴子的脸，外加饱满的钱袋。"旅游是一种消费行为，需要有"饱满的钱袋"，有支付各种旅游费用的能力，否则就不可能产生外出旅游的动机。在世界上经济发达、国民收入高的国家或地区，外出旅游的人数就多，反之就少。我国近十年来社会主义经济持续增长，人民收入增加，出外游山玩水的旅游者也逐年增加，据上海市旅游部门统计：1998年出国旅游的市民有6万多人次，国内游客人次向200万大关冲刺。同时，旅游需要占用一定的时间，一个人没有假期和余暇时间，不能摆脱繁重的公务或家务，就不能外出旅游。以我国来说，已实行了"每周四十小时工作制"，有了双休日，一些单位又实行了"旅游假"制度，人们自由支配的休闲时间多了，这样外出旅游的动机增强了，旅游人数也越来越多了。尤其是1999年10月庆祝中华人民共和国成立50周年，国务院发布了增加年节及纪念日放假天数的命令，国庆法定假日增为3天，加上前后两个双休日，共有7天假期。据报纸报导："国庆放长假，火了旅游业。"无论是各省市人民，还是港澳台同胞在这佳节中不约而同地涌向祖国的各大中城市及旅游胜地。上海近300家旅行社提出的百来条国内游线、数十条出国游线都爆满；云南昆明世博园仅10月1～2日就接待游客20.2万人；湖北省旅游局显示本省居民出门人数将超过10万人；广州地区有130万人出外旅游，省内各旅游景点大小宾馆都客满；四川省旅游局称全省居民外出旅游高达百万人次，九寨沟、峨眉山等风景区人满为患，上峨眉山过国庆的游人高达2万人次。

主观因素是指旅游者本身的需要、兴趣、爱好、性格、健康等，这是旅游动机的诱发性因素。没有旅游的愿望，也就不可能产生外出旅游的动机。

人们的个性外向或内向，对于旅游动机的产生也有影响。活泼开朗性格外向的人，爱好社交，追求刺激，向往自然胜景，他们随时可能产生出门旅游的冲动；而性格内向，追求平静安宁，恋家，思想保守，阅历不足的人不易产生旅游愿望。另外，产生旅游动机还同他的身体健康密切有关。

（二）社会性因素

一个国家或地区的经济状况和对旅游重视与否，团体或社会是否鼓励和社会上旅游是否形成时尚这些社会性因素，对旅游者产生旅游动机影响也大。

在世界上看，一般说许多国家的旅游发达程度，同这个国家的经济发达状况成正比。正由于这些国家的经济发展中，也将旅游事业纳在其中，并且以足够的经济实力，开发旅游资源，改善和建设旅游设施，促进交通运输业、航空、铁路和高速公路的快速发展，从而提高旅游综合吸引力和接待能力，激发人们旅游的动机。也由于较多国家或地区的经济发达，人们的物质文化生活较丰富，经济支付能力较强，人们产生旅游动机也较强。当然世界上还有不少中小国家因为重视旅游事业。将旅游收入作为本国财源的来源，也积极发展旅游事业。即使近年来一些东南亚国家发生金融危机，经济滑坡时，但这些国家仍紧紧抓住旅游这个“金娃娃”。

在我国，邓小平同志最早为发展旅游事业提出解放思想、高瞻远瞩的许多重要方针政策。邓小平同志在改革之初就指出，中国有丰富的旅游资源，发展旅游的条件非常优越，因此，要充分利用起来，要大力发展旅游业，争取在本世纪末实现旅游业每年为国家创汇 100 亿美元或更多一些的目标。我国的旅游事业在这指导思想指示下，日新月异，不断发展，旅游创汇早已实现邓小平同志提出的目标。1996 年旅游创汇突破 100 亿美元。而到 1999 年底止，全年创汇 141 亿美元。我国人民大多数经济收入增加，产生旅游动机愈来愈强。

人们生活的周围环境对旅游动机也有一定影响。单位、企事业或社会团体组织旅游活动，或是鼓励旅游行为，个体参与旅游活动的动机会不自觉地产生，而很乐于投入到集体的旅游活动中去，尤其是单位奖励性的、由单位出钱的旅游活动。

人们所处的地方旅游行为有否形成时尚，也对产生旅游动机有影响。不少旅游者对旅游经历、旅游见闻的传播往往感染其他人，使其产生同样出外旅游的冲动。求同求胜心理需求使一部分人产生旅游动机，这样也会使这个地方的热衷旅游的时尚逐步形成，促使更多旅游者出门旅游去。

五、旅游动机的激发

激发旅游者的动机，刺激旅游者的兴趣，提高旅游者积极参加旅游活动，需要旅游事业部门对于激发旅游者动机的心理因素深入研究，并且采取多种切实有效措施。

这些有效措施主要有：对丰富的自然和人文资源必须合理加以开发利用，

形成现实的有旅游观赏性、有利用价值的旅游资源，才能吸引旅游者，激发他的旅游动机。因为旅游资源是旅游业发展的前提和物质基础。所以，重视开发旅游资源必须尊重科学，按客观经济规律办事。要遵循下列的一些原则：①突出个性的原则，即是有独到的特色，鲜明的个性特征，这是旅游资源吸引力、生命力所在。在开发上应以自然为本。②是市场导向原则。就是要根据旅游者的需要和旅游市场动向来确定满足旅游者的市场需求。③经济效益原则。从本质上讲，开发旅游资源是一种投资权益的经济活动。因此在开发中必须讲求经济效益。④遵循保护原则。开发中做到边开发边利用、保护，防止在开发中人为地对旅游资源破坏。

旅游是一项综合性活动，它必须以食、宿、行、购、娱等基础设施为依托，才具有生命力。在建设或完善旅游设施中要注意美观、实用、方便，达到与景区的统一和谐，以刺激旅游者的兴趣和爱好。

此外，旅游企业要加强管理以优化旅游服务质量；搞好公共关系，树立良好形象；并且，加强传播媒介的宣传报导，在地区中优化旅游气氛。

第三节 旅游需要

一、旅游是人的需要的一种重要实现形式

按照马克思主义观点来看，旅游是人的一种需要，是人类社会发展到一定阶段的产物，是人类文明进步的体现。人在生产劳动过程，除有生活资料的需要，以维持生命的延续、劳动力的再生产外，还有享受资料的需要和发展自己所需的发展资料。

人有三种需要——生存需要、享受需要、发展需要。人的这三种需要，既是动态的，不同层次的，又是紧密相连，息息相通，融汇统一的。人的这三种需要，可以通过旅游得到一定的实现，即旅游是人的需要的一种重要实现形式。

人们通过自己的辛勤劳动或工作，创造了社会财富，就必定需要社会给予自己回报，需要享受身心健康所需要的物质资料——享受资料。人们在工作之余需要观赏、欣赏、享受劳动成果，享受现代化城市、文化科学的成就，以及游山玩水，观光名胜古迹，使用现代交通工具，如大型飞机、快速火车、高速公路、豪华游轮，乃至去品尝各地风味佳肴、特色美点等，这些都在情理之中，而旅游和旅游业可以满足人们的这种享受需要。人们通过旅游活动中的行、游、吃、住、购、娱去实现劳动的回报和喜悦，获得有利于身心健

康的享受资料，实现人生价值，使人感到活得充实，更加激发人们的劳动和工作热情，更努力有效地去创造美好的未来。

人既是自然实体，又是社会实体，这种两重性实体决定了人有三种需要。人们为实现这三种需要，创造了旅游和旅游业，旅游和旅游业发展，又推动人们这三种需要的发展，于是人们又会以更大的创造力去开拓旅游业更大的发展空间，形成需要——发展——更大的需要——更大的发展的良性循环。

二、旅游者的一般需要

旅游者的需要是人的生存需要、享受需要、发展需要三种需要在旅游活动中反映的心理需求。旅游者的需要是多方面的，旅游者生存需要、享受需要、发展需要的具体内容具有很明显的特殊性。

（一）旅游者的生存需要

人要生存，要繁衍后代，这是人的自然属性，这就需要具有生存需要的基本物质资料，包括空气、阳光、衣、食、住、行等。而旅游者需要也反映了生存需要的心理需求，这主要是人们在辛勤劳动或工作后，就需要休养生息，而旅游能满足这需要。到风景幽美的的旅游地或度假村疗养、休养；或到空气清新、自然风光奇美、蓝天碧海的海滨，呼吸新鲜空气，在海水中沐浴，以消除身心疲劳，调节心理机能，使之恢复生机；旅游者需要在春暖花开时，去早春的苏杭，领略“天堂”的意境；炎炎盛夏，旅游者需要去气候宜人的高山或海滨避暑；秋高气爽则去观赏丹枫绚丽的山林景色；寒冬腊月，旅游者对葱郁依旧的南国风光情有独钟。旅游者生存需要不仅要满足自身的健康，而且也需求自己精神上有自然美的感觉，有愉快的心情等。

旅游者生存需要对安全的需求也是多方面的。他们需要保障人身安全，在旅途中不发生交通事故等意外；他们不希望得病，有病则希望尽快治好。旅游者需要在旅游活动中保障自己携带的财物安全，不遭抢劫，不被盗窃或遗失等等。

（二）旅游者的享受需要

旅游者的享受需要，也包含了生存需要对衣、食、住、行等基本物质需求的内涵，但是又有它的特殊性。它不仅只是为了生存需要的基本物质资料，而是有更高的为了享用的需求。旅游者享受需要内容多方面，旅游者需要衣服不仅仅是为了御寒，而是需求面料精良、做工精细、式样新颖、色调幽雅的中高档服装，尤其是女性对出外穿着要求更美，更高；他们需要的饮食不仅仅是为了填饱肚子，而是需求适合自己的生活习惯、口味的餐饮，也需要品尝异国或异地的特色佳肴和风味小吃，而且要求质量高，价格合理和卫生；

旅游者需要的住宿不仅仅是为了睡一个好觉，而是需要有环境优雅、舒适的住房，希望住房被褥清洁卫生，用品齐全使用方便，有空调，环境安静，在游览回房后能美美地洗个热水澡，然后睡上一个好觉；旅游者需要交通方便、舒适、快捷、安全，并有空调设置；他们还需要有各种娱乐，如欣赏音乐、民族舞蹈等文艺演出，参观当地博物馆、文物展览、艺术品展览和欣赏各种自然和人工创造的美好事物。

旅游者有享受需要并不是奢求，而是享受、享用和欣赏，是人的天性，是一种生态意识，是人生的一种动力。正如此，通过旅游活动使人的生活越来越多彩亮丽。

（三）旅游者的发展需要

社会在不断前进，各种事物在不断发展。当前世界各国，尤其是我国的政治、经济、文化都在发展，科学技术更是日新月异，所以，人要跟上时代步伐，适应客观发展规律，就需要发展。

旅游者的发展需要主要是，希望通过旅游，走出自己的狭小天地，冲出坐井观天的状态，能够大开眼界，获得新信息、新知识；需求在旅游活动中，结交新朋友或探亲访友，或与当地人们接触，交流感情，交流友谊，开展社交活动，展现自己的智力并受到他人的尊重；需要通过旅游，从名山大川、名胜古迹和人文景观的神韵中，领悟到“行万里路，读万卷书”的真谛。旅游者需要求新、求奇、求异、求发展以增加见闻、扩充知识；旅游者需要通过参观革命历史胜地和我国已故的中共和国家领导人故居和纪念馆，以接受革命传统教育和爱国主义教育；尤其是旅游者向往我国的一些大中城市近年来通过改革开放，城市面貌大变样，他们需要通过参加城市观光游，了解这些大中城市的改革开放的新成就，品味大城市的繁华景象，增添豪情。

旅游者需要通过旅游活动去充实、提高、发展自己，旅游能满足人们的发展需要。可以预测，人类社会的发展在21世纪里必将进入更高层次，人们将会有更多的可能来关注和实现自身的发展，将会更大限度地追求更高层次的需要。而旅游具有更高层次的功效，将放射出更加璀璨的礼花。

旅游动机是支配旅游行为最基本的驱动力，而旅游动机产生于旅游者的需要。由于广大的旅游者的需要各不相同，由此产生的旅游动机也是有所不同的，它所支配的旅游行为也是各种各样的。

思考题：

1. 如何理解人的一般需要及其特征？
2. 马斯洛的“需要层次理论”内容是什么？国内外有何不同评价？
3. 什么是旅游动机？它对旅游行为的作用是什么？
4. 决定旅游动机产生的是哪些因素？

第六章　人格与旅游行为

人格既属于道德范畴，同时也属于心理学范畴。它作为一种心理现象，客观地存在于每个人身上。旅游者不同的人格影响着旅游行为，使旅游工作呈现出复杂性、多变性。研究旅游者的人格，探求一些规律性的东西，使旅游管理与服务工作更具有预见性和针对性，是旅游心理学研究和探讨的重要内容。

第一节　人格概述

一、什么是人格

人格也就是心理学著作中所说的个性。这词源于拉丁文面具(Person)，在涵义上有三种解释：一是指人品，与品格同义，是社会上的一般解释；二是指权利义务主体的资格，是法律上的一般解释；三是指人的个性，是心理学上的解释。在社会文化环境的要求下，人们常常从自身中筛选出可以表现于外部的方面来公开展示，因此人们的外部表现类似于角色扮演。然而，人格这一概念在心理学、社会学、文化人类学的研究和使用中，其内涵发生了不少的变化。由于看问题的角度不同，各心理学流派的观点也不一致，因此人格定义也多种多样。其中影响最大的、至今仍然为许多心理教科书采用的是奥尔波特下的定义。他认为："人格是决定人的独特的行为和思想的个人内部的身心系统的动力组织。"这个定义较全面地概括了人格的各个方面，有如下多重含义：

(1) 人格是生理和心理的统一，身体和精神的统一。

(2) 虽然人格具有组织性，但它无时无刻不在变化，是某种正在"生成着"的组织结构，具有动力性。

(3) 人格不是行为、活动的同义词，也不是个体显示出来的各种特征的简单总和，它是个体内部的制约活动的倾向性系统，只要给予适当的刺激，就会引起适应性行为的表露，所以要把它作为一个统一的系统来研究。

(4) 人格具有独特性，每个人的适应性行为在时间、场所、性质方面都是独特的，决不会存在着两个完全相同的人。

（5）人格不是一种想象的虚构的存在，而是实际的活生生的存在，是在活动中表现其特点的。

我国心理学界一般认为人格和个性乃是两个具有同样含义的名词。人格具体表现为两方面：一方面是个人比较稳定的、区别于他人的个性心理特征（气质、能力、性格等）；另方面是人的需要、动机、兴趣、信念和世界观等个性心理倾向。

总之，人格是一个人所具有的各种心理特征的综合。它是个体在自然素质基础上，通过环境影响和自身实践活动，在社会化过程中形成的稳定的独特的心理特征的总和，但它又不是这些心理特征的简单相加，而是具有组织性的、动力性的统一系统，制约着人的行为的倾向性。

二、人格特质

特质论者认为，人格是由许多心理要素构成的。所谓特质是指一个人的行动中一贯具有的倾向性的东西，如诚实、友好等。

特质不是习惯，习惯比特质更特殊。例如，一个人也许会有刷牙、勤换衣服、梳头、洗头、剪指甲等习惯，然而，他具有的这些习惯的原因是具有清洁这一特质。

特质也不是态度，态度像习惯一样，较之特质更特殊。一个人对待某件事物，例如对某人、对一辆崭新的汽车或对游行，都有若干种态度。相反，特质则普遍得多。例如，某人基本上是属攻击型的，那么他或她在对待陌生人、动物、世界上的事件等问题上的行为必然是攻击性的。态度与特质的第二个区别是，态度意味着评价，也就是说，态度常常是赞成或反对某件事物，它们不是肯定的，便是否定的。相反，特质则包含评价的所有的行为和认知活动。

奥尔波特是人格特质论的创始人，他认为特质是个体人格中的“心理结构”，特质既能激发行为，又可以指导行为。它存在于个人内部，不能直接观察到，只有通过推断才能得到。他认为人格特质是每个人以其生理为基础的一些持久不变的性格特征。他将人的特质分为以下三大类：

（一）首要特质

特质论中所谓的首要特质是指足以代表个人独特个性的特质。例如只用“吝啬”二字就足以代表某人的性格，而且所有认识他的人，都公认他真的是吝啬。吝啬就是此人的首要特质。小说或戏剧的中心人物，往往被作者以夸张的笔法，特别突出其首要特质。

（二）中心特质

特质论中所谓的中心特质是指代表个人性格的几方面的特征。中心特质是构成人格特质的核心部分，每个人的中心特质，大约在5～7个之间。平常评价某人时所用的“诚实的、勤奋的、乐观的、开朗的”等形容词就是指中心特质。

（三）次要特质

所谓次要特质是指代表个人仅仅在某些情境下表现的性格特征。有些人虽然喜欢高谈阔论但在陌生人面前则沉默寡言。单从他的性格表现看只能说沉默寡言是他的次要特质。

卡特尔应用因素分析法来探讨人格特质，并认为构成人格的特质彼此不是松散存在的，而是作为整体的机能相互关联的。他提出了表面特质和根源特质的概念。表面特质是经常发生的，从外显行为中可实际测到的特质。根源特质是人格结构的最重要部分，是外显行为的内在原因，是构成人格的元素，人的所作所为无一不受根源特质的影响。从表面特质中精选出潜在深处的根源特质是卡特尔研究的主要方面。他运用因素分析，经过几十年的努力，最后确定人格的16种根源特质。这16种特质是：

A. 乐群性　B. 聪慧性　C. 情绪稳定性　E. 好强性　F. 兴奋性　G. 有恒性　H. 敢为性　I. 敏感性　L. 怀疑性　M. 幻想性　N. 世故性　O. 忧虑性　Q_1. 激进性　Q_2. 独立性　Q_3. 自律性　Q_4. 紧张性

卡特尔与他的同事一起根据这16种特质，编制了著名的16PF问卷测验，用来测试人格特质。这一测验已被广泛应用于有关领域。

三、人格类型

不同的人格心理学家，对人格类型作了不同的划分，其中有重要影响的是荣格和斯普兰格的理论。

（一）荣格的心理学人格类型

1913年，心理学家荣格（C. G. Jung）首次提出心理的两种类型——内倾和外倾。他认为在与周围世界发生联系时，人的心灵一般有两种指向，可称为定势。一种定势是指向个体内在世界，叫内倾；另一种定势是指向外部环境，叫外倾。他描述内倾者的性格是安静的，富于想象的，爱思考的，退缩的，害羞的和防御性的，对人的兴趣漠然；外倾者则爱交际，好外出，坦率，随和，乐于助人，轻信和易于适应环境。

荣格还提出四种思想机能：

（1）感觉　指明事物存在于什么地方，但不说明它是什么东西；

（2）思维　指明感觉到的客体为何物，并给它命名；

（3）情感　反映事物是否可以为个体接受，决定事物对个体有何种价值，与喜欢和厌恶有关；

（4）直觉　在没有实际资料可利用时，对过去和将来事件的粗略推断。

按照两种定势与四种机能的组合，荣格描述了人格的八种类型，但具有任何一种类型的极端形式的人是不存在的。

下面是这八种类型的人的简单描述：

（1）思维外倾型　按固定规则行事，客观而冷静；积极思考问题，武断；感情压抑。

（2）情感外倾型　极易动感情，尊重权威和传统；寻求与外界的和谐，爱交际；思维压抑。

（3）感觉外倾型　寻求享乐，无忧无虑，社会适应性强；不断追求新异感觉经验；对艺术品感兴趣；直觉压抑。

（4）直觉外倾型　作决定不是根据事实，而是凭预感；不能长时间地坚持某一观点，好改变主意；富于创造性，对自己许多无意识的东西了解很多；感觉压抑。

（5）思维内倾型　强烈渴望私人的小天地；实际判断力缺乏，社会适应性差；智力高，忽视日常实际生活；情感压抑。

（6）情感内倾型　安静，有思想，感觉过敏；孩子般的令人难以理解；对别人的意见和情感漠不关心，无情绪流露；思维压抑。

（7）感觉内倾型　是情境决定性的人，被动，安静，艺术性强；不关心人类的事业，只顾身旁刚发生的东西；直觉压抑。

（8）直觉内倾型　偏执而喜欢做白日梦，观点新颖但稀奇古怪；苦思冥想，极少为人理解，但不为此烦恼；以内部经验指导生活。

（二）斯普兰格的社会人格类型

德国柏林大学哲学教授斯普兰格认为，每个人具有六种基本价值取向：理论、经济、审美、社会、政治及宗教。个体的人格类型是受其中较显著的价值取向的影响而形成的。六种价值的人格类型分别为：

（1）理论型　此类型的人主要兴趣在于发现真理，通过观察、分析、推理，致力于探索事物的联系与区别。这种人好钻研，求知欲强，能自制。活动和生活的主要目的是将自己的知识系统化、条理化，多忽视生活的其他方面。

（2）经济型　此类型的人态度趋向于现实——实际事物，是务实人士。凡是各行各业的实际事物，行之有效的，都给予关注。他们认为一切工作都要从实际的需要出发，不然则应当抛弃，他们重视财力、物力、人力和效能。

（3）艺术型 此类型的人重视形象的美与心灵的和谐，善于审视美好的情景和快乐等多种情趣。他们认为美的价值高于其他事物，以优美、对称、整齐、适宜等标准来衡量一切，因此对任何事物都从艺术的观点加以评论。

（4）社会型 此类型的人以爱护他人、关怀他人为高尚的职责。他们多投身于社会，交往于人际，以提供服务为最大乐趣。他们多表现随和、善良、不自私、宽宏大量，并愿献身他人。

（5）政治型 此类型的人对权力具有极大的兴趣，实权成为其基本的动机。他们多有领导他人和支配他人的愿望和才能，其特点是自我肯定、有活力、有信心，对人对己要求严格，讲原则，守秩序；但也会自负，轻视他人，利己而专横。

（6）宗教型 此类型的人重视命运和超自然力量，其心灵结构在于创造最高满足的价值经验。他们大多有坚定的信仰（宗教或其他类似的经验）而宁愿从现实生活中退却。自愿克服一切低级冲动，乐于自我否定而沉思于自以为最高级的各种经验。

四、人格结构

加拿大精神病医生柏恩博士在他的专著《人们玩的游戏》中，提出人格结构的 PAC 分析，他的相互作用分析的基本理论认为，个体的个性（或人格）是由三种心理状态构成的，这就是：父母（P）、成人（A）、儿童（C）状态，所以简称人格结构的 PAC 分析。

俞文钊编著的《管理心理学》中提出："父母"状态以权威和优越感的标志，通常表现为统治人的、训斥人的，以及其他权势的作风。这种状态学自父母及其他权威人物。当一个人的人格结构中 P 成分占优势时，这种人的行为表现为，凭主观印象办事，独断独行，滥用权威。这种人讲起话来总是"你应该……""你不能……""你必须……"。"成人"状态表现了客观和理智。这种人像计算机处理数据那样，从储存的材料中，估计各种可能性，然后作出决策。当一个人 A 成分占优势时，这种人的行为表现为待人接物冷静，谨慎从事，尊重别人，讲起话来总是"我个人的想法是……"。"儿童"状态像婴儿般冲动，表现为服从或听人摆布。有时喜怒无常，一会儿逗人喜，一会儿惹人厌。当一个人 C 占优势时，其行为表现为无主见，感情用事，易激动愤怒。讲话的特点经常是："我猜想……""我不知道"。

另外，前苏联的心理学家认为，人格应包括心理活动的动力特征（气质），对现实环境和行为习惯方式上的特征（性格），完成某种活动潜在可能性的特征（能力），以及人在社会环境中的态度和行为的积极性特征（动机、需要、理想和信念等）。

第二节　人格结构与旅游行为

如前所述，心理学家对于人格的本质进行了有意义的探讨，提出过很多的定义。我国大多数心理学工作者将人格与个性视为一对同义词，认为人格或者个性是具有一定倾向性的多种心理品质的总和。它包括两大组成部分，即个性倾向性和个性心理特征。这两部分有机地结合，使人格（个性）成为一个整体结构。

个性倾向性是人进行活动的基本动力，也是个性中最积极、最活跃的因素。个性心理特征是个性结构中比较稳定的、典型的心理特征，具体包括气质、性格和能力等。个性倾向性（主要是动机）与旅游行为的关系已有专章阐述。本节主要探讨气质、性格、能力对旅游行为的影响。

一、气质与旅游行为

（一）什么是气质

气质是个性心理特征之一。气质是个体与生俱有的心理活动的动力特征，是高级神经活动类型在人的行为和活动中的表现，是情绪和活动发生的速度、强度、持久性、灵活性和指向性等动力方面特点的综合。所谓心理活动的动力，是指各个个体之间在认识过程中，存在着知觉的速度、思维的灵活程度、注意集中稳定的时间长短等方面的差别；在情感过程中，也有发生的强弱、深浅与持续长短的差别；在意志行动中，又会表现出意志努力程度的不同；在心理活动的指向上，有人偏向于外部事物，从外界获得新印象，也有人倾向于内部，经常体验自己的情绪，分析自己的思想和印象，等等。因而，气质仿佛使一个人的整个心理活动表现都涂上个人独特的色彩。

在人的各项活动中可以看到，有的人活泼好动，反应灵活；有的人安静稳重，反应缓慢；有的人总是显得十分急躁，情绪明显表露于外；有的则总是不动声色，情绪体验细腻深刻。人与人在这些心理特征方面的差异或相似，就表现为气质的异同。

有着某种气质类型的人，常在不同的活动中显示出同样性质的动力特点，而且他们的气质特征具有相当固定的性质。例如，一个旅游者每逢旅游前夕总表现出激动，等待出发时总坐立不安，参加娱乐比赛前总沉不住气，等等。在这种情况下，可以说这个旅游者具有情绪易激动的气质特征。

气质受先天遗传因素的影响很大，在婴幼儿期就表现得很为突出。其在个体心理中是最为稳定、变化最少也最慢的一种心理特征。虽然如此，人的气质在环境、教育和个体生活经历的影响下，还是会逐步有所改变的。

（二）气质与旅游行为

气质类型一般可分为多血质、粘液质、胆汁质、抑郁质四种类型。某一气质类型的典型代表总是少数，多数是以一种气质类型为主的综合类型。现将倾向于某种气质类型的人们在旅游中的行为分述如下：

1. 胆汁质

基本特征是：直率、热情、精力旺盛、情绪易于冲动、心境变化剧烈等。它属于兴奋而热烈的类型，是高级神经活动的“强而不平衡的灵活兴奋型”在人的行为和情绪等方面的表现。这类气质的旅游者有理想，有抱负，有独立见解，反应迅速，行为果断，表里如一，在言语、面部表现和体态上都给人们以热情直爽的印象。他们不愿受人指挥，而喜欢指挥别人。一旦认准目标，就希望尽快实现，遇到困难也不折不挠，有魄力，敢负责，但往往比较粗心，较少考虑各个方面及左邻右舍的关系。他们自制力较差，容易感情用事（有时有刚愎自用、鲁莽的表现）。他们在对待旅游活动带有明显的周期性特点，能以极大的热情和旺盛的精力投身其中，但一旦丧失兴趣时，情绪也顿时转为沮丧而心灰意冷。

2. 多血质

基本特征是：活泼、好动、敏感、反应迅速、喜欢与人交往、注意力容易转移、兴趣容易变换等。它属于敏捷好动的类型，是高级神经活动的“强而平衡的灵活的活泼型”在人的行为和情绪等方面的表现。这类气质的旅游者易于适应环境的变化，性情活泼，热情，喜闻乐道，善于交际，在群体中精神愉快，相处自然，常能机智地摆脱窘境。他们在旅游活动中肯动脑筋，主意多，常表现出机敏的能力和较高的活动效率。对外界事物有广泛的兴趣，不安于机械、刻板、循规蹈矩。但他们情绪不够稳定，一阵风一阵雨，容易失于浮躁，有轻诺寡信、见异思迁的表现。

3. 粘液质

基本特征是：安静，稳重，反应缓慢，沉默寡言，情绪不易外露，注意稳定但难于转移，善于忍耐等等。这类气质属于缄默安静的类型，是高级神经活动的“强而平衡的不灵活的安静型”在人的行为和情绪等方面的表现。这类气质的旅游者反应较迟缓，但无论环境如何变化，都能基本保持心理平衡。凡事力求稳妥，深思熟虑，一般不做无把握之事，在各种情形下都表现出较强的自我克制能力。他们外柔内刚，沉静多思，很少流露出内心的真情实感。

与人交往时态度持重、适度、不卑不亢，不爱抛头露面或作空泛的清谈。他们行动缓慢而沉着，有板有眼，严格恪守既定的生活秩序和工作制度。他们很乐意从事一些变化不大、相对稳定、需要付出一定意志去努力的旅游活动，但他们过于拘谨，不善于随机应变，有墨守成规的表现，常常是固定性有余，灵敏性不足。

4. 抑郁质

基本特征是：孤僻，行动迟缓，体验深刻，善于观察别人不易觉察到的事物等。这类气质属于呆板而羞涩的类型，是高级神经活动的"弱的抑制型"在人的行为和情绪等方面的表现。这类气质的旅游者在生理上难以忍受或大或小的神经紧张，厌恶那些强烈的刺激，如尖叫、血、恐怖镜头等。他们感情细腻而脆弱，常为区区小事引起情绪波动。他们情绪体验的方式较少，也极少外露自己的情感，但内心体验却相当强烈，心里有话，宁愿自己品味，不愿向别人诉说，常生闷气，与人交往时，显得腼腆、忸怩，在陌生人面前很拘束，喜欢一人独处。他们的兴趣爱好不广，有孤僻的表现。但如果在一个团结友爱的群体中，可能是一个极易相处的人，尤其能善于周到地领会别人的意图，觉察到别人不易觉察的细小事物和微弱变化。对力所能及的活动也乐于参加。他们遇事要三思而后行，求稳不求快，因此显得迟缓和刻板。在旅游过程中，常比别人更感疲倦，在困难的局面下常表现出怯懦、自卑和优柔寡断。

二、性格与旅游的行为

（一）什么是性格

性格是人对现实的态度和行为方式中的比较稳定的心理特征的总和。它在人的个性中具有核心意义，人的个性差异首先表现在性格上。

在人对现实的态度上，有很多为人们称道的良好性格，如对生活的热爱，对荣誉的追求，对友谊的忠诚，对他人的帮助，对邪恶的仇恨，等等。人对现实的态度和与之相适应的行为方式的独特结合，就构成了一个人区别于他人的独特性格。

性格作为人的比较稳定的心理特征，有两方面的含义：一方面是说，性格是在长期生活实践中形成的，比较稳固；另一方面是说，这种比较稳定的对现实的态度和行为方式贯穿在人的全部行为活动中，在类似的、甚至在不同的情境中都会表现出来。如一个人具有诚实的性格特征，而经常表现的并不这样，那么就不能说他是一个诚实的人。只有那些经常的、能从本质方面表现一个人个性的性格特征，才具有性格的意义。由于一个人在生活实践中形成的对现实的态度和行为方式具有稳定的倾向，因此就预见他在某种情况下将会如何行动。

（二）性格与旅游行为

对旅游者性格特征的行为分析，可以从以下几方面入手。

1. 对现实的态度方面

这里主要指处理各种社会关系方面的性格特征。如表现在对社会、集体、他人的态度方面，有些旅游者表现为爱团队，有社会责任感和同情心，为人正直、真诚、坦率、有礼貌等，而有些旅游者则表现为自私自利、孤僻、拘谨、虚伪、粗暴等；又如表现在对学习、工作、劳动态度方面，有些旅游者表现为刻苦认真、勤奋细致、富于首创精神等；而有些旅游者则表现为懒惰贪玩、敷衍了事、墨守成规等；再如表现在对自己的态度方面，有些旅游者表现为谦逊，有自知之明，有自尊心、自信心，严于律己，有些旅游者则表现为骄傲自满、不知羞耻、自卑、自由散漫等。

2. 意志方面

旅游者性格的意志特征可从四个方面进行分析：①表明旅游者的行为目标。例如，对旅游是具有明确的目的性还是被动参与，是具有独立的见解还是易受暗示。②表明旅游者对行为的控制水平，例如，是主动地约束自己、克服冲动的行为，还是放任自流、张皇失措等。③表明旅游者对行为调节客观表现的意志果断性，例如，困难或紧急状况下能否迅速、准确地作出抉择，是坚决果断还是优柔寡断，是勇敢还是胆怯等。④表明旅游者在对比较困难的旅游活动中表现出来的态度和行为。例如，是有恒心、坚韧不拔，还是半途而废、缺乏勇气等。

3. 情绪方面

性格的情绪特征又称为性情。这反映了旅游者经常表现的情绪活动的强度、稳定性、持久性和主导心境方面的特征。①情绪的强度，表现为旅游者受情绪的渲染和支配的程度，以及情绪受意志控制的程度。有的旅游者情绪活动一经引起就比较强烈，全部活动都被情绪所支配，而有的旅游者情绪体验则比较弱。②情绪的稳定性，表现为旅游者情绪的起伏和波动的程度。有的旅游者容易激动，情绪活动发生较快，不易控制；有的旅游者较稳定，情绪活动发生较慢，也易控制。③情绪的持久性，表现为旅游者情绪保持时间的长短。有的旅游者持续时间长，有的旅游者持续时间短。(4) 情绪主导心境，表现为不同主导心境在旅游者身上稳定的程度，有的旅游者是欢乐、振奋的，有的旅游者则是抑郁、沉闷的，不同的主导心境鲜明地反映不同的性格特征。

4. 认知方面的性格特征

这是指旅游者在感知、记忆、想象和思维等认识过程中所表现出来的个别差异。表现为感知的有被动感知型和主动观察型，详细分析型和概括型，快速型和精确型；表现为记忆的有主动记忆和被动记忆，有信心记忆和无信心记忆，记忆中持续现象的强型和弱型；表现为想象的有主动想象和被动想象，主观想象和客观想象，狭窄想象和广阔想象，大胆想象和想象被阻；表现为思维的有独立地提出问题和回避问题或借用现成的答案，富于创造性和好钻牛角尖，深思熟虑和粗枝大叶。

三、能力与旅游行为

（一）什么是能力

能力是与顺利地完成某种活动有关的心理特征，通常是指个体从事一定社会实践活动的本领。

对于能力的含义，可以从两方面来理解：一方面，是指个人到目前为止所具有的知识、技能；一方面含有可造就性或潜力的意思。在能力中，又可分为智力、性向和成就三种。智力是指个人的一般能力；性向是指个人可以发展的潜在能力；成就是指个人通过教育或训练对学识、知识和技能方面所达到的较高水平。

（二）能力的作用

人的知觉或思维活动是在他所从事各种工作或操作中进行的。为了顺利、成功地完成这些活动，重要的心理前提是具备某些能力。例如，熟练地进行操作，保质保量、按期完成生产任务，是操作工人应具备的必要能力；熟练地介绍景点，内容新颖，讲解透彻，条理清楚，是导游员应具备的必要能力；善于鉴别色彩、形象记忆、掌握线条比例，是画家应具备的必要能力；而记忆清晰、思维敏捷、反映灵活则是一般的、为完成各种活动应具备的能力。

要成功地完成一项活动，仅靠某一方面的能力是十分不够的，必须具有多种综合能力才能获得成功。例如，为了完成导游任务，不能仅仅依靠记忆力，或仅仅依靠对景观的分析、理解，而必须同时具有观察力、记忆力、概括力、分析力、理解力等，才能出色地完成导游任务。

在完成某项任务时，所需要的各种能力的最完备的结合，能使人迅速地、创造性地完成任务。这时可以认为，这个人在完成这项任务时具有较高的能力。各种能力的最完备的结合，叫做才能。如果一个人在某一方面或某些方面有杰出的才能，就被称为天才。

（三）能力的分类

能力有一般和特殊之分。人在顺利地完成某项任务时，必须既具有一般能力，又具有特殊能力。一般能力是指在很多种基本活动中表现出来的能力，如观察力、记忆力、抽象概括能力等。特殊能力是指出现在某些专业活动中的能力，如数学能力、音乐能力、专业技术能力等。一般能力与特殊能力在活动中的关系是辩证的统一。一方面，一般能力在某种活动领域得到特别的发展，就可能成为特殊能力的组成部分。例如，观察能力属于一般能力，但机修工在长期修理机械过程中，需要区别正常与非正常的机械结构细节，察看机械的运转状况，从而形成敏锐的观察能力。另一方面，在特殊能力得到发展的同时，也发展了一般能力。因为机修工在修机过程中培养的敏锐的观察能力，有可能迁移到其他活动领域，表现出他的精细观察的个人特点。因此，特殊能力是一般能力获得充分发展的某种特殊的心理活动的系统；而一般能力则是在某种特殊系统基础上发展起来的，离开活动，既谈不上一般能力，也谈不上特殊能力。

（四）能力与旅游行为

构成能力的要素是多方面的，不同的要素构成不同的能力。能力结构的形成也总与一定的活动和行为相联系，并在一定的实践中得到发展和完善。从与旅游者关系的紧密程度来看，我们觉得下列能力与旅游行为的关系较为密切和影响较大。

1. 审美能力与旅游行为

审美能力是指根据一定的审美情趣和审美理想，对美的对象进行欣赏、鉴别、评价和创造的能力。它包括审美感受、审美体验和审美创造三个方面。所谓审美感受能力，即通过感官直接感受美的存在物而达到愉悦的能力；审美体验是指在理解美的存在物的基础之上产生的情感共鸣；而审美创造是指按照美的规律进行创造美的事物的能力。审美鉴赏能力是基础性能力之一，它是其他能力获得充分发展的基础。审美鉴赏能力发展的程度是判别一个人文明程度高低的主要标志，同时也是一个人是否具有持续不断研究创新活动的重要标志。

审美能力既与人的感官功能有关，但更受着人的知识经验的影响。知识丰富、阅历深广的人，在旅游中能比较全面而深刻地认识审美对象，在眼前景物激发下，浮想联翩，比兴相生，乐趣盎然。有中国古代文学修养的人，黄昏时到苏州城外游玩，想起唐代诗人张继的名诗，“姑苏城外寒山寺，夜半钟声到客船”，能够领略到其中的诗情画意；懂历史的人游赤壁，面对滔滔大江，就会回想起三国时火烧赤壁的历史典故。如果吟咏起苏东坡的“大江东去，浪淘尽、千古风流人物。故垒西边，人道是、三国周郎赤壁。乱石穿空，惊涛拍岸，卷起千堆雪。江山如画，一时多少豪杰”，那种美感享受是多么令人陶醉！而缺乏文艺修养，不懂历史的人，面对这些景色，只能说“好看”“真美”而已，其感受远没有前者那么丰富。甚至还认为一条河、一座旧寺，没有什么意思，看不出什么美来。

2. 观察能力与旅游行为

人是靠感觉器官来感知客观事物获得知识的。人对客观事物的感知有一个能力问题，这种感知能力就叫作观察能力，或称观察力。不过这里所说的观察并非专指靠视觉感知世界，而是泛指人对客观世界感知的一切方法。当然，视觉与听觉在人们直接与间接地感知客观事物中起着极其重要的作用，因为人类的许多知识也确实是靠看和听得来的。然而人对客观世界的了解单靠看、听是不够的，还必须有其他感知能力的配合，特别是大脑的配合。我们感知物质世界的事物主要依靠视觉、听觉、触觉、味觉、嗅觉，而感知精神世界的一些抽象事物，依靠这些功能就不够了，主要依靠大脑。我们这里所说的观察能力是既包括对依靠视觉和听觉的感知，又包括依靠触觉、味觉、嗅觉、动觉等的感知，也包括大脑积极配合的对客观世界的综合感知功能。一句话，观察能力就是人们了解客观世界、获得知识的本领。

旅游者的观察能力影响着他们的旅游行为。观察能力强的旅游者可以从各种事物或现象中发现重要的、有典型意义的、美的东西。离开自己习惯的地方，到新的环境中去，从新的角度去观察环境，往往可以使观察力变得敏锐，了解到社会生活各方面发展的趋势，个人的知识也更加丰富起来。这正是仁者之所以“乐山”、智者之所以“乐水”的缘故。以对山岳的观察为例，在见识不广的人看来，山就是山，至多是有无林木或石峰土岭的区别。然而，阅历广博的旅行家却能细致地观察到各种山岳的独特之处。与林则徐、龚自珍齐名的清代著名爱国者和进步思想家魏源就是这样一个人。他曾经广游祖国大好河山，“州有九，涉其八；岳有五，登其四”。他常为祖国的灵山秀水所感，写下大量山水诗，对江山景色作了很多有独到见解的评点。在魏源眼里，三山五岳，各具形态；由于地理位置不同，溪旁、江畔和海滨的山各有风格；边塞关山和江南翠岭也分别给人以不同美感。由魏源的山水诗可以证实，旅游确实可以锻炼和发展观察力，以至变得异常敏锐，能从观察到的各种现象的比较中得到启发和感化。

3. 社交能力与旅游行为。

社交能力是人们在社会中相互交往的能力。旅游者的社交能力主要表现为如下一些功能：

（1）交流信息。人际交往最明显的作用是交流信息。人们之间信息的交流与沟通，不仅是互相联系的形式，而且是获取知识的途径。人们学习和掌握知识一是通过直接的人际交往，从其他人那里获取的；二是通过文字资料或其他工具间接地从前人与他人那里获取的。前一种方式是最主要的方式，也是后一种方式的前提和基础。旅游者的信息沟通，必须通过直接的人际交往才能实现。拓展人际交往的空间，能够扩大视野，增加信息来源，丰富人的学识。人际交往是个互动过程，人际间的信息交流不是两台机械装置之间发送——接收那样的简单传递，而是一种积极的对流。人际间的信息交流，能使人思想活跃，提高人们对信息、知识的理解和鉴别能力。对旅游者来说，导游讲解、互相聊天等各种形式的交往，无一不是获取信息的途径。旅游者除了向旅游工作人员请教之外，必须努力拓展交往空间，主动、积极地与其他旅游者交往，以丰富自己的见识，提高自己的能力。

（2）交流情感。人际交往具有交流情感的作用。积极的情感交流能使交往双方产生亲密感，并从中吸取力量。人是有感情的动物。在人际交往中，交往双方不仅交流信息，而且以各种表达感情的方式如语气、表情、动作、姿势来感染对方，影响对方，使对方理解、接受自己的观点，产生心理的共鸣。当自己的观点、态度为他人所接受，会激起积极的情感并产生行动的欲望；自己的行为为他人所赞许，就会增强行为的信心；个人心理上的负担因他人的同情、安慰而得到解脱，就能使情绪趋于稳定。这说明，情感交流是不可忽视的动力源泉之一。人际间情感交流的需要得到满足，就易于结成良好的人际关系。

（3）协调行动。人际交往能协调人们的行动，避免冲突，提高活动效率。一方面，人们通过交流信息，交流情感，交换思想、观点，可以改变对方的态度，达成行为的协调和一致。另一方面，在进行共同活动时，只有参加活动的每一个成员都以自己的行动为共同的活动目标作出努力，才会产生“系统效应”，提高活动的效率。

（4）加强人际知觉。人际交往有助于提高人际知觉的准确性。所谓人际知觉即人对人的知觉，包括自己对自己的认识以及自己对别人的认识。人际交往的过程也是交往双方相互认识的过程。在交往过程中，双方都从对方的言谈举止中认识了对方，又从对方对自己的反应中认识了自己。交往越深入，对对方的认识越完整，对自己的认识也越深刻。这样，自我表象（对己知觉）越接近自己，他人的表象（对人知觉）也越接近他人，从而提高了人际知觉的准确性。

4. 生活能力与旅游

旅游者的生活能力包括独立生活能力和适应环境能力。独立生活能力是指依靠自己的力量，进行生活的能力。旅游者独立生活能力主要指生活自理，养成良好的生活卫生习惯和增强体魄的能力。即是善于安排自己的衣、食、住、行，善于本着勤俭节约的原则合理开销旅游费用，尽可能在经济上合理安排，并通过有目的地旅游锻炼增强体质、健全体魄。独立生活能力是旅游者首先应具备的基本能力之一。独立生活能力的增强，不仅能使旅游者更好地适应旅游生活，而且也是发展独立工作能力的重要基础。

适应能力是指人随外界环境和时代变迁而改变自己的行为方式、生活方式、交往范围、思维习惯、思想认识和价值观念的能力。通过“自由自觉的活动”，发挥主观能动性，去认识和驾驭环境，成为环境的主人，这是人的适应能力的基本特征。从工作单位踏上旅行途中，生活、工作、学习环境和人际环境都发生了变化，要求旅游者调整自己、适应新的情况，并通过创造性的活动去适应所处的环境。

第三节　自我意识与旅游行为

一、什么是自我意识

自我意识，顾名思义，就是自己对自己的意识，即自己认识自己的一切，包括认识自己的生理状况、心理特征以及自己与他人的关系。

“自我”这一概念可指两个方面，一个是主观的“我”，即对自己活动的觉察者；另一个是客观的“我”，即被觉察到的自己的身心活动。人类学家米德把前者称为“I”，把后者称为“me”。平时我们常常说：“我认为我的个性是懦弱的”“我感到我心里很难受”“我恨我自己太缺乏信心”等。句子里开头提出的“我”，是句子的主语部分，就是主观的“我”，即对自己活动的觉察者；句子里的宾语的我，就是客观的“我”，即被主观的我觉察到的自己的身心活动。

二、自我意识的结构

自我意识是一种多维度、多层次的复杂心理现象，它由自我认识、自我体验和自我控制三种心理成分构成。它们相互联系，相互制约，统一于个体的自我意识之中。从认识形式看，它表现为自我感觉、自我观察、自我分析和自我批评等，统称为“自我认识”；从情绪形式看，它表现为自我感受、自爱、自尊、自信、自重、责任感、义务感和优越感等，统称为“自我体验”；从意志形式看，它表现为自立、自主、自制、自卫、自律等，统称为“自我控制”。

自我认识主要解决“我是一个什么样的人”的问题，比如有人观察自己的体形，认为属“清瘦型”；分析自己的品性，认为自己是诚实的人；用批评的眼光审视自我时，总觉得自己脾气急躁，容易激动。自我体验主要涉及“对自己是否满意”“能否悦纳自己”这些问题，比如有人感到自卑，因为自己长得不好看，所以对自己感到不满意，甚至不愿接受这个丑陋的我。而自我控制则要解决“如何有效地调控自己”“如何改变现状，使自己成为一个理想的人”之类的问题。三个方面整合一致，便形成了完整的自我意识。

（一）自我认识

自我认识，是指主我对客我的认知和评价，即自我认知和自我评价。自我认知是自己对自己身心特征的认识；自我评价是在自我认知的基础上对自己作出的某种判断。

在客观的自我认知基础上作出正确的自我评价，对于个人的自理生活、行为表现及协调个人在社会群体中的人际关系，都有重大的影响作用。如果一个人在社会生活中把自己看作低人一等，没有价值，那么他就会产生自卑感，做事缺乏胜任的信心，没有主动性和积极性，其结果是无论做什么事情都难以保证质量。相反，如果一个人只看到自己的长处，那么，他就会产生盲目乐观的情绪，自我欣赏，自以为是，其结果往往不能处理好人际关系，难以与人合作，或被他人拒绝、被群体所孤立。可见，对自我的客观认知和评价，对个人的健康发展有着不可忽视的影响。

进行客观的自我认知并在这一基础上对自己作出正确的自我评价是一个极为复杂的过程。社会比较理论认为这一过程是一个社会比较的过程，是个体通过对自己的价值和他人的能力及条件的比较而实现的。个体生活在社会群体中，要想与他人和睦相处，适应周围环境，完成社会化，就必须十分清楚周围的社会环境，知道自己所处的社会地位和所产生的社会作用。如果个体对周围的社会环境不了解，就会无所适从，会感到紧张不安，甚至产生焦虑。个体在进行自我认识时，还同时要受到个体本身的需要、愿望、动机等许多心理因素的影响，因此，个体对自己身心的自我认识总是或多或少存在着一定的误差。当个体发现自我评价与社会对自己的评价一致时，个体就会有安全感，对自我评价充满信心；反之，当个体发现自我评价与社会对自己的评价相距甚远时，个体则会与周围人的关系失去平衡，产生矛盾，而丧失安全感。长此下去，就会导致个体自满或自卑，不利于个体心理的健康成长。

（二）自我体验

自我体验是个体对自己怀有的一种情绪体验，即主我对客我所持有的一种态度。它反映了主我的需要与客我的现实之间的关系。客我满足了主我的要求，就会产生积极肯定的自我体验，即自我满足；反之，客我没有满足主我的要求，则会产生消极否定的自我体验，即自我责备。

客我能否满足主我的要求，往往与个体的自我认识、自我评价和个体对社会规范、价值标准的认识有关。自我体验的内容十分丰富，比如自尊心与自信心、成功感与失败感、自豪感与羞耻感等。

自尊心是一种内驱力，激励着个体尽可能地努力获得别人的尊重，尽可能地维护自己的荣誉和社会地位。自信心是对自己智能与精力的坚信，使个体遇难而进，走向成功。但是，如果自尊心和自信心把握不当，就会产生脱离集体、追求虚荣的个人英雄主义，稍有点成绩就趾高气扬，瞧不起他人，而一旦遇到挫折，则会自卑、自贬，一蹶不振。

成功感和失败感是根据个体的自我认知与自我期望水平而确定的，决定于个体的内部标准。比如当个体在完成某项工作时，他认为他已取得成功了，而个体可以认为自己取得了成功，或者是他人认为他已取得了成功了，而个体自己却认为是失败的。由于个体的自我期望水平要受社会的期望标准的影响，因而，决定个体成功与失败的情绪体验的内部标准在一定程度上要与社会的共同标准相适应。当个体体验到成功感时，就会产生积极的自我肯定，向更高的目标进取；反之，当个体体验到失败感时，则常产生消极的自我否定，闷闷不乐，甚至放弃努力。可见，如何恰当地处理自我体验，对个体的身心发展具有重大的意义。

（三）自我控制

自我控制是个体对自己行为、思想和言语等的控制，即主我对客我的制约作用。自我控制有两个方面的表现，其一是发动作用；其二是制止作用。人们在克服困难的过程中，个体强制自己的言语器官和运动器官进行种种活动，这就是自我控制所起的发动作用。例如旅游者克服贪睡的欲望，凌晨乘车赶路。而主我根据当时的情境，抑制客我的行动和言语，则为自我控制所起的制止作用。例如，身患感冒的旅游者，在旅行途中强行压制自己避免咳嗽。

自我意识包括认识因素、情感因素、意识因素等，其表现也正在这些方面。

1. 自我意识在自我认识方面的表现

自我认识在形成自我意识中起着重要作用。自我认识应理解为个人对自己心理和身体特征的认识。

（1）自我观察。自我感知是自我意识的初级形式，自己观察自己，作为观察者的我，观察被观察者的我。其中包括自我形体的观察、自我行为的观察等，在自我观察基础上获得自我表象——关于自我形象的认识。

（2）自我分析。从言到行，从行为到思想，从外部表现到内部动机对自己进行分析，从而产生自我理解。其中主要是分析自己与周围环境的关系、人我关系、自己与他人的比较，从而分析自己的优点与缺点、正确与错误等等。自我反省、自我沉思是自我分析的主要表现形式。

（3）自我评价。自己评价自己的思想与行为的对与错。自我评价过高易骄傲，自我评价过低易自卑。自我评价水平尤其表现在自我批评上。不是别人批评自己，而是自己批评自己，即内心的我对现实表现中的我进行批评。深刻的自我认识和正确的自我评价，是自我调节机制的主要成分。人们在相互关系中，行为的协调性、稳定性和一贯性，主要取决于自我评价是否适当。一个人的自我评价系统是他的思想行为的主要调节器。

旅游者自我评价的水平制约着他的个性发展的方向。如果一个旅游者自认为是正直、诚实的人，那他就会拒绝去做那些虚伪、欺骗人的事。如果旅游者认为自己缺乏认识能力，这种自我评价将可能导致他原谅自己而放弃努力。旅游者的自我评价可能与他人对他的评价不一致。在旅游中要注意促进旅游者的自我评价与客观的社会评价逐渐一致起来，从而能进行正确的自我评价。

2. 自我意识在情感方面的表现

（1）自我体验。自己意识到自己的情感，即能体验到自己此时是高兴、喜悦、满意或是不高兴、痛苦、不满意。自己对自己言行的体验，如对自己的言行感到满意，或者得意、沾沾自喜，或者不满、内疚、自我惭愧、自我悔恨等。

（2）自我态度。在自我认识的基础上，加上自我情感体验便形成了自己对自己的态度。自尊、自爱、自信、自谦，是积极的自我态度；骄傲或自卑、不自爱、不自重则是消极的自我态度。一些人看到自己的优点便自满，另一些人看到自己的缺点却无所谓等等，都是消极的自我态度的表现。轻生的人是自我态度极端消极的表现。一个人对自己具有正确的态度，才可能对周围的人和事有正确的态度。

一个人的自我态度与别人对待自己的态度不一致，就会产生自我体验中的矛盾，从而促使人去思考：为什么不一致？是坚持原来的自我态度？或是接受别人对自己的态度，从而改变自己对自己的态度？

（3）自我情感修养。自己对自己情感的调节，自己有意识地培养自己的积极情感，如同情心、责任感、义务感、集体主义情感和爱国主义情感等。自己有意识地克服和消除自己的不良的消极情感。自我激励、自我鼓舞等是积极的情感修养形式。

3. 自我意识在意志方面的表现

（1）自我要求。自己对自己思想与行为的要求。旅游态度的转化工作就是引导旅游者把旅游业所期望的结果转化为旅游者的自我愿望。

（2）自我监督。自我命令、自我检查、自我禁止等都是自我监督的形式。自我监督是一个人内在良心对其行为的监督，苏联心理学家把它比喻为一个人内心的“道德法院”对自己的监督。无需任何外在形式的监督，只听命于内心自我监督的行为，是一个人道德品质的真实表现。

（3）自我调控。对自己的思想与行为进行有效的调节控制。“在自我道德调节中，人的自我认识、自我评价成为自我的法律，人自己成了评判他行为的法院。”从行为的情境性和依赖性向行为自我调节的转化，是旅游道德发展的关键。

三、如何使旅游者正确认识自己

（一）通过认识别人来认识自己

人总是先认识周围的客观事物，然后把自己与客观事物区分开来，逐渐地认识自己。人总是在与他人的比较中，通过对他人的认识来逐步认识自己的。唐朝魏征对唐太宗说：“以铜为镜，可以正衣冠；以史为镜，可以知兴衰；以人为镜，可以明得失。”人正是通过对他人的言行及其表现出的道德品质与心理品质的认识，正是通过别人对他人的评价，以及别人对自己的评价来认识自己的。从人的意识的发展看，总是认识别人在前，认识自己在后；学会评价别人在前，学会自我评价在后，在逐步认识别人、评价别人的过程中，学会认识自己、评价自己的。总之，在实践的交往中，“以人为镜”，从而认识自己，这是自我意识形成的一条基本途径。所以，集体中彼此间的相互评价，他人和集体对个人的评价，对旅游者良好自我意识的形成起着重要的作用。

（二）通过认识自己的活动和行为来认识自己

人是通过分析自己活动和行为的结果来认识自己的能力和品质的。如，通过回忆效果认识自己的记忆水平，评价自己的记忆品质；通过克服困难的活动来认识与评价自己的意志品质；通过自己在某些方面获得的成绩以及所花费的时间、精力来评价自己的能力水平；通过自己的社会行为，来评价认识自己个性的道德——心理特征等等。

通过自己的活动、行为能较客观地进行自我检查与自我评价。当然，一个人要正确地认识自己的活动与行为，从而客观地认识自己是不容易的，评价过高或过低的情况都可能发生。因此，要把别人对自己活动与行为的认识评价同自己的认识评价结合起来比较，才能客观地发现自己心理品质中的积极特征与消极特征。

（三）通过自我观察来认识自己

前苏联心理学家波果斯洛夫斯基把通过认识自己的活动与行为来认识自己，叫做间接的认识自己的形式；把通过自我观察来认识自己叫做直接的认识自己的形式。

自己观察自己，是作为观察者的我观察被观察者的我。自己既是观察的主体，又是自我观察的对象。这是一个人正确了解自己、评价自己、提高自我认识能力与个人品德修养，培养和发展个人道德——心理品质的重要途径，同时，也是一个人自我意识水平发展的表现。

自己观察自己，包括观察自己的言行、心理活动与个性特征。这时，自己的言行、心理活动不仅被意识到，而且成为自己注意的中心和观察的对象。

个人在不同的心理状态下自我观察的程度不同：当人们比较安静、沉着、愉快时，自我观察最为有利；心境不愉快，或心理活动强度不够，或过分紧张，或处于激动状态，或对某些事物有极强烈的爱好或过于集中默想时，都会缩小自我观察的可能性。

自我回忆，是对过去自我的自我观察，是过去自我形象痕迹的重现。自我报告是自我观察结果的表述。

自我观察的水平及其客观性，取决于自我思想锻炼的态度和积极性。严格要求自己、注重自我修养提高的人，就能比较客观地观察自己的优点、缺点。反之，对自己不严格要求的人，则往往喜欢夸大自己的优点，而缩小掩盖自己的缺点，甚至装着视而不见。

（四）通过自我教育来认识自己

我们每个人既是教育的客体，又是教育的主体，即不仅接受他人对自己的教育，而且自己教育自己。在自我教育过程中，人们对自己逐步有了更深刻而全面的认识。

自我监督是自我教育的基本形式，离开了自我监督就不会有真正的自我教育。通过自我监督，能够及时发现自己在活动与行为中的缺点与错误，及时改正。主观的自我对客观的自我的检查、分析、评价、指导、督促都是自我监督。

第四节　生活方式与旅游行为

一、什么是生活方式

关于生活方式的研究，在国内、国外都取得了一定成就，从不同的角度给生活方式下定义多达几十种。这些定义的基本含义无外乎有广义和狭义两类。广义的生活方式论认为：生活方式是人的各类活动对不同的个人、家庭或社会群体，由于主体的生活道路和生活的具体情况不同而形成的不同结合；生活方式是一切生活活动相应的行为方式和生活习惯，是在一定的人生哲学指导下的生活模式。狭义的生活方式论认为：生活方式主要是消费方式，包括消费结构和消费水平；生活方式是人们生活活动的各种典型的形式的总和，是人们消费物质财富和精神财富的特征；把生活方式同生存方式等同起来，认为生活方式是“该社会特有的生存活动类型的总和”，等等。广义学说与狭义学说争论的焦点在于：生活方式是否包括劳动生产方式。

我们认为，要想明确什么是生活方式，必须把握几个关键性观点：

（1）从生活和生产、生活方式和生产方式相对应的角度来考虑，生活方式不包括生产方式。因此，可以把生活方式规定为人们在生活领域中的活动方式。

（2）生活方式和生活不能等同。生活方式是“怎样表现自己的生活”的形式，生活则是生活内容和生活形式的统一。

（3）生活方式离不开生产方式，生产方式决定生活方式，人们只有生产什么，才能够消费什么，人们怎样生产的水平决定人们怎样生活的方式。

（4）生活方式和生存方式不同。生存方式是指维持人自身生命最低水平的生活方式，它涉及的内容是劳动和衣、食、住、行几个方面。劳动是满足衣、食、住、行的根本的、首要的前提条件。生活方式除此之外，还包括人们追求更高的精神享受方面的内容。

（5）我们并不否认广义的生活方式，但从社会分工的角度来考虑，应把劳动方式放到生产方式中去研究。

这样，我们把生活方式定义为：生活方式是人们为满足自身（衣食住行、人口生产和更高的精神文化）各种形式的总和以及如何支配闲暇时间的方式。生活方式反映一定时期社会消费水平和消费质量，反映一定时期人们的精神风貌。

旅游者的生活方式也具有人的一般的生活方式的内容和特征，同时，它又有其自身的特殊性，这是由旅游者的特殊身份所决定的。旅游者在时间形式上具有展望性和计划性，在空间形式上具有开放性，在社会活动上具有主动性和灵活性。这些特性决定旅游者具有自己特定的生活方式。旅游者对未来的展望的特性决定旅游者具有自己特定的生活方式，追求一种美好的、向上的、最佳生活方式。为此，旅游者的生活方式同人的一般的生活方式相比更富有变化性和趋美性。旅游者所具有的开放的特性，又决定他们不肯把自己锁在一个狭隘的生活圈里，他们总是尽可能地扩大自己的生活范围。为此，旅游者的生活方式同人的一般的生活方式相比更富有超前性的开放性（解放性）。旅游者所具有的主动和灵活的特性，又决定旅游者的生活方式同人的一般生活方式相比更富有选择性和自为性。他们决不愿按着一种固定不变的模式去生活。旅游者的这些特性，最终决定他们在生活领域内必然不断更新自己的生活结构。所以，我们把旅游者的生活方式定义为：旅游者为满足自身（衣食住行、人口生产和更高的精神文化）需要的消费生活资料（物质资料和精神财富）及对闲暇时间利用中的特殊表现形式的总和。

二、生活方式与旅游行为

一个人的生活方式反映着这个人在其意识支配下的稳定的活动形式。这些稳定的活动形式，如日常生活、兴趣、需要、价值观念等，都反映了一个人的人格品质。我们了解一个人的生活方式，有助于理解不同类型的旅游者及其行为。

（一）观光旅游型

旅游观光主要是观赏景致风光及文物古迹。无论是国外还是国内的旅游参观者，都是以游览参观为主要目的，他们的活动有计划，有安排，有组织。但国内外的观光团区别较大。

这类旅游者要求玩好、住好、吃好，对自然风光、名胜古迹最感兴趣。对服务质量要求严格，携带物品不多，一般手头有钱，要求购买旅游纪念品，最爱照相，委托服务较多，但国内旅游者与国外旅游者及华侨、港、澳、台同胞消费水平差异较大。

（二）公务旅游型

公务型旅游者除了在基本旅游动机方面不同于消遣旅游者外，还具有以下一些特点：①他们在人数上虽然相对较少，但在出行次数上较为频繁。②在对旅游服务的要求方面，他们较强调舒适和方便，因而消费较高。③由于他们的出行是出于工作业务的需要，因而不受季节的影响，或者说其出行没有季节性。④他们对目的地的选择性较小或者根本没有选择余地，在外出动身时间方面也没有多少选择自由。在规定抵达时间限制较紧的情况下，他们甚至没有任意选择旅行方式的自由。⑤除特殊情况外，他们一般在目的地停留天数较少，因为他们外出任务的性质决定了他们不可能在目的地过久停留。⑥他们在价格方面不大敏感，一方面是因为他们外出并非自费，另一方面则是由于他们没有选择或更改目的地的自由。只要其业务需要，即使其应去目的地的旅游产品价格在较大幅度的上升，他们仍会前往。当然，如果该目的地的旅游产品价格上升幅度过大，超过了其所属企业或组织愿意承担的限度，则该次公务旅行可能会取消。但即便如此，他们也不大会转而改去其他地点。

（三）疗养旅游型

疗养旅游型旅游者主要目的是通过参加有益于身体和心理健康的旅游活动，治疗某些慢性疾病，消除疲劳。

疗养旅游型旅游者的特点是：有较高的收入、较多的闲暇时间；保持健康或恢复的欲望较强；对旅游项目中的保健、康复功能比较敏感；中老年人比重较大；停留时间较长。

疗养旅游型旅游的主要形式：医疗旅游、森林旅游、温泉旅游、疗养旅游、体育保健旅游等。例如，罗马尼亚北埃福里亚西南的泰基尔基奥尔湖底的淤泥中含有丰富的碘、钾、钠、铁、钙等矿物质，加热后涂在患者身上，对关节炎、妇女病、皮肤病、神经末梢炎等有较显著的疗效。因此罗马尼亚就利用这里的水和泥，在泰基尔基奥尔湖周围建立了北埃福里亚医疗中心及许多泥疗院。我国新疆吐鲁番市西部10km处有一片黄沙丘，每年七八月份都有几千名来自西北、东北、内蒙古等地的风湿性关节炎病患者，在那里进行埋沙治疗。为了满足全国各地患者的要求，吐鲁番民族医院在那里建立了沙区疗养院。我国地域辽阔，不仅有数不胜数的美丽风光、众多的疗养胜地，而且有独特的中国医学宝库。针灸、推拿、药膳等具有奇妙的医疗效果，种类繁多的武术，不仅能强体，而且能防身，令世人瞩目。我国已经开始利用本国的医疗保健旅游资源，先后在杭州、北戴河、无锡、青岛、深圳等地建有专门疗养院，兴办了疗养旅游；还在河北沧州孟村推出了太极拳专修旅游，已有日本、东南亚以及港澳地区成千上万名武术爱好者组团前往孟村参加这一专项旅游活动。

（四）文化旅游型

文化知识旅游是一种旨在观察社会、体验民族风俗、丰富历史文化积累、增长知识的旅游。文化知识型旅游者的主要目的是为了通过文化知识旅游达到积极的休息和娱乐，获得知识的启迪和充实。

文化知识型旅游者的特点是：具有较高的文化修养和较强烈的求知欲；具

有某种专长或特殊兴趣，乐于与人切磋交流；对导游的文化知识基础有较高的要求，对日程安排的周密性和旅游线路的科学性比较敏感。

社会固有的文化与旅游相结合，可使旅游活动更加生机勃勃，更富有魅力。随着世界科学技术的高度发展，人们的文化素质不断提高，文化知识旅游会成为国际旅游的主流。世界精彩纷呈的民族文化、社会文化、艺术文化等演绎出了丰富多彩的文化知识旅游种类。例如民族旅游、艺术旅游、宗教旅游、寻根旅游、考古旅游、工业旅游、农业旅游、修学旅游等等。

三、如何了解旅游者的生活方式

旅游者的生活方式因人而异，我们从哪些方面了解旅游者的生活方式差异呢？

(1) 从国籍、民族的特点上了解。旅游者来自世界各国和各个民族，各个国家和民族由于自然的和社会环境的影响，长期以来形成的风俗习惯及生产方式上的特点，构成了独特的民族风格。这些风格反映了当地人民共同的心理特征，它对人们的生活方式起着巨大的影响，人们的生活方式往往带有浓厚的国家和民族的独特色彩。我们要了解旅游者之间的生活方式，首先可以从国家和民族的特点上进行调查研究，了解那里的风土人情、风俗习惯、宗教信仰和生活方式上的特点。旅游部门一般在接待旅游者时，都要考虑到各国、各民族的特点，有区别地、有针对性地采取不同的接待方式和服务措施，顺应存在于旅游者之间的差异，使服务工作取得积极的效果。

了解各个国家和民族的特点，涉及文史地和社会学、民族学等各门学科。我们从这些学科里面以及接待工作的实践中，可以学习、观察到各国、各民族在心理上的一些差异现象。例如，日本民族好胜心较强，这和日本国缺少资源以及和传统教育有关。他们注意礼仪，在语言和举止方面讲求礼貌。日本国有较多的人民信仰神道和佛教，在文化传统、社会意识、风俗习惯等方面曾受到我国较大的影响。再如英国人一般比较冷静，寡言少语，特别是中上层人士，生活较优越，养成一种绅士风度，一言一行不苟且，不随便，讲礼貌，不轻易动感情和随意表态，尊重妇女，讲究衣着和气派。而法国人一般比较爽朗、热情，喜欢与人交谈，比较乐观，一般都爱好音乐、舞蹈，衣着也比较讲究，爱美。法国妇女尤爱打扮，对化妆品十分看重。德国人一般较勤勉，矜持、有朝气、守纪律、好清洁、爱音乐，起得较早，注重购置家具以及衣着的享受。美国人一般比较开朗，不保守，喜新奇，重实利，动作迅速，喜欢讲话，生活特点比较随便自由，起得迟，睡得晚。美国的妇女举止大方，即使素不相识，谈笑也毫不拘束。世界上很多国家有多种民族，各种民族在风俗习惯、宗教信仰等方面都存在着差异，因而在人们的生活方式也具有民族的风格。例如我国的傣族爱笑、喜画、善歌舞、性格开朗，有很多方面不同于汉族或回族。因此旅游者的生活方式，我们可以从一个国家或民族的特点方面进行调查研究。

（2）从职业的特点上了解。在旅游者中间，有的是脑力劳动者，有的从事体力劳动；有各方面的学者、教授，也有公务人员或一般职员，有资本家或中小业主，有工人、农民或学校的师生。由于职业和身份的不同，也影响了人们生活方式的形成和发展，构成人们之间的差异。从职业的不同也可以观察到人们在经济地位、社会地位和文化素养方面的不同。旅游者在游览内容和对象的选择上，经常反映着职业或身份的特点。

（3）从年龄和性别上了解。人的生活方式随着年龄和生活经历增长是在不断发展变化的。例如青年人和老年人有很大的不同。一般地说，青年人活泼好动，新奇感较强，精力充沛，充满活力；老年人要沉着老练，由于体力的关系，很可能在活动量上比青年人要求低些。当然也有一些老年人返老还童，精力旺盛不减当年。再从性别上看，由于生理的因素和社会条件的影响，男性和女性在个性特点上也有所不同。有的国家还有男尊女卑的社会现象，更造成了差异。我们在旅游接待工作中，应该考虑到旅游者年龄和性别上的差异。

（4）从特殊情况方面了解。情况的特殊也会影响人们的个性和生活方式。例如在旅游者当中有的是残疾人，有的是独身者（指未能或不愿择偶的），有的是孤寡者等等。由于生理的或其他因素的影响，往往在心理上造成不同的特点。有的人处事开朗、乐观，而有的人处事却可能孤僻、冷淡，有的人带有偏见或忌讳，这都应该在旅游服务中加以重视和了解。

总之，人格也称个性，是心理学中内涵最丰富的概念。旅游心理学对于人格研究探讨，不可能也没有必要作全面的研究。由于旅游行为是旅游者人格与客观环境相互作用的结果，所以对于旅游业的领导者及其从业人员，能够研究旅游者的人格是寻求、预测和调节旅游者行为的重要途径，对优化旅游服务工作大有帮助。

思考题：

1. 什么是人格？人格有哪些特质？
2. 气质、性格、能力对旅游行为有哪些影响？
3. 如何使旅游者正确认识自己？
4. 什么是生活方式？如何理解旅游者的生活方式？

第七章　态度与旅游行为

人们生活在一定的社会条件下，有着不同的人生经历，因而形成了各不相同的个性、需要、兴趣、爱好以及思维方式。不同的人对同一个人或同一种事物，可能有相同的或不同的态度。态度影响着个体的行为和生活方式。因此，对态度的研究是旅游心理学的一个重要内容。

第一节　态度及其特性、功能

一、什么是态度

态度是社会主体能动地对人（自己和他人）、对事、对物的比较稳定的反应的心理准备状态。

人们在认识和改造客观事物的过程中，不是被动地去观察、思维和想象，而总是对人对事物抱有某种积极、肯定的或者消极、否定的反应倾向。这种反应倾向是一种内在的心理准备状态，它一旦变得比较持久和稳定时，就成为态度。各种态度的综合形成态度体系，表现出人的社会立场。

态度的组成有三种主要成分，包括认知成分、情感成分和行为倾向成分。

认知成分是对人、对事和对物的认识、理解与评价。这种认识通过赞成或反对的方式表达出来，有时是直接的，有时是间接的。

情感成分是指主体对人、对事物的情感的体验，表现在对一定对象的喜爱或厌恶、尊敬或蔑视、同情或冷淡等。

行为倾向的成分是指态度与行为相联系的部分。它是行为的准备状态，即准备对一定的对象作出反应的意向。

态度的三种成分是相互区别、相互联系的。认知是态度的基础，情感是态度的核心，反应倾向是态度的外在表现。一般说来，态度的三种成分是协调一致的。例如：旅游者认识到爱护环境是社会的公德，则情感是友好的，反应倾向表现为对旅游景点环境卫生的关注与维护。但是，态度的三种成分有时也有不一致的表现。例如：有的旅游者对旅游的审美价值在认识上是明确的，但是在情感上不喜欢旅游，因而缺乏旅游的兴趣。

二、态度的特性与功能

（一）态度的特性

态度是人对人、对事的心理倾向，即对人对事的认识好恶与反应倾向。态度的对象是极其广泛的，包括对自己、父母、兄弟姐妹、领导、同事、工作、集体、社会制度与社会事件等等。人们对这些对象都会抱有一定的态度，如赞成或反对、喜欢或厌恶、接近或疏远、肯定或否定等等。

态度的特性有下列几个方面：

1. 态度的社会性

态度不是生来就有的，是在后天的生活实践中获得的。人们对领导、对同事、对劳动、对集体的态度，都是在后天的生活、工作中逐步形成起来的。态度形成后，就对他人他事发生影响。例如：你对某个人没有好感，通过潜移默化的作用一定会影响到你的好友对该人的看法。

2. 态度具有特定对象

对象可能是具体的，也可能是某种状态，或某种观念。态度反映了主体与客体的关系。例如：我喜欢旅游，就包含了“我”与“旅游”的关系。在谈到某一态度时，就提出了态度的对象，如对待旅游景点的态度等。

3. 态度的持续性

某种态度是在一个较长的时间内形成的。态度形成后就比较稳定和持久，在行为反应上表现出一定的规律性，使个体易于适应社会。一般说来，态度形成后不轻易改变，但在态度形成初期，引进新的经验，可能促使态度改变。因此，对人们进行旅游宣传时，要力求在他们态度还不稳定时进行，能够容易形成正确的态度。而当不正确的态度一旦形成后再进行转化，就会困难增大，效果减低。

4. 态度是一种内在的心理结构

态度是人的一种内在的心理体验，它虽然包含反应倾向的成分，但它毕竟不是行为本身。因此不能直接观察到态度本身，但可以从当事人的言论、表情、行为中间接地进行分析与推测。例如一个人待人热情，言行如一，就可以推测出他为人持有正确、善良的态度。

5. 态度的价值性

态度的价值性指的是态度对象对主体的意义大小。人们对事物的态度，主要取决于该事物对人们的意义与价值。事物的价值可分为实用价值、理论价值、道德价值、感情价值和社会价值等。事物对人们的价值大小，一方面取决于事物本身，另一方面也受人的需要、兴趣、爱好、性格、信念、理想等因素制约。人们的价值观不同，对同一事物可能形成不同的态度。例如有人把旅游购物看得极其重要，而另外一些人可能对之满不在乎。

（二）态度的功能

态度对人的行为有着重要作用，能够影响个体对别人的知觉、感情与判断，并且对人的行为效率有很大影响。态度对个人的职业选择、生活方式与人际关系也会发生一定作用。

1. 态度与学习

人们对学习抱有积极好感的态度，容易激发学习的积极性，注意力集中，思维活跃，记忆效果好。而对与个体愿望、信念相违背的学习内容，往往产生厌恶情绪，记忆效率低，有时甚至被歪曲。美国学者曾以美国南部的大学生为实验对象，将受试者分为两组，第一组大学生对黑人白人分校学习持反对态度，第二组大学生持赞同态度。学习材料是让受试者分别朗读11篇对黑人白人分校学习的文章，然后让受试者把读过的内容，力求完整地写出来。实验结果表明，自己态度与学习材料一致的第一组大学生，其考核成绩明显优于第二组。

2. 态度与工作效率

一般管理人员都认为，职工只要对自己从事的工作喜爱，便容易调动工作积极性，工作效率也比较高。但是国外有的学者经过长期的研究认为，对工作感到满意的职工，工作效率可能很高；但是对工作不满意的职工，其工作效率也可能很高。换句话说，职工的工作态度与工作效率并无必然的联系。一般说来，在我国，工作态度好的职工比工作态度差的职工工作效率高。

3. 态度与忍耐力

人们在从事具有一定目标的活动中，常常会遇到困难与阻力，不能达到目标，便产生挫折。由于客观原因，人们经常会遇到挫折。挫折程度轻重不同，挫折时间也有长短之分。人们对挫折的反应是不同的，即对挫折的适应能力有差别。人们这种适应能力与对引起挫折的事物的态度有密切关系。如某人非常热心于自己的事业，他对事业失败的挫折容忍力就高。再如某人见到一只小动物就尖叫起来，被人们取笑一番，结果第二次再见到小动物时尖叫程度就会大为减轻。这说明在相同的条件下，只要受试者态度有所改变，就可以提高对恐惧的忍耐力。

4. 态度与社会性判断

态度具有持久的特点。态度一旦形成，就成为个体适应环境的习惯性反应，很可能使人抱有一种固定性看法，用老眼光对人对事，形成心理反应的惰性，影响社会性判断的准确性，甚至造成失误。在我们社会生活中，有些人认为山东人诚实，江浙人精干，这种看法影响人们正确辨别群体中的个体差异。

5. 态度与群体相容

一般说来，对人持宽容态度的人，群体相容程度高，在家庭和集体中往往与人相处亲切融洽。而对人持刻薄态度的人，群体相容程度低，在家庭生活中，常因小事引起无原则的纠葛；在集体中往往苛求于同事，造成同事关系紧张。

第二节 旅游态度

一、旅游态度的基本概念

旅游态度是人们对旅游对象和旅游条件作出行为反映的心理倾向。也可以说，是个人对旅游对象和旅游条件以一定方式作出反应时所持的评价性的、较稳定的内部心理倾向。美国心理学家奥尔波特认为，态度是社会心理学中最突出、最不可忽视的概念。同样，在解释旅游行为时，旅游态度也是旅游心理学不可或缺的概念。

人类的旅游活动是一种社会现象。人们对旅游活动有不同看法，有些人认为它是有益的、良好的、有意义的、有价值的，而赞成或喜欢旅游活动；也有人认为，是花钱的活动，人生地不熟会被人“宰”、被人“欺”，自己不喜欢、不赞成、也不同意别人参加。对旅游活动是喜欢，还是不喜欢，这就构成了人们的旅游态度。

旅游态度是人们将对旅游作出行为反应的心理倾向，是行为反应的心理准备状态，它虽然不是旅游行为反应本身，也不是旅游行为反应的现实，但却包含和预示着人们作出的旅游行为反应的潜在可能性。个人对某次旅游活动中的旅游景点和吃、住、交通等旅游服务具有良好的态度，就包含和预示他有参加这次旅游活动的可能性。旅游者对每一个名胜古迹旅游景点，对每一项旅游活动中接触的人、事和物，以及对开展旅游活动的所必需的各种旅游条件，都会产生不同的具体态度，从而预示旅游者对旅游对象和旅游条件将作出什么样的选择。这就是开发旅游资源者和旅游业经营者关心人们的旅游态度的根本原因，也是旅游心理学必须将旅游态度作为重要研究课题的缘由。

旅游态度与心理学上所讲的“态度”一样，是个人的内在结构，包含了三种成分构成。

(1) 认识成份，即对旅游对象和旅游条件等的认识和看法。例如，外地旅游者对首都北京八达岭长城、故宫等景点的神往；对上海这个大都市的观光购物旅游兴致勃勃；对青岛、大连蓝天碧海海滨的度假旅游可以增进身心健康；对云南西双版纳等少数民族地区的关注，这些都是旅游态度的认识成份。

(2) 情感成份，即对旅游对象和旅游条件的好恶情感。例如，有些人喜欢到风景幽美、自然风光奇美的名山大川旅游，开阔眼界，愉悦身心；有些人喜欢名胜古迹，人文景观的旅游，访古论今，增进知识，陶冶情操；有些人喜欢生态旅游，认为峡谷幽深，鸟鸣山涧，林木葱茂，溪水清澈，风景迷人，给自己带来变幻无穷的享受；有些人不喜欢矫揉造作的人造景观。这些都是旅游态度的情感成份。

(3) 意向成份，即对旅游对象和旅游条件作出什么反应的行为倾向。例如，有的旅游者想通过旅行社组织和安排规范化旅游；有的外国友人打算来上海进行贸易商谈和观光；有的旅游者希望乘有安全保障的大型飞机去境外旅游。这里的“想”“打算来”“希望”都表示了人们的实际旅游行动前的行为倾向，这就是旅游态度的意向成份。

二、形成旅游态度的客观因素

旅游行为的产生，取决于人们对待旅游态度。而旅游态度的形成，既取决于人们所身处的客观因素，又取决于人们自身的主观因素。

形成旅游态度的客观因素涉及到社会经济生活的很多方面，最直接的客观因素是收入水平、闲暇时间和社会风气等。

(一) 收入水平

一个人的收入水平,或者更确切一点说是其家庭的收入水平和富裕程度，决定着他能否实现旅游及其消费水平的高低。所以，家庭收入达到一定的水平乃是形成旅游态度的前提之一，也是实现旅游的重要物质基础。然而，一个家庭的收入并非全部都可用于旅游。所以决定一个人是否具有旅游愿望的其家庭收入水平，实际上指的是其家庭的可支配收入，或者更确切一点说是其家庭的可随意支配收入的水平。可支配收入和可随意支配收入是西方旅游研究中经常使用的两个术语。可支配收入是指扣除全部纳税后的收入。可随意支配的收入是指扣除全部纳税及社会消费（如健康人寿保险、老年退休金和失业补贴的预支等)、以及日常生活必须消费部分（衣、食、住、行等）之后所余下的收入部分。很多研究表明，当一个家庭的收入不足于购买基本生活必需品时，该家庭很少产生积极的旅游态度，更不会外出旅游。然而一旦这个家庭的收入水平超过这一临界点，该家庭就会对旅游产生较浓厚的兴趣，用于旅游的消费便会迅速增加。

对于生活贫困的人来讲，旅游只是一种奢望，更谈不上进行长途豪华旅游。国际旅游消费统计资料反映出这样一种规律：当一个国家或地区人均国民生产总值达到400美元时，居民将普遍产生国内旅游愿望；达1000美元时，将产生跨国旅游愿望；超过3000美元时，将产生洲际旅游的愿望。改革开放以来，我国国民生产总值持续增长，人们的总收入不断增加，居民可以自由支配的实际收入增多，人们的消费结构已发生很大变化，参加旅游活动的人逐年增多，部分居民已经实现去新加坡、马来西亚、泰国等邻近国家旅游的愿望，有的人甚至去美国、加拿大或澳大利亚旅游。

收入水平意味着支付能力，影响着一个人是否会形成旅游态度，影响着旅游者的消费水平及其消费构成，并且还会影响到旅游者对旅游目的地及旅行方式的选择等。所以，收入水平是影响旅游态度的最重要的经济因素。当然，这并不是说凡收入达到一定水平者都会外出旅游。事实上，即使是在最主要的旅游客源国中，也总会有一些人收入虽然相当高，但却不愿外出旅游。因此，收入水平只是在经济方面影响旅游态度的必要因素，并非是唯一决定条件。

需要说明的是，上述关于收入水平的阐述，主要是针对以消遣旅游者为代表的广大自费旅游者而言。对于各类公费旅游者、奖励旅游和社会旅游的参加者来说，由于其费用报销或享受资助及补贴的缘故，个人或家庭的收入水平则不再构成旅游态度形成的必要条件。

（二）闲暇时间

有无闲暇时间，是决定人们能否参加旅游活动的重要客观因素。闲暇时间是指人们除去谋生和自我生存所需时间（如工作、义务、睡觉、吃饭以及必要的用于日常琐事的时间）以外，留下的可以用于娱乐、消遣或其他活动的时间。闲暇时间又被称作可以自由支配的时间。闲暇时间主要包括每日闲暇时间、周末、公共假日、带薪假期等。

第二次世界大战后，生产力的发展以及社会的进步，不仅提高了人们的收入水平，而且为人们带来了日益增多的闲暇时间。从国际旅游方面来看，很多发达国家的工人每周平均工作时间缩小，假期增加。如北美和西欧的许多工人在1960年时每周平均工作70小时，而现在每周工作时间已缩减到40甚至35小时。人们每年的连续假期由一个月增至一个半月到两个月。不少国家还实现带薪假期制。美国、日本等国的一些企业、公司还实行奖励性的旅游，给工作成绩优良的员工提供免费的旅游。一些退休的职工也有大量可供自己支配的时间。国外和港澳地区的学生还利用暑假、寒假之便进行旅游。从国内旅游来看，学校的部分教职员工和学生每年利用寒、暑假进行旅游；有些工厂利用节、假日组织职工集体外出旅游。我国从1995年起实行了每周5天工作制，使人们普遍有了可供旅游的时间，使越来越多的人产生了旅游的愿望。这里需要说明的是，将闲暇作为个人实现旅游活动的必要条件，也是主要针对自费的消遣旅游而言。对于公务旅游者来说，由于其旅行外出乃是工作的需要，所占用的时间也是工作时间，因而他们无须考虑有无闲暇的问题。奖励旅游参加者的情况也比较特殊，有些奖励旅游活动是占用工作时间进行，但大部分奖励旅游也是利用被奖励者的带薪假期或主要占用其带薪假期由所在单位出资组织进行。

（三）社会风气

目前，旅游已逐渐成为一种社会时尚，西方国家尤为盛行。在德国等国家，人们认为旅游度假是一种文明的标志，不去度假，倒成为一种反常现象，甚至旅游已成为人们满足认识需要、获得他人尊敬和社会地位、以及与人交往的需要和娱乐需要的重要途径。由于这样的观念和风气，在人们的价值观中，旅游已被提到很重要的地位。谁要是假日不外出旅游，就是生活中的一大遗憾。相反，谁旅游经历丰富，到的国家越多，就越受到人们的尊敬。社会风气促成旅游态度的原因很多：某个名人到一个地方旅游，会引起公众注目；一个人由于到新奇的地方旅游而获得大家尊敬；一部深受欢迎的旅游电影也会成为刺激因素，有意或无意地引起人们的模仿。这些都可能使旅游行为成为时尚，在众多人身上产生旅游态度和行为。这是产生旅游态度的心理原因。同时，现代化社会生产造成工作紧张、重复、枯燥，生活节奏紧迫、单调，易于使人感到烦闷压抑，造成持续的心理压力。这种状况使得人们迫切需要在长期从事紧张的工作或被繁琐的事务纠缠后，暂时改变一下生活环境，调剂生活节奏，放松身心。旅游能够使人产生满足和轻松之感，是一种高级复杂的精神享受。这是产生旅游态度的生活原因。另外，旅游业可以赚取巨额外汇收入，解决就业问题，带动交通运输、工艺美术、商业、建筑、饮食服务部门的发展，活跃经济，而且具有投资少、收益快、利润高等特点，深受各国政府的重视。这是产生旅游态度的政治原因。

（四）其他因素

一个人能否成为旅游者，受到许多社会经济因素及个人因素的影响和制约。早在大众旅游兴起不久的60年代中期，英国一家旅游咨询公司在研究了影响旅游需求的因素之后，得出结论认为，就需求方面而言，某些社会因素同旅游态度之间存在着下述关系：

收入	积极影响
家庭户主学历	积极影响
家庭户主职业	积极影响（就职业的社会地位而言）
带薪假期	积极影响
户主年龄	消极影响
生命周期	消极影响（就婴幼儿拖累而言）
种族	有色人种不如白种人积极
性别	男性比女性积极

这家公司所列的影响因素中有一些未必妥当，但从中可以看出影响旅游态度的多种因素。身体状况是决定旅游者对旅游活动方式适宜程度的重要生理因素，是旅游者能否参加探险旅游的决定性因素。退休老人们时间充裕，不乏金钱，能否外出旅游，主要取决于他们的身体能否适应旅途中的颠簸和频繁的流动。又如，4 岁以下的婴幼儿外出旅游，会感到处处不便，徒增苦恼。又如，交通运输的现代化对旅游活动的发展也有着直接而深远的影响。高速公路的修筑、高速火车的发展、喷气客机机型的不断更新等，不仅使交通运输更快、更安全、更舒适，而且票价也更便宜，有效地解决了外出旅游的时空矛盾，从而使更多的人能够在有限的闲暇时间内实现其外出旅游的需求。

值得一提的是，当前，我国人民正从忙忙碌碌的工作和家务中走向重视精神生活的安排。人们通过电视、电影、报刊、教科书等，对我国的名山大川、名胜古迹早有所闻，很想亲历其境，一睹为快。过去多数人由于经济能力及时间等条件不具备，未能如愿。现在，我国政治安定，经济生活有了很大的改善，人民生活水平普遍提高，在节、假日里人们都踊跃参加各种旅游活动。尤其是年轻人，越来越强烈地渴望饱览祖国的大好河山，欣赏壮丽的万里长城，登上泰山、黄山、庐山，游览九寨沟、桂林山水等。

三、旅游态度形成的主观因素

内因是变化的根据，外因是变化的条件，外因通过内因而起作用。当一个人对旅游表现出不积极的态度时，即使拥有再好的客观条件，也不会成为一名旅游者。只有当他觉得旅游是一种高级的物质和精神享受时，才会形成旅游行为。影响旅游态度形成的主观因素主要有以下几方面：

（一）主体的选择性

人们旅游态度的最初形成是从对旅游的认识开始的，其中人的个性心理因素起着重要的作用。不同个性的人，对待旅游的态度也不一样，从而影响其对旅游的选择。这种选择有积极的、消极的、中性的表现。

美国学者斯坦利·C·帕洛格提出了旅游者个性心理类型模式。他通过对数千美国人的个性心理因素的研究，发现人们可被划分为五种心理类型，如图 7-1 所示。

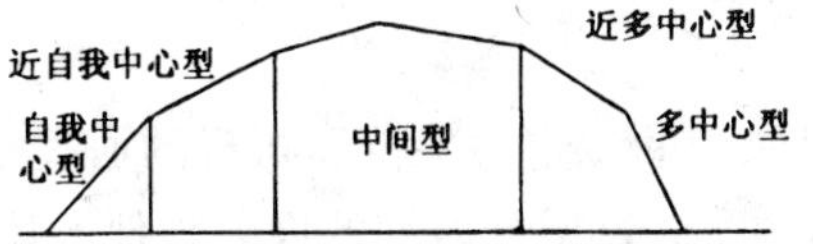

图 7-1　旅游者个性心理类型模式

这五种心理类型分别为自我中心型、近自我中心型、中间型、近多中心型和多中心型。他们对旅游的态度和行为的选择有不同的表现和特点。心理类型属于自我中心型的人，其特点是思想谨小慎微，多忧多虑，不爱冒险；行为上表现为喜安逸、好轻松，活动量小，喜欢熟悉的气氛和活动。同自我中心型相反，另一个极端类型是多中心型。属于这一心理类型的人，其特点是思想开朗、兴趣广泛多变；行为上表现为喜新奇、好冒险、活动量大、不愿随大流、喜欢与不同文化背景的人相处。这类人虽然也需要旅游业为其提供某些基本的旅游服务，如交通和住宿等，但更倾向于有较大的自主性、灵活性，并且有些人甚至会尽量不使用旅游企业的服务。除了这两个极端类型之外，中间型属表现特点不明显的混合型。近自我中心型和近多中心型则分别属于两个极端类型与中间型之间略倾向于各极端特点的过渡类型。

这一模式显示，属中间型心理类型的人居绝大多数，而自我中心型和多中心型这两个极端的人数比例很小，即所谓中间大、两头小的正态分布。它还反映出，在这个心理类型连续上，越是靠近多中心型者，外出旅游的可能性就越大。由于人们属于不同的心理类型，所以他们对旅游目的地、旅游方式等方面的选择也不可避免地会受到其所属心理类型的影响。心理类型为多中心型的旅游者往往是新旅游地的发现者和开拓者，是旅游大军的先头部队。随着其他心理类型的旅游者陆续参与，该新旅游地便逐渐成为旅游热点。

（二）主体对行为标准的掌握

人们的内心行为标准的形成过程，就旅游方面而言，是指人们主观地接受客观环境或条件的影响，并把这些影响转化为自己内心的行为标准，即客观内容化为主观态度的过程。它包括认识、情感、意志三个阶段。

（1）认识过程是指人们获取知识、认识世界的主观心理过程。它主要包括感觉、知觉、记忆、想象、思维、注意等心理现象。

感觉是指人脑对直接作用于感觉器官的客观事物的个别属性（如颜色、形状、声音、温度、气味等）的反映。例如，泰山地处齐鲁腹地，以磅礴之势凌驾于山东丘陵之上，登泰山之巅，只见众山及其腰，会产生“一览众山小”的感觉。

知觉是人脑对直接作用于感觉器官的客观事物的整体属性的反映。例如，外地旅游者到重庆品尝过火锅后，对重庆火锅“麻、辣、烫”的感受，就是一种知觉。

记忆是指人脑对知识的识记、保持和再现的心理过程。它包括识记、保持、再认、回忆。例如，游过杭州西湖的人，与他人谈及“平湖秋月”“三潭印月”“苏堤春晓”等景观时，西湖十景的景物特征即在自己脑海中浮现，这个认识过程就是回忆。

思维是人脑对客观事物间接的概括的反映。思维是在人的实践活动中产生和发展起来的，是借助人们的经验并通过概念、判断、推理、分析综合、抽象概括和比较等，代替或部分代替对客观事物的体验来完成的。

想象是指人们利用已有的知识或经验，在自己的大脑中模拟或创造出一种新的物象的心理过程。想象与思维有着密切的联系，它们都是一种间接的、高级的心理过程。例如长江三峡巫山十二峰中有一峰名“集仙峰”，峰顶巨石林立，参差排列，指向云天，有如神仙会聚，故名“集仙峰”。由于顶上有两峰明显分岔，似剪刀张开，所以又名“剪刀峰”。无论是“集仙峰”还是“剪刀峰”都是人们想象的结果。

（2）情感过程是人对客观事物所持态度的体验过程。人们对客观事物的态度，常取决于客观事物对其需要所给予的满足程度。当人们的生理需要（衣、食、住、行、安全等）得到满足时，人就有一种积极的内心体验，情绪会高涨；当人在饥渴或面对危险时，可能会有一种消极的内心体验，情绪会低落。情绪通常是对生理需要得到某种程度满足时的一种较低级的内心体验。除了生理需求外，人们还追求知识、追求劳动创造、追求美、追求理想的实现，这就是人们的社会需求，是一种与人的意识紧密联系的高级的内心体验。这种高级的内心体验就是情感。例如，饱览祖国锦绣河山后产生的民族自豪感、看到旅游景点遭到环境污染后产生的责任感，都属于情感的范畴。与情绪相比较，情感具有较大的稳定性和深刻性，它反映着人们的社会关系和社会生活状况。情绪与情感联系密切，情绪是情感的外在表现，情感是情绪的本质内容。

（3）意志过程是人们为了达到既定目标而自觉地努力的心理过程。人们在生活、学习和工作中，都有各不相同的既定目标。要实现这些目标，总是要经历一些困难，遇到各种阻力，目标愈远大，困难愈多。只有坚定信心，自觉努力，百折不挠，才能在挫折和困境中奋进，到达胜利的彼岸。旅游既是一种高级的享受，又是一个锻炼心理素质的过程。险峻是自然风景的一种形象特征，对旅游者极富吸引力。例如，从西路爬黄山天都峰，需要经过鲫鱼背。在宽不到 1m 的鲫鱼背上行走，只见两侧都是万丈深渊，令人胆颤心惊。为了看黄山云海，人们不怕惊险，一批一批走过鲫鱼背。登上天都峰，各方云海尽收眼底，黄山诸峰如同在云海中飘浮的小舟。游客不仅有“无限风光在险峰”的美感，还有战胜艰险后的喜悦和“有志者，事竟成”的感受。旅游者不畏艰险登上天都峰的过程就是一个意志磨炼过程。在人们的工作、学习和生活中，总会遇到各种各样的困难和挫折。要战胜困难和挫折，就必须有坚强的意志。高质量的旅游产品，不仅能为旅游者提供完美的享受，还可以磨炼旅游者的意志。

（三）个体的旅游需要满足与否

人人都愿望和需要。对旅游者来说，凡能够满足自己的旅游需要和愿望的对象或有助于自己达到目的的对象，一般采取欢迎或喜爱的态度；对有碍于个人愿望和需要的对象或引起挫折妨碍目标实现的对象，大多会采取厌恶或表示回避的态度。例如，欧美各国旅游者认为，中国有丰富的旅游资源，拥有在月球上唯一能看到地球上的伟大建筑——长城，还有金碧辉煌的北京故宫；而且中国人民又热情好客，能满足他们的旅游需要，欧美旅游者就喜欢到中国旅游，产生了积极的旅游态度。如果在旅游中未能住进预定的星级宾馆，交通受阻，服务不周到，则会造成不满的消极旅游态度。

四、旅游态度与旅游偏爱

心理学的研究指出，态度与偏爱之间有着必然的联系。人们对旅游态度一旦形成，将会产生一种对旅游的偏爱。由于对旅游的偏爱，又将为直接导致人们的旅游行为。

所谓旅游偏爱是指人们趋向于某一旅游目标的一种心理倾向。这种倾向取决于人们对某一事物所持态度的强度和对该事物所拥有的信息量和信息种类的多少。也有学者认为，旅游偏爱是建立在旅游者极端肯定基础之上的一种针对态度对象的行为倾向。旅游偏爱与旅游行为之间的关系，比旅游态度与旅游行为之间的关系更为密切。

（一）态度的强度与态度的属性有密切关系

所谓态度的强度，指的是态度的力量，指它赞同或不赞同的程度。而态度的强度与态度的属性有密切关系。因而，研究态度的强度、就不能不注意态度对象的属性。

态度对象的属性，就是人们在旅游活动中所寻求充分满足自己旅游需要的基本利益。例如，人们选择到海滨城市大连去旅游，主要是那里有“山围辽海水围市，水有湾环山有态”等迷人的景色。这些旅游风景点的属性成为人们形成旅游态度的偏爱的强烈吸引物。这说明，旅游态度对象的属性越鲜明，越突出，越独特，旅游者对它的感情越浓厚，向往的旅游态度越强烈。但是，对某一个具体事物的属性，不一定都认为是自己的“基本利益”，是重要的，是有吸引力的。它必然是因人而异的。对有的人可能是重要的，而对有的人却可能认为并不重要。对于每一个人来说，对一个旅游点的属性的旅游态度是不相同的。

“基本利益”是旅游者旅游和决策时关心和寻求的东西。从旅游实践中，实际上旅游者外出旅游，并不是单纯为了外在的新鲜空气、暖和的阳光、海边沙滩、豪华的星级宾馆等，而是为了自身的健康，舒适、欢悦、温暖或凉爽，获得知识等好处。所以作为旅行社、旅游业的销售人员和服务人员，要认清这一点，要能找出某些旅游点的独特属性，就能使旅游者寻求到“基本利益”，就有助于赢得旅游者的偏爱，而占有旅游市场。

（二）旅游态度所掌握的信息多寡

旅游态度所掌握的信息量和信息种类多少是旅游偏爱形成的重要依据。因为掌握什么样的信息，能反映出人们的心理和行为倾向。一般说来，倾向性的信息越多越复杂，就越能产生对某一旅游对象的偏爱。当旅游者在选择某一个旅游目的地时，如果对该旅游地区知之甚少，所持旅游态度就会较简单，甚至犹豫不决；如果掌握该旅游点的信息量和种类甚多，如景点富有特色、山明水秀，交通四通八达，宾馆设施优良，当地风味菜点享有美名，服务质量十分优越，那么他就会产生对该旅游点的偏爱，形成更加肯定的旅游态度。图 7-2 表明了旅游偏爱形成的过程。

（三）旅游态度对象的吸引力

人们对于某一旅游对象的偏爱态度的形成，关键取决于这个旅游对象的吸引力。旅游态度对象的吸引力是旅游者的心理特征和旅游态度对象客观属性相互作用的产物，也是旅游者对态度对象的主观评价。旅游态度对象吸引力越强，越可能形成旅游偏爱。对于一个旅游者或潜在旅游者来说，一个旅游对象或一个旅游目的地的吸引力不仅与他所希望寻求得到的特定基本利益有关，而且与该旅游对象或旅游目的提供这种基本利益的能力有关。乔纳森·古德里通过实验研究，总结出一个计算旅游态度对象吸引力的经验性公式如下：

吸引力＝（个体获得利益的相对重要性）×（个体感觉到对象提供获得利益的能力）

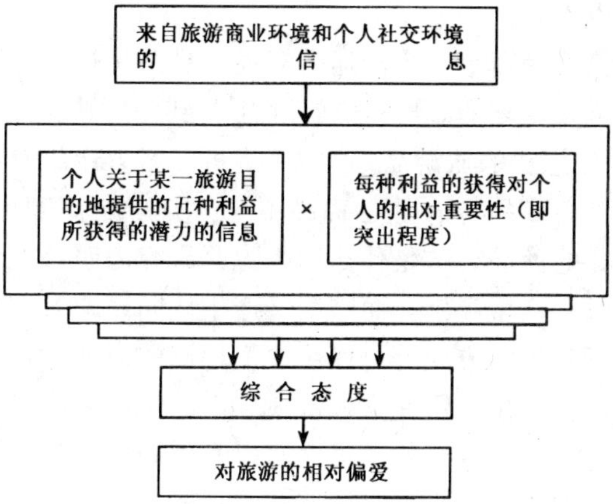

图 7-2　旅游偏爱形成的过程

因此，对于旅游业经营主管来说，为了增加一个旅游目的地（对旅游对象也如此）的吸引力，就要努力按照旅游对象或旅游目的地所提供的某种能力去改善它的形象，或提高某种基本利益的竞争能力。

第三节　旅游态度的改变

旅游工作特别是旅游宣传工作的一项重要内容，就是使人们对旅游持有一个积极的态度。积极的态度是诱发旅游者产生旅游动机和行为的主要因素。要吸引更多的人关注旅游，参与旅游，就必须研究旅游态度的改变方法。

一、改变旅游态度的原理

（一）宣传者在改变态度中的作用

古希腊哲学家亚里士多德最早提出了态度改变所必需的基本结构。他认为，人们用说话来进行劝说，有三个影响因素：第一类是依靠说话个人的特征；第二类是使听众进入一定思想的境界中；第三类是说话语言本身表达的正确。

一般说来，人们从事或讨论某项工作时，该方面的专家和权威的意见对于改变人们的态度能起较大作用，这个结论已为好多实验所证明。

美国人曾做了一个有趣的实验。实验是在大学生中进行的。某老师上课时带了一个助手。老师向同学介绍这个助手是位著名的化学家，近来从事一项研究，发现了一种特异的气味，然后拿出一只瓶子给学生闻，并要学生报告是否闻到了这个气味。实验结果是大部分人都说闻到了这个气味。其实这个瓶子什么味道也没有。

有的心理学家认为对于一个沟通者来说，是不是行家可以姑且不论，但听众信不信任他倒是主要的。当一位旅游者 A 到商店购买旅游品时，另一位旅游者 B 也买了 A 想买的旅游品；这时售货员却努力让旅游者相信他是一位内行，他自己选购的商品与 A 买的商品不同。实验结果表明，A 却购买了 B 以非内行身份推荐的商品。这是什么原因呢？研究表明：人们更加喜欢与自己类似的人。类似会产生吸引，而吸引又产生认同，即人们采纳他们所喜欢的人的态度、爱好、行为方式等，以至改变自己的态度。

深入分析后可以看出，由专家权威所引起的态度改变与类似性所引起的态度改变是不同的。专家权威的意见之所以有说服力，是由于他们的观点促使我们更多地去考虑事实，也就是说这些观点触动了我们态度结构中的知识成份。而与我们类似者的观点之所以有说服力，是因为他们的意见使我们更多地考虑评价，即触动了态度中的情感成份。由此可见，当沟通的问题是一个更多涉及评价的问题时，类似性的沟通者的效果比较好；而当沟通的问题更多地涉及到有关事实和知识时，专家、权威型沟通者的效果要好得多。

只要我们细心观察一下我们的生活，就会感到以上道理的实用价值很大。例如某位旅游者在游览过程中碰到困难无法解决时，导游员的帮助就会比同一类似性的人的帮助效果要好得多；如果这位旅游者存在心理问题，同一类似性的人的帮助就会比导游员的帮助效果要好。

（二）宣传方式在改变态度中的作用

态度不是单靠讲道理而形成的，同样也不可能单靠讲道理而能改变。在有的场合，想用理性的争辩来改变态度是不可能的，而需要利用情感来改变态度。我们在进行一些旅游宣传的时候，要举行一些正当的茶话会、酒会、音乐会等，以把气氛搞得活泼轻松，使对方有好感。不但利用好感可以使人改变态度，使人产生恶感或产生害怕，也能使态度改变。比如，一个人说某人的坏话时，这个人的意图实际上也就是使得他的听众对他所说的人产生恶感，以改变其态度。司法部门进行公判，意图之一是在人的心理上造成一种压力，使人感到畏惧，改变其做坏事的态度。但害怕和恶感究竟要达到多大程度才能促使人们改变态度，这是一个值得探讨的问题。如医生宣传戒烟，导游员强调旅行安全，有时效果并不显著，就是因为害怕和恶感程度不够。怎样解决这个问题呢？许多心理学家作了深入的研究，得到结论如图 7-3。

从图 7-3 可知，要产生最大幅度的态度改变，激起对方某种程度的害怕是需要的，在一定范围内，害怕程度越高，态度改变就越大。但在达到某一点位置后的害怕，就会妨碍态度的改变，会由于害怕得太厉害，个体处理问

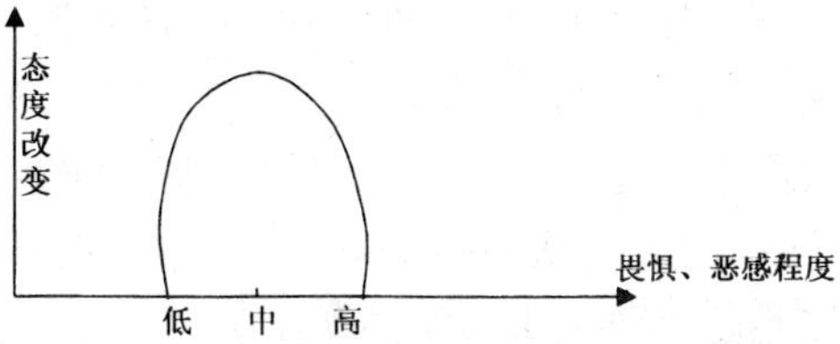

图 7-3　畏惧、恶感程度和态度改变

题的能力就会受到干扰，使他无所适从，不知采用何种行为来应付。

（三）利用理性的论证改变态度

在论证过程中，仅仅是提到正面材料，还是同时提出正反两方面的材料，这两种形式对于态度改变哪一种效果比较好呢？这是一个有趣而且有实用价值的课题。研究表明：这两种沟通方式，只要使用得当，对态度改变都有效果。然而在后一种情况下，人们更经得起反宣传。一般情况下，我们应注意以下两个问题：其一，如果沟通对象对沟通的内容抱肯定的态度，且在沟通对象中不存在反对或怀疑的态度，那么只提出正面的观点，其效果比较好。其二，如果沟通对象对沟通的内容抱否定或怀疑的态度，并且沟通对象本来对沟通内容就有分歧和争论，那么沟通过程中应提出正反两方面的观点和材料。假如采用后一种方法，最好先提出自己的观点，然后列出不同观点，最后再重提自己的观点，取得的效果比较好。

（四）宣传者与听众态度的差距对态度改变的影响

实验指出，倘若我们宣传的观点是一种极端的观点，并和听众态度相差甚远，对象就很难接受。若我们宣传的观点是比较温和的，程度适中，听众就容易接受。所以，当宣传者与听众的态度差距很大时，就要考虑一下宣传方式和步骤问题。例如要临时改变旅游内容时，就要充分考虑旅游者的心理相容能力，逐步地让他们接受方案，而不是强行的实施。

（五）认知失调与态度改变

当人们所意识或认识的事物出现了矛盾时，我们就说产生了认知失调。问题是这种矛盾不仅指逻辑上的矛盾，更是指心理上的矛盾。两个认知元素之间的一致与否，完全是按个体在心理学上的意义作出的。当我们要考虑失调程度的时候，我们还必须考虑总的不协调的认知数目，总的协调认知数目，以及这些要素的重要性。可用公式表示如下：

$$\text{失调程度}=\frac{\text{不协调认知数}\times\text{重要性}}{\text{协调认知数}\times\text{重要性}}$$

从这个公式可以看出，当其他因素不变时，失调程度与不协调认知数成正比。举例来说，我准备去旅游和要求我上班，这两个认知因素是不协调的，这时如果有其他不协调认知参加进来，如“这一次的旅游将非常有意义”，这时失调程度就会增加。

影响失调程度的因素，还有一个认知之间的差异程度问题。有些认知的分量较重，影响就较大，而有些认知的分量较轻，则对失调的影响亦小些。这个因素是用个体所体验的重要性来表示的。

二、改变旅游态度的具体方法

旅游业能否吸引众多的游客，不仅与当地是否具有新奇的旅游资源和高质量的服务设施有关，在当前竞争烈的情况下，与能否改变人们的旅游态度，提高他们的旅游积极性也有很大关系。旅游工作如何使人们具备积极主动的旅游态度呢？

（一）注意心理共鸣

心理共鸣指的是由他人的某种情绪引起的相同情绪，从而愿意接受他人的影响，产生他人所期待的行为。旅游工作怎样才能调动人的积极情绪，从而引起共鸣呢？

首先要注意诱发人们的情感。要避免枯燥乏味、单调重复的形式，采用多种方法诱发人们的情感，改变旅游者的态度。强调旅游东道地区与旅游者本国的联系，是增进人们亲切、向往之感的一种技巧。比如：“您想看看同一纬度的另一个国家吗？我们这里跟您的国家处于同一纬度，但风光人情另有意境，能让您难以忘怀。”“您想了解日本文字、奈良舞乐、佛教和建筑的渊源吗？请到中国来！在这里您可以了解两国之间的友好历史。”这样的宣传，使人觉得亲切，易于引起感情共鸣。

根据实验，人们对于以第二人称出现的广告较有好感。“到我们这里来能使您提高声望。”“这么多人都争先恐后到这里来旅游，难道您愿意落后吗？”“来此地旅游，您可以少花钱、多游览。”等等。这些广告用语使人觉得宣传者是以朋友身份在向自己劝说、建议，设身处地为自己着想，不是为了赚钱而推销商品。因此，这样的宣传不易导致厌烦心理，相反，使人容易接受。塞浦路斯广播公司专门开辟“欢迎来塞浦路斯”的特别节目，每天就以这种方式用英、法、德、瑞典和阿拉伯五种语言广播，向旅游者介绍到什么地方玩，有什么游览项目，各地的名胜古迹、地方风味、名酒、工艺品，还向旅游者介绍在塞浦路斯开车、游泳和徒步旅行要注意的事项，等等。播音员柔和的音调里充满了亲切之情，减少了旅游者的陌生感和孤独感，给人以动人的印象。

其次要注意运用权威暗示手段。权威由于在思想、品质、习惯、知识、成就等方面为人所敬慕，他们的言行对其他人的心理有积极的暗示作用，使人直接或间接地、自觉或不自觉地认为权威言行是可信的，并模仿、追随权威的言行。权威的言行还是造成时尚（时髦）心理的一个主要原因，人们可因某种一般号召（如探险、运动、节约、衣饰）而自觉地模仿，也可无意识地仿效名人的行为，去购买某种服饰和纪念品。只要在社会上出现某种新奇行为，就会有许多人起而效之，于是模仿就造成时尚的流行。如果模仿的是名人、权威，则模仿的人会更多，时尚的流行会更为广泛。许多国家的旅游宣传机构利用名人、权威去旅游过的地方和购买、使用过的商品大做宣传广告，使得许多人竞相模仿，形成到某地的“旅游热”和“购买热”。权威越大，威信越高，对人产生的心理暗示效果越大。

同样，如果一个地方接待过政府高级官员、知名人士和举行过重要的国际会议等，那么，这个地方会成为新闻报道的重点，新闻机构会将该地的旅游设施、风景名胜和这些人物、会议一起突出宣传，以至搞专栏报道、电视连续新闻报道，这就可以大大扩大宣传范围（往往遍及全世界），提高这个旅游地区及旅游企业和设施的声誉。名人到过该地该处这一行动本身会给人们一种暗示，使人相信此地或此饭店非同一般，值得一游、值得一住。名人回去后如果评论自己的旅行，会产生更广泛的宣传作用，影响更多的人形成至该地旅游的愿望，以至这个名气大增的地方很快就会成为旅游热点。

最后要注意运用中立舆论的心理效果。人们并不是总相信一切宣传的，尤其是对那些明显自相矛盾、弄虚作假、吹牛浮夸的宣传，人们还会产生猜疑和厌烦心理。在一些国家，由于各种原因，人们长期以来形成了对政府（包括其本国政府）的官方宣传的猜疑心理和不信任感，往往更相信第三者，也就是持中立立场的所谓“民间舆论”、“客观报道”。因此，我们要使人们消除猜疑心理和不信任感，产生积极的旅游态度，除了本身的旅游宣传要实事求是以外，借助中立舆论对人们的心理施加影响，也是一个很重要的策略。如果说利用权威暗示不是每个地方或企业都能办到，那么中立舆论却是大家都可以利用的。日本国际旅游振兴会每年都邀请大批外国作家、记者和旅游商到日本访问，埃及每年旅游淡季邀请许多新闻团体访问。这些作家、记者和旅游商访问归去后在报刊上写文章进行宣传，由于是以第三者的身份出现，在心理上会形成“自己人效应”，容易产生信任感，其效果往往比旅游东道国或旅游企业自己作广告宣传还好。

（二）巧用逆反心理

人们常说：“禁果最甜。”不少东西，你不想让他得到他偏要得到；不想让他知道，他偏想知道。这便是逆反心理的一种表现。这种逆反心理在转变旅游者的态度中是可以利用的。有一种被称为“反宣传”的方式，就是借反对某种东西而宣传这种东西。如西方许多国家不准做香烟宣传广告，有的厂家就利用“反宣传”进行宣传，发布广告说：“吸烟严重损害健康，我厂生产的××牌香烟也不例外。”这看起来是在反对吸烟，而实际上却在诱惑吸烟者买他们的香烟。还有一种“反宣传”，就是通过对一种新观点的“质疑”、商榷和讨论来达到传播的目的，从而使新观点传播得更迅速、更普遍、更深入。所以，有不少理论家不怕自己的文章有人责难，就怕自己的文章无人问津。在日常生活和工作中，我们还可以看到这样的现象，为了传播某一信息，就故意把传播的信息说得非常秘密，每告诉一个人，就说务必别外传，这样一来，反而会不胫而走。这也属于“反宣传”的一种方式。另外，还有一种方式是借否定谣言来传播谣言。例如，第二次世界大战中，一个伪称德国电台的英国电台在德国境内广播，说德国境内的废铁要涨价，于是许多从未想囤积废铁的德国商人开始囤积居奇。该电台又继续不断的广播，说这种“可恶的谣言”已经使得许多德国公民在收集废铁，希望借此谋财。同时还广播了一些囤积的具体手续。这样一来，一场囤积生铁的“狂潮”便在德国蔓延开来。还有一种方式，就是通过“揭短”来引发兴趣，如美国得克萨斯州有个小市镇，人口只有8000，毫无特色可言。该镇大做广告说：“此地没有发生过重大事件，此地没有任何奇特景致，这是一个处于我国末端的小城市。谁要想看一个毫无特色、微不足道的小城市，那就非光临我市不可。”这个广告说老实话，揭自己的短，但又突出了“我国末端的小城市”这一特点，很适合一些旅游者的猎奇心理，结果反而激起人们强烈的兴趣，引来了成千上万的旅游者。

（三）采取多样化营销手段

旅游营销是改变人们的旅游态度，推销旅游产品的主要手段。世界各旅游接待国为了争取客源，在对外营销方面展开了竞争，在“吸引力”问题上研究了很多对策。以日本为例，在该国的一次“观光状况年次报告”中，对海外的营销活动作了专题论述。他们在研究了国际旅游市场的动向、访日旅游者的兴趣和爱好之后，提出了国外宣传的主要策略：

(1) 广告、专栏报道。在一般旅游界的报纸和杂志上登载日本的风景名胜、旅游消息的广告。向报界、电台、电视台提供新闻影片、资料等，重点介绍最新旅游消息。特别是要消除到日本旅游的“高价印象”，大力宣传低价旅游的可能性。以追求新的旅游点的人为对象开展宣传报道。

(2) 举办旅游讲座。在世界各地举办旅游讲座。宣传日本的风景名胜和旅游业情况，重点放在使人了解日本旅游业的经营特点、接待方式和低廉的旅游价格。

(3)邀请外国旅游商和国外报道联络员配合选题。如通过国外的报纸、电台、电视台、电影大力宣传旅游消息，运用图片、节目、电影片等宣传当地风光的魅力。为此，邀请各国的大报、杂志、电视的记者和摄影记者到本国旅游访问，让他们回去以后作宣传。

(4) 参加或举办海外展览，如交易会、展览会等。

(5) 在国外演出乡土艺术进行宣传。

(6) 派遣旅游代表团出国作访问宣传。

(7) 宣传印刷品的编辑、发行。编辑、发行宣传印刷品的小册子、地图、广告画、旅游手册等，印有彩色照片、介绍风光的旅游指南，有英语版、法语版、中文版、葡语版。

(8) 电影的摄制、发行。

(9) 与国际旅游单位配合共同宣传。

日本旅游界的这些做法，应该对我们很有启发。

(四) 提高旅游产品形象

旅游产品形象是旅游者和潜在旅游者对旅游产品的总体评价，是旅游产品的特征与服务在旅游者和潜在旅游者心目中的反映。好的形象会产生好的感受，对增强或改进旅游者或潜在旅游者的态度起重要作用，对促进旅游者或潜在旅游者接受和使用该旅游产品或享受服务会产生重大影响。

旅游产品是一种特殊商品，是以旅游资源为基础，对构成旅游活动的食、住、行、游、购、娱等种种要素进行有机组合，并按照客源市场需求和一定的路线而设计组合的产品。因此，拥有旅游资源并不等于就拥有旅游产品，而旅游资源要开发成旅游产品，还必须根据市场需求进行开发、加工和再创造，从而组合成适销对路的旅游产品。

因此，我们要注意树立产品形象观念：要以市场为导向，根据客源市场的需求特点及变化，进行旅游产品的设计；要以旅游资源为基础，把旅游产品的各个要素有机结合起来，进行旅游产品的设计和开发，特别是要注意在旅游产品设计中注入文化因素，增强旅游产品的吸引力；要树立旅游产品的形象，充分考虑旅游产品的品位、质量及规模，突出旅游产品的特色，努力开发具有影响力的拳头产品和名牌产品；要随时跟踪分析和预测旅游产品的市场生命周期，根据不同时期旅游市场的变化和旅游需求，及时开发和设计适销对路的旅游新产品，不断改造和完善旅游老产品，从而保持旅游业的持续发展。

总之，旅游态度是旅游心理学的一个重要课题。不仅是旅游者，还是潜在的旅游者只要对某一旅游景点（也可以说是旅游产品）、某一交通方式、某一饭店、餐厅的服务设施形成了一个积极态度，都会导致旅游者选择和参加某一处旅游景点的心理倾向。即使人们对旅游活动持否定态度，可是，态度是个人在生活实践中形成的，是后天习得的，也是可以改变的。态度的改变，一是方向的改变，原来反对的可变成赞成；二是强度的改变，但态度的方向不变。即指增加积极度（或消极度）使之成为一种更加强烈的积极态度（或消极态度）。当然，要使旅游者改变消极态度为积极态度，要更新旅游产品；重视旅游宣传；引导人们参加旅游活动等工作。

思考题：

1. 什么是态度、旅游态度？
2. 形成旅游态度的主客观因素是什么？
3. 改变旅游态度有哪些具体方法？

第三篇　社会心理与旅游

第八章　社会性动机与旅游

旅游是一种社会性很强的活动。在人们的旅游动机中，社会性动机占有重要的地位。社会性动机是推动人们外出旅游的重要动力。在本章中，我们主要分析围城心态、成就需要、俱乐部需要、社会化需要等四种社会性动机与旅游之间的关系。我们认为，围城心态是现代社会里普遍的心理现象，是现代旅游的一个重要的心理基础；旅游产品设计必须充分考虑到分工所造成的围城心态特征 。成就需要也是人类的一种具有一定普遍性的社会性需要，我们应该关注人们的成就需要，促进旅游业的发展。归属需要是人的根本需要之一，参加俱乐部是现代城市居民满足自身的归属需要的一种重要形式。旅游企业可以通过组建俱乐部，来培养忠诚顾客。社会化是人作为社会一分子的必然要求，旅游为人的社会化提供了各种可能性，旅游可通过采取某些措施满足人们的社会化需要，以促进旅游业的发展。

第一节　围城心态与旅游

围城心态是现代人普遍具有的一种心态，是旅游活动的一个基本动因。旅游产品设计，必须充分考虑到分工条件下，人们的围城心态特征。我们以为，旅游部门可以从社交和信息交流、旅游者的表现欲和成就欲、城乡差别、职业好奇心、工业旅游、乡野农业游、专业考察游，以及有助于旅游者全面发展的旅游活动等八个方面入手，进行相应的产品设计。

一、围城心态是现代旅游一个重要的心理基础

杨绛女士给电视剧《围城》片头题词说：“围在城里的人想逃出来，城外的人想冲进去。婚姻也罢，职业也罢，人生的愿望大抵如此。”这一题词深刻地点明了社会上普遍存在的围城心态。职业、单位（或某种社会组织）、地域、城市、乡村等因素有如一个个独立的围城，对于生活在其中的人来说，或多或少地想在某个时候从中逃脱出来，但对于外面的许多人来说，又很想冲进去，这就是我们所说的围城心态。它对人们的旅游行为会产生重要的影响。

旅游在很多时候，就是围城心态的一种反映。旅游者总是在追求着那些自身的日常生活中所没有的东西，向往着外面的世界，正如一首流行歌曲里

所说的那样“外面的世界很精彩”。常言道：“在一地怨一地”“这山望着那山高。”旅游作为一种离开居住地的活动，之所以受到广泛的欢迎，原因之一就在于人们往往对自己熟悉的居住地、职业、生活方式等熟视无睹，而对于自己不熟悉的异国他乡、职业、生活方式等却充满憧憬和向往。著名的社会学家费孝通曾经说过，许多人对于自己居住了一辈子的地方，一句话也不说，对于自己只去过一次的地方，却可能要说上一辈子。这就是围城心态的一个写照。

围城心态在旅游活动中的表现可以概括为，对不属于自身工作、生活范围（围城）之外的新奇事物和多样化生活的追求，而新奇性、多样性恰恰就是旅游活动最主要的心理动机之一。围城心态还反映了人们面对各种社会压力，希望能有一个暂时逃避的机会，而旅游是“可以让人们躲进第二现实的游戏”，对缓解人们的精神压力是很有帮助的。

二、旅游产品设计必须充分考虑到人们的围城心态特征

旅游企业在进行旅游产品设计时，应充分考虑到人们的围城心态。我们认为以下五个方面特别值得旅游企业的经营者认真地加以考虑。

（一）重视人们对社交生活、信息交流等方面的需要

分工的发展和城市化程度的日益提高，使人们产生了合作、交往、交流等方面的需要，而分工造成的围城心态、单元住宅结构的封闭性（每个单元住宅可以说就是一个家庭式的围城），以及生活节奏的加快和人员的不断流动，对人们相互之间的交往、交流活动以及友谊的建立等却起着阻碍作用。

在这方面，城市园林系统、饭店及娱乐场所等旅游部门，当可以发挥其作为公共活动场所的社交功能。比如公园、娱乐场所、旅行社等都可以通过组建各种形式的俱乐部，来满足人们在这方面的需要。美国著名的未来学家阿尔温·托夫勒在《未来的冲击》一书中曾指出，在未来的社会里，有可能会出现小组织泛滥成灾的境况，就是对俱乐部这种社交形式的一种前瞻性的描述。旅游部门还可以通过开展各种各样的带有社交色彩的活动，让人们在娱乐中，在各种各样的活动中，非常自然地结成友谊关系，以此来满足人们的社交要求。

（二）城乡之间的区别

社会分工导致了城乡之间的分化，并造成城乡之间在精神享受、体力劳动、居住环境等方面的隔离。城市是现代的、经济发达的标志，而农村则是古老的、欠发达的标志。城市的现代化程度总的说来是越来越高的，是许多农村居民向往的地方，但是现代城市自身也存在着各种各样的问题，城市里

的人羡慕农村的清新空气、良好的自然环境等，而农村的居民则羡慕城市的文明和繁华等，城市和乡村可以说就是两个大围城。

近年来，许多城市居民产生各种各样的反串行为（休闲反串、打工反串、择偶反串），这些反串行为可以说是人们为了冲破分工、地域方面的限制，从围城中突破出来的一种尝试。

总之，我们在设计旅游产品时，有必要针对城乡居民的不同心理特征，提供相应的服务。对城市居民来说主要着重提供乡野自然的乐趣和农业生产知识等；而对于农村居民来说，则应着重介绍城市的各项文明成就、城市生活方式，以及提供购物服务等。

（三）人们对自己不熟悉的其他职业领域的好奇心

许多人在童年时代都曾做过各种各样的梦想，想象着将来自己要干什么样的工作，但成年后这些愿望却未必能够实现。这样在许多人的内心中，就产生出期望有一天能扮演他所喜爱的社会角色的期望。旅游部门可以据此推出各种"角色扮演"的活动，满足人们心中早已存在的对某种工作的向往。托夫勒在其《未来的冲击》一书中曾预言体验工业可能会成为超工业化的支柱之一，甚至成为服务业之后的经济的基础。旅游在很多情况下就是要获得一种经历、一种体验。如果旅游部门组织一些相应的活动，使人们能够在某种条件下多少去体验一下童年时代的梦想，相信一定会受到人们的欢迎的。近年来，日本一些旅行社推出旅馆老板娘亲身之旅活动，就吸引一些曾经有过这种梦想的人。

人们知道外面的世界很精彩。但却不知里和外是相对的，你所熟悉的"里面"可能正是别人不熟悉的"外面"，别人熟悉的"里面"可能就是你不熟悉的"外面"。一些平时我们熟视无睹的东西，可能正是旅游者感兴趣的东西。国外有些学者提出，劳动者应有可能自由地发挥他们在职业劳动中很少有机会施展的才干和能力。否则，旅游就可能加剧在劳动中显现出来的种种社会和文化的不平等。

（四）人们对自身职业的关注

虽然"外面的世界很精彩"，但"外面的世界也很无奈"。一个人毕竟是呆在自己熟悉的围城里比较安全可靠。因此，尽管有许多人追求围城外面的世界，但在社会分工高度分化的现代社会里，毕竟本业才是各人安身立命的的基础。在专业分工日益细致的情况下，社会向人们提出更高的专业上的要求，因此，人们都希望能够通过旅游会议等活动提高自己的专业水平，烹饪、书法、音乐、舞蹈、戏剧、美术、建筑、民俗等专业人员就经常进行相关的考察旅游活动。有条件的旅游服务机构可以多搞一些专业之旅。

（五）人们对全面发展的需要和追求

自由全面的发展是人类的理想。社会分工向人们提供了各种各样选择的可能性，也向人们了提供多种多样的机会和实现全面发展的可能性。因此我们应尽可能地向旅游者提供能够使他们得到全面发展的旅游活动项目。如技能的培训、体能的训练、知识的学习、智能的提高、心理素质的提高等。

旅游业作为一种经久不衰、富有人性化的阳光产业，当能在人的自由全面发展方面作出自己的贡献。

第二节　成就需要与旅游

一、成就需要是人类的一个基本需要

成就需要指个体在社会生活领域中渴望成功地完成某件事情的一种主观状态。当社会对个体在社会生活的各个方面有成就要求时，就会转化为成就需要。人的成就需要决定了人们具有追求成就的动机。成就动机指个人对自己认为重要或有价值的工作，不但愿意做，且力求达到更高标准的内在心理过程。简言之，就是要求获得优秀成绩的欲望。它是人类所独有的，是从社会生活中学习而成的，是一种社会性动机。因而，存在着明显的个别差异及团体差异。个人的年龄、性别、能力、成败经验、努力程度等主观因素及工作性质、任务难度、社会环境等客观因素都是成就动机个别差异形成的原因。团体差异则与社会文化、民族特性、家庭教养、团体风气等因素有关。尽管如此，世界上多数民族都是富有成就需要的，成就需要是人类的一个基本需要。这种需要在旅游活动过程中，会以一定形式表现出来。

二、在现代社会里，许多人的成就需要没能得到完全满足

在现代社会中，人的成就需要，由于以下各种原因，在日常的工作生活中，往往难以得到满足：分工把许多人固定在某种岗位上，许多人在生产过程中只是重复着某些简单的动作，使人们看不到劳动的最终产品，因为每个人在一件产品的生产过程中，其所作出的贡献都是微乎其微的。这就使人们再也体会不到取得劳动成果时的欣喜之情。而作为社会的人、合乎天性的人，都希望自己能够得到全面的发展。但现实却不允许人们去充分地表现自身的各个方面，而只能把自己固定在自己的岗位上。从人的本性来说，人们大都希望能够取得应有的成就并寻求社会的承认。人们会因为有肯定的自我评价和有了更高的自我评价而产生一种满足感。

随着经济的发展，生活和文化素养的提高，不少人具有一种强烈的表现自我的欲望，希望通过自我创作、自我表演、自我娱乐、自我教育等方式，来体现自我价值的实现。旅游既能使那些成功人士在旅游活动过程中，体会到更多的成功的喜悦；也能使那些在日常工作生活中缺乏成就感的人们在旅游活动过程中，多少得到一些成功的体验。

三、关注人的成就需要，促进旅游业的发展

旅游的许多活动都可以给人们以一定程度的成功体验，以帮助人们获得某种成就感，从而满足自己的成就需要。如大多数中国人把出国旅游视为一种成就，因为出国旅游给人们以信心，使人们获得尊重和地位。

成功体验指个体在完成某项学习或活动任务后产生的一种自我满足的积极愉快的情绪状态。它有良好的后效功能：可产生愉快的情绪体验，促使个体的身心与客观环境保持平衡状态和增进健康；认识到了自己的力量和能力，从而增强自信心，提高动机水平；为以后学习新知识、解决新问题提供了有利条件。以下几种类型的旅游活动，就能够在一定程度上让人们获得某种成功体验。

（1）休闲体育活动。大力开展体育旅游，如体育运动，给每个人提供了发挥运动才能，创造成就，获得成功的机会。它是一种媒介，可以帮助人们了解自己的价值，获得自尊、自强，更可以给人以成功和喜悦。这不仅是对于比赛的胜利者、金牌的获得者而言，战胜他人、夺标争魁固然是一种满足，而超越自我、战胜困难更是一种享受。参加竞赛性的体育运动，常常是由成就的需要所激起的。成就的需要可以针对某一个标准，或者针对过去最好的成绩。成就动机的力量是使运动员继续向更高的目标迈进，以及在困难的条件下坚持学习的很重要的因素。

（2）各种类型的游戏活动。游戏中的所有基本角色，都包含着某种想要取得一些成就的因素：竞争、表演、展览、挑战、夸示、炫耀和自吹等。游戏具有一种本质上的对立性。胜利意味着在游戏的结局中显示出自己的优越。趣味体育片《夺标》在中央电视台播出后，在我国社会各阶层引起了强烈的反响。夺标给游戏这一活动形式赋予了新的内容，将游戏提高到了一个新高度、新水平，使其发展成为一个不受年龄限制的、深受亿万人喜爱的新型体育运动项目。

（3）个性化、参与性的旅游项目。个性化项目、参与性项目，是人们表现自我，获得成就感的一重要方式，也是深受欢迎的旅游项目，这已经为许多实践活动所证实。

80年代中期，日本东京开设了一家名叫东急手工店的商店。这是一家专门为那些希望自己动手制作用品者提供服务的商店。在这个商店里出售的基本上都是未完成品。这里是手工制品的大本营，充满了半成品的魅力；无论哪一件商品，都要经过购买人进一步加工之后才算完成。人们热衷于这项活动是为了得到自我满足，办展览会、发布会等等表现行为恐怕也是为了获得更多的自我满足。

在北京五色土艺坊里，人们可以用原始的工艺去亲手造几张纸，用各种颜色染几块布，用泥土捏几个陶器等等，以此满足人们的表现欲。

在自给自足经济社会里，人们习惯于自己制作各种各样所需的东西，诸如玩具、家具之类的东西，并从中获得许多乐趣，这种心理直到今天依然存在于许多人的内心深处。这是一种非常普遍的心理现象，我们称之为“木工情结”。国外有些旅游景点，向游客提供半成品，游客可以根据爱好、兴趣来进行再加工，很好地满足了人们的这种“木工情结”的心理需求。在现代社会里，旅游部门可经通过多种途径来满足人们的这种心理需求。

(4) 智力竞赛活动。在旅游活动中，人们对于获取新知、有奖竞猜、答题过关等智力竞赛活动也是有相当兴趣的。因为这些能够让人们得到某种成就感。

(5) 在旅游过程设置各种各样的阶段性目标，以激发和增强旅游者的成就感。各种旅游活动，如爬山、游泳、射击、射箭等都可以设立一些阶段性目标，对达到某种目标者给予一定的奖励，以增加人们的成就需要满足程度。

当今的时代，是自我表现欲通过兴趣、体育、文化等业余爱好爆发性地显露出来的时代。各种竞技活动、参与性活动、表演性活动、挑战性活动、富有刺激性的活动等都可能给人们带来成就感，满足人们的表现欲、成就欲。因此我们在旅游产品的设计中，应更多地注意以上所说的各种形式的活动。

第三节 俱乐部需要与旅游

一、俱乐部是满足归属需要的一种形式

俱乐部一词，我们在日常生活中经常用到，但对于它的具体含义却未必很清楚，而各种工具书中的解释也不尽相同。我们认为，所谓俱乐部是指以消费、社交、娱乐等为目的自由组织起来的群众性组织。俱乐部一般采用会员制，并对会员有一定的资格限制。会员与俱乐部之间的关系建立在一定的契约基础之上。

按照马斯洛的需要层次论，归属需要是人的基本需要之一。当人们的生存需要、安全需要基本得到满足之后，归属需要就成了占优势地位的需要。俱乐部是满足人们归属需要的基本的形式之一。

有关调查表明，当代中国城市居民，有交往愿望的占 40.2%，很愿意交往的 33.5%，两者相加达 73.7%。另一方面，无论是工作领域还是生活领域，城市社区中人际互动的情感色彩都有淡化的趋势。这直接引发或强化了人们内心孤独的心态，据北京市的一项民意调查显示，近 80%的市民长期或不同时期有过较强烈的孤独感和社会隔离感。参加俱乐部是解决这一问题的有效途径之一。

在有关苏南的调查中，调查人员发现“社交活动正成为人们闲暇生活中的重要内容。人们的社交对象日益广泛，社交圈子也正在不断扩大。人们的交往选择呈现了血缘——地缘——机缘的现代转型趋向”，并认为“这不仅促进了闲暇生活的丰富拓展，而且锻炼了苏南人在社会经济文化生活中的开拓能力，强化了群体意识”。这说明了苏南等经济较为发达的社区已具备了发展俱乐部的社会基础。

二、俱乐部作为一种营销方式的基本特征及其功能

严格意义上的俱乐部营销具有以下几个方面的特征：

(1) 会员制。采用俱乐部营销体制的企业，一般说来都实行会员制的管理体制。其营业对象主要是加入本俱乐部的会员。

(2) 资格限制。一般说来各种各样的俱乐部都有自己独特的服务内容，其服务有一定的共性，往往对加入俱乐部施加一定的限制条件。

(3) 自愿性。是否加入一俱乐部，完全建立在自愿的基础上，而非外界强迫所致。

(4) 契约性。会员和俱乐部之间以及会员之间的关系，建立在一定的契约基础上。

(5) 目的性。它有一定的共同目的（如社交、娱乐、科学、政治、社会活动等）。

(6) 结构性关系。俱乐部成员之间以及与俱乐部组织者之间往往存在着一种相互渗透、相互支持的结构性关系。它们之间不仅有交易关系，更有伙伴关系、心理关系、情感关系作为关系的坚实基础。因而这种营销体制不是竞争对手可以轻易染指的结构性关系。

就俱乐部的功能而言，主要有以下四个方面：

(1) 社交功能。俱乐部一般采用会员制，并且会员有一定的资格限制，成

员之间有一些共同点，此种关系又相对稳定，因此俱乐部具备了很好的社交功能。

比如：以运动为主要活动内容的俱乐部，就具有良好的社交功能。许多人参加团体运动项目是为了运动中那种亲密无间的情谊和希望有一个归属。美国有学者做过这样的调查：问了几组成人消费者，他们是愿意成为由十分卖力的人组成的胜队队员（此队在比赛后就各自分散），还是成为输队队员（此队在比赛结束后还可以聚集在一起一段时间），大多数人选择了后者。

一些家里买了健身器的人，往往会觉得在家里独自一人难以坚持下去，而在健身俱乐部里，有气氛、有同伴，可以互相鼓励、互相交流，锻炼效果比独自一个进行要好得多，也容易坚持下去。这就是一些健身服务组织生意红火的关键所在。

（2）娱乐功能。俱乐部成员的一个重要活动内容就是娱乐。

（3）心理功能。成功的俱乐部能够起到满足安全、地位、社交这三种需求的作用。

（4）力量功能。一个人一旦成为某一俱乐部的一个成员，就可能树立更强信心，感到集体力量的强大。许粮光在其著作《宗族、种姓、俱乐部》一书中分析美国人的俱乐部时指出：美国人的俱乐部既是凝聚的，又是分离的。在特定的问题上和特定的时间内，它统一行动的能力是巨大的，但是，迅速导致整个组织瓦解的潜在的内部力量同样也是巨大的。美国的俱乐部活动主要以寻找归依和寻求成功为目的，这也是明显的事实。

三、旅游企业可通过组建俱乐部，培养忠诚顾客

由于俱乐部与会员之间的关系是建立在一定的契约基础之上的，同时会员之间，会员与俱乐部之间，存在着一种使彼此紧密联系在一起的结构性关系，因此，俱乐部就成了企业培养忠诚顾客的重要手段。

我国近年来出现了各种各样的俱乐部组织。在北京，几年前，长安、京城以及其他一些高档奢华的俱乐部，还令普通人可望不可及，但如今俱乐部正以各种形式悄然出现在自己的身边。例如，“舍宾”运动 1997 年底传入北京，发展势头非常迅猛，目前已经有了东单游泳馆、北京青年宫等七家连锁俱乐部。目前北京的俱乐部的阵营颇有遍地开花之势，汽车、卡丁车、攀岩、滑翔伞、潜水、读书、收藏等各种形式的俱乐部纷纷涌现。这些俱乐部大体可分为娱乐性、健康性、文化知识性三类。无论哪类，都顺应了当前休闲生活的潮流，体现了人们生活质量上的可喜变化。

在北京、杭州、西安等出现诸如幼儿保健、家电维修、摩托车维修等会

员制的服务机构。并吸引了相当的顾客。

在南京近年来也出现各种形式的俱乐部组织。诸如保龄球俱乐部、高尔夫球俱乐部、弓箭俱乐部、冰城俱乐部、健美中心、乒乓球俱乐部等等。

第四节 社会化需要与旅游

一、什么是社会化

社会化，是心理学、人类学和社会学许多学科共同研究的课题，尽管每个学科在探讨个体从婴儿到老年的发展和变化上有着各自不同的方法，但是，在所有这三个领域中，社会化过程所起的作用都被看成是社会维持和个体福利的基石。

心理学偏重社会化过程中的个人成长，关注个人的人格与自我的形成及一般的社会学习过程。从社会心理学的角度来看，整个社会化过程与人格和人的社会行为的形成与发展有着密切的联系。因此，可以说社会化就是人的社会行为的模式过程。通过这一过程，人们形成了为其生存环境所认可的社会行为模式，对其生存于其间的社会文化环境中的各种简单与复杂的刺激能够给予合适、稳定的反应。

二、旅游在人的社会化过程中所起的作用

人的社会化是通过社会教化和个体内化实现的。社会教化和个体内化是相辅相成的：没有社会教化，就没有个体内化；而没有个体内化，社会教化也就毫无意义。

社会教化，即广义的教育。它是指社会通过社会化的机构及其执行者实施社会社会化的过程。社会化的机构，包括家庭、学校、社会团体、社会组织、大众传播媒介以及法庭、监狱和劳动教养所等；社会化的执行者，则是指这些机构的组织者及其成员。社会教化可以分为两大类：①有系统的、正规的教育。如各级学校对学生的教育，以及监狱、劳动教养所对违法犯罪者的改造和教育。②非系统的、非正规的教育。如社会风俗、群体亚文化、传播媒介对人的影响和教育。后一种社会教化往往是在无形之中发生作用的，因此，它对个人的成长、心理的成熟与变化以及行为方式的选择，往往起着潜移默化的影响。

如果说社会教化是人的社会化的外部动因，那么，个体内化是指社会化的主体——人经过一定方式的社会学习，接受社会教化，将社会目标、价值

观、规范和行为方式等转化为其自身稳定的人格特质和行为反应模式的过程。个体内化是在个体的活动中实现的，它是个体的内部心理结构同外部社会文化环境相互作用，并对后者加以选择和适应的过程。个体内化充分体现了个人社会化的主动性。

旅游在旅游者，尤其是年轻的旅游者的人格培养过程中担负着某些职能。因此，旅游具有一种非常明显的教育意义。旅游让人们亲眼看看祖先奋斗经营的遗迹，亲身感受中国文化的伟大悠久，进而自然会有进取的精神。旅游可使人们胸襟开阔，养成冒险的精神；它还可以是一种社会的因素，因为它使人亲自了解现实，而且可以使人培养起面对现实的某些态度；而且，已经证实，旅游有利于不适应社会者的再社会化过程和残疾人的康复过程；从个体内化的角度看，由于旅游是一种自主的行为，显然更有利于人们自觉地接受社会的各种规范和要求。然而，当旅游者对世界的了解过于肤浅甚至遭到歪曲时，当由于糟糕的组织导致了消费态度而不是创造态度的形成时，当旅游中允许不道德的行为，或者没有创造出有利于深入的情感锻炼的条件时，旅游就会成为一种教育机能障碍的因素。

总之，旅游提供了一系列可能，究竟何种可能起作用，在很大程度上取决于旅游者自身的态度和旅游的类型。

三、旅游如何满足人的社会化需要

旅游可以通过适当的活动形式，在人的社会化过程中发挥出积极的作用：

（1）集团旅游活动。组织良好的集团旅游可增进成员之间的友谊和知识交流，还可以表现合作精神，发泄各人心中的积郁和抒发各自的情怀，这些都有助人们的社会化进程。

（2）社会审美型的旅游产品。旅游活动的审美化是个体与社会发展的根本趋势，人们必然总是自为地以美学的眼光来审视、观察和体验所在及旅游目的地的社会制度、结构、人情、伦理、道德、民风与生活方式等等。这对于人们了解社会、关心社会、培养社会责任感有着很好的作用。

（3）多种多样的带有社交色彩的旅游活动。如军事训练、心理训练、野营、夏令营、交友活动、俱乐部组织等，所有这些，对人们特别是青少年的社会化进程，都有着很好的作用。

（4）开展各种形式的社会公益旅游活动。如植树造林活动、敬老院和孤儿院的志愿者活动、宣传环保等公益活动以及义务咨询活动、下乡送知识活动、下乡进行社会调查活动等。

人生处处有围城，职业、地域、婚姻、城市与乡村等都是围城。想在某一时刻逃出围城，正是人们外出旅游的一个基本动因。

旅游产品设计必须充分考虑到分工所造成的围城心态特征。旅游部门可以通过这么几个方面来满足人们这种心态需要。①重视人们对社交生活、信息交流等方面的需要。②重视城乡之间的区别。③重视人们对自己不熟悉的其他职业领域的好奇心。④重视人们对自身职业的关注。⑤重视人们对全面发展的需要和追求。

成就需要是人类所独有的，是具有进取精神的民族社会的要求。但在现代社会里，有许多人的成就需要，未能得到完全的满足。旅游企业可以采取某些措施（如休闲体育、带有竞赛性质的游戏活动、参与性活动、智力竞赛活动、阶段性目标激励活动等）来满足人们的成就需要，以促进旅游业的发展。

俱乐部是现代人特别是城市居民满足归属需要的一个重要途径。要全面理解俱乐部的特征、功能，及其在培养忠诚顾客方面的作用。

社会化是人的一生特别是青少年阶段的重要课题。旅游活动作为社会活动的一部分，实际上承担某种社会化的功用。旅游企业可以通过组织集体旅游、带有社交性质的活动以及公益性旅游活动，来引导人们的社会化过程，以获取社会的支持和合作。

思考题

1. 应用围城心态理论，谈谈你对开发旅游产品的设想。
2. 成就需要对旅游组织者、旅游产品设计者提出了什么要求？
3. 旅游如何通过组成俱乐部来培养忠诚顾客？
4. 旅游企业如何在青少年的社会化方面，作出自己的贡献，同时获得相当的经营效益？

第九章　群体心理与旅游

人是社会化的人，是群体中的人，人不仅不能脱离社会群体而独立生存，而且社会群体对人的行为有着明显影响，所以人的旅游行为必定会受到群体因素的影响。参照群体、家庭、社会阶层是影响个人行为的最主要的群体因素。旅游心理学通过分析参照群体的类型，来剖析参照群体对旅游行为的影响；通过分析家庭的生命周期、家庭形态，来解释家庭对人们的旅游行为的影响；研究不同社会阶层间的旅游行为的差异。

第一节　参照群体与旅游消费

一、参照群体及其类型

所谓参照群体，是从行为科学中引进的概念，它的含义也不断地在改变。一般是指那些直接或间接影响人的看法和行为的群体。它或者为个人树立或维持各种标准，或者当作个人与之进行比较的一种比较框架。研究者们有三种看法，或者说这一术语有三种外延：①在进行对比时作为参照点的群体；②行动者希望在其中获得或保持承认的群体；③其观点为行动者所接受的群体。而在消费行为研究中，这一术语又得到扩展，泛指任何影响消费者的态度、价值观念和行为的群体。这样，在参照群体的规模和成员资格上，都无限制，从家庭、邻里、朋友、社会阶级直至文化，均可涵盖在内。

关于参照群体的类型，可按多种标准进行划分。

（一）首属群体与次属群体

首属群体是指成员之间经常进行面对面的直接互动的群体；次属群体是指成员之间偶尔或没有面对面直接互动的群体。两者的区别在于成员之间直接互动的频率或一致性。

显然，首属群体对于营销者来说，特别重要，因为成员之间的日常对话，很多都同消费行为有关。首属群体可以说是最基础的市场信息的集散地。对于许多消费者来说，家庭是最为重要的首属群体。朋友圈子也是一种相当重要的首属群体，不少有关饮料的广告，就是试图以亲密朋友聚会的场面来博得消费者的认同。工作同事也构成一个首属群体，在广告中我们也经常可以看到同事之间分享美味的快餐食品或在下班以后一起放松或庆祝某项成就的情景。其他一些需要成员经常会面的群体，诸如俱乐部、协会、兴趣小组等等，也构成首属群体。而获取和维持这种群体的成员资格，就要相应地表现出某些行为。在广告中显示某种产品为一个社会精英团体所使用，则可让那些社会地位意识很强的受众为之心动。

次属群体通常规模较大，群体对于成员的影响大都通过大众传播、公共关系或消息发布等非私人性的方式来实现。次属群体可以是一些正规组织，它们通过规定和推荐来影响成员的消费行为。

在我国工会的集团消费，对隶属群体影响很大。而在西方社会里，正式的次属群体在广告中极少出现，倒是不少非正式的次属群体经常成了诉求的对象。这类群体是由那些同消费者有着一段距离但又为他们所敬重的希望仿效的人所组成，其中的典型代表是消费者心目中的重要他人。像一些显赫的名人，把许多人所崇尚和向往的特质给符号化了。

（二）正式群体与非正式群体

所谓正式群体，是指须以确定的加入程序方可取得成员资格的群体。正式群体的目标和结构，其中成员的角色与地位、权利与义务，都是明确界定的。所谓非正式群体，是指那些无正式规定的，自发产生的，成员的地位和角色、权利与义务都不明确，也无固定编制的群体。人们一旦进入正式群体之中，就得遵从群体的准则和期望。又因为正式群体的成员总会在一起消费特定的产品，所以，市场营销者对于正式群体一向很有兴趣，并在针对它们的促销宣传中诉诸强制性的因素，即突出为迎合群体期望而维持成员资格所必须作出的行为动作。非形式群体的功能，包括提供社会资源、交流感情与信息、安排休闲消遣等等。所以，从市场营销的角度来看，非正式群体比正式群体更为重要，尤其是非正式群体结构的松散，为成员们交流有关消费信息和相互影响提供了一种极富诱导性的环境。①非正式群体的成员经常以消费品为话题；②他们有关产品和品牌的讨论不带任何功利动机，也无强制性，很有说服力。

（三）关联群体与否弃群体

所谓关联群体，是指人们乐于与之产生联系的群体。关联群体既可能是个体已经享有成员资格的群体，也可能是个体热切希望加入的群体，但由于收入、职业或教育程度方面的限制，而无法跻身其中。关联群体无论是作为隶属群体，还是作为抱负群体，都对个体的消费行为产生着积极的影响。在日常生产中，许多人热衷于模仿他们所倾慕的群体。因此，诉诸消费者的抱负动机，是广告宣传中常用的技巧之一。

同关联群体相反，否弃群体是人们不愿意与之发生联系的群体。有时，出于迫不得已的原因，个体可能还留在这种群体之中，但他不赞同群体的态度、价值观念和行为，而倾向于采取与之相反的准则。

二、参照群体对旅游消费行为的影响

参照群体对旅游消费者的影响主要体现在四个方面：规范行为、榜样示范和从众压力、信息影响。

（一）参照群体对旅游行为的规范作用

群体对于个体来说有着其重要性。群体要发挥其作用，群体规范的确立，起了决定性的作用。规范决定了群体成员的行为模式，同时，群体也会使用种种奖赏来强化成员对于规范的遵从。一般来说，成员想继续留在群体之中的愿望，便赋予群体很大的权力来影响他们。

生活于群体中间的旅游者，其旅游行为会在一定程度向群体看齐，而不能自行其是。如各单位组织的集体旅游活动。此外，旅游者出于维护自身形象的需要以及旅游活动中的成文的不成文的规则及道德要求等，都对人们的旅游行为起着规范作用。

（二）参照群体对旅游行为的示范作用

抱负群体作为消费者的倾慕对象，其一言一行，都可能影响到消费者的心理与行为，有着良好的消费示范作用。正因为如此，企业在进行宣传、促销时，就可以利用这种示范效应，以调动人们的消费积极性。例如，索尼公司在 70 年代初，推出随身听的时候，根据当时流行在公园里边散步、溜冰，边听音乐的时尚，拍了一则青年男女在公园里边溜冰、散步，边听音乐的美丽图象，引起了广大青少年的热烈追求，获得了良好的宣传推广效果。

绍兴市的旅游部门为了招徕上海的游客，曾组织上海的许多工会干部、厂长、经理们，到绍兴去旅游。动用了十多辆披红挂彩的车辆，一路敲锣打鼓，热热闹闹地从上海出发，并在沿途的一些繁华场所，举行隆重的仪式，获得了良好的宣传推广效果。

（三）参照群体形成的从众压力

所谓从众，是指在实际的或想象的群体压力下，个体不知不觉地改变自己的态度，放弃原先的意见，在行为上与群体中的多数人保持一致。

温科特桑所作的一项经典研究，证实了从众压力和从众行为的确是存在于人们的消费行为中。他在实验中要求被试从 a、b、c 三种不同款式和颜色的西服中，选出最好的西服，先给他们两分钟的时间逐个验看，然后要求他们作出决定。实验分三种情况进行：在控制条件下，被试个别地作出评价，因而不受群体的影响。在从众条件下，三名假被试与一名真被试组成直接会面的小组进行评选，而且先发言的三个假被试异口同声地说西服b最好，最后让真被试发言。在诱导条件下，使用群体压力的方法与从众条件相同，只是假被试的反应模式不同，第二个被试在第一个假被试挑选了b之后说："三套西服有没有不同，我不能确定，我想没有什么不同，既然你选了b，我也跟你一样，也选b吧。"第三个被随后说："你们都选b，我挑不出来，且和你们一样，也是b最好吧。"最后让真被试选择。在控制条件下所取得的结果，是评价群体影响的效果的基础。结果表明，在从众条件下真被试果真多数表现出了从众，采取了与群体一致的行为，即选了b；而在诱导条件下，真被试虽也有从众现象，但比率远比从众条件下的要低，这就说明真被试抵制群体的压力的倾向。事实上，个体在不是明显地受到压力被迫从众的情况下，更有可能从众。

在有关消费行为的另一项经典研究中，斯坦福便发现了一些经常一起喝咖啡的家庭主妇自发形成的友情群体，请她们品尝四种面包，并从中选择自己所喜爱的牌子。其实，面包的牌子仅是被分别标上四个不同的英文字母而已。在8周里，每周他都允许每个人选择同一牌子。结果发现，同一友情群体中的主妇倾向于选择同一牌子，尽管不同群体所选的最喜欢的牌子不同。显然，这些群体的成员都表现出了从众的倾向。

国外有学者曾经做过研究，当一个商品拥有率达到10%以上时，其他人的就会在从众压力下，竞相购买这一个商品。这一现象在旅游行业也是屡见不鲜，如近年吸引了众多游客的周庄、无锡三国城、灵山大佛等旅游地，都受益于这一现象。尽管你对这些旅游地，不一定有多大的兴趣，但你还是要去。因为，你周围有那么多的人都去过了，你还没去过，岂不很没面子?!

（四）信息影响

参照群体是人们获取信息的重要来源，并且这一信息来源往往具有很大的影响力，因为人们对这种信息总是信任有加的。

人的消费行为特别是旅游消费行为，总是离不开信息的刺激和影响的。哪里有什么好的旅游项目？这些地方值不值得去？如何到这些地方去？要花多少钱？路上安全不安全？旅行社、饭店、景点的服务好不好？诸如此类的问题，参照群体提出的答案，往往比旅游部门的回答更富有影响力。

第二节　家庭与旅游消费

一、家庭是一个人最基本的首属群体

家庭是人们共同生活的基本单位，是社会的基本细胞，它对个人的影响是广泛的、直接的、深刻的、长期的。一般而言一个人的一生，必定与家庭有着千丝万缕的联系。家庭是个人社会化过程中的关键因素之一，家庭的环境条件、父母的文化背景、经济条件、社会地位、教育方式、家庭成员的状况等，都会在一定程度上影响着人们的观念与行为方式。

在旅游活动中，家庭是人们外出旅游的基本单位之一。有资料显示，西方社会，家庭单位是唯一最重要的休闲群体。据统计，在美国人参加的每三项娱乐活动中，至少有两项以上是以家庭为单位参加的。在那些可以归入文化活动的闲暇活动中，几乎有40%的活动是以家庭为单位的。中国是一个家庭伦理观念强烈的国家，中国的家庭结构对于旅游的影响更大。2000年春节期间，海口接团显示，家庭成为假日旅游的主流。

二、家庭生命周期与人的旅游行为

家庭生命周期一般指人们从青年时期到中年、老年时期的经历过程。当一个青年结婚组成一个新的家庭后，家庭生命周期正式开始。在传统的家庭生命周期中，一般包括以下几个阶段：

(1) 青年已婚无子女阶段。这个阶段，又称蜜月阶段。这段时间一般为两年左右，但也有延长到好几年的。这一段时间是青年人外出旅游最理想的时间，并拥有最理想的条件。

(2) 青年已婚有子女阶段。蜜月过后，二人世界生活阶段的结束，子女出生。这常常会改变家庭的经济状况和生活方式，人们外出旅游的可能性因孩子幼小，一般不大可能外出旅游。

(3) 中年家中有少年或青年子女阶段。这一阶段，由于子女已具有外出旅游的身体能力，这对于一些经济条件相对较好的家庭来说，就有可能更多地外出旅游。在这一阶段的旅游往往是以子女教育为旅游的主要目的。旅游企业应面向这类家庭，开发更多地有助于青少年成长的旅游产品。

(4) 中年家中有成年子女阶段。这一阶段由于子女已经成年，独立意识增强，已参加社会工作，有了自己的收入和更多的属于自己的社会关系和伙伴，子女可能更多地和自己的朋友外出旅游。夫妻两人此时基本可以沉重的

家庭负担中解脱出来，此时就有可能外出旅游。

（5）老年空巢阶段。这一阶段子女已结婚另过，开始了一个新的家庭生命周期。家庭中只剩下老两口，这时一般也都已经退休，有较多的时间和较为稳定的收入，更有条件外出旅游。但也可能由于经济收入的减少和身体健康等方面的原因，而减少外出旅游。

三、家庭形态与旅游决策

在现代社会里，典型的家庭形态主要有三类：即夫妻式的两人世界、核心式的三口之家、延续式的三代同堂家庭，这三类都属于传统的家庭形态。同时社会上还存在大量的各种在某种程度上偏离传统形态的家庭类型。不同类型的家庭，其对旅游的需求及旅游方式，有可能存在着很大的差别。如单亲家庭、未婚独身、离异无子女、集体住户等。

家庭形态对旅游决策的影响，主要取决于家庭成员的构成、家庭成员的经济收入状况、家庭成员在家庭中的地位等因素。一般说来，我们可以根据决策的主导权的分布，把家庭决策划分为以下四种类型：

（1）丈夫起主导作用的决策类型。

（2）妻子起主导作用的决策类型。

（3）双方商量——一方决定的决策类型。

（4）共同商量——共同决定的决策类型。

詹金斯对美国家庭成员在度假旅游决策中作出决定的类型作出了九个方面的分析。在住宿条件、度假地点的选择上，丈夫起主导作用；在是否带孩子一起旅行、度假时间长短、旅行度假日期、度假活动内容等方面，则表现双方一方决定；在是否度假、旅行度假花多少钱方面，则表现双方商量，共同决定。

（5）子女起主导作用的决策类型。儿童对旅游决策的影响力亦不可忽视。在我国独生子女家庭占到城市总家庭数一个相当大的比重，父母出于让孩子增长见识或休闲娱乐的目的，往往考虑带孩子出去旅游，孩子在决策过程中具有一定权重，甚至取得了中心地位。

我们在关注常规的家庭的决策类型的同时，也不应忽视对一些非常规型的家庭的分析研究。以美国为例，非常规型态的家庭住户占据了相当的比例。如美国的单身成年人住户（包括未婚、分居、丧偶、离婚等），其人数近1800万人，约占住户总数的23%。这种住户的旅游行为，可能较为随意，缺乏计划性。容易受外界促销的影响。旅游企业应对这类潜在的消费者，多做宣传促销活动，并开展相应的服务，多组织带有交际性质的旅游活动。

第三节　社会阶层与旅游消费

一、社会阶层的概念及其划分标准

社会阶层是指社会中相对持久和同质的部分，个体或家庭在其中享有类似的价值观念和生活方式。属于同一社会阶层，要比不属同一社会阶层的，在社会地位上更为接近。

系统地测量社会阶层的方法，可以分为三类即主观法、声望法和客观法。主观法，就是让研究对象自己来估价自己的社会地位，把自己归入研究者供其选择的一系列社会阶层的某个社会阶层。声望法，就是让消费者评估其他人的社会地位，将之归入某一社会阶层。客观法，又分为单一变量指标法和复合变量指标法。单一变量指标法就是仅用一个社会经济变量（比如收入或职业）来评判消费者所属的社会阶层；而复合变量指标法则是同时参照数个社会经济因素（诸如职业、收入、住房、教育、居住地区、社交圈子等）评价消费者所属的社会阶层。

职业是社会阶层划分中普遍使用的一个变量，也是得到最为完善的研究的变量之一，在许多国家都有关于职业排行榜的资料，即关于不同职业的评分。其实，在日常生活中我们也常将职业作为线索来评价一个人的地位和背景。一般来说，在职业排行榜上位置越高，收入也越多，但也有不少例外，因为职业评分中还涉及到诸如受教育程度等因素，此外，现在同一职业内部，收入差距有时也很大。所以，仅凭职业来划分社会阶层，往往不大充分，且由此也不能很好地预测购买力。计算权重为 5。

在本世纪早期，收入几乎是社会阶层的唯一指示器，而且有关收入的数据极易获得，所以学者们凭借收入的不同，便可清楚地区分出阶层。但是随着经济的发展，人们的收入普遍提高，在许多地方收入差距日渐细小，再加上其他因素，依据收入就很难来预测消费模式了。在我国城市中，属于所谓工薪阶层的，收入差距甚是悬殊，竟有相差 30 倍的！计算权重为 4。

一位牧师的收入可能很低，但他同一个收入很高的律师却有着同样的价值观念和态度，两者都属于中上层的成员。

在发达国家，职业类型和收入高低，与所受教育的程度密切相关；在我国，由于脑体倒挂现象过去普遍存在，教育水平与收入水平之相关程度不是很高。但随着技术的复杂化和职业的专门化，这种状况势必有所改变，受过高等教育的阶层定会异军突起。在高度信息化的经济体系中，他们凭借自己运用言语、符号和理念的能力，可能获致较高的社会经济地位。从我国市场营销的角度看，他们不仅将改变市场中的各种活动本身，而且也改变了他们在市场中的地位，所以，他们在消费中的作用绝对不能低估，也就是说，教育应成为我们划分消费者在社会阶层中的一个关键变量。计算权重为 3。

财产包括几个方面，一是住房的种类，一是住房所在的地区，一是除了不动产之外的一些具有地位象征的物品。在许多发达国家，住房及其居住地区，是社会地位的一项重要指标，怎样的住房，座落在城市中心、郊区还是风景秀丽的黄金海岸，邻居是由怎样的人构成以及他们的住房又如何，这些都要考虑在内。计算权重为 2。

一定社会阶层的成员基本上都把同阶层的其他人视作他们平等人，当与这些人共同参加社会活动时，他们不会感到那些人与他们的地位是不相称的。同时，他们把较高一层社会阶层的人看作较重要的人物，生活在他们一般达不到的圈子里；而较低一层社会阶层的人则是社会地位较低的，他们与这些人在一起参加活动的兴趣不大。

社会阶层的等级性质特征对营销者是重要的。一些购买者之所以消费某种产品或服务，可能是因为这些产品或服务被同阶层或更高阶层消费者所看重，反之，则是因为他们认为那些是属于低一阶层的消费品。

二、中国的社会阶层分析

我国的一些经济学家根据目前城镇大发展家庭收入的差距，将我国的城镇居民家庭划分为富有、富裕、小康、温饱、贫困五种阶层。

（一）富有阶层

这一阶层家庭年收入 10 万元以上，户均金融资产为 28 万元，主要有民营企业家、合资企业老板、著名演员和体育明星、名画家和名作家、部分股份制企业负责人、部分承包租赁者和包工头、证券交易获高利者等。其主要消费行为特点有：

(1) 奢侈享受型消费，如高档别墅、高级住宅、高档家电、高档时装、化妆品和保健品等。

(2) 炫耀显示型消费，如偏重进口商品和名牌商品，以及一般人不敢奢望的消费活动，如玩高尔夫球、住星级饭店、出国旅游等。

(3) 投资储蓄型消费，如房地产、股票、文物古董、名贵珠宝等。

（二）富裕阶层

这一阶层家庭年收入 3 万～10 万元，户平均金融资产为 8.7 万元，主要有外资企业和合资企业的中方高级管理人员、高级专家、律师、部分涉外导游、部分企事业单位领导人、个体企业主、出租汽车司机、美容师、高级厨师等。其主要消费行为特点是：

（1）象征标志型消费，注重商品的名牌，到著名风景名胜区旅游度假等，用以突出自己的身份和地位。

（2）高雅舒适型消费，讲究吃得精细，住得舒适，穿得时尚，偏爱高品位的商品。

（3）简便快捷型消费，注重省时和高效的商品，偏爱科技含量高的商品，如个人电脑、微波炉、智能性洗衣机等，购物时也常考虑方便、省事、快捷等方式。

（三）小康阶层

这一阶层家庭年收入在1万～3万元，户均金融资产2.8万元，主要是公司的中高级职员、一般外企雇员、企业中层以上的管理人员和技术人员、公务员、部分效益较好的单位的职工（如银行、电信局、民航等）、部分收入较高的教师等。其主要消费行为特点是：

品牌型消费，个性化消费，看重生活的质量，故强调商品的品质和独特风格和新颖款式，信任名牌商品和进口商品，有较强的品牌意识和个性需要；在旅游方面为，注重保健活动，娱乐休闲活动等。这部分是我国旅游的主体和生力军，他们有着强烈的求同心理、攀比心理、从众心理；他们追求那些渐成时尚的旅游方式和旅游目的地；他们的信息来源比较广泛，报刊、电视等媒体是他们了解旅游信息的主要来源，同时他们也很重视所参照群体的推荐。

（四）温饱阶层

这一阶层是普通工薪阶层，家庭年收入在5000～10000元，户均金融资产为9000元，主要由企事业单位的普通职工构成，包括一般技术工人、职员、服务人员、营业员等。其主要消费行为特点是：

（1）经济实惠型消费，由于收入不太高，大部分收入用于必要的生活开支，只有少量的节余和储蓄，故较多地注重对日常生活物品的消费。

（2）对价格很敏感，追求物美价廉的商品，强调经久耐用，购物时常先有计划，精挑细选，比较再三。

（3）对质量稳定的老字号商品、老厂家、老牌子有较强的忠诚感，不盲目追求时尚或名牌。这类人一般对旅游不太重视，只是在特别的日子里（如节假日、家庭成员的重要日子等）才有可能到公园及周边地区作短暂的游览。

（五）贫困阶层

这一阶层家庭年收入在5000元以下，户均金融资产仅3000元，主要是经营状况不好的企业的职工、非技术型工人、临时工人、部分退休职工、待业或失业人员等。其消费行为特点是：勉强度日型消费，主要购买日常生活必需品，留心廉价低档商品，如折价处理品，换季甩卖品等。

这些经济学家所分析的中国的社会阶层，虽是一家之言，但可作进一步调查研究分析参考。

西方社会学理论中，曾把美国社会阶层分为六个不同阶层，即上上层、上下层、中上层、中下层、下上层、下下层。见表 9-1 所示。

表 9-1 美国社会阶层的划分

社会阶层	成员资格	百分比
上上层	连续三四代富有、地方名门望族贵族、商人、金融家或高级专业人员财产继承。	1.5
下上层	新近升入上层社会者、暴发户、未被上上层社会接纳的高级行政官员、大型企业创始人、医生、律师	1.5
中上层	有中等成就的专业人员、中型企业主、中等行政人员。有地位意识，以子女及家庭为中心	10
中下层	普通人社会的上层：非管理者身份的职员、小企业主以及蓝领家庭。这些人被描述为努力向上，有一定的社会地位、保守	33
下上层	普通劳动阶级、半熟练工人。收入常常不亚于上两个阶层，热爱生活、每天都过得很愉快	38
下下层	非熟练工人、失业者以及未归化的外来民族。有宿命思想、处世麻木冷淡	16
总计		100

三、不同社会阶层之间旅游行为的异同

在一社会中，社会阶层是具有相对同质性和持久性的群体，它们是按等级排列的，每一阶层成员具有类似的价值观、兴趣爱好和行为方式。社会阶层对人们的消费心理、消费形态的影响，主要表现为在以下几个方面。

（1）同一阶层消费心理的相似性。一般说来，温饱阶层的消费者存在着一种立即获得感与立即满足感的消费心理，通常光顾大众式商场，而很少进入超级市场，比较讲究实惠，消费决策时间较长；小康阶层的消费者，一般讲究体面，尤其是这一个阶层的妇女，怀有强烈的社会同调性。这一阶层内消费者之间彼此影响较大，趋同心理和看齐心理突出，以高档、名牌、贵重的商品或优质的服务为消费对象，注意安全与保险，休闲消费需求强烈，调查显示出这一阶层在心理上有自豪感、虚荣感和夸饰感的占 80%以上；巨富阶层的消费者有一种永不满足的心理，带有极大的好奇心，过分追求商品的

象征性和自我地位性，价格心理与实惠心理淡薄，求新心理与求特心理突出，物质与精神享受心理重于审美情趣，谈吐神态通常表现出超凡脱俗，摆出一种高人一等的架式。

（2）同一阶层消费心理的差异性。在同一社会阶层内仍存在着消费水平的高低之分。就经济而言，他们无疑属于同一阶层，但是他们的购买行为，他们的偏好，他们的消费与储蓄方式，可能相差很远。当然，同一阶层内的消费行为的差异性，比起来自两个不同社会阶层的人的行为，可能是微不足道的，或者并没有质的区别。也就是同一阶层内部成员的消费行为，其共同点可能会多于不同点。

（3）不同阶层消费心理的差异性。不同阶层的成员，由于其收入水平、教育程度、价值观念、职业等方面存在着明显的差异，因此，其旅游消费行为自然会有较大的不同。以受教育程度为例：受教育的程度不同，人们接触的媒介就会有明显的不同。（一般来说，受教育程度是媒介利用程度的最好预示指标，受教育程度越高的人，可享用的媒体就更多。教育程度越高，越少看电视，更多地利用报纸杂志调查报告等信息来源）。其购物趣味、购买意向也会有不同。一般说来，受教育程度越高的人，接触到的信息越多的人，越容易接受旅游。

不同社会阶层的人，对选择什么类型的旅游地、交通工具、饭店、活动内容具有明显的不同。一般来讲，在感觉上，高阶层的人喜欢高雅温和一类的产品，诸如有意义的活动，能显示身份地位的旅游项目、交通工具、客房及旅行社，以及高档次的接待规格等。相反低阶层的人则喜欢刺激性的项目，诸如激烈的活动项目和色泽鲜艳的产品外观等。在审美观观点上，高阶层的人审美观点比较一致，如喜欢诗一般的意境，田园般的风光，含蓄、幽默而富于变化的想象等。而低层次的人，由于文化水平低，对于美感的刺激多依赖于主观体验，彼此差异性较大。

（4）不同阶层消费心理的相似性。现代社会具有明显的大众社会的特征，是大众消费流行的社会，是信息传播大众化的社会。从社会心理的特征来看，具有明显的同质性特征。同质性的社会又带来社会大众从众性、攀比性特征。这种社会机制，决定了在不同的社会阶层之间，其消费行为在某些方面，会有某些共性。但这种共性，不具有普遍性。

总之，参照群体对旅游消费者的影响主要体现在四个方面：规范行为、榜样示范和从众压力、信息影响。

家庭是人们外出旅游的基本单位之一，对人们的旅游行为有着很大的影响。处在不同家庭生命周期的家庭，其旅游行为也会有较大的差别。不同形态的家庭，有着不同形态的旅游行为。

同一社会阶层其消费行为有着许多共同点，但同时也存在着一些不同点；不同社会阶层之间的消费行为存在着许多不同点，但同时也存在着一些共同点。

思考题：

1. 参照群体对人们的旅游行为有什么影响？旅游企业如何通过参照群体扩大影响？
2. 何为家庭的生命周期？如何开发适合处于不同生命周期阶段的家庭的旅游产品？
3. 简述不同社会阶层其旅游行为的异同。

第十章　社会文化心理与旅游

社会心理是一个时代的精神聚焦点，它以观念意识的形式折射出在经济生活、社会秩序、人口状况、生态环境以及哲学、道德、宗教、科学等社会因素中某些共同的动向和趋势。社会大众的基本价值观、时尚与流行、社区文化等因素，都与旅游有着密切的关系。旅游心理学分别对这三个因素及其与旅游之间的关系进行分析研究和探讨，十分必要。

第一节　文化价值观与旅游

一、社会文化

在社会关系构成的社会里，不但存在着各种各样的社会关系，而且还存在着这种关系象征形式——社会文化。

社会文化作为一种特殊的系统，与社会中别的系统比，有如下一些重要特性。①是象征性。社会文化的象征是说一切文化现象都必须反映一定的对象，并赋予其意义。②是复合性。社会文化系统的复合性主要体现在两个方面：一个方面是围绕着某一社会活动或社会关系，会产生一系列相关的文化现象，总是相互依存而组合在一起，又相互作用，相互影响的；而另一方面，任何一种文化现象都不可能孤立地存在，它总是要和别的一些文化现象组合在一起，构成一个复杂的系统。③是多样性。人类社会的文化多种多样，丰富多彩。④是共享性。文化具有群体或集团性，表明社会文化可以由同一群体或集团的成员所共有或共享，而且不同的群体或集团也能共享许多文化。人类社会发展到21世纪，每一种文化向世界范围内传递、扩散的可能性增大了，每一个群体、社区、国家以至每一个人获得外来文化的机会也更大了、更多了，因此，越来越多的社会文化将为全人类所共享，这已成为大趋势。

旅游与文化有着不可分割的关系，而旅游本身就是一种大规模的文化交流，从原始文化到现代文化都可以成为吸引游客的因素；游客不仅汲取游览地的文化，同时也把所在国的文化带到游览地，使地区间文化差别日益缩小。

人类各种形式的旅游活动，归结起来，不外是有关物质性和精神性的两大类活动。虽然有的旅游者着眼于物质享受，有的旅游者侧重于精神文化的追求，而两者并不可能截然分开。在整个旅游活动过程中，物质和精神活动总是相互依存，相互补充的。因此在旅游者所进行的一切旅游活动中，无论是物质的，还是精神的，都是一种社会文化活动。而社会（旅游业）为广大旅游者提供的各种条件和服务，也无不与社会文化相联系。

二、文化价值观对旅游行为的影响

价值是指主体对客体关系的反映，并集中体现在主体对其反映的客体所进行的评价或看法上。这里所指主体，指的是作为评价者的人。而客体，不仅要包括主体周围存在的自然现象、社会现象及各种观念性的事物，还要包括主体自身及主体所需要的、希望的或理想的东西，主体自身已采取的或将要采取的行动等。

人对客体进行评价时，总要抱一定态度和产生一定的观念。这种态度和观念，便是人的价值观。而社会文化价值观，就是人对社会文化这种客体进行评价时，所抱有的一定态度和产生的一定观念。人的价值观既有社会性或为一定群体所共有的，也有具体个人所独有的。在人类社会文化发展的过程中，这种从社会价值到个人独有的价值，又从个人独有的价值到社会性价值的“循环”，总是持续地进行着、变迁着，并不断激励人们主动地去适应环境或发展社会关系，接受现有文化或创造新的文化。因此，价值是社会文化的“灵魂”。

不同历史阶段的不同社会制度下的社会都有自己的文化价值观念，这种社会文化观念又往往渗透在大多数人的社会生活中，从各个方面影响着人们的态度和行为。旅游作为一种社会性活动，必然会受到社会文化价值观念的重要影响。人们对旅游的态度和行为，对旅游内容的期望，对旅游服务人员的服务标准的期望，对旅游条件、旅游设施的要求等，都和人们的社会文化价值观念有着密切的关系。

三、传统文化价值观念对人们的影响

中国人的旅游观是一种天人合一的旅游观，人与自然相融、相合、相亲，是一个和谐的整体。表现在旅游景观和旅游资源的开发上，则强调自然，强调和谐，突出整体。

中国过去是一个以小农经济为主体的国家，长期的、封闭的、自给自足的封建家庭的结构形式，传承至今，虽然已有了质的变化，但是，传统的家庭伦理观念，却部分得到保持和巩固。体现在旅游文化上，便是中国的旅游市场以家庭为单位的消费者居多。个人的旅游行为，往往与整个家庭紧密地联系在一起。一个人不仅要考虑自己的旅游需要，而且还要考虑整个家庭的旅游需要。

中国古代自然经济条件下，长期的封建社会机制下的小农经济，使得中国人的文化底蕴中不可避免地滋生出一种节制欲望的心态。节制个人欲望被视为美德，而放纵个人欲望被视为道德败坏，甚至与祸国殃民联系在一起，所以，中国的传统文化中，始终有一种抵制旅游和反对旅游的倾向。人们把旅游看作是游山玩水，是不务正业。这种观念直到现在还影响着人们的行为。有些人在假期中宁可无所事事地呆在家中，靠打扑克、搓麻将打发日子，也不轻易地外出旅游。即使是踏上旅途的人们，也常常会有一种不安感，总想在旅游过程中做点“正经事”，或者走马观花似地从一个旅游地赶到下一个旅游地，以为到过的地方越多，收获也就越大，以此来减轻心中的负疚与不安。当然，中国古代也有“读万卷书、行万里路”的说法，作为中国的知识分子，如果没有到过许多地方，那就可能被讥为井底之蛙，没有见识，因此，在中国对旅游持肯定态度，大概要算读书人了。但即使是读书人，其旅游行为也受到许多成文和不成文的约束。如古人云“父母在，不远游，游必有方”，孝子“不登高，不临危”等观念也深刻地影响着中国人的旅游行为。徐霞客作为一个著名的旅行家，在他母亲去世前，每次出游都有一个较为固定的目标和日程，而在他母亲去世后，他的出游相对地变得不那么固定，而是随心所欲了。在现代的中国人身上，这种观念仍然存在着。

在小农经济条件下，必然造成人们冒险精神的缺乏，求稳怕变的心理主宰人们的生活。加上交通不便、信息不通、安全缺乏保障等因素的影响，使得多数中国人视旅游为畏途，生怕有什么意外。古人云，金窝银窝不如自己的草窝，就是这种心态的反应。

当然在传统文化中，也不乏一些鼓励人们外出旅游的价值观念。尽管这些观念没有占据主流地位，仍然对人们的旅游起了一定的引导作用。“读万卷书，行万里路”，千百年来就一直是激励知识分子外出旅游的座右铭。“修身齐家治国平天下”是文人士大夫的人生目标。作为修身养性、调整心性的对象和工具，山水之游也受到了文人士大夫们推崇。

四、现代人的社会文化价值观念和旅游行为

随着近现代工业和城市化的不断发展，人类的社会生活条件，发生了天翻地覆的巨大变化。人们的社会文化价值观包括对待旅游的观念也发生了巨大的变化。这种变化主要体现在以下几个方面：

（1）度假旅游显得越来越不是一种奢侈，而是一种必要。因为它使工业

化和城市化社会的劳动大众，有可能通过消除疲劳和丰富文化知识的外出旅游，更新自己的劳动力。

（2）旅游促进社会融合。假期被认为是最有利于地理和社会方面的融合的时期。这些思想、精神和经验的交流，使与世隔绝者和不安或贫穷的少数人走出闭塞状态，打破年龄、健康、职业的界限，减少金钱上的障碍——至少在休闲和度假时，不同国家或地区的人民，相互交流，城市居民和农村居民对各自生活条件可相互了解，大大开阔了眼界。这些就是我们所说的，也是人们所希望促进的融合现象的意义。

假期可以促进人们相互间的了解和人格的发展，缩小社会阶层及人民间的距离，使人民摆脱孤立状态并有利于消除有害的偏见。旅游不仅可以成为人民间和平与友爱的工具，而且有利于各种宗教的信徒与无宗教信仰者之间的具体而有效的接触，从而成为一种“普世聚会和对话的工具”。

（3）旅游是一种重要的精神文化活动。一些宗教机构曾提出了这样的观点，旅游是人类所争得的东西，它使人脱离了令其精疲力竭且毫不人道的劳动的束缚和奴役，使人摆脱了约束他并限制其人格发展的精神上有时并不健康的环境，并赋予他以在更轻松、更自然的气氛中同自己、同他人进行对话的可能。从这一观点出发，旅游便构成了人类大家庭的联合、社会环境的改变和提高、人和宇宙的联系的加强。

（4）旅游是恢复人格和人的尊严的一个要素。通过旅游，可以使人的身体和精神从工作的疲惫和日常的生活节奏中得到恢复。人们重新肯定了对自由和运动的不可缺少的需要，并在一种极为从容、更加信任和更希望与彼此相会、对话的环境中建立起相互之间的关系来。因此，旅游不仅仅是打破单调的劳动生活的一种简单的逃避或消遣，它还是人与人、人与世界相互联系的一个因素。因为它使人与自然进行直接的接触，有助于促进自然资源的充分利用。

（5）旅游是搞好教育和科研、经济生产的一种重要手段。我国著名的科学家丁文江认为，旅行对从事地质工作的教师、工作人员和学生都是极其重要的实地教学手段。从旅行实践中可学会独立调查、考察的能力。他每次外出考察旅行或带学生实习，都以身作则，一丝不苟。当时担任地质研究所主任的翁文灏教授说，丁文江“登山必到峰顶，移动必须步行”。

工业化、城市化促使人们的旅游观念发生天翻地覆的变化，也使世界上的许多国家的旅游业得到了空前的发展，使人们的旅游行为越来越多样化。商务旅游、休闲旅游、科学考察游、文化考察游、观光旅游、修学旅行等多种形式的旅游活动，层出不穷。近年出现的新婚旅行、工业旅游、农业旅游、春节旅游等新型旅游形式，无一不是因为人们观念变化而产生的。作为旅游经营者，必须认真研究消费者价值观念的变化及其基本趋向。

第二节　时尚、流行与旅游

时尚、流行与旅游之间存在着天然的密切的联系。

一、时尚、流行的概念及其特征

时尚与流行是同一事物的不可分割的两个方面。时尚是流行的的重要原因，而流行又是时尚形成的重要手段。具体地说，时尚是指一个时期内相当多的人对特定的趣味、语言、观念和行为等各种模型或标本的追求；是在大众内部产生的一种非常规的行为方式的流行现象。

时尚体现在语言上，表现为流行讲某句话或口头禅，例如：酷、帅、呆了、哇塞、人气、前卫等；在观念上，表现为流行某种思考角度和价值观念，例如绿色环保、健康是福；在行为上，表现为流行某种行动、趋向或习惯，例如春节旅游、上网等。

流行作为一特定的社会现象有着其本身的特征：

首先，流行必须是大量的、普及的——若只有少数人讲便不算流行。其次，流行必须是急剧变化的——流行在短时间内大量涌现，也在短时间内快速变化。变化的结果有两个：一个是消失无形；一个是固定下来，转变成固定的生活习惯，而把流行之位退让给其他事物。流行的第三个特征是有意识的、主动的——红眼症、感冒等流行疾病经常突然地大量出现，但我们不称之为流行现象，因为这不是我们有意识和主动去采纳的。只有我们有意识和主动去采纳的语言、行为或观念，才算是流行。流行的第四个特征是容易模仿的，有特征可循的——开劳斯莱斯车甚难流行，因绝大部分人买不起；写小说甚难流行，因为绝大部分人不懂得运用文字。但剪短发、穿露背装、唱流行歌曲可以流行，因为一般人容易学习、掌握、跟随。流行的第五个特征是公开的，广为传播的——你若发明了一种十分吸引人的玩具，亦必要公之于世（例如做电视广告），它才有机会流行起来。一首歌曲若非经常在电台播放，甚难迅速流行。没有公开的传播，就没有流行。

综合而言，流行现象的五个特征是：大量普及的、急促变化的、主动采纳的、易学易仿的、公开传播的。这五个特征都是一个高度消费化和高度信息化社会才能达到的条件。

时尚与流行是现代社会的一个突出现象，是现代社会产业化、信息化条件下的重要产物。它与现代社会大众的消费行为有着密切的关系。旅游作为一种现代社会的普遍的消费行为，和时尚、流行有着天然的、密切的联系。要想发展旅游业，就必须认真研究时尚、流行的形成、发展及其变化的规律。

二、时尚的心理机制

时尚的形成，经历了这么一个过程：标新立异——众人跟从——保守者从众。即少数人为显示自己有别于大众而领潮、创新；众多追求时髦的人跟从；保守者为不落后于大众而采取从众行为。

因此，对领潮者和赶潮者而言，时尚的意义是不同的。在赶潮者眼里，人们趋之若鹜的事物或行为是时尚；但在领潮者看来，这类事物或行为与其说是时尚，不如说是庸俗。具体说来，社会上层或想成为社会上层的人要树异于人，所以他们往往是最先采用尚未有人采用的新事物的领潮者；而社会下层或不甘再为社会下层者则要求同于胜过已者，所以他们往往是想方设法采用已有人采用的新事物的赶潮者。

树异于人，是时尚心理机制的一个方面。在当代社会中，富裕阶层也往往会使用炫耀甚至挥霍的消费手法，来显示自己的与众不同。以中国近10多年来先富起来的阶层即人们所说的大款为例，在事业成功的同时，他们也已明确产生了树异于人的要求。对有些人来说，能够显示自己与众不同的身份最简便的方法，就是比富。当然，对不同社会和文化背景的人来说，比的方面和方式是有所不同的。于是，人们打趣说，温州人比坟，广东人比楼，福建人比车，而北京人比的则是名牌。其实，对这些先富起来的中国大款来说，他们的这种明显带有炫耀性质的比富举动，有时竟是由内心深处的强烈的自卑感促成的。换句话说，炫耀性消费是他们纠正内心世界的倾斜或不平衡的一种补偿手段。

由于一种流行的时尚总是表现出其特定的珍贵性，表现出时尚参与者的某种殊荣和优越，它便为众人创造了一种无形的压力：如果不加入到时尚的行列，不仅在众人面前显示了自己对新鲜事物的麻木，而且还表现了自己在某些方面明显劣于他人。因此，当流行的时尚卷进越来越多的迎合者时，在公众中便产生了一种求同于人的心理需要。这是时尚的心理机制的另一个方面。时尚的始作俑者，多为社会上有地位、有影响、有经济基础的人物，而上有好者下必甚焉。因此，一种时尚便能在较短的时间内从上层社会蔓延、传播到一般大众。当人们在模仿自己心目中的各类明星时，总是希望自己能够获得所崇尚的某种高贵品质。帕雷金曾经说过，时尚是对个人尊严感觉不到满足时的一种补偿手段。人们只是通过这种补偿手段获得了一时的精神上的满足。比如，在中国，许多人都看到过甚至描写过那些普通百姓结婚时是如何为一套高档家俱及全套家用电器花尽了自己甚至包括父母的一生积蓄的。平时根本坐不上车的普通市民，迎亲时开上一长串车，不过是以一种可能引起人们注意的方式，对自己的自卑感给予一生一次的补偿罢了。他们的行为受着求同于人的心理支配，是对上层阶层日常炫耀的过度模仿。

三、时尚的诱发因素及其传播规律

一般地说，一种新的色彩、新的款式，常常会因为以下一些因素的诱发而很快在社会流行起来。

（1）重大事件的诱发。如在欧美，60年代初，随着苏联和美国的宇宙飞船上天，许多国家便开始流行所谓的宇宙色；1972年中国长沙马王堆汉墓出土，曾轰动世界，于是仿出土文物的丝绸图案和古铜色调，也在香港地区和世界许多国家流行一时。因而，敏锐地关注国内外政治、科技、文化、艺术等重大事件对消费心理的影响，是一个优秀企业家所不能忽略的修养。

（2）名人的诱发因素。“文革”中流行的国防绿，就起因于毛泽东在天安门接见红卫兵穿的绿军装。在一些西方国家，一任新总统或新总理上台，也常常会使这些人物喜爱的服装款式、食物品牌流行一时，人们纷纷效仿，趋之若鹜。这就是常说的名人效应。

（3）新闻媒体的诱发因素。新闻媒体的炒作报道，是诱发时尚的一个原因。

（4）文学艺术诱发因素。好的电视剧、文化作品等往往会引起广大受众的关注，其中的某些符合某种社会心理要求的因素，便有可能在众人的追捧下面流行开来，从而成为一种社会时尚。

（5）权威机构的预测的诱发因素。例如，国际流行色协会一般会提前18个月发布流行色卡，世界各地在实际季节的12个月前，以实际面料表现流行色，如召开展示会。实际季节的6个月前，流行色逐渐以服装的形式出现，在世界各地广泛举行服装展示会和时装表演，从而造成流行的势头。

从短暂的相对满足，到永久的绝对的不满足，这是时尚现象变动不足的心理之源。但构成这从满足到不满足的心理变化基础的，与其说是人类的求新、求异的本能，不如说是在时尚的领潮者与赶潮者之间展开的双边运动或曰心理互动。正是我们上面所说的既要求同于人，又要树异于人这样一对互为矛盾的心理动机，使得人们在社会生活中互相模仿、互相追逐、互相竞争，使得时尚的钟摆永无停息之日。一句话，人类心理欲求的矛盾性，决定了时尚现象的不稳定性和变动性。

从更广泛的意义上说，时尚尤其是现代时尚的变动不足，还受着诸多社会文化因素的影响和制约。

尽管现代社会的时尚千奇百怪、层出不穷，但具体分析起来我们仍可发现，时尚在其发生发展的过程中有以下一些基本规律。

（1）时尚发展与社会物质生产及文明程度成正比。在一个迅速变化的社会里，特别是在社会与经济生活的变革时期，或大量地受到外来文化的影响时期，时尚特别流行。这个时期的时尚以最快的速度反映着社会的现实状况，是新的社会规范和社会风俗形成的前驱。在我们1993年底所作的一项有关时尚现象的实证研究中发现，1992～1993年既是我国经济的大发展时期，同时也是我国社会各种时尚流行的鼎盛时期。

（2）时尚流行有着明显的时代特征。在不同的时代，社会的物质条件、人们的生活环境、科学文化、商品生产总是在不断地变化着的，而这些变化必然会引起人们在物质上和思想上不同的追求和向往。人们的爱好，会随着时代的推移和审美兴趣的转移而追求时代感。这说明流行、时尚是以人们在一定时代气氛中的心理为依据的，是社会发展必然性所决定的，而且总是与某一时代的社会观念相吻合，形象而又具体地反映出一个时代的审美倾向以及思想文化潜在的意识流。这种意识流受时代的制约不断变化。

（3）时尚流行有着深厚的社会心理基础。共同的社会心理决定了这种事物能否被接受，是否行得开。影响流行的重要心理因素是这种事物必须有特色，也就是事物的某些特性能受到群众的欢迎，其优越性非常突出，能满足人们在其他事物中得不到的几种需要，那么这种事物普及的速度就会加快。

（4）时尚的变迁有时呈现为周期性的循环往复状态。今天视为时尚的事物，明天或许就会被视为陈旧；而今天视为陈旧的事物，明天或许又会变成时尚。

（5）时尚的流行，常常体现为统计学上的常态曲线。这常态曲线有两个方面的具体涵义：①一个社会中时尚的始作俑者和极端注意者总是少数，而对时尚极端不注意或熟视无睹者也是少数。大多数人的行为往往是随着少数倡导者的行为而转移的。这几类人在社会成员中所占的比例，是一种与常态曲线十分近似的分布。早在1962年，美国学者E·M·罗杰斯在研究农业技术革命新事物在农村的普及情况时，对社会成员采用新事物的早晚程度的研究也得出了类似的结论。②时尚的流行也常常表现为一条近乎对称的常态曲线。按科尔曼的说法，时尚常常是缓慢地兴起，逐渐积累能量，然后发展到顶峰；势头逐渐衰落直至彻底消失。在时髦行为中有一条增长曲线和一条衰退曲线。由这两条曲线构成的这条常态曲线，就是一种时尚从出现到高峰再到衰亡的完整周期。具体说，这一条常态曲线包括了上升、高峰和下降三大阶段。

（6）在传统社会，时尚的流行遵循的基本上是所谓上行下效规律，即时尚的始作俑者或领潮者总是社会上有地位、有身份、有经济实力的人。但是，近代以来尤其是本世纪60年代以来，伴随着世界政治、社会、文化和经济生活的巨大变化，时尚传播过程中的下行上效现象也日益明显。像牛仔裤、男子长发、流行歌曲、迪斯科舞、黑皮夹克、超短裙和比基尼泳装，以及与黑话十分类似的大腕、大款等流行语的最初采用者就无一不是社会下层。

以前，群众所承受的对王公贵胄的仰慕、崇拜和模仿成为为主导时尚运行的心理机制。塔尔德、黎明等都曾贡献出深刻的见解。在名著《模仿率》中，塔尔德发现模仿律是理解一切社会现象和过程的自成一格的解释律。他认为模仿律还包括三个副律即下降律、几何级数律和先内后外律。下降律意味着上等阶层被下等阶层模仿；几何级数律意味着风尚和流言会迅速传播；而先内后外律则意味着群众更容易模仿自己文化的行为模式。而黎明的《群众》则被认为是团体心理学领域的杰作，它也是最早认真建构关于集体行为的综合观和动力观的卓越尝试。作为浸透贵族精神气质的法国医生，黎明对群众怀有一种很深的厌恶和恐惧。他认为群众易受感染和暗示，行为多变而冲动，他们可以此刻制造暴行，马上又迈向英雄主义；他们可以为某种事业牺牲自己，从而扮演殉道者的角色，也可能马上开始野蛮的行径。而群众的领袖，则依靠肯定、重复和感染的策略或伎俩，控制诱导和哄骗群众行为。

（7）时尚的流行常常会因传播的远广而失其本来面目。因为时尚的传播依靠人们的相互模仿，塔尔德的模仿律表明：模仿会因传递而改变原形。时尚的模仿也不例外。当时尚从时尚中心传播到社会大众的角角落落时，可能会面目全非。如后汉书所载：“城中好高髻，四方高一尺；城中好广眉，四方且半额；城中好大袖，四方好匹帛。”时尚的产生是始作俑者的功劳，但时尚一经产生之后，便会在一定程度脱离时尚倡导者的主观意志。

四、时尚与旅游

旅游业和时尚现象有着天然的密切联系。①旅游经营场所是传播时尚的重要场所和媒介。时尚在很大程度上是要表演给人看的。公园景点等游览地，饭店、娱乐场所、餐馆、旅游商店等旅游经营场所，作为社会大众的公共活动场所，当然就成了人们所喜欢去的处所，因为在这里有足够多“观众”。②经营时尚的商品、提供时尚的服务，是旅游企业提高经营效率的有力武器。如电视剧《宰相刘罗锅》在南京播出后，街头巷尾都在谈论刘罗锅，剧中有关广西地方官向皇帝进贡荔浦芋头的情节，使荔浦芋头家喻户晓，南京丁山美食城抓住时机，迅速派人到广西购买荔浦芋头，空运南京，投放市场，取得了良好的效果。③旅游企业本身就是一个引导、培育时尚的重要因素。旅游企业为吸引旅游者的到来，必然会千方百计地设计生产符合时尚要求的活动项目，无形中不知不觉地就成了一个时尚与流行的制造者。90年代初期，随着收入水平的提高，人们开始追求舒适的生活，对于洗澡这么一个老大难的问题，有人开始想到宾馆里去解决，因为在宾馆里洗澡，又方便又舒适。针对这种情况，不少城市的有些宾馆适时推出钟点房服务，受到了市民的欢迎，到宾馆洗澡因之渐渐成为一种时尚的行为，有些宾馆的客房出租率，甚至因此而提高了20%以上，取得了良好的效益。④从我国目前流行的几种消费导向看，都和旅游有着密切的关系。

以下是我国目前比较流行的几种消费导向：①度假、休闲导向。②健康、运动导向。③参与、娱乐导向。④自然、舒适导向。

第三节 社区文化与旅游

旅游作为一种文化产业，和社区文化有着密不可分的关系。

一、社区文化

社区文化是在特定的地域范围内，人们所创造、孕育形成的人文环境、行为模式和生活方式的总和。它对处在这一特定范围内的人们有着巨大的影响力。

旅游是一种以精神文化活动为主要内容的社会性活动。旅游业的发展应建立在满足游客的精神和文化需求的基础之上。早在1980年国际旅游组织在关于旅游的《马尼拉宣言》中曾这样指出：在旅游实践中，各种精神要素应先于各种技术和物质要素。从根本上看，精神要素有如下几个方面：①人的充分发展。②对教育的贡献不断增长。③各国人民命运平等。④尊重个人身份和尊严，实现个人解放。从旅游实践来看，许多旅游目的地的兴起，和当地社区文化的发展有着紧密的联系。

二、社区文化与旅游的关系

社区文化决定了社区居民的价值观念和消费行为，同时也对来自社区外面的游客产生深刻的影响。搞好社区文化建设对于旅游行业来说，有着非常重要的作用。其理由主要有以下几个方面：

（1）良好的社区形象是吸引旅游者的重要法宝，而建设社区文化则是塑造良好的社区形象的重要法宝。旅游目的地的企业，要参与全国乃至世界的市场竞争，靠单打独斗是不行的，必须同社区中的其他企业联合起来，塑造出一个良好的目的地形象，才能起到吸引游客的作用。社区文化恰好就是联合社区内各旅游企业的最佳结合点。社区文化作为城乡文明的重要标志，是社区内部各企业的共同特征及其吸引力的集中表现；是提高城乡知名度，塑造本地区的良好形象，参与国内、国际竞争的重要手段之一。

（2）社区居民的态度对旅游目的地和旅游企业的心理号召力会产生深刻的影响。热情好客的社区居民，向来被看成是旅游资源的重要组成部分。如果没有社区居民的支持和配合，要想搞好旅游企业的营销活动，几乎是不可能的。旅游企业可以通过对社区文化建设的参与，来获得社区居民的支持。

（3）体验社区文化是旅游者的重要活动内容。旅游企业的营销活动，如果能与地区性和地方性的节日相结合，不仅能使游客在娱乐和饮食等方面的体验更为多样化，也能为游客的整个假期增加兴奋感，并使人们对该旅游地产生良好的印象。

事实上，许多地方的大型节日活动，已成为吸引游客的一个非常重要的因素。如第十三届哈尔滨冰灯节，接待的国内旅游者总数达 267 万多人；第十五届洛阳的牡丹花会，短短 10 天接待的中外宾客达 170 万人次；1997 年番禺购物节，参加人数达 40 万人次。

庙会等传统的社区文化活动，在旅游活动过程中，也有着其不可缺少的重要作用。庙会文化占地势之利，有时间的深度，有广大群众的参加，是一种难得的立体文化。庙会文化把人与物、人与自然、现实与历史、娱乐与旅游、城市与农村紧紧地融和在一起。逛庙会的人能能够耳濡目染，各取所需，得到综合性的满足，所以它会倍受今人的喜爱与欢迎。庙会文化是民间艺术的制作工厂。一座有名的庙宇，加上它的庙会和庙会文化，就是一处最能吸引人的旅游地，是一处现成的历史博物馆，是对人们进行爱国主义教育和民族自尊心教育的场所。

国内成功的旅游目的地、度假区，几乎都把下述这样一些地区性的或本地的活动，包括到其总的活动时间表之中，如节日、主要的体育活动及手工艺美术、技术表演，并将这些活动与饭店内进行的活动穿插结合在一起。

（4）社区是旅游企业的不可忽视的客源地，旅游企业要想赢得社区客源，就必须积极参与社区文化建设，在社区内树立起良好的形象。一些销路甚佳的饭店的经理都认识到社区对饭店的态度对饭店经营能否成功有很大的影响。因此，他们积极参与社区文化建设，通过为社区做贡献，从本地市场赢得了相当份额的客源。为社区做贡献的形式可以是参加慈善基金的捐款运动，带头举办本社区的重大活动或节日庆祝，资助当地的社会组织、教堂或以开展专门活动为名的慈善机构。人们认为，这类社区活动可以扩大市场，因为饭店参加这类活动是在响应本地市场的需要。饭店人员的参与，显示了饭店意识到左邻右舍的存在，并履行了一集体公民为社区应尽的义务，参加这类社区活动在本地市场造成对饭店的积极态度。

总之，每一个人身处社会中，生活在一个特定的文化环境里，而且又是长期生活在一个社区里，无时无地不受社会文化或社区文化的影响。人们一般从幼年起就会受到周围文化的熏陶，并逐步建立起与该文化相一致的价值观念和行为准则。不同国家、地域，不同民族、种族，不同生态环境，不同经济发展水平，其文化传统与价值观念会有很大差异。因而，其旅游观念和旅游行为也不尽相同。

旅游业和时尚现象有着天然的密切联系。首先，旅游经营场所是传播时尚的重要场所和媒介；其次，经营时尚的商品、提供时尚的服务，是旅游企业提高经营效率的有力武器；再则，旅游企业本身就是一个引导、培育时尚的重要因素；还有，从我国目前流行的几个消费导向看，都和旅游有着密切的关系。

社区文化是在特定的地域范围内，人们所创造、孕育形成的人文环境、行为模式和生活方式的总和。它对处在这一特定范围内的人们有着巨大的影响力。社区文化建设与旅游有着多方面的密切关系，良好的社区形象是吸引旅游者的重要法宝；社区是旅游企业的不可忽视的客源地，旅游企业要想赢得社区客源，就必须积极参与社区文化建设，在社区内树立起良好的形象。

思考题：

1. 简述目前我国的社会大众对旅游的价值判断以及它对旅游业发展可能产生的影响。
2. 旅游企业如何利用时尚现象搞好企业经营？
3. 简论旅游业与社区文化建设之间的关系。

第四篇　旅游服务心理

第十一章　旅游饭店服务心理

旅游饭店是旅游业中的重要环节，也是在旅游活动中为旅游者服务的重要场所。旅游者在一定的旅游交通服务条件下，经历了一段时间的旅行，到达旅游目的地或中转地后，迫切需要解决住宿和饮食问题。旅游饭店要为他们提供相应的优质服务。旅游者对旅游饭店的住宿和餐饮服务有怎样的享受需要和心理活动？旅游饭店的经营、管理、设施、服务等和从业人员如何才能为旅游者提供最佳的服务？这些问题既是现代旅游饭店业需要研究和解决的，也是旅游心理学探索旅游饭店服务心理规律的一个重要课题。

第一节　旅游服务心理

一、旅游服务的涵义

旅游服务的基本涵义是：是以劳动的直接形式，即活动本身去满足旅游者享受需要的某种需求，是旅游业最重要产品。旅游服务不同于一般的服务，它是有形的物与无形的服务行为的综合体。一般说，旅游服务是服务人员通过各种设备、设施、方法、手段、途径和“热情好客”的种种表现形式，在为旅游者提供能够满足其生理和心理的物质和精神的享受需要过程中，创造一种和谐的气氛，产生一种精神的心理效应，从而触动旅客的感情，唤起旅客心理上的共鸣，使旅客在接受服务的过程中产生惬意、愉快之感，进而乐于交流、乐于消费的一种活动。

旅游服务主要是指旅游饭店服务、旅游餐饮服务、导游服务、旅游交通服务、娱乐服务、游客购物服务。在旅游者整个游程中，食、住、行、游、购、娱的消费过程中，游览是唱主角的中心环节，是旅游活动中最基本、最主要的内容；食、住、行、购、娱的五个环节是围绕游览活动展开的。这六个环节是有机衔接、紧密联系的，无论哪个环节出现意外情况，就会发生一系列的连锁反映。因此，旅游部门必须推动旅行社和旅游企业要在民航、铁路、公路、旅游饭店、餐馆、景点、旅游车船队、购物商店、娱乐场所等做好组织工作，要求他们开展优质服务，使游客游得尽兴、吃得有味、住得安稳、购得称心、行得安全、娱得开心，乘兴而来，满意而归。

二、旅游服务中的人际关系

旅游服务是双向的，其实质是人际关系。旅游服务中的人际关系，主要是指旅游部门和企业包括总经理在内的全体从业人员，尤其是基层接待人员和服务人员与旅客之间的关系。旅游服务人际关系的主体是服务人员，客体是广大旅游者。至于旅游效果如何，主要取决于服务中人际关系的主体。服务人员是代表旅游企业接待旅客的，处理好客我关系是所有旅游企业成败兴衰的根本问题。

（一）旅游服务中人际关系的特点

（1）是交往时间短暂。市场经济与旅游交通的迅速发展，使旅游者利用假期穿梭般地往返于各地观光游览，形成了旅游服务交往频率高、时间短的活跃局面。旅游者在一个目的地的逗留时间不会较长，一般只有1～3天，而其中大部分时间在市区或旅游景点观光游览或办理公务或经营贸易。尽管在饭店逗留比在其他服务点如餐饮等的时间较长，但客我交往接触的时间是较少的，相互沟通、熟悉了解的机会也极少。

（2）是不对等。旅客与服务人员之间接触通常是一种不对等和不平衡的过程，这意思是指这种接触过程中只有旅客对服务人员下达指令，提出要求，而不存在相反的可能。不对等和不平衡接触也表示服务人员必须服从和满足旅客的意愿，这样双方的人际关系就不可能对等。应该引起注意的是，有一些传统观念较深的服务人员，常常由于不能正确理解和处理这种不对等的关系而陷于自卑或逆反心理状态，会给饭店或其他旅游企业管理和服务质量造成消极影响，不利于旅游企业的声誉。

（3）有一定的限制。不论在饭店，还是在餐饮或其他旅游服务中，在一般情况下，服务人员与旅客的接触只限于旅客需要服务的地点和时间内，否则是一种打扰旅客的违反规定的行为。而且服务人员与旅客之间的接触只限于旅游服务项目，不能涉及个人关系，更不可能了解对方全部历史、家境等情况。

（二）旅游服务中服务人员与旅客既是平等关系，又不能“平起平坐”

在我们社会主义国家，人民之间是平等的，服务人员与旅客也是平等的。而且服务人员与旅客应该互相尊重，旅客不应该认为是有偿服务就看不起服务人员，服务人员也不应该怠慢客人。在旅游服务中，服务人员和旅客扮演着不同的社会角色。旅客有权利要求服务人员为自己提供服务；而服务人员有义务按照旅客的要求去为他们提供服务。只要旅客的要求是合理的、正当的，服务人员就无权拒绝客人的要求。从这个意义上，服务人员是不可能与旅客“平起平坐”的。

（三）心理定势在旅游服务交往中的作用

心理定势是由一定的心理活动所形成的准备状态，在旅游服务人际交往中，它起着定向和动力的作用。明显的心理定势是普通心理学中所研究的微观心理定势，如第一印象、晕轮效应等；还有一类是宏观心理定势，它已不是一种个体现象，而是一种群体现象，它反映的是群众的“共识”，是一定范围人群共有的、积淀深厚而广阔的认识倾向、情感倾向和行为倾向，如社会刻板印象、地域文化心理等。第一印象、晕轮效应、社会刻板印象均在前面章节有所论述，现简述地域文化心理如下。

由于不同地域的自然环境、政治、经济、历史等条件的不同，就形成了不同的地域文化。这种地域文化在人们心理活动中的反映，就是地理文化心理。它表现为以乡土观念（地域观念）为基础的亲缘心理，或以地域文化为基础的依从心理。一般说，亲缘心理是指人们对自己的故土、老乡特别有感情的一种心理。以地域文化为基础的依从心理，是指依从于地域文化价值的心理。各个地方的民俗风情，既是地域文化的重要内容，又是地域文化的重要特征。地域文化心理作为一种心理定势，总是不自觉地、固执地影响人们的心理和行为。我国改革开放以来，回祖国探亲的华侨、港澳台同胞旅游者，不仅人数较多，而且在祖国和他们的家乡投资或捐款作公益事业和教育事业也较多。我国沿海地区的旅游事业和经济文化建设发展快，与侨乡的历史、地理位置都有密切关系。地域越小，亲缘心理越强。异地遇同乡，有时关系超过同学；甚至一口乡音可在不相识的老乡那里得到帮助。因此，在旅游交往中，接待异地他乡的旅游者，若能用对方使用的语言接待，游客将会倍感亲切。

应该理解的是，以上各种心理定势是相互关联、相互影响的，并在多数情况下同时影响和制约着旅游服务交往的效果，其中影响最大的是第一印象。要时刻牢记：在旅游服务交往中，一定要给旅客留下良好的第一印象。

第二节 旅游饭店服务和一般心理

一、旅游饭店

旅游饭店的概念，从狭义来说，是旅游业提供旅游者主要住宿的处所，也是住宿行业中的一种企业类型；从广义来说，是包含旅店、旅馆、宾馆、酒店、度假村等的统称。旅游饭店是旅游者在旅游过程中中转地和目的地的下榻之处，他们视为自己临时的住所，“生活基地”或“家”。

20世纪50年代以来，随着旅游活动的发展，旅游饭店经历着深刻的变化，我国与世界多数国家纷纷新建了各种类型的旅游饭店以招徕游客。旅游饭店的规模既有豪华的星级宾馆、大酒店和大型饭店；有中、小型简易的旅店。旅游饭店的经营也逐步出现了跨国连锁的集团，还有委托著名星级饭店代为科学管理的大型宾馆。较多的旅游饭店，尤其是星级宾馆在为旅客服务项目方面不仅打破过去单纯的提供住宿；而且在供应餐饮，代客订机票、火车票，设立购物商店，提供导游服务，设立完美的娱乐设施（如舞厅、咖啡屋、卡拉OK等）、体育设施（如室内外游泳池、保龄球等）、保健设施（如健身房、桑拿浴等）、美容美发设施，提供会议场所、通讯设备和便利商务活动等各个方面的周到服务，出现了多功能、系列化的旅游饭店服务网。现代科学技术的发展，为大型旅游饭店设施创造了更为优越的条件，电脑的运用使旅游饭店经营管理进入了现代化科学管理行列。

现代旅游饭店业的经营者们面对激烈的竞争，越来越重视研究人的心理。主要重视研究旅客们的生理和心理的需求，作为本身企业经营策略和完善服务措施的主要的，甚至可以说是唯一的依据。谁能够为旅客想得更多，服务得更好，谁就能保证它的客源，并使其巩固和发展。

二、旅游饭店旅客的共同心理需求

旅游饭店接待的旅客是多方面的，他们存在着不同的国籍、种族、职业、年龄、性别和宗教信仰，也存在着个性的不同。旅客对旅游饭店的需求随着社会现代化的进程而越来越多，也越来越高。旅游饭店所接待的旅客除少量是专门常住旅客外，一般的旅游者的逗留时间都比较少。面对着接待旅客情况各异，个性、兴趣不同，需求复杂，经济条件不同，且流动变化着的旅客，研究和了解旅客的需求心理，创造“最令人舒适的住宿条件”是旅游饭店业的一项既艰巨，又必须认真完成的任务。

旅游者虽然有各种不同类型的人，他们下榻旅游饭店各有不同的心理需求，但是作为旅游者也有共同心理需求。一项调查研究表明，旅游者头脑中把理想的旅游饭店按其需求程度排列以下14个标准：洁净、安全、方便、舒适、静谧、优质接待、餐饮、景致、周围环境、客房服务、咨询、洗衣、旅游信息、委托代办服务的整体心理需求。毫无疑问，旅游者在选择旅游饭店时，不仅审视饭店设施、条件和服务质量，而且十分注意饭店的周围环境和饭店在目的地的位置、自然环境，进出方便与否，以及停车场、建筑、装潢、服务项目、娱乐活动项目等有形因素，并且涉及到端庄的形象、安全感、高效率、热情好客、别致独到、人际交往、舒适度等无形因素。一般的共同心理需求有以下几种。

（一）美好的期望心理

旅游者到达游览目的地，不论是自己选定的，或旅行社代为选定安排的旅游饭店，都是自己认为设施完善、条件舒适优越、有特点且向往的饭店，往往在想象中把它加以理想化。在旅游者的心目中，饭店已不再是满足其生理需要的栖身之地，他们期望有符合自己生活习惯的住宿环境，享受到各种热情礼貌而周到的服务项目。

（二）求方便

任何一个旅游者需要旅游目的地下榻的旅游饭店为自己提供各种方便。旅游者选定旅游饭店一般要考虑方便因素。如旅游饭店在旅游地区的地理位置是否便利活动？在交通来往上是否四通八达？接待、服务项目能否满足自己生活、娱乐和工作等方面的方便？是否有餐厅、商场、邮电通讯设施等配套服务？住宿手续是否简单方便？行李运送、问题解答是否快捷？"方便"是旅游者在旅游饭店时最基本的需求。旅游者作为旅客生活在旅游饭店内，处处感到方便，在心理上会感到安慰，产生愉快、舒适的情绪，会消除旅途和游览中的疲劳和种种不安。

（三）求安全保障心理

旅游是人们所期望的、有益于身心健康的活动，因而旅游者在旅途中希望能"一路平安"，顺利安全。人们在日常生活中都有安全心理，而对于旅游者在旅游过程中，面对人生地不熟的环境和个人非控制因素的增加，他们对安全的需求心理就变得更突出。旅游饭店满足旅游者对安全的需求，可保障旅游者在饭店中愉快安全地度过短期的旅游活动，缓解旅游者对下榻的旅游饭店的心理紧张感，产生平安保险的感觉。

（四）求受尊重的心理

旅游者来自不同的国家，不同的民族，他们希望受尊重，希望旅游饭店的所有人员对他们友好、欢迎、热情，对他们习俗、宗教信仰等尊重。他们希望服务员能尊重自己的人格，尊重自己对客房的使用权，尊重自己的意愿。

旅客进入旅游饭店要求尊重，要求对他们热情和关心，并不是存在社会地位、经济地位的不同。一个旅客生活在旅游饭店内，自尊心应该受到特别的关心和尽量的满足，因为这是任何旅客的权利，他们是来饭店享受宾客的待遇的。只有当旅客生活在饭店的友好热情的气氛中，自我尊重的需求得到满足，才能使所有的服务发挥效能。

（五）求清洁卫生心理

旅游者在外旅游，尤为关心下榻的旅游饭店的环境、设施、用具和食品等的清洁卫生状况。因为这对旅游者的身体健康，情绪的好坏，心境的舒畅是十分重要的，而且还与安全感联系在一起。因此，无论是五星级宾馆还是一般的中小型旅馆，其内外环境的清洁卫生都是旅游者十分关心和重视的。如果旅游饭店内外环境肮脏，老鼠骚扰，用具不消毒而且脏污，会使旅客感到焦虑不安，甚至产生厌恶、愤怒的情绪，要求立刻离开这一不清洁卫生的饭店，更换清洁的饭店。

（六）求安静舒适心理

旅游者经旅途和游览的劳累后而投宿旅游饭店，多数希望有一个安静舒适的住所，尤其是不少旅游者从一个旅游地转到另一旅游地的，更需要有较舒适的食宿条件，以减轻疲劳，得到很好的休息和调整，保证旅游活动有效地连续进行。旅游者需要休息或睡眠时，最讨厌噪音的干扰。他们要求下榻的旅游饭店不在闹市中心，客房有隔音设施以及服务工作的轻声化，有安静、舒适的休息条件，使旅游者的安静需求心理得到满足，心里感到平和、舒适。

（七）求公平合理心理

要求公平合理也是旅游者对旅游饭店的基本需求。只有当旅游者感觉到旅游饭店的接待、客房收费是公平的、合理的，才会在心理上达到平衡，认为不受歧视和欺骗。它和尊重的需求紧紧相连。公平既是相对的，也是通过比较产生的。这种比较存在于旅游饭店之间，也存在于人际关系之中。同类型的旅游饭店，收费标准的悬殊以及接待上的差异都会引起旅游者的比较。当旅游者下榻旅游饭店，因外表和财势上的不足受到冷遇，或在收费上感到吃亏上当，就会感到不公平、不合理。如果这种需求不能得到满足，会引起旅游者情绪激动，甚至要求投诉并到处宣传，这将直接影响这旅游饭店的声誉。

三、旅游饭店应接服务心理

为使旅游饭店各部门的服务工作增强主动性、必须“知己知彼”，深刻了解旅客的共同需求心理。心理学的原理认为，人的心理是客观现实的反映，由于旅客在旅游饭店内各种不同场合，在不同客观事物的刺激下，心理活动会有着不同的反映，有不同的需求，需求层次也是不尽相同的。应接工作是旅游饭店的重要环节，它给旅客树立第一印象十分显著。应接贯穿于旅游饭店各个部门，体现在服务的全过程。要使旅客走进旅游饭店，就能有一种魅力吸引他们，使他们感受到清新的、舒适的气氛，使旅客感到将开始享受最佳的服务，这就是作为开始接待旅客的应接服务应起的效果。应接服务必须认真做好以下的工作：

（一）内外环境美化

旅客刚到旅游饭店，直觉审视周围的环境，眼睛看到的是否美观雅致、清洁整齐；鼻子嗅到的空气是否清新，有无难闻的异味；耳朵一听，是否安静，或噪音扰人等，对旅游饭店的第一印象就从这时开始建立。它在时间上虽仅一瞬间，而作为记忆表象却可以保留很久。所以，旅游饭店都很重视内外环境美化对旅客的心理效应。尤其是建筑外观和门厅周围的内部的布置、装饰更重要，它不仅首当其冲，而且是旅客踏入办理住店手续和比较集中活动或休息的处所。我国80～90年代多数新建的旅游饭店，尤其是星级宾馆，都比较重视门厅和周围环境的美化，并考虑到民族特色，这是为了使旅客能有优美、洁净、富有特色的感觉映象，使它产生一种魅力以吸引旅客。这样也是一种无形的宣传，体现了旅游饭店的经营管理水平。

（二）重视仪表、仪容

旅游饭店所有工作人员和服务人员不仅应十分重视自己的头面的整容；服饰的整洁大方，具有识别性；而且要以亲切、自然的仪表、仪容去吸引旅客，使旅客感到殷勤得体，温暖可亲，获得信任感、亲近感。这样在全面服务中，有效地缩短了彼此间的感情距离。

（三）重视礼貌用语和语言美

语言是人们交流思想感情、沟通信息的媒介，是人际交往中不可缺少的工具。旅游饭店应接人员熟悉应用礼貌用语和用优美的语言表达直接影响着旅客的心理活动，使旅客感到得到尊重和关心，并在一个陌生的环境中从不安到感到欣慰。应接人员优美的语言表现在语气上是诚恳的、谦和的；语意是有礼貌的、确切的，清楚而简短；语音是动听的、悦耳的，在接待国内旅客尽可能用普通话，并能听懂各地方语言；而涉外的旅游饭店的应接人员应尽可能掌握多种外国语言，并应锻炼敏锐的听力。人的语言和思维有密切的联系，人的思想认识直接影响语言的内容和表达方式。旅游饭店的应接人员要具有较高的思想和文化修养，才可能在接待旅客中做到语言优美和注意礼貌用语，既得体又中听。决不可将旅客分成高低、以貌取人，以财待人，对待所谓“高贵的旅客”语言谦卑、低三下四，对待“一般旅客”冷言冷语，冷漠相对或出言不逊，这都有损于社会主义国家旅游饭店员工的职业道德，有损于饭店声誉，有损于国格和人格。

（四）熟练、高效的服务

旅游饭店各个部门的服务，都要求非常熟练、准确和高效。仪表和语言反映在态度上的亲切，必须和娴熟的服务技能紧密结合，才能使旅客产生良好的印象。即使是态度好，而服务技能生疏，工作效率很低，旅客同样会不满的。应接的各项服务的技能是要经过专业培训的。心理学认为通过练习而巩固下来的，接近自动化、完善化的动作方式称为技能。这就需要旅游饭店的领导人督促应接服务人员经常钻研和学习工作所需要的服务技能。应接服务体现一个旅游饭店的经营管理水平和服务规格，它必须使旅客感到方便、周到和亲切舒适。现代的旅游饭店，尤其是星级宾馆不仅要求服务人员以和谐的气氛，通过娴熟的服务技能，去高速高效地为旅客服务，而且还充分运用现代科学技术不断装备科学的服务设施。如电脑设备、电传通讯设备、行李运送专用设施等，创造了高质量的服务。

第三节　前厅服务心理

旅游饭店的前厅，包括门卫、迎送岗、行李运送、电话总机及饭店的枢纽——总服务台。前厅的预订客房，办理入住、离店登记手续服务，行李运送服务，迎送服务，电话和通讯服务，代订飞机票、车票服务等，都是旅游饭店为旅游者入住后提供最基本服务的支持服务，也是向旅客提供的前期服务工作。

一、旅客在前厅的一般需求心理

当旅游者进入旅游饭店的前厅有哪些心理需求呢？这是前厅服务心理必须研究的问题之一。

（一）期望受尊重、欢迎的心理

旅游者步入旅游饭店前厅中，期望受尊重、欢迎的需求心理特别强烈和敏感。他们期望自己是受欢迎的人，期望看到接待的服务人员的笑脸，听到的是礼貌友好的语言和热情的接待；期望尊重他们的人格、习俗或宗教信仰；期望尊重与他一起来的朋友；期望服务人员仔细回答自己所提的问题，耐心倾听他们的意见、要求，并提供他们所需要的全面性服务。

（二）求快速的需求心理

旅游者经过长途旅行到达旅游目的地或中转地，下榻旅游饭店主要为了解决休息和饮食，旅客这时对时间的知觉特别敏感，不希望在前厅逗留较长的时间，他们渴望办理入住登记手续快捷，及早拿到房号和钥匙，渴望自己的行李搬运平衡快速，要求前厅所有服务高效率。

（三）求知的需求心理

旅游者来自祖国各地或世界各国，初来乍到对旅游目的地的景观、风土人情、土特产、旅游纪念品都不大了解。他们踏入旅游饭店前厅具有好奇的求知心理。他们需要了解客房的分类、等级、价格；需要了解饭店餐厅供应哪些风味饮食与价格；需要了解饭店的其他娱乐、购物、保健等生活设施能提供什么服务；需要了解当地的风景名胜、人文古迹、特色商品供应商店、交通线路、饭店地理位置和周围环境等情况。因此，前厅总服务台应该要备有以上的一些有关资料供旅客参考。服务人员也要对这些情况了如指掌，随时准备应答，以满足旅客求知需求心理。

（四）求代办事项方便

旅游者在这人生地不熟的旅游目的地，希望前厅为他代办自己难以解决的或为自己省力的事，诸如订车票，订餐，供应出租车，代办通讯及外币兑换等多方面的方便服务。

二、前厅服务的心理因素

旅游饭店的前厅是一个综合性服务部门，服务项目多，服务时间长，住店的任何一位旅客都需要前厅提供服务。它对旅客的心理需求得失影响很大。

（一）提供优美的环境，努力给旅客留下美好的第一印象与最后印象

旅客住店，首先映入眼帘的是前厅的环境和布置；当旅客离开饭店时，最后留下的饭店形象也是前厅的形象，因此，前厅环境和布置关系到旅客第一与最后印象的建立。心理学的研究认为，人们对任何事物的“第一印象”与“最后印象”将深刻映在脑海中，影响以后对事物的评价。前厅的第一印象在时间上只是一瞬间，但旅客的记忆表象却可保留很长时间。他可能下次再来住店或口头宣传介绍别人来住宿。所以，前厅的环境是一种对旅客的“静态服务”，从布局、装饰、陈设等因素都构成一种对旅客产生心理影响的接待气氛。

前厅环境美化，要使旅客感觉到美观、清新、优雅、整洁而富有特色的和谐美。环境美应体现：意境美，意境是中国特有的美学范畴，强烈的地方和民族气息使人联想而印象深刻；装饰陈设美，装饰陈设宜采用观赏性大效果为好，因前厅人流频繁，来去匆匆，一般都不久留，旅客到此只须浏览一下，即可产生良好的印象，而装潢设计要着意创造一种宜人际交流的接待气氛；整体美，无论营造怎样的大厅意境，装饰陈设采用何种格调和具有何种的艺术特色，都应注意前厅整体美的和谐效果；并注意大厅的色彩的基调是明朗、热烈而且有吸引力；要注意庭园大片的绿化设施。

要合理布局，如停车场与前厅间距离不宜太远、邮电、通讯、外币兑换等服务项目都有醒目的标志牌，使旅客进入大厅一目了然，以适应和满足旅

客求方便、快捷的心理需求。

（二）重视前厅员工外表形象

前厅服务人员的外表形象主要是仪表美、仪容美，它与环境美应和谐辉映。仪表、仪容是人的精神面貌的外在体现，是给旅客良好印象的重要条件，因为旅客住店首先为其提供服务的是前厅工作人员，从门卫到大厅，总服务台和其他各服务项目的员工都应进入各自的“角色”，以自己自然礼貌、整洁大方的仪表、仪容和举止去吸引旅客，努力营造一种信赖和亲近感的心理效果，使旅客倍感温暖，留下深刻的初始和最终印象。

（三）培养员工语言美

旅游饭店前厅服务人员的语言直接影响旅客的心理活动，语言美恶可令人喜、也可招人厌甚至怒。前厅从门卫到大厅、从总服务台到电梯、电话服务人员都应主动热情地说好第一句话，使服务有一个良好的气氛、给旅客留下愉快、受尊重的感觉，为以后优质服务建立良好的基础。前厅员工的语言在内容上要简洁、准确、充实；在语气上要诚恳有礼；在语调上要清晰悦耳；在服务中要有：欢迎声、问候声、致谢声、道歉声（如对不起）、告别声；要杜绝“四语”：蔑视语、烦躁语、斗气语、否定语。

（四）积极培养和提高服务人员素质和服务技能

前厅服务项目繁多，而要使服务工作优化，首先要培养和提高他们的素质，调动工作积极性以及熟练掌握本岗位的服务技能。因为优质服务，有赖于全体服务人员积极而有效的工作，个人工作的成效受个人因素和环境因素的影响。就个人因素而言，主要是个人的素质，热爱本岗位工作，憧憬做好服务工作的积极意义和服务技能。如，总服务台服务员不仅要热情接待而且具有娴熟的验证技能、住房分配与登记技能、客流统计和财务计算技能、解答和征询技能、代办服务技能等。这些优质的服务，才能满足旅客方便、快捷的心理需求。

第四节　客房服务心理

客房是旅游饭店的主体部分，也是旅游者住店生活中的主要处所。现代旅游者心目中的旅游饭店客房不仅是满足消除身心疲劳的下榻之地。他们除了需要客房住宿进行舒适的休息外，有的利用客房接待亲友进行社交活动；有的在游览活动之余从事公务、商务等活动，举行小型集会；有的还在客房内就餐、就医养病；也有一对新伉俪结婚旅游或蜜月旅游暂作新房的，他们期望在饭店的一切基本需求都能在客房生活期间得到满足并受到热情的周到服务，获得物质和精神上的享受。

一、旅游者在客房的主要心理需求

（一）求休息好的心理

旅游者经过一定时间的飞机或车、船的旅途劳累，一般都已十分疲劳，尤其是坐长途汽车颠簸几个小时到达的更甚。他们一到旅游饭店就迫切希望马上进房间，洗个热水浴好好休息一下，以消除旅途的劳累，准备翌日有充沛的精力参加游览观光活动。他们期望客房能提供安眠好的诸种条件，如舒适的床铺，空调温度适宜，通风清新，灯光柔和，无其他干扰等。

（二）求彻底洁净的心理

旅游者在客房内生活要使用毛巾、浴巾、被褥和各种各样设备，尤其是卫生设备。由于旅游饭店的各种设备和用具是千人使、万人用的，很难说当中使用的人一点病都没有，可能有的旅客患有传染病。旅游者期望旅游饭店客房的用具是彻底洁净的，特别是容易传染疾病的设备、用具，他们希望能严格消毒，保证洁净卫生。旅游者对客房内直接与自己身体接触的各种用具特别敏感和小心，如浴缸、洗脸盆、床铺和被褥、抽水马桶、茶杯、拖鞋等，他们不希望外出旅游期间染上什么病，希望整个旅途都身心愉快、身体健康。

（三）求舒适的心理

出于享受的动机，旅游者在下塌旅游饭店时总希望和要求能住上一个安逸舒适的客房，有宽敞的房间，环境优雅美观，装饰布置典雅，有良好的柔和的灯光气氛，卧具柔软，各种生活用品齐备完好，空气清新，温度适宜，有洁净适体的卫生设施、高清晰的彩色电视、悦耳的音响，松软的地毯地面、视觉感受很好的墙壁，并有高雅的书画镜框等。希望从进房到退房不会发生任何物品短缺或服务不同的情况，希望服务人员极有修养、始终如一地进行优质服务。在这样舒适的双人客房内、两位旅客坐在柔软的沙发上，喝上一杯清香可口的绿茶，或打开音响听听音乐或舒舒服服睡一觉，旅游者会感到消除一切不适，精力更加充沛。

（四）求人身与财物安全保障

旅游者住进客房后，希望能保障他的人身和财物的安全，不希望自己的钱财丢失、被盗窃；不希望自己在饭店的一些隐秘被泄露出去；不希望发生火灾、地震等意外事故，万一出现火灾则希望服务人员能及时采取措施保障其人身安全。旅客还希望在自己喝醉酒、突然有病或出现危险时，服务人员能及时采取有力措施，保障旅客的人身安全，避免出现不幸事情。

（五）求便利的心理

旅游者外出旅游，旅游饭店的客房成为他们临时的“家”。他们需要服务人员提供各种方便的服务。衣服洗烫只要放在洗衣袋，有什么问题要打听一下，希望挂个电话给总服务台就能解决，一切像在家中一样便利。

（六）求客房宁静心理

旅游者在客房休息的时间往往不受生活节律的限制，有时安排半天游览、白天也可能在客房休息或从事写作和其他活动。他们希望客房宁静，没有干扰自己休息或打扰思绪的噪声，没有半夜里突然响起的电话铃声干扰，希望服务员来客房服务时轻手轻脚，轻言轻语。

（七）求尊重的心理

前面谈到旅游者视旅游饭店客房是他自己的临时的“家”，这时他的“反客为主”的心理，认为自己是这里的“主人”，因而他希望客房服务员尊重自己对客房的使用权；希望自己是受欢迎的临时主人，希望见到服务员热情的笑脸，尊重自己的意愿，满足自己的心理需求，满足自己的生活习俗，尊重自己的宗教信仰。

二、客房服务人员服务心理

（一）满足旅客求尊重的心理

尊重是人格的基本保证，有了尊重，才会有共同的语言，才会有感情上的相通。客房服务人员应充分重视对旅客的尊重。对不同地位、不同国家、不同肤色、不同民族、不同职业、不同性别、不同年龄的旅客都要一视同仁。

尊重旅客对客房的使用权。旅客一般认为，房间是我花钱租用的，这期间，我有使用权，我是房间的主人，如果谁要进入，应征得我的允许。而有的服务员认为自己是管理这些房间的，进房间打扫卫生或其他服务工作，用不着谁允许，就开门进去，这种行为，旅客是最恼火的，可见，尊重旅客对房间使用权十分重要。服务员进入客房服务，如旅客在房里，都应当轻轻用中指在门上敲三下；如房门半掩着，千万不要从门缝里往里瞧，这是不尊重旅客的极不礼貌的举动。

对旅客要使用尊称，使用礼貌用语。当客人从总台去客房时，服务员应在电梯口迎接，并微笑地问好，表示欢迎。同样，在平时迎面遇到旅客时应当主动向旅客问好并让道。在旅客要乘坐电梯时，要帮助揿电门候电梯上来。

要尊重旅客的不同生活习惯、习俗和不同的忌讳；尤其要尊重残疾或生理有缺陷的旅客，不要评头品足，更要细心照顾、处处为其提供便利。对有的旅客不慎损坏房内的设备或搞坏电视机，或抽烟烧坏床单的也要对其尊重，除向管理部门汇报外，需要索赔的应当礼貌地向旅客提出。

要尊重来访问旅客的亲友、客人。不少华侨、港澳、台湾同胞回来探亲，住在旅游饭店内，会有较多内地亲友来饭店探望，对他们应当热情招呼，礼貌地办好来访手续。一般应征得旅客本人同意，才能带他们进入旅客的房间，并增设椅子和送茶。对来访客人尊重，会使旅客高兴，认为是对他看得起。

（二）对旅客亲切

对旅客亲切，能消除旅客的陌生感、疏远感和不安情绪，缩短服务人员与旅客之间的距离，取得客我双方的理解和支持，使旅客感到似生活在自己家里一样的温暖和舒适。作为客房的服务人员要具备这样的心理，从内心热爱自己的工作，才能从面部表情和神态来达到。一般在顺利情况下容易做到，在遇到意外或个性较特殊的旅客，特别是服务人员本身处于逆境时，仍能保持亲切服务态度，就需要他依靠意志的努力，有意识控制和调节自己的情绪。

（三）细致周到

细致周到是客房服务优化的保证。对旅客行为的预测，把服务工作做在旅客开口之前，它依靠服务人员的细致心理品质，这是善于思索的结果，绝不是凭借小聪明或一时灵感能达到的。细致来自强烈的责任感及敏锐的观察力、记忆力和思维能力。旅客中间有无需要照顾民族习俗的？是否有病号需要照料的？客房中的家具、物品有无损坏？进出的人员是否有可疑现象？许多优秀服务员由于细致服务赢得荣誉。他们细心观察旅客的需求及周围动态，了解旅客生活规律。当旅客需要服药时发现温开水已倒好了；休息时发现窗帘已拉好了；拖鞋已给放好了，甚至有的旅客自己不知衣扣掉了服务人员主动为他缝上，这样的细致服务带来周到服务的效果。

（四）耐心

客房服务不仅在旅游淡季旅客不太多情况下优质服务；而且在旅游旺季、客流量大、工作十分繁忙时也能保持优质服务，这就要求服务人员具有耐心，以保持良好服务态度的持续性，有意识地控制和调节自己的情绪，注意耐心倾听旅客的意见，耐心处理在服务中出现的问题和可能出现的投诉；尤其是遇到爱挑剔的旅客更要耐心对待。

（五）主动

主动服务是指按照旅客住店的心理需求，在旅客尚未提出要求前，主动迎送、引路、让路；主动电梯服务；主动介绍服务项目，代客服务；主动照顾老弱病残、问寒问暖等。

（六）机敏

机敏是智力的特征，它表现在对事物的观察、分析、判断方面反应灵活，机智敏锐。客房服务不是单纯体力工作，它需要智力与体力的结合。智力上的机敏是以一定的文化和业务知识及熟练的服务技能为基础的。在客房服务中，服务人员需要反应灵活，机智果敢。耳聪目明是机敏的外在表现，要随时洞察周围可能发生的情况或异常的情况，迅速采取对策。尤其是出现了意外，如旅客失窃、病重，饭店发生火灾甚至当地发生地震灾难时，都需要当机立断，采取积极措施，让旅客不遭受危害。

三、客房服务人员的行为要求

（一）经常保持客房整洁

整齐、清洁、卫生是客房服务质量评价的起码标准。因为旅游饭店的客房是通过反复租于旅客而实现其价值的，所以保持整洁，严格卫生，不仅是旅客的基本要求，而且也是他们最挑剔、最讲究且在心理上产生安全感、舒服感的需求。客房服务人员要严格按饭店规定进行清扫整理，一般是旅客不在房内时进行。要做到窗明几净，地面、墙壁无灰、无污垢。茶具、用具、餐具，以及浴盆、马桶、面盆要严格消毒，床单、手巾、面巾、浴巾、脚垫巾必须每日更换，被套枕巾凡前客使用过的也要更换。每次整理客房后，努力保证各种设备、用具和生活用品的清洁、整齐、美观、舒适，每天都不能留下被消费过的痕迹。只有这样，旅客求整洁的心理才会得到极大的满足。

（二）保持宁静的气氛

客房环境保持宁静是使旅客休息、安睡好的重要因素。服务人员要严格控制各种设备发出的机械噪音，如浴缸放水声、马桶漏水声、空调机声、浴室排气声、窗帘启合声等。要消灭“四害”，尽量排除蚊、蝇、老鼠、蟑螂窜入客房的可能性。服务人员在准备清洁用具、打扫卫生时要轻手轻脚、轻言轻语。

（三）加强超常服务，提供延伸服务

旅游者对客房的一般功能性服务的提供往往反应不热烈，认为这是理所当然的服务，是最基本的、必须的服务。而他们对服务人员提供的超常服务及延伸服务却十分赞赏。因为额外的超常服务或延伸服务，超出一般旅游饭店客房的基本服务的范畴，增加了客房的价值，使该饭店的服务优于其他饭店并且新颖独特，给旅游者带来超值的心理享受。如客房提供用餐服务，小酒吧、洗衣、熨衣、擦皮鞋、小孩及宠物照看服务，商务秘书服务，健身服务等；再加上细致、周到的微小服务，如准确传达留言，按时叫醒客人，提供针线小包、信笺、墨水、笔、电话号码、电视节目单等外，注意寝前开灯、掩床角等细小服务；雨天提供借伞、发鞋套服务。这些看似小事，却在细微

之中见真情，体现了“服务至上，旅客第一”的原则，使客房服务的范围不断扩大，满足旅客的多种心理需求，给他们带来意外的喜悦和方便感。

另外，延伸服务的另方面是“静态接待服务”，客房提供的“接待产品”，如小块香皂、多泡浴液、洗发液、牙刷、牙膏、沐浴帽、摆在床头的小块巧克力及矿泉水、火柴、茶叶等。这些微小的“接待产品”向每位旅客提供了日常生活的方便，让他们更舒心。

第五节 餐厅服务心理

旅游饭店兼营餐厅现在已较普遍，以满足住店旅客用餐方便，大型的或星级宾馆都设有中西餐厅等。餐厅的经济收入在饭店的全部营业收入中占一定的比例。一般说，旅客可以任意选择自己合适的餐厅用膳，可以不在旅游饭店餐厅而到其他酒楼、菜馆去选择自己需要的当地特色菜点。怎样吸引旅客非常高兴地走进旅游饭店的餐厅，而又非常满意甚至带着留恋的心情离去？这就需要有相当的“魅力”，魅力的因素有很多方面反映了心理方面的问题，核心问题是对旅客心理的研究。

一、旅游者餐饮心理需求

当前我国社会主义经济发展，人民物质生活相当丰富，对旅游者来说，把在外餐饮作为旅游活动的重要一部分，不仅仅是为了充饥果腹，求美也已成为一种时尚。相当一部分人在旅游饭店餐厅用餐，已从单纯“填饱肚子”延伸至吃的特色风味，吃的幽雅环境，吃的祥和氛围。对于经济发达国家的旅游者更如此。

（一）求特色风味的餐饮

我国长期以来，由于饮食原料和主副食品的搭配都和各地的自然环境、文化、风俗、习惯、口味有关，形成不同风味的地方菜系和特色菜。旅游者不仅要自己选择品尝旅游地区的特色风味食品，而且希望旅游饭店餐厅为旅游者提供本地的特色风味美食，能吃到色、香、味、形皆佳的美味饮食，认为这是餐桌上表现的一种迎宾举动，从而感到旅游中的一大乐趣。例如，不少国外旅游者到北京旅游，首先就希望品尝到全聚德烤鸭。

（二）求幽雅、整洁的环境

人的各种感觉器官，唯以视觉为先，旅游者踏进餐厅首先入目的是餐厅的环境。他们希望餐饮的环境幽静、高雅、整洁卫生。在这样的环境中就餐能有益于松弛身心，消除疲劳，能惬意悠然地品尝当地的特色风味佳肴，能在赏心悦目中产生明净欢畅的情趣。

（三）求祥和的氛围

旅游者进入餐厅用餐，在感觉上希望餐饮场所温度适中，灯光柔和，陈设讲究，不仅整个餐厅形象悦目，而且服务人员仪表端庄，菜肴和餐具形象美观，配合协调，感到在餐厅进餐是一种很好的享受，并从中获得舒适感。

（四）求尊重的心理

谚语："宁喝顺心汤，不吃受气饭。"旅游者在旅游饭店餐厅中求尊重心理尤为显著。如在餐饮中遇到服务员不慎或怠慢，会感到饭未吃好气就吃饱了，再好的美食也会食之无味。旅游者希望在点菜中无论价格高低都应热情对待；尤其是信仰伊斯兰教的各少数民族，要求尊重他们的宗教信仰，提供清真菜肴或安排他们在清真餐厅用餐。

（五）求食品卫生的心理

"寒从脚下起，病从口中入"，旅游者到餐厅用餐求卫生的心理特别强烈。他们希望餐厅供应的饮食都新鲜、卫生，对餐具都经过了严格的消毒，餐厅环境干净，餐桌台布洁白。他们希望在此用餐不会染上肠道传染病或食物中毒。

（六）求知、求新奇的心理

不论是我国旅游者，还是外国旅游者在旅游活动中到餐厅用餐，都希望自己在尝试异国或异地的特色风味佳肴时，能了解一些有关这些特色佳肴或当地名菜名点方面的知识。例如一些外国旅游者到上海旅游时，在餐厅用餐可以品尝到粤菜、川菜、沪菜的不同地方菜系，因而他们希望了解这些不同菜系佳肴的特点，每个菜的名称、来历、烹饪方法等知识，以满足他们追新猎奇求知的心理需求。他们欣赏粤菜和其他菜系中富有艺术性的精美雕刻造型，不少旅游者还希望对这些精雕的造型拍照留念。

（七）求快的心理

旅游者对餐厅希望是高效率的，一进餐厅就能找到餐台，自己的点菜很快能品尝（但希望现烧、现炒的，不希望是大锅菜）。希望有秩序地按客人的先来后到供应饭菜。希望有什么要求时举一下手或做个微小动作，服务员就马上来到尽快满足自己的需求。用餐毕服务员能马上送来结帐单。如果餐后有活动安排，或要赶火车、飞机时，用餐能给予优先照顾。

二、餐厅服务的心理对策

旅游者进餐厅的主导动机是用餐，但他带着多种心理需求，而且也通过他的视觉、听觉、嗅觉对餐厅和其他刺激作出积极的反应，并伴随情绪的活动迅速地作出思维的分析，调节自己的意志行动。旅游者这一系列的心理活动，需要餐厅的经营管理者及从业人员在餐厅形象和服务方面，有针对性地采取一系列心理策略来赢得食客满意，并且赢得源源不断的客源。

（一）餐厅的形象高尚典雅，氛围祥和

旅游饭店内的餐厅，在外表上是与饭店一体的，饭店外部环境优美对餐厅增色不已。而它的内部形象和氛围，就首先受到旅游者注意。氛围有一种无形的特点。餐厅的祥和氛围是通过设施布置、环境的整洁和清静，以及可口的风味菜肴和服务人员的优质服务等因素融汇而成所渲染出的一种意境。它陶冶旅游者的情操，并使之感到愉悦。

餐厅内部的设施布置，从艺术设计构想、装饰用的材料、墙面上的书画或油画、天花板上的造型、灯饰、窗帘的色彩图案、地毯上的花纹、屏风的浮雕、彩绘、风格多样家具、形态古雅的陈设，到餐厅内的柔和的光线、照明、色调、音响、温度、一阵阵幽香，都体现了餐厅内部的形象美，以营造一种舒适、悠闲、幽雅的用餐环境，使旅游者在心理上有惬意感。

（二）供应有特色风味的、多样性和讲究色香味的饮食

心理学原理认为，凡是新鲜的、奇特的事物总是引人注目，激励着人们的兴趣。特色具有吸引作用。

我国烹饪历史悠久，烹饪技术可称世界一绝，我国饮食以色、香、味、形、器、名俱佳驰名中外。加之我国地广人众，各地的地方特色，如八大菜系，风味佳肴品种繁多。一个旅游地区的旅游饭店餐厅供应的饮食当然不可能包罗万象。而且在不少旅游地区，尤其是大中城市以供应京、粤、川等不同菜系的餐厅、酒楼林立，市场竞争十分激烈。不少旅游饭店的餐厅在菜肴品种上，提出了“人无我有、人有我新、人新我高（高质量）、人高我特（具有特色）”的经营方针，以特色和优质取胜。所谓“特色”，就是能供应本旅游地区的有特殊风味的名菜名点，因为这些有地方特色的名菜名点，其形象和声誉早已在人们的心理上有着一定的地位。许多国内外旅游者慕名而来，他们有一种期望的心理，认为到此定要一饱口福，品尝之后果然名不虚传，满足了他们的心理需求，情绪特别愉快并有不虚此行之感。这里必须讲究色、香、味，按照名菜名点要求的主副原料搭配，适当的调料和优秀厨师的烹饪技术，做到高质量，才能保持名菜名点的盛誉，使旅游者们不仅希望下次再来品尝，而且要广为传播。有的外国旅游者还要请厨师来桌前，当场表示敬意。

我国各省、市、自治区和港澳台地区有不同的菜系和风味菜点，每一种菜系和风味菜点都有成百上千个品种，就一个餐厅来说，根本不可能样样俱全的。但应该根据旅游者和消费对象的特点、市场需求的情况，在突出本地特色风味的饮食和讲究色、香、味的前提下，尽量使食品多样化，以适应旅游者多层次的心理需求。而且要形成自己餐厅的“看家菜”“拿手菜”，树立名店名菜的效应，真正体现“地方风味”的特色。

要注重餐具的形象美。美酒、美菜配上美观的酒具、餐具方能相映成趣。餐厅使用不同材质、形状、色彩、花纹的精美餐具，可把菜点衬托得更加美观、诱人，引人入餐。

（三）强化餐厅人员心理素质

旅游饭店的餐厅人员在从事服务工作中应该强化何种心理素质呢？取决于企业本身的特点和要求。从旅游心理学的角度讲，旅游饭店的餐厅同其他饮食业的酒楼、菜馆同样是一种商业性饮食营销企业，它接触面广，但交往短暂；而服务对象却又有不同，它是以旅游者为主要对象，旅游者川流不息，短期停留，大多是外来的或是外国来的陌生人；并且它和饭店配套服务，可以说“一荣俱荣”。餐厅人员首先要强化自己的职业素质，虽然服务工作是收款、销售、端菜、上饭、撤盘子、抹餐桌，这些服务是有价值的软形态饮食营销的职业实体，是连接餐厅与旅游者用餐的桥梁，对发展餐厅起着作用。另方面餐厅人员要充分认识自己所从事的社会职能，确立为旅游者着想的餐厅营销心理，从某种意义上是为餐厅本身着想。因为旅游者是旅游饭店餐厅赖以生存和发展的支柱。对餐厅人员来说，社会职业本身无高低贵贱之分，只有干好、干差之别。为旅游者用餐谋求方便、吃得心情舒畅，是餐厅人员服务工作宗旨和使命。在目前条件下，各个旅游饭店餐厅应该做到：客来我迎，客走我送，客停我问，客动我跟，客急我快，客慢我缓，客选我帮，客忧我排，客疑我释，客燥我静，客难我解，客争我劝，客对我歉，客错我揽。这是一种素质，一种修养。

餐厅人员面对来店用餐的旅游者应衣着整洁、仪表端庄、精神饱满、反应敏捷、动作迅速、彬彬有礼、面带微笑、谦虚恭敬、礼貌用语、语音温柔、领位恰当、上菜倒酒、服务周到，对来客视同家人，胜于家人。

（四）严格做好清洁卫生

旅游者身在异地到餐厅用餐十分注意饮食卫生，而且我国卫生防疫部门为保护人民健康，严格对饮食卫生进行监督。餐厅必须做好环境、食品、餐具等清洁卫生工作。

应随时注意环境卫生，保持地面清洁无污垢、杂物；走廊、墙壁、门窗、服务台、桌椅应光洁，灯光明亮无尘土；物品井然有序，空气清新无异味；无蚊蝇等害虫。客人用餐离店后应及时清理桌面，以保证后来客人用餐的环境卫生。

严格食品卫生，这是防止病从口入的重要环节。餐厅提供的饭菜点心不论生、熟都应是卫生安全的。特别是凉拌菜要用专用的消毒处理工具制作，防止生、熟、荤、素间的交叉污染，专用冰箱并配有紫外线消毒设备。

注意餐具的卫生，餐厅客人来自四面八方，他们用过的公用餐具、酒具难免污染上某些细菌或病毒。因此，餐厅必须有与营业相应的专门消毒设备和足够周转使用的餐具以保证件件消毒，或使用一次性餐具以满足客人卫生的需求。

按卫生操作规范提供服务。餐厅人员对于餐台布置，餐中的服务上菜、配菜、倒酒等，都应按卫生的操作规范提供服务。

家庭是人类历史上唯一从事两种社会生产的基本群体。人的一生大部分时间是在家庭中度过的，随着社会生产力的发展，人们的经济收入日益增长，社会活动也日益多样和频繁，使得人们有机会离家外出，探亲访友、商务考察、出差、度假和旅游等。他们在外时间大都需要借宿于旅游饭店。近年来，我国饭店业发展迅猛，据1998年不完全统计：全国共有旅游住宿设施约20万个，其中涉外饭店就有5782座，客房76.48万间；大城市尤为突出，单上海市就有饭店174家，其中星级宾馆有120家。随着国际旅游市场发展和激烈竞争，以及我国社会主义经济持续发展，对我国的饭店业，尤其是对旅游涉外饭店（星级宾馆）的各项管理工作提出了一个如何实现现代企业管理和深化改革的历史任务。很重要一个方面就是要探索旅游饭店管理中的社会心理因素，运用旅游心理学的研究成果去提高旅游饭店管理工作的科学水平。

思考题：

1. 旅游饭店旅客的共同心理需求有哪些？
2. 旅客对前厅有哪些需求心理？
3. 客房服务人员的服务心理和行为要求有哪些？
4. 餐饮服务的心理对策是什么？

第十二章　导游服务心理

实际上，随着现代旅游交通业、旅游饭店业的发展，旅游人数的增多，旅游者外出旅游已改变了从前那种吃、住、行、游由旅游者自己安排的辛苦旅游方式，而将旅游作为一种时尚，以追求享乐、享受生活为旅游的目标方式。也就是说，旅游者需要全方位的服务，只有能为其提供吃、住、行、游、购、娱一条龙系列化的综合服务部门——旅游社的服务，才能真正满足旅游者追求方便、享乐的旅游方式。导游是旅行社的代表，由旅行社组团的旅游消费活动主要通过导游来沟通实现。导游服务的对象为各种不同性质的旅游者，他们的经历、经济地位、生活水平、文化教养、兴趣爱好、个性特征等都各不相同，对于周围的事物也产生不同的心理状态。因此．在导游服务中不可回避心理学上的问题。如何使导游取得良好的服务成效？如何掌握旅行社服务的主动权？这就需要运用心理学的基本原理去研究旅游者心理活动的特点及其基本规律，探索导游服务中的心理策略，掌握导游服务的艺术技巧，提高导游服务工作的水平和质量。本章主要讨论导游服务中的一系列心理问题。

第一节　旅游者在旅行游览中的主要心理

要掌握导游服务的主动权，首先必须对旅游者在旅游活动全过程各个不同阶段中的心理和行为有所了解。

一、初人境时旅游者的心理

旅游者初入境，虽然反映多样、表情各异，但仔细观察不难发现其共同的心理特征。他们到异国他乡，觉得眼前的一切是那样的陌生、奇特、有趣而富有吸引力，想知道一切，可语言不通；想交结朋友却不懂当地的风俗习惯；既有兴奋、好奇、惊讶、欲探索新事物的迫切心情，又有因人地生疏、语言不通而产生的茫然、苦恼和不安，甚至产生恐惧感。此时，旅游者最急需解决的是如何消除陌生的心理状态以适应新的环境。导游若能提供真挚、热情、友好的接待欢迎和周到细致的关心和服务，定能使旅游者倍感亲切、一见如故，收到宾至如归的良好服务效果。例如，导游在旅游者一抵达时，向旅游者致“欢迎词”中要把旅行社的良好愿望和增进人民友谊的心情及中国人民好客的传统表现出来，给旅游者提供旅游目的地和旅行社服务人员的第一最佳印象和第一最佳服务；在旅游者出发去下一个旅游（地）点途中，全程导游应向旅游者全面概括地介绍下一个旅游地（点）的情况，激发旅游者欲先睹为快的强烈兴趣，为地方导游进一步介绍和导游做好心理上的铺垫工作。

二、旅游者在浏览过程中的主要心理

（一）好奇心理

旅游者出发之前，通过媒介宣传等途径已对旅游目的地产生了种种美好的想象，当旅游者到达旅游目的地进行参观游览，实现早以梦寐以求的欲望时，一种好奇的心理和激动交织在一起，形成一种无比兴奋的心情。旅游者面对各种见所未见、闻所未闻的新奇、古老、壮观而引人入胜的自然景色、文物古迹、现代建筑与娱乐设施时，会对该地不同的民族、语言、习俗、文化、民情等产生强烈的好奇、渴望的心理，驱使自己尽情地观赏。此时，怎样解答旅游者提出的各种问题，因势导游就成为做好导游工作的关键。旅游者一般具有先睹为快的强烈兴趣，而后才想知道根由。导游应满足旅游者的心理需要，简要介绍后让其尽情观赏，适当解答一些问题。若导游此时不了解旅游者的共同心理，只是热情的讲解，可能是吃力不讨好、事倍功半，甚至引起旅游者的厌烦心理。随着旅游活动的进一步展开，旅游者在情绪上逐渐地活跃、轻松，个性的表露有扩大的趋势。旅游者求新、求知、求奇的好奇心理，可能使他们向导游提出各种各样的问题和名目繁多的合理与不合理的要求和希望，平时健忘的人易丢三落四，平时活泼的人变得更随便，想了解中国的人提出的问题也更深更广。导游此时应善于把握旅游者心理上的变化，善于组织旅游活动，努力将其引入正确的轨道，掌握服务工作的主动权，有效地进行服务，满足旅游者的好奇心理。

旅游者的好奇心理在游览过程中表现为求新、求奇、求知。一般游览过程中种种新异刺激物如黄土高原的窑洞、南国的竹楼、山区的尖底背篓、中国的茶馆、西藏的雕房及少数民族特殊的服饰和风俗等都令旅游者产生莫大的兴趣。随着人们生活和文化水平的提高，抱有求知心理需求的旅游者越来越多，他们希望导游不仅提供生活上的帮助，而且可以在旅行游览中增长知识；对旅游景点的风物传奇、神话故事、古今诗文、匾额、楹联、碑刻等也很感兴趣，渴望详尽地了解知晓。当然在游览中除了好奇的心理支配外，最主要的是旅游者的审美心理。

（二）审美心理

一般在旅行游览中，旅游者的审美要求主要集中于旅游目的地的自然美和人文美。旅游者审美意识是旅游者思想感情和心理状态主动作用于审美对象而形成的，但随旅游者的不同具有差异。导游在为旅游者服务中应注意照顾其共同的审美情趣，了解旅游者在游览过程中的审美心理及其规律性，有意识地利用旅游者的审美意识，提供完美的导游服务。旅游者在游览中的审美心理涉及面广，这里仅从旅游者的审美动机来探讨游览过程中的审美心理。

1. 自然审美

现代社会的激烈竞争使人们产生焦虑、受挫、苦闷、忧郁、失望、冷漠等不良的情绪与心态，具有迫切需要防卫、逃避、自我调节的心理趋向，试图通过旅游活动在自然中寻求一种情感的净化和物质精神、心理上的放松满足感。人们崇尚自然、回归自然的心理需求在不断地增长。尽管人们外出旅游的动机不可能相同，但无疑都是为了追求美好的东西。从一定意义上说，旅游者的旅行游览活动是一种寻觅美、发现美、欣赏美、享受美的综合审美实践，其主要对象首先是包罗万象的大自然。旅游者在游览过程中的自然审美心理几乎贯穿于旅游活动的始终，是一种最普遍的现象。面对奇妙的自然万物，人类能够随兴所至，自由地构形绘影。如天空、山岳、江河、泉瀑、鸟兽……看了都让人觉得可喜可乐、心情轻松，使人顿生超凡脱俗之感。自然风景资源的形、光、音、色造就了自然旅游景观的形态美、光泽美、色彩美、音韵美；瞬息万变的佛光、云瀑布、海市蜃楼等变幻造景更为大自然增添了神秘美、变幻美。例如，苏东坡《饮湖上初晴后雨》对西湖的描写：“水光潋滟晴方好，山色空濛雨亦奇。欲把西湖比西子，浓妆淡抹总相宜。”中国山水素有南秀北雄、阳刚阴柔的美学风貌，加上中国古文化的丰富内涵和导游出神入化的深入引导讲解，可以引发旅游者丰富的联想，使旅游者在浏览过程中得到充分的审美心理满足和心情的愉悦。正如范仲淹在《岳阳楼记》中所述：“登斯楼也，则有心旷神怡，宠辱皆忘，把酒临风，其喜气洋洋者矣。”由此可见，美是可以感知的对象，当人们观赏美妙的景色时，心里总是洋溢着一种难以名状的喜。人们常常以对象引起的心理愉悦感来表达其美感。

自然旅游景观是大自然赐予的，但审美的主体是人，人是有个性，有情绪变化的。所以，审美是通过人心灵的透镜反射作用而形成美感的。旅游者也常常把自己的喜、怒、哀、乐寓于自然景观之中，产生移情作用。心理学上的“移情说”是 19 世纪后半叶由心理学家立普斯首先提出的。其实，我国古代也有类似的论断。如吴乔曾说：“情能移景，景也能移情。”明朝王夫之说：“景中生情，情中会景。”故曰：景者情之景，情者景之情也。在导游讲解中常用的“寓情于景，借景抒情，情景交融”其实就是“移情效应”的应用。

2. 人文与社会审美

自然景观突出其形式美，旅游者能直接感知。但人文和社会景观则为内容的美，若不了解其历史背景与神话传说等典故，则难窥其深层的美。如旅游者游览一座寺庙，看到的仅是具有民族风格和浓厚宗教色彩的古建筑，许多文物古迹仅是一块石头、一段碑文，甚至是一处古代的遗址、残骸。其形式简单，直觉印象十分乏味，不知其美在何处？导游人员此时若能出神入化地讲解，可令旅游者产生兴趣，形成良好的旅游氛围。如武汉的“古琴台”是游客必到之处，它只有一块碑文，讲述伯牙与钟子期的故事，看来毫无美感，但若导游人员把“知音”这个故事娓娓道出，就会发人遐想，回味无穷，使游客联想到中国的传统美德——讲究友情，是重情之邦。又如一美国旅游团在我国境内游览中，正遇河水上涨，团中一位老人不敢涉水，当地一位过路的年轻农民主动上前将她背过河，事后又谢绝老人给的钱。此举使全团游客大为感动，这位美国老人更是喜泪横流。所以，旅游者在游览过程中，除自然审美的满足外，还会鲜明地感受和评价旅游区域的社会美。这包括社会的产品，社会的风尚（道德、伦理、人情及民风等综合美），社会生活（生活环境、节日习俗、服饰打扮的有机整体美），社会制度甚至人的相貌等方面都可使旅游者在游览中获得社会的审美价值，以寻求一种心灵上的补偿和感情的升华。审美是社会发展的必然。先哲墨子说过：“食必常饱，然后求美；衣必常暖，然后求丽；居必常安，然后求乐。”现代社会人们的物质生活条件不断改善，对上述的意识、愿望更趋强烈。旅游可以满足其求美、求乐的心理需求。

3. 文化艺术审美

自然审美注重形式，社会人文审美注重内容，而文化艺术审美是内容与形式的完美统一。中国有着悠久的历史和灿烂的文化。中国的传统艺术美是许多国际旅游者所渴望目睹的，但只有在中国社会与文化氛围中才能亲身体验其意境。艺术是情感的结晶，艺术的美透入人们的心田使旅游者产生心灵的震憾。如陕西临潼秦始皇兵马俑被称为20世纪最壮观的考古发现，它向人们展示了中国古代雕塑军事艺术的辉煌成就。再如中国的绘画、戏剧、书法、园林艺术及民间的工艺美术、剪纸、刺绣、蜡染、竹编等工艺品都能激发起旅游者艺术审美的激情，然而，对艺术审美特别是对中国艺术审美，导游在其中起了重要的媒介作用。导游在引导旅游者特别是引导外国旅游者了解中国艺术美、了解中国传统的审美观方面可谓功不可量。如中国画讲究“意境”，即“景愈藏、境愈大；景愈显、境愈小”，如画竹，只在尺幅间寥寥数笔而尽收秋风萧瑟之寒。中国画呈现图、诗、书法、金石的综合美与西洋画重色彩和逼真不同。含蓄的意境是中国艺术品审美的重要尺度，也反映中华民族文化的背景特征。如艺术大师齐白石的画上只有几只虾，便令人感到满幅溢水，好像虾在清溪中游戏，表现了因“虚”得“实”、“虚实相生”和“超于像外”的艺术效果。不了解中国文化传统的旅游者只有借助导游服务人员的讲解帮助才能进行此艺术审美活动。

4. 饮食生活审美

在长期的生活实践中，人们追求美食美欲的需求最终使烹饪演化为一实用的生活艺术。这种艺术不仅是特定文明历史的见证，也是特定审美意识的沉积。我国的八大菜系虽风味各异，但都讲究色、香、味、形、器、名、意、趣等综合美的和谐，令南来北往的国内外旅游者尽饱口福，留连忘返，构成中国饮食文化旅游的魅力，使旅游者从中不仅获得生理上的满足，而且得到精神和心理上的审美愉悦。许多旅游者正是在“一饱口福”的审美心理动机下出游的。

实际上，人们外出旅游往往带有多重动机和目的，既想欣赏旅游地的自然风光美，又想体验文化艺术与社会生活美，还想品尝饮食的美。这里我们将游览活动中旅游者的审美动机硬性划为四类难免有些欠妥；对审美主体的旅游者来说，它们常是交融在一起的。因此，导游在安排组织旅游活动时应注意多样统一，以最大限度地满足旅游者在游览活动中的多重审美欲求与动机。所以，在游览活动中导游服务对游客的心理和行为的影响最为明显，二者关系十分密切。

三、旅游者离境时的心理

旅游者即将离境时会出现一种茫然和担心，在一定程度上产生不知所措的心理。旅游者即将出境，开始思念亲友和家乡；由于购买了许多物品，会担心行李超重及关税问题；出境前所剩人民币的兑换及与亲属联系等问题将会增多。而即将去另一地区的旅游者，则急于了解所去城市的基本情况和旅游活动的内容，关心各项有关的事项等等。在这一阶段，导游要给对方留有充足的时间去处理自己的事务，对于旅游者临行前提出的要求，如购物、交谈、访友等应尽可能地给予满足。

四、不同旅游者的心理特征

在旅游活动中由于旅行者来源于世界各地、他们存在着诸多差异，决定了不同旅行者的心理特征存在着较大的差异。

（一）不同旅行目的的旅游者

以观光为目的，导游安排时以观光为重点；回归故里、探亲访友的，应多留自由时间；专业团体的，可加入一些专业交流时间等。

（二）不同年龄、性别、职业、社会地位的旅游者

年长者易怀旧，喜见老朋友、观赏古董、游名胜古迹；年轻人喜欢新奇事物，对中国青年学生就业、恋爱婚姻方式感兴趣。

（三）不同国籍、民族文化背景的旅游者

英国人矜持，德国人严谨，美国人开朗，巴西人喜欢谈论足球、咖啡等。导游人员应通过学习了解不同旅游者的文化背景、风俗习惯及个性特征，掌握其心理特征，才能有针对性地为旅游者提供优质的导游服务。

第二节 导游服务心理

导游不仅代表旅行社引导旅游者参观游览，而且还担任吃、住、行、游、购、娱各方面的综合服务任务。导游服务涉及旅游活动的各个环节，是旅游综合服务的中心。导游服务不仅仅是指导参观游览，而且以沟通思想为主要工作方式。它肩负着传播文化科学知识，促进民间交往、国际交流、增进友谊的重任；为旅游者提供生活、交通的方便；沟通语言的交流；做好购物的参谋；满足旅游者在旅游活动中的各种生理和心理需要。因此，导游常被称为“非官方的最好大使”“友谊的建筑师”。导游是旅行社的支柱，旅游业的灵魂。探讨导游服务心理对做好导游服务，提高旅游服务的质量，发展旅游业都具有重要的意义。

一、导游的心理品质

世界各国旅游业对导游都有严格的要求。日本导游专家大道寺正子认为：“优秀的导游最重要的是他的人品和人格。他指出导游的基本条件是健康、整洁、礼貌、感情、笑容、毅力、胆大、勤奋、开朗、谦虚；具体条件是掌握丰富的知识、灵活地运用经验、理解游客的心理、掌握讲话的技巧。导游站在客人面前，要让客人看了就感到心满意足才行。我国的导游不仅是旅行社的从业人员，也是国家的主人与代表。导游除应具备高度的政治素质、健康的身体素质并精通导游业务外，还必须努力发展和培养其良好的心理素质。导游人员的心理状态就像无声的语言，时刻影响着旅游者的心理；其心理品质直接影响旅游消费行为。因此，导游应具有与其工作相适应的独特心理品质，以调节支配自己的心理活动和行为方式，更好地为旅游者服务。

（一）兴趣

导游的兴趣应该是广泛的。导游应在精通导游业务的基础上发展自己多方面的兴趣爱好。丰富的知识是导游的职业需要，而广泛的兴趣又是其入门的先导。上至天文、下至地理，中外的史地、政治、经济、文化、艺术、建筑、宗教、美学、民俗、法律、医药卫生等，即凡是旅游者想知道的，导游都应懂一点，最好有一定的深度，这样才能满足旅游者获得最大的精神享受。兴趣的狭窄将使导游服务工作受到限制，甚至不能适应工作的需要。

（二）性格

国外在选择导游时，特别重视的条件是个性品质，要求具有爱他人、爱同各种类型的人打交道的热情性格。做导游的人最好是多血质、外向型的人，永远精力充沛、情绪饱满、性情温和，既善于交际又能够节制热情的人。导游应克服性格结构中的消极因素，研究中华民族典型性格特征的优势，让游客看到的导游是中国的镜子，反映本国民族性格的优势，使旅游者一同他（她）接触就感到心情愉快。

（三）情感

情感是人对客观事物的一种好恶的心理倾向。导游面临复杂多变的客观事物如不同需求和个性的旅游者，引起导游不同的态度，产生不同的情感体验，导致不同的导游行为。导游强烈而积极的情感可推动导游服务，有益于旅游者的各种活动。健康积极而持久的情感品质，反映出导游人员具有高尚的道德感、正确的美感和理智感。

1. 道德感

表现于导游对自己祖国的自豪感、荣誉感；对导游工作崇高的使命感与责任感，进而发展为对旅游者的友谊感。以积极健康的动作、表情等情绪来有效地感染旅游者，激起他们强烈积极的心理体验，引发旅游者积极肯定的情绪，以产生良好的导游效果。

2. 美感

导游正确的美感应符合现阶段人们的审美及综合审美标准，适应旅游者对审美的一般心理需求与欲望。这不仅反映于仪表上，而且反映在对旅游客体审美的趋同性。在导游中既要照顾全团的共同审美情趣又要适当顾及个别的审美要求。导游可通过审美引发旅游者积极的情感体验。

3. 理智感

导游正确的理智感反映在导游具有钻研导游业务的求知欲和在导游服务中努力保持积极情感并控制自己消极情感的产生。对游客不合理的要求应以平静、耐心的态度以期旅游者的谅解，不应流露不耐烦的情绪或失去理智地与游人争吵。导游应努力把自己深厚积极的情感，稳固而持久地维持在为旅游者服务的行动上，给旅游者以愉快、肯定、积极的情感体验。

（四）意志

导游服务面临复杂的社会境况，而导游的个体因素与复杂的客观因素间常引起导游心理上的冲突。要正确解决各种心理冲突，服从导游服务目标，有赖于导游坚强的意志品质。它表现在导游意志活动中的自觉性、果断性、坚韧性和自制性。

（五）能力

导游必须具备解决各种矛盾的能力。导游服务要顺利完成，除应有广博的知识、熟练的业务技能外，还应具备观察、注意、记忆、想象、思维、判断能力、语言表达能力，组织交际能力和应变能力等。其中观察能力、注意能力、语言能力是导游最基本的能力品质。

1. 观察能力

导游应具备敏锐的观察能力，通过观察旅游者言谈举止、面部表情、神态变化来掌握旅游者的心理活动；准确地判断旅游者的需求与意图，了解旅游者的兴趣指向和气质特点；从中寻觅旅游者心理变化的线索脉络，采取相应的导游服务措施。一方面在旅游者还没有提出要求时，就给予帮助，使其心理满足；另一方面可迅速观察到某些旅游者无益激情爆发的预兆，及时采取措施，防患于未然。例如，导游的讲解方向对路，会吸引游客的注意力，表现出目不转睛、屏息倾听；反之则表现出不耐烦、东张西望。这时导游应随机应变地及时转换话题、景物，顺着游客的心思和意愿去引导游客。在参观游览中，导游需处处时时用敏锐的眼光去捕捉旅游者心态的外露痕迹，主动接受来自旅游者的体态语言所发出的信息，在无声的交流中掌握旅游者需要帮助的各个方面，灵活及时地满足其心理需要。如旅游者在游览中若看到与本国或本地区不同的风俗习惯时，都会好奇而自然地将视线转向导游，其表情、神态、体态在指示导游：请告诉我是怎么回事，期待导游的解答。这时，导游应主动地讲解、说明。导游若有机会阅读美国学者朱丽叶·法斯特（Julius Fast）所著的《体态语言》（“Body Language”）一书，将能更好地了解人体姿态的奥秘并更好地识别和了解体态语言的丰富内涵，有益于提高导游的观察力，根据旅游者的需求来恰当地导游。

2. 注意能力

导游在怀有强烈兴趣时能观察到许多细节，但观察时必须具有高度集中和稳定的注意力。导游的注意能力不仅要稳定，而且应尽量扩大注意的广度，即具备注意分配和注意迅速转移的能力。如当一位导游在风景区解说时，不仅要集中注意力于所讲解的景物上，而且要善于分配注意力于观察旅游者的情绪反应变化上。导游若注意力的转移不够迅速、灵活，也不易很好地连接导游活动的各个环节。当活动内容转变时，将影响导游服务的效率与质量。

3. 表达能力

导游的表达能力是指导游与旅游者打交道时运用语言、表情、行为等传递信息的能力。导游良好的语言表达能力有助于创造和谐的旅游气氛，促进旅游者的消费行为，满足其心理需求。导游服务的过程中对旅游者的语言服务占了很大比例，导游的主要心理品质也可从导游的言语中表现出来。因此，具备良好的语言表达能力是做好导游服务的关键。导游的语言表达应力求：文明、准确、完善、精炼、清晰、真挚和善、生动幽默、灵活。导游文明礼貌、友善优美的语言可引发旅游者内心的好感；简洁准确、真挚中肯的语言能增强旅游者的信任感；富于感情色彩、生动活泼而幽默风趣的语言能激发旅游者的兴趣，使其产生愉快的情绪体验，适应对象、灵活多变的、有针对性的导游服务语言给旅游者以亲切感，从而获得心理上的满足。另外，导游的行为表达能力也是导游服务中重要的一环，行为表达是无声的，常常可以通过导游的举止、态度、表情等来表达。在举手示意到引领参观中向旅游者表达自己的友好、自信、乐观、开朗和善于处理问题、理解旅游者的能力。导游在语言、行为等方面良好的表达能力也是必备的心理品质。

二、导游服务中的主要心理策略

导游服务既是一种功能性服务，更是一种心理性服务。为满足旅游者在旅游中的各种心理需求，导游服务应注意把握旅游者的心理规律，利用一些心理策略完善导游服务。

（一）因势利导，灵活导游

“因势”就是要承认、尊重、顺应和利用旅游者追求心理和谐这一趋势；“利导”就是对游者的行为施加影响，使旅游者采取合乎规则的行为，即导游中努力使旅游者生理和心理需要得到合理的满足，为旅游者的内心压力寻找一条合理的释放路径。注意以理服人、以情感人相结合。为因势利导地做好导游服务，导游应学会掌握：压抑与宣泄、对象的转移、相反的行为、逃避反应、合理化、补偿、升华和倒退、幽默感等几种心理学上最重要的和基本的防卫机制并灵活应用于导游服务之中去。

（二）导游中必须注意生理因素对旅客行为的影响

心理学的研究表明，生理条件的差异对人的心理和行为的个别差异起着重要作用。导游必须注意这一因素，导游安排旅游活动的节奏与导游语言的强弱，快慢应与旅游者的生理条件相适应。节奏太慢，精力旺盛者不能得到满足，节奏太快，体力较弱者会感到吃力，得不到照顾会产生情绪波动，从而影响其意志行动。为此导游组织旅游时应十分重视生理因素对旅游者行为的影响。

（三）树立美好的第一印象与最终印象

迎客和送客是导游工作的开端与终端，给游客的第一印象与最终印象对游客在心理上的影响是重大的。第一印象的好坏常常构成人们的心理定势，不知不觉地成为判断一个人的依据，特别是短期相遇，导游在与旅游者的初次接触中，能否显示自己的语言能力，展示自己对社会和旅游地知识的了解，对他们的容忍和个人的魅力就成为在迎接服务中提供优质服务的首要条件。

旅游者到达旅游目的地首次接触导游，导游给旅游者留下的第一印象常会左右旅游者在以后旅游活动中的判断与认识。美好的第一印象将为导游以后工作的顺利展开铺平道路。因此，导游从机场、车站第一次接触旅游者起就必须注意自己的形象要美观大方，态度要热情友好充满自信，办事要稳重干练。不仅要注意外表的形象和态度对旅游者心理的影响，而且要以周密的工作安排、良好的工作效率给旅游者留下美好的第一印象。从机场到饭店的交通工具、行李运送、住房安排、饮食调理到书面的导游材料的提供，都要做好妥善的安排，迅速地满足旅游者的需求，消除旅游者初到异地时的疑虑和茫然感，增强其安全感和信任感，这是导游服务工作成功的良好开端，也为以后接待服务工作中遇到问题时容易成功圆满地处理问题，奠定了一定的感情基础。当然，导游在迎客之前做好心理预测和接待服务的准备将有利于树立良好的第一印象。导游的欢迎辞是服务的“序幕”，给游客的第一印象。导游在接客前若能记住客人的特征、姓名，迎客时就能叫出其名也有利于获得游客的好感。同第一印象一样，导游留给旅游者的最终印象也非常重要。若导游给游客的最终印象不好，就可能导致前功尽弃的不良后果。一个游程下来，作为导游感到已很疲惫，但仍应保持精力充沛的外表。这一点常令旅游者对整个游程抱肯定和欣赏的看法，能起到很大的心理作用。同时导游要针对旅游者此时开始想家的心理特点，提供周到服务，不厌其烦地帮助他们选购物品，真诚地请他们代为问候亲人。对服务中不尽人意之处要诚恳检查，广泛征求意见和改进建议，代表旅行社祝他们一路平安。导游此时以诚相待是博取旅游者好感的最佳策略。在仪表方面要与迎客时一样，送别时要行注目礼并挥手示意，一定要等飞机起飞、火车启动、轮船驶离后方可离开。良好的最终印象能使旅游者对即将离开的旅游地（导游）产生强烈的恋恋不舍的心情，从而激起再游的动机，回去后可起良好的宣传作用。

（四）运用眼神的魅力，进行微笑服务

眼睛是心灵的窗户，炯炯有神的眼睛能拨动人们的心弦，奏出令人身心愉快的乐章。导游服务中应充分运用眼神的魅力。导游若将和蔼的目光在接团时扫向每一位客人，当客人感到你的目光，就感到受到了尊重，便情不自禁地对导游产生好感。如何正确地运用眼神的魅力？德国哈拉尔德·巴特尔在其《合格导游》书中指出，导游应努力做到在自己的视野中虽有旅游者的眼睛但不仅仅是看着他的眼睛，更不能盯着对方的眼睛。导游的目光应该是开诚布公的、对人表示关切的，是一种从中可以看出谅解和诚意的目光。这种目光表明交谈者愿意理解对方的愿望。在导游的视野里，如果不能看到旅游者的全身，就不应只看对象的某一点而要看对方的头部及上身。这样做之所以重要是因为不如此就无法看到对方的表情、姿势和整个态度。从谈话的旅游者表情和姿态中，我们可以了解更多的东西，甚至比语言中了解的还要多。

在眼神的运用中，微笑的眼神在导游服务中应时时体现。微笑使人感到真诚、亲切温暖、舒服宽慰，是人际交往中友谊的象征。心理学的研究告诉人们：真诚的笑、善意的笑、愉快的笑能产生感染力，刺激对方的感官，产生报答效应，引起共鸣。所以，导游的微笑最能博得旅游者的好感而产生心理动力。导游真诚愉快的微笑是欢迎词，是伸出的友谊之手，是尊重对方的示意，是架起和谐情感交流的桥梁，是美的化身。笑是心理上情绪的反应。导游的微笑服务能使旅游者迅速消除生疏感，缩短同导游间的距离，犹如回到家里受到亲人的接待。微笑还是自信的象征，使人产生力量，起到镇定作用。有经验的导游深知微笑服务对旅游者的巨大魅力，尽管生活工作中遇到困难，难免产生怨气而情绪低落，但在旅游者面前，他们总是保持笑容，令旅游者心旷神怡，不胜愉快。因为笑是“被人喜爱的秘诀”，导游服务成功的心理秘诀之一就是“微笑服务”“笑迎宾客”。

（五）利用兴趣特点和AIDA原则组织导游活动

兴趣是人们力求认识某种事物或活动的心理倾向，具有能动的特点。从兴趣的程度来说，可以增加也可以减弱。从内容来说，它可以随时转移，由某种兴趣转到另一种兴趣或因外界事物的刺激产生一种新的兴趣。兴趣的能动性特点为导游服务工作增加了能动性。导游如何使旅游者对活动的内容由不感兴趣或兴趣不高转为有兴趣并逐渐增加兴趣的强度？如何保持兴趣的稳定和持久？如何防止兴趣的突然消失？导游如何利用兴趣的能动性特点处理一些问题？下面是AIDA原则的利用。

AIDA 是西方商业界进行市场推销的原则，它简明地反映了从认识到行动的行为模式。AIDA 由吸引力（attraction）、兴趣（interest）、行动的愿望（desire to act）、行为（action）四个英文单词词首的字母构成。西方旅游界吸取其合理内涵应用于旅游接待工作，导游服务中若运用得当也能取得较好的效果。如因某种原因导游不得不改变已商定的日程计划，其中涉及改换旅游者感兴趣的参观项目。导游在解释改变日程的原因时，提出替换的参观项目并加以有声有色的详细介绍，使新项目对旅游者产生吸引力（A），引导旅游者兴趣的转移（I），产生观看新项目的愿望（D），从而同意导游改变日程接受新安排（A）。这个例子说明导游若有目的、有针对性地利用旅游者兴趣能动性的特点和其行为模式，将容易达到自己预期的目标，组织好导游活动。

一般情况旅游者是怀着浓厚的兴趣、激动好奇的心理参加旅游活动的。它为导游服务提供了良好的前提，问题是如何进一步激发，使原有的兴趣巩固并得到发展，使旅游者乘兴而来，尽兴而归。这就要求导游在服务中应用一些激励因素激发旅游者的兴趣。如可利用直观形象和借助于导游语言这两种激励因素。直观形象新鲜、悦目、奇特，可以引起人们的直接兴趣。有的科学家认为：直观兴趣与脑内以化学物质支配的“好感机构”有关。导游可以利用自然景物、历史古迹等作为激发旅游者直观兴趣的激励因素，同时避免直观形象的重复单调感而造成兴趣索然。如我国园林寺庙众多，所到之处内容重复也多，直观兴趣就难以持久。此时，导游若能借助于语言这一激励因素，生动阐述其中的奇妙之处，又能重新激发起游客的兴趣，并使原有的兴趣得到巩固与发展。这时，旅游者会将兴趣转向探索其中的差异之奥妙，保持游兴的持续性。它将有利于组织导游。

（六）正确使用导游语言，充分发挥其深入人心的感染力

导游服务不仅在于充分依靠和发挥旅游资源本身固有的作用以调动游客的直观兴趣，更重要的是如何借助语言的工具去组织诱发游客的自觉兴趣。它可以引起人们丰富的联想并伴随思维活动，加深对事物的认识与理解，维持产生的自觉兴趣。在前面我们提到旅游者主要的审美动机是观赏自然美、人文美。但多数旅游者因人地生疏、语言不通，没有导游的服务讲解很难得到审美上的心理满足。导游服务就是要把景点的美扩散给旅游者，由于导游的语言让旅游者通过联想、移情、欣赏等心理活动，使外界美的景观变成旅游者美的享受，使旅游者获得生理和心理上的满足。

语言是导游服务中的重要工具和手段，它对激发游客的兴趣起着关键作用。心理学的原理指出，语言的重要职能是作为思想交流的手段或交际的方式。一切思想的交流首先是施影响于交谈者，影响其意识、动机系统及情绪

范围、价值观和其定势。交际活动的心理内容依赖于我们要预计改变的是哪一方面而有所不同。①是传授新知识；②是改变动机系统或改变价值（信念）；③是直接激发行动。根据以上原理，导游应如何充分运用语言施加影响于旅游者，从而激发其游兴，是值得探讨的问题。导游的语言受旅游业性质与其特定任务、对象和条件的影响制约而构成专业化的特色——导游语言。导游语言是科学性、知识性、生动性、针对性、艺术性的融合而构成特殊的魅力。可以从多方面调动旅游者的注意力，正确地使用导游语言可以发挥其深入人心的感染力，使旅游者产生美好的记忆。

导游的语言要满足正确、清楚、生动、幽默等方面的要求。具体表现如下。

1. 友好的语言

①言之友好。导游是“友谊的建筑师”，在语言的用词、声调、表情上都应表现出友好的感情。如，“认识大家我很高兴”。友好的语言起着温暖旅游者身心的作用，尤对远离家乡的旅游者更是具有亲切感，有缩短互相的心理距离而强化服务效果。②言之有礼，友好感情的表现形式是礼貌。“礼”实际上是“自谦而尊人”，多用敬语、礼貌语可令人心情舒畅。在失礼时说声“对不起”表达了导游谦虚而勇于纠正错误的美德，使旅游者有通情达理之感。导游中的许多纠纷因礼貌的语言而得以顺利解决。

2. 美的语言

导游的语言在用词声调和表情等方面应讲究语言艺术，给人以美的享受，使游者产生美的移情。

①言之悦人。著名哲学家、文学家车尔尼雪夫斯基说：“美感的主要特征是一种赏心悦目的快感。”能使旅游者赏心悦目、产生心理快感的语言就是美的导游语言。如不说旅游者避讳的事，当旅游者提出一些办不到的要求时，也应用婉转或幽默的语言加以扭转和修饰，不说“No”，而说：“Let me try”，就是一种很好的心理策略。②言之畅达。它是清楚表达旅游目的必需的要素。流畅的导游语言反映在用词得当，语法正确，语音语调传情三个方面的良好协同。③言之文雅。礼貌是文雅的属性之一，善良是文雅的内涵之一。恭敬他人才能出言文雅，文雅是一种正规的语言，故有“雅言”之说。导游“雅”的语言正是以上几方面的体现。

3. 科学的语言

科学的语言是实事求是的，反映在：①言之有据。导游讲解的内容要有根有据，实事求是，即使是传说、神话等虚构的“事实”也要有所出处，导游的语言要经得起旅游者的推敲。②言之有物。指导游的语言必须具有丰富的内容并合乎科学，语言应准确、严谨，具有严密的逻辑性，而不应仅仅使用漂亮的词藻却无充实的内容。如导游到某风景点不能仅仅说“多美啊”而要调动旅游者的注意力，用生动、充实、形象的语言作引导讲解，将旅游者引入审美境界，使其得到切身的美的感受。当然，导游语言的科学性越强，越能引起对方的注意，满足其求知欲而受到旅游者的称赞。如一位外国游客曾这样赞扬我国的一位导游:“她使我们这些对中国及中国文化不了解的人了解了并爱上了中国及中国文化。这位女士没有首饰、没有珠宝，但她在精神上和知识上比表面上珠光宝气但满腹空空的妇女更富有。”由此可见，言之有物的科学性的导游语言能更好地满足游客的兴趣。③言之有理。导游不仅要讲出事实根据，而且要根据事实内容善于分析，讲出道理令人信服。常言道：“以理服人更服人。”若与旅游者冲突要坚持和颜悦色地以理服人，一时讲不通可求同存异。

4. 生动活泼的语言

前面讲友好的、美的、诚实科学的语言侧重于语言的内容兼表达形式，而生动活泼的语言则侧重于语言的表达形式兼内容。当然，英国美学家奥斯本说得好：形式与内容不能相互排斥，因为缺这方就不存在那方，抽象化足以扼杀双方。如果导游的语言是平淡或背书式的呆板、枯燥单调，甚至是生硬的，旅游者听起来索然无味，必然在心理上产生厌烦的情绪。因此，导游的语言必须形象生动、饶有趣味、发人深醒，才能起到引人入胜的作用。发挥语言的感染力，它表现于：①言之深刻。在导游语言中可多运用设问、比喻、排比等修辞手法，恰当地使用旅游者所熟悉的谚语、俗语、俚语、格言、典故等。因为浓厚的地方色彩会给旅游者以真实感、亲切感。它不仅增加语言的生动性，而且可起到言简意赅的作用。②言之生动。在古今中外的知识宝库中，有许多成语、典故、神话、寓言、谚语、诗歌、故事及富有哲理性的语言等都具有生动性的特点，导游可以从中吸取丰富的营养，令语言生动。导游的语言与情景交融活跃了观赏气氛，激发起浓厚的兴趣。导游从游客中也可学习生动的语言。如一位美国客人说：“中国如此广大美丽，再好的相机、再多的胶卷也不会够用。我认为最好的照相机是自己的一双明快的眼睛，用不完的胶卷是自己的头脑，只有它们才能从这儿带走真正完美的记忆。”一位导游在遇到照相入迷的旅游者拖延团队的时间安排时，引用了这段生动而富有诗意的语言而收到了良好的效果。导游语言的生动性还表现在讲解时的手势、动作、表情等方面应配合和谐一致，以引起旅游者的注意力。③言之幽默。在导游服务中遇到不愉快的情况，幽默可以缓解窘境，甚至可以“化干戈为玉帛”；当情况危急、人心浮动时，幽默可以稳定情绪；当人际关系产生龃龉，幽默有“相逢一笑泯恩仇”之效；遇沮丧哀怨之事，幽默又有“破涕为笑”之功。幽默是生活中的智慧之光，是人际交往中的调味料与润滑剂，能使交往关系和谐、自然、轻松有趣。幽默的语言大都含蓄诙谐，引人发笑，意味深长。旅游者出游的动机是寻求乐趣。导游幽默的语言使游容松弛情绪，身心愉快。如下大雨飞机不能按时起飞，导游说“人不留客天留客，天公舍不得远方的来客走啊!”英语导游说:“Fail to plan,plan to fail.”英国心理学家麦独孤(W.McDougall,1871～1938年)认为,幽默是人的一种本能,这种本能使人以快乐的态度处理事情,即使在失意的时候也能自慰,一笑了之。旅游者愉快的笑是一种增力的情绪体验,有益于身心健康并从中得到心理满足。

（七）根据客人的背景及个性特点有针对性地导游

旅游者来自世界各地，其背景必然造成不同的旅游心态。导游服务应针对性地因人、因地制宜的灵活进行。

（1）根据不同国家的民族习惯和风格导游。每个国家和民族都有自己的传统文化和风俗习惯，反映在旅游者头脑中就形成了不同的个性倾向和个性心理特征，在不同的性格、兴趣和爱好上表现出来。例如美国人性格外向开放，崇尚自由，富有幽默感，导游可多使用幽默风趣的语言；英国人性格内向，尊崇绅士风度，为人矜持，导游应注意自己的言谈要庄重、严谨，不可举止失当；日本人则较重礼貌，导游服务应注重礼节。

（2）针对不同背景的旅游者导游，讲解要能满足他们的需要必须联系他们熟悉的事物。如欧美游客对中国文化较生疏，有经验的导游在给他们讲白娘子与许仙的爱情悲剧时，常与他们熟悉的罗密欧与朱丽叶的爱情悲剧相联系，旅游者不仅易懂而且倍感亲切。对旅游度假休息型的旅游者，应侧重于详尽地讲解名胜古迹，使其保持轻松愉快的情绪。对职业相同的专业旅游团，在游览中要侧重介绍一些与他们专业相关的内容。对年长者的旅游团可结合其容易怀旧的心理让其观赏古董文物，适当地介绍一些中国老年人的生活状况、社会地位、家庭环境等，对妇女尤其是中年已婚妇女，结合她们对购物、市场、物价、特产感兴趣的特点，提供针对性的服务。对青年旅游者应结合其好奇心强、对新事物感兴趣、富有冒险精神的特点而提供针对性的导游，并可适当向其介绍一些中国青年的学习、就业、恋爱婚姻等问题。

（3）根据个性类型导游。导游每时每刻都在为具有不同个性类型的旅游者提供服务，应该使用不同的有针对性的服务。

（4）尊重旅游者的审美习惯。旅游者的审美意识和审美活动带有主观选择性，导游应尊重旅游者的审美习惯。尽管自然美和人文美都有美的客观属性和形式，但审美意识和审美活动带有明显的社会性、时代性、民族性和个人选择性。导游认为是美的，旅游者未必认为是美；但有时导游不感到是美的东西，旅游者却认为是美的。如马扎是我国北方用帆布为凳面、铁木作架的折叠式小凳。导游根本没想到其美，而旅游者认为它很美，是“中国古老文化和民族智慧”的体现，要买了带回去。西方文化科学尽管发达，却没有发明“携带方便、小巧玲珑”的马扎。因此，导游应随机应变、灵活地做好导游服务。此外，还应帮助国外旅游者了解中国人的审美观，因为一位持有本民族审美观的外国人就不容易一下子理解中国旅游景观的审美标准，理解了也不一定欣赏。当然导游不能把自己的审美强加于人，但若客人由于不理解而不能欣赏中国的美，导游有责任引导游客理解中国的审美习惯心理。

(5) 要按东、西方人不同的思维方式针对性地服务，一位好的导游应了解西方人的思维方式与我们东方人的思维方式有很大不同。东方人的思维方式从抽象到具体，从大到小，由远到近；而西方人则反之。如写通讯地址：西方人是先写姓名，次写单位，再写牌号、街道、区、市、州，最后才写国家。而中国则相反。因此，导游在给西方旅游者讲解时要多举事例、数据等具体事实，结论让旅游者自己下，这样效果就更好。切忌先讲空泛的理论，先下断语。

（八）善于观察游客的情绪变化，利用旅游者的有意注意主动导游

旅游者中，有的毫无隐藏地将自己的情绪反映出来，有的性格内向但注意控制外露，往往不易觉察其真实的情绪状态。这就要求导游善于从正面的、侧面的、多方位角度去观察，并从实践中不断总结经验去了解游客的内心世界。导游应努力成为游客情绪的组织者、调节者。导游除通过旅游者的外在表现去观察分析旅游者的喜怒哀乐，尽可能满足游客的需要而调动游客的积极情绪外，还可巧妙地引导游客的有意注意，使游客的情绪一直处于兴奋活跃的状态之中，激起游客的想象和思维，以获得美好的感受和心理满足。如有位导游带团参观九龙壁时，游客队伍零散，注意力不集中，这时导游指着九龙壁说：“我知道大家的眼力非常好，可是你们能看出哪条龙身上有块琉璃砖是假的吗？时间只给两分钟。”游客在他的引导下立即聚在九龙壁前辨认，游兴被强烈地调动起来。

（九）懂得运用表情、体态等语言辅助导游，加强导游的效果

导游的表情、体态是导游中常用的辅助手段，它将直接影响语言的表达和导游的效果。人们的面部表情、语调、音色、手势、步态都能反映出人的情绪状态。查尔斯·达尔文在《人和动物的感情表达》一书中指出：眼睛和嘴巴张大，眉毛扬起是惊愕的表情；害羞时会脸红；一个人在愤怒或挑衅时会昂首挺胸，皱起眉头并把拳头握紧，一个人在深思问题时或极力解开疑问时，会皱起眉头或眯起眼睛。导游不仅可运用表情体态等语言了解旅游者的情绪变化，而且可利用它辅助导游讲解。如向上伸开手掌表示欢迎或对客人的尊重、友善。手势恰如一种体态语言，有时，手势动作完全代表一句话、一个字，表示一个完整的概念，表示成了一种全世界通用的语言。但有些手势，世界各地有不同含义，导游员在使用时要谨慎，要看场合和对象，不能乱用。如表扬赞许和允诺的“OK”手势，世界大多数人都理解；但在法国南部，在喝葡萄酒时用此手势，表示酒质低劣，而在巴西、马耳他、希腊，这是一句无声而恶毒骂人的话。面部表情在导游讲解时同样作用重大，导游员必须时刻注意自己的面部表情。亲切友好、笑容可掬的表情会使人如沐春风。

（十）运用富有人情味的超常服务赢得人心

什么是富有人情味的服务？未来学家托夫勒曾说过，在一个满足需要的社会制度里，人们正在迅速创造一种能够满足心理需要的经济。人们正在从一种“饱肚子”经济向一种“心理”经济过渡。他认为“经济心理化”的第一步是在物质产品中增加心理成分，第二步就是扩大服务中的心理成分——即富有人情味的心理服务。导游的超常服务可谓富有人情味的心理服务之一。

虽然导游的主要工作是在旅游者参观游览时提供导游讲解，但这不是导游的全部工作。导游是旅游者的服务员，只要是旅游者所需要的就是导游所应该做的。一般旅游者对导游所提供的一般性和例行性的功能服务反应不热烈，他们觉得这些服务是完全应该提供的，每个人都已经为此次旅行交纳了费用，因此，在接受按费用的高低所提供的不同等级的服务时，他们觉得自己理应去享受。超常服务与一般服务不同，它是导游向旅游者提供的特殊服务，亦称细微服务。超常服务的内容和项目是超出旅游者期望的，要使他们看到自己和导游之间的关系并不纯粹是金钱买卖关系，而是充满了人情味。如一旦遇有客人患急病，导游就应千方百计地联系医院就诊，不分昼夜、不辞辛劳地伺候客人，端饭送水，倒屎倒尿；客人生命垂危急需抢救，导游挺身而出慷慨献血；残疾人行动不便，导游在游览中多一份照顾，就使他能与正常人一样的游览；客人不慎遗失钱款证件，导游经努力帮其寻找，终于能物归原主。再如经较长时间旅行到达旅游点时，导游主动指明男女厕所的位置以便大家解除负担，心情愉快而轻松地听讲解和观赏美景。这些看来并不起眼的服务，体现了导游站在“假如我是一个旅游者”的立场上考虑问题，于细微之中见真情。在旅游者急需帮助时，导游要及时出现在他们面前，伸出友谊之手，使他们倍感温暖，深受感动。因此，在导游提供“超常”服务之际，正是导游服务最得人心之时。

导游服务体现于为旅游者提供吃、住、行、游、购、娱的整个旅游活动中。旅游活动的核心和关键环节就是“游”。旅游者怎样才能“游”好？旅游者到达陌生的旅游目的地后，如何选择最佳的旅游路线？如何从最佳的角度、在最佳的方位去欣赏美丽的景观？如何更好地了解当地的名胜古迹、风俗民情、神话传说等典故及当地的风味特产？如何解决“游”中存在的交通、食宿、语言的沟通、理解等等一系列问题？此时，如果有为旅游者设立的引导游览及服务的组织机构——旅行社及由旅行社提供的导游服务，这些问题都将迎刃而解。引导游览参观的服务：①可通过图片、文字、音像资料（如不同文字的交通图、导游图、旅游指南、景点介绍、画册、录音、录像带等）；②可通过引导和组织参观游览的人，向旅游者提供面对面的现场和旅途中的实地讲解服务。本章我们主要讨论后者——导游服务。导游是一门艺术，要创造高质量的导游艺术效果，必须注意旅游者的心理特征和基本规律的研究，因时、因人、因地而异地根据旅游者的心理特征，灵活多样地采用各种导游手法，提供良好的导游心理服务。导游的举止、姿态、风度、仪表的优美给人美感，也是做好导游的重要条件，从正面可加强导游效果；相反举止粗劣、姿态不雅、缺乏风度，首先给旅游者不好印象，即使再讲究导游方法与技巧也不会受到很好效果。因此，导游的举止、姿态既要符合人的生理特点、身份、性格特征，又要适合讲解内容场合、气氛，要适度和有分寸，满足旅游者的审美心理。

本章的重点是：我们若能理解导游服务不仅是一种功能服务，更是一种心理服务；了解旅游者在旅行游览中的主要心理及个体差异；就可能在注重导游本身心理品质培养的基础上，采取一些行之有效的心理策略，提高导游服务的质量，产生一定的导游艺术效果。

思考题：

1. 为什么说旅游审美是一个综合的审美过程？
2. 初入境旅游者的心理状态如何？
3. 导游应具备哪些心理品质？
4. 简述 AIDA 原则在组织导游活动中的应用。
5. 导游的语言有什么要求？
6. 试述导游服务中的主要策略。

第十三章　旅游交通服务心理

旅游交通是指一般交通中服务于旅游事业的那一部分。交通，即“行”，是旅游活动的首要环节。旅游者开始旅游活动的第一步便进入交通服务工作的范畴，旅游交通服务包括人们离开家到达旅游目的地的交通服务和人们在旅游地游览时的交通服务。现代旅游业的发生、发展有赖于旅游交通服务：合理的交通线路，先进的交通设备，配套的交通服务设施（机场、车站）及交通服务管理人员的优质服务等等。本章仅就旅游者对旅游交通服务的需求，对旅游交通条件及交通工具的知觉，旅途中的心理和行为特征与旅游交通服务的心理对策，作一些探讨。

第一节　旅游者对旅游交通服务的心理需求

旅游交通服务归根到底是为旅游者提供“行”的服务。首先，我们必须了解旅游者对旅游交通服务的生理和心理的需求，了解如何才能满足其需求，了解人们在无法获得满足（遭受挫折）时的心理反应。由于时代、游客构成、经济条件等众多因素的差异，旅游者对服务的需求也有很大差异。如：某些人的旅游仍限于“受些辛苦去饱眼福”，这时，人们的旅游交通需求压缩到最低限度，人们可能愿意接受某些交通服务的不到位带来的辛苦，如长途汽车的颠簸跋涉等。但有些旅游者的旅游是为了快乐，人们认为旅游是一种“追求快乐的旅行”，要在旅游的全过程中尽情享乐。人们不仅把旅行看作是到达目的地的一个手段，同时还把它作为整个愉快旅游的一个组成部分。由此可见，旅游者对旅游交通的需求是多层次、多样性和多方位的。这里我们仅仅讨论带有普遍意义的旅游者对旅游交通服务最主要的心理需求。

一、便捷的需求

旅游者对旅游时间的知觉非常敏感。许多旅游者已习惯于平时的快节奏生活，当他们一下子转到真正休息所需求的那种缓慢的生活节奏时，往往会感受到一种与时间相关的紧张情绪。他们自然希望旅行途中所花费的时间是短暂的，所得到的旅游交通服务是方便快捷的。这正是旅游环境中对时间的心理压力所驱使。

另外，一天中每个人所支配的时间是固定不变的，只有24小时。这种限制促使人们寻找一切途径来节约时间，突出的一点是人们往往试图减少用在枯燥乏味的杂务和其他活动上的时间，以便抽出更多的时间去从事他们极感兴趣的活动。旅行是为达到旅游目的地，并非旅游的目的，故旅行时间常被旅游者认为是无意义的、枯燥乏味的。特别是长距离的旅行，容易引起身体和情绪的疲劳，因此，旅游者对旅游交通服务常有“方便快捷”的生理和心理的需求。当旅游交通不便捷而又没有其他的旅游刺激因素时，旅游者常常可能因此而产生厌烦的情绪体验和疲劳的生理体验。这就是许多旅游学者提出“旅宜速”的原因所在。

在旅游过程中，人们总是期望尽快地从一地赶到另一地，尽量地缩短时空距离，很多旅游者选择飞机作为交通工具，若乘火车旅行，也往往选择坐快车或高速列车。现代旅游交通工具的进步，正是为适应人们对“行”要求“便捷”的生理和心理需求而发展起来的。如70年代欧洲等地有了高速列车、高性能的汽车、高速公路等，现代航空工业的发展将进一步开发跨洲际的长途、高速的飞行工具。这一系列旅游交通服务设施的高速化正是为适应旅游者的时间知觉，满足其节省时间及要求交通服务“便捷”的生理和心理的需求。

二、准点的需求

人们普遍认为时间是宝贵的资源。所以每个人在利用这一宝贵而固定的资源时，总是按照他认为最满意的方式分配其时间，如工作时间、生活时间、消费时间、文化时间、社交时间、空闲时间等。旅游时间常常也是旅游者有限时间里的一部分，它被分别安排成：旅行时间，游览时间，用餐时间，休息时间等。又因为旅游交通带有严密的连贯性，前一站的误点和滞留要影响下一站的游览活动，因此，会发生一系列的经济责任事件，如房费、交通费、餐费等的结算问题。对部分游客还可能诱发一些涉外事件，如有些入境旅游者不能按时出境返回本地被业主解雇等。所以，旅游者对旅游交通服务普遍具有“准时”的心理需求。它是人们计划旅游活动内容，保持正常的生活和工作节奏的基本需要。如果旅游交通服务不能按计划要求准时运行，提前或推后都会打破旅游者的心理平衡。他们感到一切都被“打乱”了，产生烦躁感，甚至发展成不安、不满、反感、恼怒的情绪体验，可能会达到无法容忍的地步。它有时会直接损害旅游者的事业或健康，影响旅游活动的开展。在经济发达国家对旅游团预先安排的车种，车次及抵、离时间很少会发生与原计划不符的情况，而我国在旅游业迅猛发展的过程中，旅游交通服务还存在一些问题，误点、临时取消航班、飞机改火车、软卧改硬卧、轮船二等舱改三等舱等时有发生。其结果不仅造成旅客时间、精神、物质的损失，引起不满意甚至抗议，而且使我国旅游业的信誉直接蒙受损失，引起人们对来华旅游的畏惧。因此旅游交通服务部门应充分认识到“准点运行”是旅游者对旅游交通服务最基本的生理和心理需求，是维持旅行正常秩序的重要保证，是旅游交通服务最基本的工作规范。“准点运行”的旅游交通服务常被旅游者知觉为正常和极为普通的事情。

三、安全的需求

在马斯洛的“需要层次论”中曾提到人类具有安全的需要。认为安全需要是人们满足生理需要后最基本的一种心理需要，旅游者对旅游交通服务同样也具有“安全”的心理需求，而且是作为一种最为关注的首要需求。旅游者的安全需求在旅行途中表现特别突出。人们期望“一路平安”，决不希望发生交通事故。

人们外出旅游是为了满足生理需要和心理需要，然而只有在安全的保障下，才能乐在其中。安全是旅游活动的前提。只有被认为是安全的旅游交通服务，人们才敢“旅”才能“游”，从而消除紧张不安的心理状态。因此，旅游交通只有在确保游客安全的前提下，才能构成有效的服务。如现代旅游要求交通工具在性能和质量上安全稳妥；一些险峻的道路、游览道由于采取了安全措施，人们才乐意前往；某一地区如果海、陆、空交通事故不断，旅游者连起码的安全都没有保障，则必然破坏该地区旅游的形象和市场发展的前景。

四、舒适、快乐的需求

旅游作为一种娱乐活动，投入的是时间和财力，产出的是精神上多层次、多方位的享受，它所产生的价值在很大程度上取决于舒适的感受。当今已进入“大众旅游的时代”，人们已逐渐地在改变以“览胜”即“受些辛苦去饱眼福”的旧式旅游方式。现代旅游正转向“追求快乐”的方式。这种快乐不仅局限于旅游目的地，而且贯穿于旅游活动的全过程，当然也包括对旅游交通舒适而快乐的需求。人们外出旅游是为了放松自己而得到物质和精神的快乐享受，旅途“舒适方便”的交通服务，正是迎合了这种生理和心理需求。旅游交通服务不仅要为旅游者提供“行”的方便，而且也要为旅游者提供“行”的舒适和快乐。在旅行中旅游者都希望交通设施、卫生条件良好，它直接影响旅游者各种感官的舒适程度，否则人们将感到身心的不舒适。我国为提高旅途的舒适度和活跃旅途生活，在重要旅游线上逐渐地都配备了空调车，有的车厢安装了闭路电视，有的列车还开放了自助餐或小酒吧。另外，为使“旅”与“游”的交通服务融为一体，结合景观特色，在长江上配备了“三峡号”“扬子江号”等几十艘豪华游轮，使旅游者既能一睹三峡风采神韵，又能得到舒适的享受，这样的旅游交通服务才能满足舒适的心理需求。

五、多层次需求

旅游者对旅游交通服务的需求带有明显的多层次和多元性。根据抽样调查，目前国外旅游者参加我国为期两周长线旅游团一般均要访问 5～6 个城市，即要搭乘 3～4 次飞机和 2～3 次火车。旅游者的这一需求特性对于科学地计算交通运输的需求量和发展旅游交通建设极为重要。另外旅游者构成上的多元性，决定了旅游者要求旅游交通服务的多样性。在旅游交通服务中，配有飞机、火车、轮船、汽车等各类交通工具，就是为了满足不同旅游者对旅游交通服务的心理需求。

第二节　旅游者对旅游交通服务的知觉

旅游者对旅游交通服务的知觉，体现在旅游者从居住地到旅游目的地的旅行中。旅行是在三维时空中发生的人们既可以用旅行时间，也可以用旅行的距离来感知度量。而空间的远近、时间的长短都可以直接影响到旅游者的动机、态度和旅游的决策行为。

实际上有许多人用时间来感知距离，如从南京到上海乘火车要 4 个小时，南京到北京乘火车要 19 个小时。有时人们对旅游时间的知觉也可以通过不同的交通条件来知觉，如南京到北京乘飞机只要 2 个小时，乘火车要 10 几个小时，乘长途汽车则花费的时间更多。因此，人们对旅游交通条件和交通工具的选择性知觉也影响到旅游者对旅游交通服务的知觉，从而影响到旅游者的决策和旅行行为。这一节我们从旅游者对时间、距离、交通条件及交通工具的知觉来讨论旅游者对交通服务的知觉。

一、旅游者对时间的知觉

前面讲了旅游者对旅游交通服务的要求与旅游者的时间知觉密切相关。旅游者对旅游时间的知觉一般有三个要求：①旅途要快。即要求交通服务提供较短的时间完成由居住地到旅游目的地的行程。因为在有限的闲暇时间内，人们要完成计划中所有的地点、项目和内容，就要设法缩短无意义的时间和空间距离，否则就会浪费金钱或造成其他不便。为此，我们常见到人们在旅游时喜欢乘飞机而不喜欢乘火车，愿意乘快车而不愿意坐慢车，愿意乘直达目的地的车而不愿意中途多次停留。②游览要慢。游览区内的交通应舒适，时间充足，使旅游者能从容地观赏，慢慢地品味，前面路途的快节省下的旅游时间为游览中的慢提供了时间基础。③一切要准时。因为旅游者存在时间的压力，一方面是计划的原因，在工业化社会中，人们已养成守时的习惯，旅游交通不准时会引起人们内心的种种不安。

二、对距离的知觉与人们的旅游行为

人们对旅游距离的知觉常常因人而异，如从广州到北京行程为 2313km，乘火车需要 36 小时，老年人会觉得旅游时间太长，身体吃不消而放弃；年轻人因精力充沛觉得只花一天半在火车上算不了什么；母亲可能会对为带孩子旅游长见识乘车长途旅行花一天半不很介意；而对年幼的孩子们来说远距离是一个不会终止的行程，开始的游兴，已荡然无存。对距离的知觉可从两个方面影响旅游行为和态度，一方面距离作为旅游的限制因素起制止的阻碍作用；另一方面，对目的地是游览、观光的娱乐旅游者来说，远距离是一种刺激因素起着激励作用。

（一）距离作为旅游的限制因素起阻碍作用

国外地理学家曾提出距离摩擦力（friction of distance）这一概念。它的意思是：旅游要付出一定的代价，当一个人从甲地到乙地旅游时，要付出金钱、时间、方便、身体、交通等方面的代价，而且还要付出感情上的代价。距离越远，付出的代价越大。这些往往使人对旅游望而生畏，因此，只有能从旅游中获得某些好处，并能使这些代价得到回报、偿还时，人们才能下决心去旅游。这些代价起着摩擦力的作用，它抑制旅游者的要求。所以距离可起阻碍作用。的确，当旅游的距离增加时，旅游费用也会增加，体力消耗、时间的花费都将随之增大，人们就更不容易下决心到较远的地方去旅游了。这一原理有助于解释为什么加拿大和墨西哥的赴美旅游人数要大大超过所有其他国家的赴美旅游人数。对同一旅游点近距离的旅客比远距离的旅客多，距离是重要原因，它对远距离的旅客起了一种制止的阻碍作用。

（二）距离作为旅游的刺激因素起激励作用

距离对目的地是游览观光的旅游者来说，有时起到一种刺激作用。研究表明：远处的旅游点正因为远，对游客就特别有吸引力。所以遥远距离的目的能使人产生一种神秘感和朦胧感，反而有一种异乎寻常的吸引力。虽然距离摩擦力会使人停足于较近距离的旅游地，但远距离可以帮助人们产生一种遥远地点的知觉，这一知觉使这遥远的地点更为诱人，而将游人吸引到较远的目的地去。实际情况也是这样，只要对远距离的目的地感兴趣，当旅游者经济上许可时，他也许很轻易地决定去较远的地方旅游。

（三）距离在知觉中的曲解（错觉）

人们对他们生活和旅游的理解世界似乎有一种曲解的知觉。国外曾做过实验，得出如下的一幅复合地图。图 13-1 为美国中西部的一组研究生的知觉中 8 个美国城市的地理位置，基准点是芝加哥，该图揭示了若干知觉上在对距离的误差。

● 表示城市的正确地理位置

× 表示城市在知觉中的地理位置

图 13-1 实际地理位置和知觉中的地理位置的比较

首先，离芝加哥最近的两个美国城市洛杉矶和旧金山，被主观地感知为比他们的实际地理位置靠南的多。似乎某种原因——也许是由于对那里的生活方式及文化和气候的差异的知觉——离某一基点较远的城市往往被感知为比它的实际位置靠南。这种地理上对距离的知觉曲解，会影响旅游者满足他旅游需要的方式（地理选择），也会影响他们对具体地点的满意程度。

总之，距离和时间的长短，影响人们的知觉，会对旅游行为产生影响，至于产生什么影响这是因人而异的。作为旅游接待国或旅游景点来说，充分地、良好地开发、利用、规划、管理好我们的旅游资源是吸引国内外远近距离游客的前提。

三、对旅游交通条件、交通工具的知觉

旅游者对旅游交通条件的知觉常会影响他们的旅游决策与行为。交通条件的状况对旅游业的发展也起重要作用，如我国滞后的交通不仅影响旅游业的发展而且常引起中外旅客不满与批评。如 1994 年国家旅游局调查了 15 个国家的来华旅游者。结果发现 35.7%的旅游者认为交通运输差。我国一些自然和人为旅游资源丰富独特的风景区，虽然对旅游者非常具有吸引力，但因为无飞机通航，也无火车到达，只有乘汽车沿途颠簸几天，旅途的辛劳令游

客望而生畏只好放弃。我国的旅游交通存在以下 3 方面问题：①运力的增长速度远远跟不上旅游业的的发展速度。②交通运输结构不符合旅游业的需要，现状是铁路、公路占 90%，而水运、空运占 10%，而旅游业只有以空运为主体才容易满足旅游者对旅游交通服务的需求。③交通运输的设备不足，技术人才短缺，与旅游业发展相关的飞机、旅游列车、游览车、游船的研制与生产难以适应旅游业的发展速度。因此，人们形象地说："买票难，乘车难（飞机、火车），服务差，不安全。""进去难，出来难，两头受苦中间甜。"在中国旅游仍停留在"吃辛苦，去饱眼福"的阶段。旅游者对中国旅游交通条件的知觉印象不佳，限制了中国旅游业的发展。下面举一些国外的实例来说明旅游者对旅游交通服务的知觉与旅游行为。

旅游者对旅游交通服务的知觉可从旅游者对航空、铁路、公路等交通条件中反映出来。现代的旅游交通包括飞机、大型游览车、火车、游船、出租车等旅游交通工具，人们在旅游活动中选乘什么样的交通工具，选择什么样的航空公司，同样受到知觉的影响。

（一）对航空公司的知觉

在旅游交通工具中，飞机最便捷，符合人们对旅游交通服务的心理需求，赢得了众多旅游者的青睐，在经济条件许可的情况下，特别是远距离的国内旅游和国际旅游，飞机是旅游者首选的交通工具，特别是对国际旅游者。下面的例子可以说明旅客对航空公司的知觉影响他们的旅游决策和对航空公司的选择。

国外学者曾调查，多次从纽约飞越大西洋到巴黎的飞机乘客，对大西洋航线的 2 个遐想航班的选择。调查者使用了一套数学心理学的新型分析技术，成功地分离出若干因素，用以解释乘客对 A、B 两个航班的知觉及为什么选择某一航班。调查中发现旅游者对航空公司的知觉印象与四个因素有关：①起飞和到达的时间；②是否准点；③中途着落的次数；④机上服务员的态度。应指出的是，随着时间的推移，飞机机型是否舒适，飞机的新旧，驾驶员的技术，机上的休息、娱乐，机票的价格等也将引起游客的关注，影响其选择。

研究表明，时间对空中旅游者来说是十分重要的，旅游者希望在他最方便的时候起飞，并按预定的时间准时降落到达旅游中转站及目的地，按旅游计划充分利用时间获得预期的旅游时间享受。旅游者对直达航班优先选择，因为中途着陆不仅耽误时间而且起落还可增加危险和不舒适感。另外，相互竞争的航空公司除了提供时间的方便程度有所不同外，其他方面差别细微，各航空公司提供相同的产品——航空运输，这时旅游者对机上服务质量的知觉就很重要。在同样安全而便利的航班中，人们愿意选乘热情、礼貌服务态度好的航班。

在这一点上有些航空公司做得比其他航空公司要好些。如对芝加哥—洛杉矶航线上飞机乘客的知觉所作的调查结果证实了这一点，如图 13-2 示。

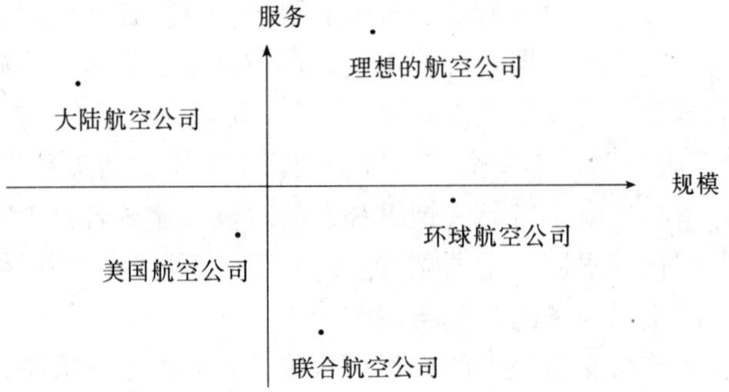

图13-2 芝加哥—洛杉矶航线四家航空公司的知觉图式

这是一张二维的知觉图示，其纵轴线表示服务质量的高低。这一知觉图式有助于说明服务质量是树立航空公司正面形象的关键因素之一。从图可见乘客认为大陆航空公司服务质量最高。因为四家航空公司中只有它强调在路边办理乘机手续；只此一家别出心裁地在航班上派有一名男性空运代表，督促随机乘务员的工作，负责解决乘客随机可能遇到的问题，并代表大陆航空公司在机上作宣传工作。总之，大陆航空公司比它的竞争者为乘客提供了更多的他们所渴望的热情、真诚、殷勤、友好和针对旅客个人的服务。

图中的横轴线表示航空公司的规模。这里的规模包含着积极的意义，对旅游者而言，规模较大的航空公司每天的航班较多，因为它们拥有的飞机较多，它意味着旅客在出发时间上选择的余地较大，许多游客断定大规模的航空公司才能提供这种便利。如联合航空公司由于规模较大，人们感觉它在时间安排方面能提供相当大的方便。但人们感觉它不能对旅客个人提供高质量的服务和照顾。

研究表明，飞机乘客首先考虑的是时间安排上的方便程度，接着便考虑航空公司为旅客个人提供的服务质量如何。旅客希望有一些节省时间的便利措施，希望服务到人，希望获得乐趣，航空公司应尽可能的满足他们，产生良好的印象。不过，知觉不是一成不变的，在有些情况下，可能会在很短的时间内发生变化。当一家航空公司在服务方面开始实行重大的改革并大张其鼓地进行一番广告宣传后，它的形象会很快地发生改变，使旅客愿意选乘。机票的价格也是一个敏感的问题，如果价格过高，会阻碍人们的购买行为，但有钱人为显示自己富有的地位也会积极购买。如果价格过低，人们会产生该航空公司不景气、服务质量差、设备成旧的印象，也影响购买行为。只有价格适中才有利于人们购买。

（二）对旅游列车的知觉

许多旅客喜欢乘坐火车旅游。国内大多数旅游者选择火车为旅游交通工具的原因：①是坐火车安全可靠；②是经济实惠；③是火车车次多，旅游者出发时间上的选择余地很大，乘车方便、快捷；④是现代高速旅游列车的运行、服务的周到吸引了更多的旅游者。

人们对火车的知觉印象关系到人们是否选择乘坐火车和乘坐什么样的火车。人们对旅游列车的知觉主要来源于以下4个方面的知觉：①运行速度。安全快速沿途不停或少停站的直达旅游列车最受欢迎。②开车时间。车次多，能满足旅游者的不同愿望。如有些旅游者希望朝发午至、午发暮归，有利于观光游览灵活。③准时性。火车的准时性较好，这也是人们接受选择的原因。④舒适程度。现代的旅游列车不仅车型新，车体形态美，空调娱乐餐饮等设备全，车内卫生通气良好，而且，乘务员服务周到，有一定的外语水平，使游客在舒适的环境中度过枯燥的旅途生活，成为“追求快乐的旅行”。

（三）对旅游车的知觉

游览车包括从居住地到旅游地，旅游地之间和旅游区内的旅游观光汽车。国内旅游者选择汽车作为旅游交通工具，①是因为国内旅游目的地的交通条件所限（无火车飞机通达），②是为了获得更多的知识和方便游览。因此，汽车车窗的宽敞程度，车内空间的拥挤程度，座椅、卧具的舒适程度，有无空调车上的防震系统解除颠簸之苦，道路的状况，导游的服务程度，视听设备及能否按时发车到达目的地等等都会影响到人们对游览汽车的知觉和选择。

（四）对游船的知觉

游船是旅游活动中专用于“江河行游”的旅游交通工具。它不仅仅是为旅游者提供“行”的交通工具，而且是提供旅游者“食，宿，游，娱，购”的基地，具有“浮动的旅馆休养地”的别称。人们选择游船①和旅游资源条件有关。如游“长江三峡”必须坐船行游。②游船往往可为人们提供比火车、汽车更为舒适的旅行环境和更大的活动空间，使人们知觉的旅行为休息甚至娱乐的活动。③游船的客舱、餐室、游艺厅等娱乐活动设施是否有特色和丰富多彩，游船沿途到达的港口城市及城市中游览景点是否足够地多，住宿和饮料是否适宜，游伴是否有趣等方面对游船的知觉也影响人们对游船的选择。

（五）对小汽车（出租车）的知觉

国外旅游者有时自己开车旅游或在旅游区改乘出租汽车作为代步的工具。如果出租车司机服务良好，态度和蔼可亲，礼貌热情，又具有一定的外语能力，汽车外观美观清洁则利于旅游者良好知觉的形成而乐意租用它。

虽然旅游者对不同的旅游交通服务类型的知觉有所差异，但是旅游者究竟选择怎样的旅游交通服务或交通工具则与人们的人性特征相关。如表 13-1 所示。

表 13-1 选择的交通工具与人格特征相关示意图（以加拿大人为例）

交通工具	人格特征
飞机	十分活跃、自信、好思考
小轿车	好思考、活跃、善交际、好奇、自信
火车	好思考、不活跃、冷漠、不善交际、忧郁、依赖性强、情绪不稳定
旅行车辆	依赖性强、忧郁、敏感、好争吵、不善自我克制、对他人怀有敌意

资料来源：加拿大旅游政府旅游局（加拿大渥太华市）

国外许多旅游者喜欢驾驶旅行车辆旅游，这些车辆包括宿营挂车、旅行挂车、住房汽车、宿营卡车等。人们从传统的人口学特征（收入、文化、年龄、婚姻等）无法解释人们为什么要驾驶旅行车旅游，但是从生活方式的分析中，我们可以知道旅行车辆车主的一系列特有的人格特征：他们喜爱户外活动，体力充沛，爱好体育运动，但他们不外向，不善于交际，较为保守。他们的生活方式往往以住房家庭为中心，把购买的旅行车辆看成是住房的延伸，围绕旅行车辆可进行一系列家庭活动。

第三节 旅途中的心理和行为特征及改进旅游交通服务的对策

一、旅途中旅游者的心理和行为

随着航空事业的发展，飞机这种快速、方便、舒适的交通工具吸引力越来越大。特别是在其安全性能得到可靠的保证以后，飞机已成为旅游者旅行特别是长途旅行理想的主要的交通工具。这里仅就飞行途中旅游者的一般心理和行为作一简单的描述，以此来说明旅途中人们的心理行为的一般模式。

乘坐飞机旅行是旅游者一种美好的享受。旅游者离开家人在一片“一路顺风”的送行声和挥手告别之后，由空中小姐引入机舱。在马达轰鸣、一跃而起、直飞云霄的时刻，旅游者会因为将脱离日常生活的紧张心理及行为上的束缚，接受新的体验而产生激动的感觉。

随着飞机在空中平稳地遨游，这种激动紧张感减弱，取而代之的是一种解放的自得感。人们心神舒展，行为自由。由于好奇心的驱使，旅游者常常透过机窗俯看窗外翻滚的云海，鸟瞰大地的宽广、高山的渺小及城镇、河流、田野等，饱览一番与地面所视不同的景象。这时空中小姐的热情服务，美味的空中食品和机舱内优雅清洁、温暖舒适的环境都会增添旅途的情趣，使旅游者产生愉快舒适的心情，消除生理上和心理上的疲劳产生良好的情绪体验。但由于在空中航行，旅游者不同程度的紧张和担心也可能产生，这是旅游者出于安全要求的考虑。同样，乘火车、轮船、汽车的旅客对旅途也有要求安全舒适和良好服务的心理需求。旅途中人们对噪声、空气污染、温度变化异常反感。所以现代化的交通工具都应提供减音装置和空调设备。如果在旅途中能领略异地、异国的民俗、民风、地形、地貌，又能听到有关沿途风光的有趣介绍或伴以适当的文化活动如民族音乐欣赏，便会增加旅途乐趣，活跃旅行气氛，解除长途旅行中使游客产生的生理和心理上的烦闷和焦躁不安的感觉，使游客的心理得到调节。

飞机降落或车、船到站，旅游者投身一个陌生的世界，因人地生疏而产生莫大的不安。旅游者此时可有多种行为反应，有的东张西望，有的沉默寡言，有的大声喧哗，这种现象对刚入境者尤为明显。复杂的行为表情反映了复杂的心理状态。旅游者在经历了一段旅行到达目的地后，一般说都迫切需要到饭店（旅馆）休息。他们希望从机场（车站、码头）到饭店手续简便，快捷便利，服务热情。旅游者希望认识这个陌生的地方，并将有一个欢乐、舒适、愉快安全的旅游历程。

我们了解旅途中游客的一般心理和行为特征，有助于在旅游交通服务中更好地结合旅游者的心理需求和对旅游交通的知觉采取一些改进旅游交通服务的对策，以满足旅游者精神和物质上的需要，减少游客旅途中的挫折感。

二、改进旅游交通服务的主要心理对策

（一）旅游交通服务要确保安全

安全是旅游交通服务最基本的工作。人类机体本身就有追求安全的机制。旅游交通服务工作最重要的一环是确保游客安全，要采取一切有效的措施，防止交通事故的发生。因为一次“空难”在人们心理上留下的阴影，少则几月，多则3～5年才逐渐消退。交通事故（空难、车祸）的发生，不仅对当事人及其家属、亲友带来灾难、恐惧，而且对旅游交通服务的形象产生极大影响。

（二）交通服务设施的现代化——加强硬件建设

旅游交通服务的设施是为旅游者服务并提供最佳心理效果的硬件条件。“工欲善其事，必先利其器。”所以，首先应加强硬件建设，机场、车站、码头、运输工具及服务应逐渐实现现代化，网络化。我国首都国际机场是最现代化的航空港，拥有世界最先进的各种大、中型客机，而且可以保证世界上

任何类型的飞机在复杂的气候条件下顺利起降，从而解除了游客对交通的担忧，使游客随时来得了、走得掉，行动自由。

（三）交通服务的系列化

现代旅游交通不仅仅是解决旅游者“行”的问题，而且应该为旅游者提供“行”的多方位服务，在充分认识旅游者需要节省时间、获得方便快乐的交通服务之心理需求的前提下，应使旅游交通服务逐步系列化。如美国泛美航空公司的一条龙服务体系，即向旅游者提供机场—旅馆一条龙服务。旅客无需在机场交付行李、办理登记手续、取得登机牌和行李牌。这样既可避免搬运行李的辛苦，又可减少候机的时间。再如我国首都机场不仅有现代化的航空设备，而且在机场设有银行、电话、电报室、画廊、商店、出租汽车站、餐厅，贵宾休息室内有70多幅壁画，使旅客置身于美丽的画廊中，得到快乐和美的享受。

（四）交通服务的情感化——加强旅游交通服务的软件建设

旅游交通服务是为旅游者提供的一种服务，游客对服务的知觉很重要的方面来源于服务人员的态度。所以要提高旅游交通服务的质量，获得最佳的效果，就必须加强交通服务的软件建设。要培养服务人员良好的心理品质。如高尚的情感，坚强的毅力、意志，敏锐的观察应变能力等。他们应善于了解游客的好恶、困难、需求和愿望，善于捕捉游客心理和情感的变化。在客观条件许可的情况下，“动之以情，晓之以理”，尽量满足游客对旅游交通的合理要求，做游客的知心人。

旅游交通服务是旅游企业服务中很重要的一部分，它不仅影响旅游者的旅游决策，而且影响到旅游者对旅游的态度，甚至影响旅游业的发展。

旅游交通服务有关心理学问题的研究，有助于我们理解人们外出旅游时对交通服务的不同要求及对旅游交通方式的选择。如理解为什么有些人乘火车，有些人乘飞机，另有些人乘汽车或乘其他交通工具；为什么有些旅游地风景优美，资源丰富，却旅游者很少；为什么互相竞争的航空公司对旅游者的吸引力不同；他们如何改变形象以吸引旅游者选乘他们的班机等。

本章的要点是：我们若能够了解旅游者对旅游交通服务的心理需求，对旅游交通条件和工具的知觉，及在旅途中的心理状况，就有可能采取一些针对性的措施提高旅游交通服务的质量，使旅游者获得良好的心理感受，促进旅游事业的发展。

思考题：

1. 什么是旅游交通和旅游交通服务？
2. 旅游者对旅游交通服务的主要需求包含哪些内容？
3. 旅游者对航空公司是如何知觉的？
4. 试述改进旅游交通服务的主要心理策略。

第十四章　旅游购物服务心理

旅游集游、购、娱、食、住、行于一体，缺一不可。购物活动是旅游活动中必不可少的一个重要组成部分。有的国家和地区销售旅游商品的收入可达旅游总收入的50%以上，有的年份竞达60%以上，饭店商品部销售利润额占到饭店的总利润的1/3以上。

旅游商品创汇在享有“购物天堂”美誉的香港、新加坡有许多年份都在60%以上，而我国1992年旅游商品收汇为8.1亿美元，占总收入的20.6%；1993年旅游商品收入为8.3064亿美元，占总收入的17.8%；1997年旅游商品收入旅游商品收入为24亿，占总收入的20.2%。同世界一些发达的国家和地区相比，我国的旅游商品创汇还有很大的潜力。

旅游者不仅希望有愉快美好的参观娱乐活动，而且还希望在旅游地能够买到称心如意的旅游商品。丰富的旅游商品本身，就可以作为一种吸引游客的资源。同时，又能提高旅游效果和满意度。为了搞好旅游商品的生产，应当对旅游商品的心理意义、旅游购物的心理特点、销售服务心理等问题，加以认真研究。

第一节　旅游购物的心理意义

旅游购物在旅游者的旅游经历中，产生的积极心理意义，主要有以下几个方面。

一、旅游商品作为吸引物，可以增强潜在旅游者的旅游动机

制作精美、质量优良的旅游商品，一般都具有浓郁的民族特色和地方特色。旅游商品供应得好，使旅游地增加特色，对旅游者有着很强的吸引力。作为一个地大物博的文明古国，我国各地都拥有一些富有地方特色的旅游商品，这些商品集中反映了中华文化的精华，把名山大川美不胜收的美景，凝聚于方寸之间，对人们更产生了极大的吸引力。例如我国香港特别行政区，由于旅游资源有限，在努力开发旅游资源的同时，大力发展旅游商品，因此以“购物天堂”享誉世界，增加了旅游特色；因大力进行旅游商品的开发，以其自由港优势，使各国货物竞相挤入香港市场，成为国际时尚商品的展销中心

之一，这些旅游商品不仅数量多、品种齐，而且外观包装美、质量好、价格便宜，因而吸引了大批旅游者赴香港旅游，目的就是为了购物，使游客从1957年的4万人增加到1980年的230万人，新加坡亦有类似的情况。瑞士军刀是闻名世界的旅游商品，对促进瑞士旅游业的发展起相当的作用。意大利的威尼斯，以盛产帆船模型闻名于世，对促进其旅游业的发展也立下汗马功劳。中国的丝绸、瓷器、文房四宝、中药材等商品也深受一些海外旅游者的欢迎。

二、购物丰富旅游活动内容

购买旅游商品是旅游者的普遍愿望。旅游商品供应得好，游客能够买到称心如意的商品，就会更加愉快和满意。由于有物可购，旅游活动内容就更丰富多彩，从而使旅游活动的节奏和旅游者的情绪得到积极的调整，有利于旅游者在整个活动过程中增加愉快和满意的感受。有的旅游者由于买不到更多的旅游商品而抱怨，他们虽然省下了钱，但非常不满意。从这方面证明了旅游商品对增加旅游者积极心理效果的意义。

例如上海市近年来进一步发展了商业，建成了南京路步行街、淮海中路和四川北路商业街，使都市观光旅游越来越显示出迷人的魅力。安徽合肥市旅游界人士反映："安徽游客到上海，大多以观光购物为主，行程安排二日游，则第二天上午留出足够的自由购物时间。"又如南京旅游者认为到上海观光购物是一大乐事，甚至认定上海一些专卖店"款式质量都肯定领先全国"，过一段时间就会再来看看。

如果旅游商品的供应不能满足游客的需要，游客们有钱花不出去，自己赚不到钱不说，还会让游客产生不满情绪。据调查，美、日两国来华游客随身携带的购物现金一般为1000～4000美元，而一般平均只花300～400美元。

三、引起美好的回忆，有利于产生重游动机

旅游活动相对于日常生活来说，是一种令人兴奋的活动，会使游客留下美好的印象，但随着时间的推移，这种印象必然会日渐变得淡漠，旅游的愉快情景被淡忘。旅游者购买旅游商品，尤其是旅游纪念品，把它放在自己的家里，可以时常观赏。通过这些纪念品，不断引发对旅游的美好回忆和向往，这有利于人们产生重新外出旅游的动机。

四、作旅游宣传，激发旅游动机

旅游者在旅游地购买具有特色的商品，无论是自用、观赏，还是向亲友展示或馈赠，实际上就是对旅游地的一种很好的宣传，对于提高旅游地的吸

引力有积极的作用。如果主人向客人展示所购旅游商品，在客人观看商品时，还有可能听到主人对旅游经历的回忆和描述，从而引起客人对该地旅游活动的向往。这种羡慕和向往的心理效果，是影响旅游态度和旅游动机的积极心理成份，有的人可能因此而成为该旅游地的新游客。

第二节 旅游者的购物动机

一、纪念性和欣赏性动机

人们在日常生活中购买一般的商品，主要动机是为了取得商品的使用价值，满足日常生活的需要。旅游者在旅游活动过程中购买旅游商品，虽然也有追求实用的动机，但在多数情况下是因为商品有纪念意义，可以用来纪念自己的旅游活动；或者是由于商品的独特性和工艺价值，用以作为欣赏的对象。国内外的许多调查表明，纪念性和欣赏性始终是旅游者购物的首要的动机。

《文汇报》2000 年 4 月报道，据在上海铁旅的假日列车上进行的一次有 319 位旅游者参加的问卷调查，当被问及在旅游目的地购物主要选择什么时，有 67.7%的人选择购买土特产，也有 27.6%的人选择购买旅游纪念品；一些旅游者认为，旅游纪念品应该是精心设计制作、具有地方特色并有一定纪念意义的商品。这部分上海旅游者对购买旅游纪念品的心理价位：8.8%的人选择购买 10 元以下的旅游纪念品；53.9%的人心理价位在 10～50 元；23.5%人选择 50～100 元；只有 9.4%的人愿选择 100 元以上的纪念品。说明经济状况尚好的大多数上海旅游者在昂贵的旅游纪念品前还是望而却步。

二、馈赠动机

即旅游者把旅游商品作为礼物，馈赠给自己的亲朋好友邻里同事等，用以联络感情。世界上许多国家的人民，大都有着这样的需求。尤其是日本人，这方面的需求似乎特别强烈。因为日本人很讲究团队精神，当一个离开自己工作生活的团体，到国外旅游时，就会产生某种程度的脱离团队的心理感觉，为此似乎有必要通过礼物来补偿。另外，国外的许多游客，大多在家里养有狗、猫之类的小动物，自己如果在外出旅游就需要聘请别人帮助饲养，这样旅游回去就要带些纪念品之类的东西送给帮忙的朋友，作为自己的一点心意或者报酬。

三、求荣耀的象征性动机

旅游活动的进行需要具备一定条件，参加旅游活动的人就意味着具备这种条件。因此在人们的心目中，旅游是一种具有独特意义的经历，参加旅游的人在经历和地位上与未参加旅游的人是有区别的，由于旅游的这种独特意义，就产生了旅游者购买旅游商品以获得象征性地位的心理需要。他们以只有在旅游地才能买到的商品，象征自己的旅游经历，象征他和未进行这种旅游的人在经历和地位上的不同，以赢得人们的羡慕和尊重。

四、求新异的购买动机

追新猎奇是许多旅游者固有的心理需要。这种需要不仅表现在游览对象的选择上，也表现在对旅游商品的选择上。旅游者对于异国他乡的具有新奇性物品一般都非常喜欢购买。如一些来华的外国旅游者喜欢农村集贸市场上的竹篮、竹帽、草鞋等；有的则喜欢北京的老头布鞋，一到北京立刻买上一双，穿在脚上，以显示自己入乡随俗了；有的喜欢中山装，有的喜欢蜡染布，有的居然喜欢中国的绿军帽，买一顶戴在头上，上面别着许多纪念章招摇过市。

五、求实用的购买动机

这是为了追求商品的实用性而产生的购买动机。购买时特别注意商品的牌子、质量、功能和实用价值。有些女性热衷于购买丝绸、台布、窗帘等，基本上出于实用的动机。有的日本和东南亚游客，到中国旅游，喜欢购买中国的名贵中药，如六神丸、再造丸和人参等，这些都是从实用的角度出发的。当然实用的东西，也经常作为礼品送人，因此包装应讲究些。

六、求知识的购买动机

这是为寻求某种收获和满足求知欲而产生的购买动机。很多旅游者在旅游中都有一种获得新知识的渴望。这在购物中表现行为很明显。有的旅游者在购买工艺品、字画、雕刻玉器时，总希望售货员或导游介绍一些有关商品的情况。如工艺的特点，制作的过程，字画的年代，作者的生平等；有的旅游者想知道，牙雕是如何雕刻出来的，泥人是怎样捏得栩栩如生的。对怀有这种动机的旅游者来说，只要满足了他们的求知欲，他们便会大方地买下自己喜欢和感兴趣的东西。

七、保值动机

当今世界各国的旅游者中，有许多人是有着强烈的购物保值动机的。比如日本游客中，就有许多人有着强烈的保值购物动机。从80年代中期开始，在日本出现了一个抢购风潮。对日本人来说，购买一两件奢侈品没有什么了不起。虽然日本国内市场珠宝供应一直较为丰富，但许多日本人却把购物的触角伸向了国外，越来越多的日本人乐于怀揣大把钞票到国外去消费。旅游观光对于他们来说，不是第一目的。他们把主要消费投向购买奢侈品方面。回国时一个个大包小包塞满了各类贵重物品。无论在香港，还是纽约及其他大都市，购买珠宝的旅游者大都是日本人。据估计，日本人1990年购买的珠宝物品几乎占世界的1/5。

八、其他

求利动机（即追求比居住地廉价实惠的商品），癖好、收藏动机（即出于爱好以及收藏的需要而购买商品），发展性动机（即追求有利于个人发展、成长的商品）等。

第三节 影响旅游者购物心理的因素

一、审美观念

不同的社会文化传统，形成不同的审美观念和审美情趣，产生不同的旅游购物心理。例如，日本人普遍对松竹梅鹤龟等富有中国文化内涵的事物，有着浓厚的兴趣，而西方人就不一定很感兴趣。日本游客对中国的字画很感兴趣，而西方游客则主要购买一些造型简单的有纪念意义的工艺品。

二、价值观念

社会文化传统的差异，形成不同的价值观念，进而影响到人们的购物心理和购物行为。这种情况是司空见惯的事。例如日本人重视人际关系的和谐，出国旅游回来后，都要带回不少礼物，馈赠亲友、同事。如能生产一些象征友谊和谐的商品，相信会受到日本游客的欢迎。而西方人重个性，生产一些能够附加游客自身创作的商品，相信也会受到欧美游客的欢迎。对华侨、港澳台同胞来说，对于能体现中华民族传统的事物，都怀有浓厚的兴趣。甚至于像黄帝陵的黄土，都能成为很受欢迎的旅游纪念品。

三、生活方式和生活习惯

不同的民族、不同的社会，会有不同的生活方式和生活习惯，它也必然会影响到人们的购物行为。如中国人多喜欢喝茶，而西方则多喜欢喝咖啡；中国人喜欢海参等产品，而西方人则视此为可怕的东西。

四、时尚的影响

旅游和时尚有着密切的联系，旅游购物更是如此。旅游者在旅游购物过程中，必然会受到时尚的影响。

例如，随着发达国家生活水平的提高，人们在饮食方面，曾一度追求营养食品，不少人因此营养过剩而日益肥胖起来。到 80 年代时，人们为追求形体美，纷纷消费低热量的食品。于是清淡食品应运而生。甚至出现了淡味香烟、淡味口香糖、淡饮料、淡味传统食品等。1990 年国庆前后，在广州举行的中国旅游购物节，虽然会场不算大，但却汇聚了旅游产品的精华……沈阳瑞丰糖果厂的厂长运了两吨“不老林糖”来广州，当时会务组的人说，广州什么糖没有，你这两吨糖可能要运回去啦。不料上柜却非常抢手，不几天功夫即售完。为什么受欢迎呢？因为它不甜、不粘牙、口味好、包装美观。现在人们吃东西讲究营养科学，糖吃多了容易发胖，不利于健康。又如 70 年代时，西方流行电子玩具、全自动玩具等，但进入 80 年代后，却逐渐转向了趣味型玩具、知识型玩具，于是什么解题玩具、仿动物玩具，盛行一时。

五、旅游地和旅游商店的形象

近年来，经常发现有一些旅游地的商店，和某些导游相勾结，采用坑蒙哄骗的手法，引诱游客购买价高质次的各种商品，败坏了旅游地商店的形象，这必然会影响到旅游者的购物欲望。要想让旅游购物有一个大大的发展，就务必要努力消除这种不良现象，树立一个良好的旅游商店形象。

六、购物现场的氛围

旅游者在购买旅游商品的过程中，许多情况下事先并没有明确的目标，是否购买受购物现场的氛围影响较大，其购买行为存在着很大的随机性，因此如何营造好现场的销售氛围，激发游客的购买欲望，是决定游客是否购买的一个重要因素。

第四节 旅游商品开发的心理要求

旅游商品不同于一般的日常用品，因此，在开发旅游商品时，有必要充分考虑到旅游者的心理要求。具体说来，主要应遵循以下几个方面的要求。

一、突出民族、地区和旅游点的特色

突出民族、地区和旅游点特色的旅游商品，才能吸引游客。否则全国各旅游区点的旅游商品都大同小异，不仅各地区各旅游点失去销售机会，而且对全国旅游商品的销售造成不利影响。因为，人们每到一地，总想买到反映该地区特色的旅游商品，如果每一个地方的旅游商品都千篇一律，就会使旅游者降低购买的欲望和兴趣，有的勉强购买一点，有的干脆不买。所以，使旅游商品富有吸引力，与国外的旅游商品相比，应突出我国的民族特色；一个旅游地与国内各旅游地的旅游商品相比，应突出本旅游地的特色；与其他旅游点的旅游商品相比，应突出本旅游点的特色。

例如，曾有人从江苏一带运了些泥乌龟、陶乌龟，从峨嵋山运了些手杖、木手杖到武陵源景区，结果倍受冷落，但本土生产的一些产品，就常常得到游客的欣赏。如数十万个印布提袋，很快售罄；逾百万片的梨木梳也很快全部售完；数千箱漆筷受到青睐；腊染、织锦、绣品、服饰等，都深受欢迎。又如，在南京最受欢迎的旅游商品，还要数雨花石和盐水鸭。

二、突出艺术特色

旅游商品，不管是用来自己欣赏、纪念、收藏、使用，还用作礼物送人，都应突出其美的特征，才会受到人们的好评和欢迎。例如，江西景德镇的瓷器，深受外国旅游者喜爱而购买，正由于它的各种器皿的造型和表层的书画都有美的艺术特征。又如洛阳的唐三彩，它仿造出土文物十分逼真，美的艺术特征十分突出。一般说，每一个国家和地区都有自己特有的艺术传统，关键是要保持和发扬，而突出旅游商品的艺术特色，有助于突出本国的民族特色和地方特色。

三、增加精神文化内涵

想要了解其他国家、民族的不同的文化特征，是国际旅游者的一种普遍的心理特征。我国是个历史悠久的文明古国，来我国的旅游者，大都希望了解我国的文化传统。我们在设计旅游商品时，如能在造型和画面等方面，更

多地反映我国丰富多彩的传统文化，诸如故事传说、民间生活、历史成就，就更符合西方人向往东方文化的心理，从而进一步激发和满足旅游者的购买欲。

四、注意品种、规格、型号、价格的多样性

旅游越来越大众化，在庞大的旅游者队伍中，由于各自的经济条件、职业性质、文化水平、年龄大小各不相同，对旅游商品的需求必然也会有很大的不同。因此，旅游商品生产企业，应尽可能做到使旅游商品的规格、型号、价格多样化。

例如，精明的温州人，在北京亚运会前夕，迅速组织生产了一批亚运会吉祥物——熊猫盼盼。这批产品规格、型号齐全，价格高低不等，原材料有竹木制的，也有布帛制成的，有上发条会行走的，也有会说话的，结果成了亚运会上最为畅销的旅游工艺纪念品。

五、讲究装潢

俗话说，人要衣装，佛要金装；三分长相，七分打扮。装潢对于消费者心理会产生很大的影响。它有五大功能，即：信任、美化、联想、便利、安全。过去我国出口人参用麻袋装，价贱难销；改用木盒玻璃纸包装后，每吨价格增加 2.3 万元。

六、方便实用

国际旅游市场上畅销的旅游商品，一般都具有方便实用、小巧玲珑、便于携带的特点。如微型摄影望远收录三用机、随身携带椅、便携式冰袋、太阳能旅游伞、瑞士军刀等，都具有这样的特点。

七、新颖奇特

追新猎奇是人们外出旅游的一种重要动机，这种心理需求在旅游过程中会得到很大的强化，因此，旅游商品的设计应该尽可能做到新颖奇特。

国外生产的各种各样的奇特的雨伞，如音乐伞、香味伞、太阳能伞、催泪伞、合撑伞、积水伞等，这些都成了很受欢迎的旅游商品。

第五节　旅游商品销售服务心理

在旅游商品销售服务过程中，应注意以下几个方面的问题。

一、营造良好的购买氛围，等待时机以便接近顾客

销售服务人员应坚守固定的位置，以正确的姿势待客，并随时进行商品的整理，以期引起顾客的注意。

二、做好商品的陈列和展示，充分体现出商品的价值

一般说来，使用中的商品，以及自己能够亲自操作的商品，比较容易引起人们的注意与兴趣。因此，在旅游商品的销售过程中，应尽可能让游客看到商品在使用时的状态，并让游客有机会自己去感受商品的奥妙。特别是像玩具、电子产品等商品，更应该注意这方面的问题。

珠宝一类的旅游商品，应特别注意其包装物、灯光环境等，以衬托出其高贵的身价。

三、学会察颜观色，找出对所售商品感兴趣的顾客

一般说来，当顾客有以下的表现时，表明顾客对所售商品有一定的兴趣，此时应适时提供说明和推荐的服务：①仔细看商品时；②用手去触摸商品时；③把视线转向营业员时；④脚步突然停止时；⑤像是在寻找什么时。

四、做好商品的介绍、咨询工作，消除顾客的种种顾虑

当顾客对某一商品产生兴趣时，就可能会提出各种各样有关商品的问题，这时服务人员应能做好商品的介绍、咨询工作。为此，服务人员至少必须掌握好以下几个方面的知识：商品的使用方法；制作商品所用的材料、颜色、规格、款式、制造过程；商品的耐用程度、安全性、方便性；商品的流行性、受欢迎程度；商品的性能价格比；制造商（品牌）的信誉保证等方面的知识。

五、对于犹豫不决的顾客，做好商品推荐的工作

有许多的顾客，虽然心中有一种朦胧的购物欲望，但心中并没有明确的想法和目标，在这种情况下，做好商品的推荐工作，就是非常重要的事了。

要想做好推荐的工作，①要了解顾客的潜在欲望和动机，如通过了解顾客的职业、年龄、购物目的、送礼的对象等来判断，顾客可能会对什么样的商品感兴趣；②要对所售商品具有信心，能够明确说出商品的特征和优点；③配合富有感染力的手势、语气，以增强推荐的效果。

六、保障自身的利益，学会识别有不良企图的顾客

例如某饭店商品部的营业员小田，根据自己的经验和判断，曾经成功地

堵住过一些黑卡。有一回，有个人用信用卡在小田这柜台买了几盒烟，量并不大，可在签字时手有点抖，写完第一个字母就犹豫了，想了一会才签完。当时烟组业务正忙，顾客挺多，可小田还是注意到了这个细节。他想，写自己的名字为什么还要考虑呢？但当时这个人已经走了，小田却留了心，果不其然，不久那人又来了，要买300多块钱的烟。小田问他买什么牌子的，他说随便，小田马上意识到这不是正常的回答，于是马上打电话问银行授权号，结果证明这是张挂失卡，一张黑卡堵住了。而在这之前，此人却凭此卡在交电部买了三台录音机和一快手表，一切都顺顺当当。还有一回，有个常来买烟的老外，因为接触的次数较多，彼此可以说是老相识了，平时还时不时地和小田聊天，可有一次他一反常态，要一下子买半箱‘骆驼牌’香烟，小田一看卡，额数超过了，就委婉地对老外说要查询一下，那老外一听就说："咱都是老相识了，还用得着查吗？"小田却坚持打了电话，结果又堵了一张黑卡。

总之，旅游购物作为旅游者旅游消费行为的一个重要环节，旅游心理学研究和探讨旅游者购物心理（动机）、影响旅游者购物心理的因素和旅游商品销售服务心理是十分必要的重要课题。正确、全面认识和掌握这些心理，将对开发、生产和销售旅游商品提供一定的根据。凡是突出本国民族特色、地方特色、旅游点特色而且富有传统的、现代的艺术特色的旅游商品，定能吸引有购物愿望的旅游者购买，并给予满足，使他感到旅游内容丰富满意；或者能吸引本来没有购物愿望的旅游者激发购物的兴趣，促使他即兴购物。尽管旅游商品销售的目的主要是满足旅游者购物的需要，但并不仅限于旅游者需要获得满足，还要通过已购旅游商品的旅游者回去后的传播，可能引起潜在旅游者或可能消费者的兴趣，来激发旅游购物动机。同时，我国旅游商品销售的一个重要潜在目的是，通过商品的"窗口"，对欧美等世界各国旅游者，宣传我国悠久的历史文化、传统工艺美术和社会主义劳动者的聪明智慧所创造的现代化的旅游商品。我国的旅游商品销售体现着我国物质文明和精神文明的水平，它与社会主义中国的声誉息息相关。

思考题：

1. 应用本章理论，根据下述材料，谈谈你对我国开发旅游商品的看法。

1997年国家旅游局组织有关各方分别在北京、上海、广州、深圳、厦门、青岛、烟台、桂林、黑河和伊犁等10个口岸城市开展了1997年海外来华旅游者在华花费情况调查。调查显示：①海外旅游者在华人均花费948.46美元，其中购物花费为217.20美元，占人均花费的22.9%，列第二位；②海外旅游者在华购物的商品种类呈现多类别、多品种，纪念品/手工艺品/玩具类占18.6%、食品/茶叶类占8.1%、景泰蓝/陶瓷类占7.4%、酒/香烟类占6.7%、字画/文房四宝类占6.5%、首饰/珍珠类占4.8%、文物复制品/收藏品类占4.5%、胶卷/电器类占4.5%、地毯/挂毯类占2.5%、其他商品类占9.5%；③海外旅游者对购物场所的选择是：综合商场占28.7%，旅游定点商店占18.8%，集贸市场占14.3%，免税店占13.3%，宾馆商品部占13.2%，景点占11.7%；④我国商品质量仍需改进和提高，海外旅游者认为我国商品质量较好的占28.4%，质量一般的占64.2%，质量较差的占7.4%；⑤海外旅游者对我国商品价格比较满意，认为价格较高的占14.4%，价格适中的占65.5%，价格较低的占20.1%；⑥有1/4的海外旅游者未实现自己的购物愿望，也有1/4的海外旅游者在华旅游时没有充分的购物时间。

2. 下面的小资料给了你什么启示？

希尔顿纽约华尔道夫—阿斯托里亚酒店在原大厅里漂亮的四根装饰性的大圆柱内，安装了若干小型玻璃箱，吸引了珠宝商、香水商抢租。仅租金一项，年增收入3.4万美元，还不计因此增强吸引力而获得较高出租率的收益。

3. 旅游购物对于游客来说，有哪些心理意义？

4. 旅游者的购物动机主要有哪几个方面？

5. 旅游购物服务在旅游业中应占有什么样的地位？

6. 如何为旅游者提供优质的旅游购物服务？

第十五章　旅游资源调查、评价、开发与保护的心理分析

旅游资源是构成旅游活动的三大要素之一，是发展旅游业的基础和主要组成部分。旅游资源的最显著的特点就是能对旅游者产生强大的吸引力，从而为旅游者提供游览、观赏、娱乐等服务，具有较强的心理功效。研究旅游资源的心理影响，对于激发旅游者的旅游动机和兴趣、促成旅游行为、获得经济效益和社会效益具有重要的意义。

第一节　旅游资源调查的心理分析

旅游资源调查是指运用科学的方法和手段，有目的、系统地收集、记录、整理、分析和总结旅游资源及其相关因素的信息与资料，以确定旅游资源的存量状况，并为旅游经营管理者提供客观决策依据的活动。旅游企业的健康发展、旅游资源的合理开发和利用都离不开旅游资源调查。没有调查就没有发言权，仅有调查而无科学的调查，同样没有发言权。要做到对旅游资源科学地调查，就要求助于心理学，研究调查中的心理问题。

一、旅游资源调查的心理原则

旅游资源调查，既会受到某些客观因素的影响，又会受到种种主观因素的制约。就主观因素而言，调查者在以往的社会知觉中形成的习惯化、固定化的社会知觉模式，就是影响调查者进行旅游资源调查时的消极心理效应。具体表现在：

（一）心理定势

心理定势是人们在感知和评价客观事物时的一种心理准备状态，通俗地说，就是人们按照一种固定的倾向去反映现实，从而表现出心理活动的趋向性、专注性。心理定势的基础是原有的知识经验，以至刚发生过的感知觉；还有人的需要、情绪、态度和价值观等等因素。心理定势影响下的知觉，是一种依靠思维的知觉，一般地说，属于社会知觉的范畴。

从某种意义上说，心理定势是人的主观能动性的一种表现，其积极意义是能使人们在认识和评价事物时按一定的系统、模式，有组织地收集信息，从

而使认识和思维活动更有效。但是，心理定势也会成为一种主观框框，为认识活动造成障碍，影响人们对于事物的正确知觉。如旅游服务工作中旅游者经常容易产生的“先入之见”就是一种心理定势，由先入之见而导致的“主观想当然”和“攻其一点，不及其余”“一叶障目，不见泰山”，便是心理定势对知觉的干扰。

（二）以偏概全效应

从哲学上讲，以偏概全是一种形而上学的思想方法。从心理学角度看，是由于人们对事物的某些部分、方面的认识和偏好而造成心理定势，以致在观察事物时抓住一点而不及其余。印度有一个“盲人摸象”的故事，说的是六个盲人分别摸着了大象的腹背、牙齿、鼻子、腿、耳朵、尾巴，于是便把大象说成是如同一堵墙、一把锋利的矛、一条蛇、一棵大树、一把扇子、一根绳子。在调查研究中，抓住一鳞半爪就下结论，便类似于盲人摸象。

以偏概全还表现在好走极端。调查者喜欢作绝对肯定或绝对否定的简单结论，对一些旅游资源认为好就是绝对的好，坏就是绝对的坏，而且容易从一个极端跳到另一个极端。防止这种效应的途径，主要是掌握唯物辩证法，用辩证法的联系的、全面的观点看问题，反对形而上学的孤立的、片面的观点。同时，要注意多实践，多调查，因为以偏概全的发生与实践和调查不周密、不深入密切相关。

（三）情感效应

情感效应指的是情绪、情感的投射作用，是人对事物的知觉受到情绪、情感的影响。例如，奋发有为者会感到“光阴似箭，日月如梭”；忧患困苦者会觉得“长夜难熬”“度日如年”；人高兴时会感到石头点头，花儿含笑，而悲伤时仿佛周围的一切都阴沉忧伤；对喜欢的人常看成是“一枝花”，对讨厌的人则看作是“豆腐渣”，等等。这些都属于在情绪、情感投射下而产生的知觉偏差。旅游资源调查时要避免此类偏差，就要加强情绪、情感的修养，善于对自己的情绪、情感进行控制和调节。

针对上述情况，调查者在进行旅游资源调查时，必须坚持下述心理原则：

1. 客观性原则

从客观实际出发，真实地认识事物、把握事物，这是唯物辩证法的根本要求，是我们进行旅游资源调查必须遵循的最基本的原则。

搞调查，目的是为了找出旅游资源的开发和利用价值，发掘和发挥它潜在的效益。因此，调查研究最核心、最本质的东西就是“真实”。任何调查结论都要在“真实”的面前接受历史的检验。以假做真、以虚为实的调查研究是毫无意义的，除了自欺欺人外，还可能产生消极的后果，因为它披上了

“调查”的外衣，为错误的主张和做法提供了所谓“事实根据”，因而对于左右人的态度或影响的决策危害很大。那么，旅游资源调查如何才能做到“真实”呢？最重要的就是在调查研究中一切从客观存在的事实出发，不附加任何外来的成分，即坚持客观性原则。

坚持客观性原则最基本、最关键的一环是坚持观察的客观性。搞调查，首先要获得关于实际情况的正确反映，保证调查材料的真实性和准确性。因为，“只有感觉的材料十分丰富（不是零碎不全）和合于实际（不是错觉），才能根据这样的材料造出正确的概念和论理来”。要获得这样的材料，必须坚持观察的客观性。

在旅游资源调查中坚持观察的客观性，有一个工作方法问题，但更重要的则决定于正确的思想方法和思想作风。社会生活是复杂的，随时都可以找到某些材料或事例来证实某一种观点。面对纷繁复杂的社会生活，我们是从实际出发，按照旅游资源的本来面目去观察它、反映它，还是按自己的主观愿望去挑选它、剪裁它，这反映了两种根本对立的思想路线——实事求是与主观主义。显然，我们应采取的正确态度是坚持实事求是，力戒主观随意性。在这个问题上，着重强调以下两点：

（1）不能带“框框”。所谓带着“框框”搞调查，就是事先抱定一个主观臆想的结论，以此作为出发点，“按图索骥”，对材料进行取舍。这些“框框”，有的是调查者根据自己的经验和认识在调查之前就形成的判断；有的是调查者仅仅从书本出发，把“本本”作为衡量、取舍材料的标准；有的则是调查者对某个领导的指示或某个名人、权威的观点的照抄照搬。带着这些“框框”去搞调查显然是错误的，正确的态度应当是：不唯上，不唯书，要唯实。

需要指出的是，调查不带“框框”，并不是说无目的无计划地去调查。这个界限要划清。我们调查之前，需要拟定计划或调查纲目。有计划和调查纲目，可以指导我们确定了解旅游资源的步骤、方法、范围和深度，可以少花时间和精力，提高效率。但是，这种计划和调查纲目不应是主观臆造的东西，必须是以被实践证明了的指导原则和对调查对象的初步了解为依据的。而且，在调查过程中，如果发现原定纲目和实际情况不相符合时，还要有勇气随时加以修正甚至推翻。

（2）不能粗枝大叶。一知半解，浅尝辄止，很容易滑向主观主义。有些调查者在调查过程中很不深入，随意看看，随便问问，跑马观花，浮光掠影，满足于“大概”加“估计”，并据此下结论、作判断，这样的调查难免出差错。

2. 全面性原则

在调查研究中，客观性和全面性是密切相联的。客观性原则要求按照事物的本来面目反映事物，但如果不是全面地而是片面地调查研究，则不可能真正做到客观。所以，在坚持客观性原则的同时，还必须坚持全面性原则，即全面把握这个事物对其他事物的多种多样关系的全部总和。

旅游资源是多种属性构成的统一整体，其中有现象与本质、个别与一般、偶然与必然的区别；有本质与非本质、主要和次要的差别。并且，旅游资源都不是孤立存在的，而是与其他事物以各种方式相互依赖、相互作用，形成相互统一的共同体。其中的每一个环节、层次都包含着关于相应事物的真理，但这种真理是不完备、不充分的，孤立片面地理解它都可能使其成为谬误。所以，要实现预期的调查目的，就决不能随意地从个别事实出发，或抓住旅游资源的某一方面就以为是已完全了解它的全貌了。

全面性的对立面是片面性。由于理论素养、知识结构和实践能力等方面的差别，调查者一旦触及具体的旅游资源时，往往容易产生认识上的片面性。片面性是调查研究的大忌，为了克服这些认识上的毛病，坚持全面性原则，调查中需要把握两点。

(1) 力戒偏听偏信。只有获得关于调查对象的完整、丰富、具体的感性材料，才有可能得出正确的结论。因此，作为调查者既要了解事物的这一方面，又要了解事物的另一方面；既要了解事物的现状，又要了解其历史。在访谈过程中，既要听取党政干部和有名望的人的观点，又要听取普通群众的意见；令你喜欢的人的话要听，令你生厌的人的话也要听；悦耳的话要听，逆耳的话也不妨听一听。总之，对于调查研究而言，信息量越多越好。这样，各种人从各个不同的角度谈你所需要了解的问题，问题就“立体化”了，情况就比较明白、清晰了。“兼听则明，偏听则暗”，这是我们应当记取的有益格言。

需要指出的是，全面听取意见，不等于面面俱到，“胡子眉毛一把抓”。搞调查没有必要也不可能把事物的所有方面和全部因果关系都一一调查清楚，也不可能对所接触到的人都普遍进行深入的了解，必须分清主次、有所选择、有所取舍。十样事物，调查了九样，只有一样没调查，如果调查的九样都是一些次要的东西，而把主要的东西丢掉了，这叫舍本求末，这样的调查仍然没有发言权。毛泽东同志坚决反对那种“狗肉帐”式的调查方法。这种方法之所以是错误的，因为它有闻必录，其结果“就像挂了一篇狗肉帐，像乡下人上街听了许多新奇故事，又像站在高山顶上观察人民的轮廓”，当然用处不大。因此，处理好全面和重点的关系是十分重要的。

（2）忌带表面性。要做到“全面”，还必须防止认识上的表面性。所谓表面性，就是不深入到事物的里面去作精细的研究，把现相当本质，为假象所蒙蔽，因而不能透过现象抓住事物的本质。世界上的事物是复杂的，有些现象同事物的本质是一致的，这叫真相；有些现象却同事物的本质相反，是以歪曲的方式、颠倒的方式表现本质的，这就叫假相。假相也是一种客观存在，不过它是从反面来表现事物的本质。我们在调查中所得到的大量材料，反映了各种事物的表面现象，其中难免包含一些假相，这是不足为奇的。有些材料是半真半假的，有的甚至是完全虚假的。在提供材料的人中，有的是有意歪曲事实的，有的是无意歪曲事实的，有的是辗转相传走了样的，有的即使是调查者亲眼所见也会发生错觉。因此，“去伪存真”非常重要。这就要求我们在调查中多看看，多听听，多问问，多想想，善于把假相同真相区别开来，通过现象看本质，以求得对事物全面、深刻的认识。

3. 动态性原则

社会生活中的一切事物和现象，无不都是物质运动的形式，“一切都在流动，都在不断地变化，不断地产生和消失”，因此，在调查研究中，必须按照事物本身的面貌加以考察，从事物的自身运动过程认识事物，把握事物的内在规律，这就是动态性原则。这个原则特别强调调查对象的过程性和具体历史性，即要把对象看作是一个受一定的社会历史条件制约的，由其内部和外部的各种矛盾推动着，永远在变化、发展的整体。

动态性原则要求在调查研究中用发展观点看问题，就是要把一切事物都如实地看作发展变化着的过程，着重了解和分析被考察对象运动过程的特性、变化、机制、发展方向及其趋势。也就是从事物自身的运动去把握事实，对事物要从历史到现状，从现状到历史，搞清事物的来龙去脉。既要知道它的今天，又要知道它的昨天和前天；既要分析事物存在的理由，又要找出它变化的根据；既要把握它的必要性方面，又要掌握它的可能性方面。如果割裂事物发展变化的过程，就无法解释它产生的原因和运动趋势，也难以把握事物的本质。

调查研究作为人们对客观事物认识的一种途径和方式，存在着有限性和无限性的统一。就其一次调查来说，是有始有终的、有限的。一般来说，只要以实事求是的态度对事物进行全面深入的调查研究，是可以得出正确结论的，但是，这种结论也只能是相对的。因为客观事物永远处于无休止的运动和变化中，决定了人们认识没有顶点、没有止境，永远不会停留在一个水平上。即使熟悉了昨天的情况，未必就熟悉已经变化了的今天的情况。所以，不能局限于一次调查，也不能满足于已得到的调查成果，而需要不断调查研究，不断总结经验，不断提高认识。

坚持动态性原则，还要求我们在调查中重视对动态资料的收集和分析。所谓动态资料主要是指人的主观意愿与现实活动方面的资料。动态资料反映了人们的认识、态度、需要、动机以及现实活动等方面的实际情况和发展趋势，它对于我们认识旅游资源、把握旅游资源的一些本质特点具有非常重要的意义。当然，调查中也要注意收集已成为历史事实的情况和统计资料，这类静态资料往往能够提供动态资料所必需的背景材料及基本情况的统计数据，并有助于提高调查效率。但是，调查不能见物不见人，而人的主观方面的因素常常处于变动不居状态，信息价值高，因此，我们必须重视动态资料的收集，重视考察和分析群众思想、群众情感、群众意见，重视对社会需求、社会满足程度等“民意”的了解及趋势预测，从而敏锐地发现和认识旅游资源的新事物、新情况、新问题。

4. 定性和定量相结合原则

任何事物都有质和量，都是质和量的统一。要客观而又全面地认识事物及其发展规律，在调查中必须坚持定性与定量相结合的原则。这个原则要求我们认识事物必须从质和量的结合上来把握，既确定它的性质，判断其质的规定性；又重视它的规模、速度、范围、程度等数量关系，考察其量的规定性。

定性和定量都是观察和分析事物的重要手段和方法。它们各有所长，各有侧重，密不可分，相辅相成。定性分析的重要作用表现为它是我们观察、认识事物的起点，能够帮助我们从质上划清一事物同其他事物的界限，区分各种社会现象和有关事物的质的差异性。这一点有助于我们在调查中认清矛盾的性质，分清事物的本质与现象、主流与支流。正是从这个意义上说，定性是认识事物的开始，是认识量的前提，是定量分析的基础。定量分析在调查中也具有重要作用。在确定了事物性质后，对事物进行定量分析，就能更全面、更精确、更深刻地认识事物。因为，在没有对事物进行定量观察，弄清其数量关系，找到决定事物质的数量界限之前，对事物性质的认识应当说还是初步的、肤浅的。只有当我们对接触到的事物作了质的区分，而且又对同一类型的事物作了量的分析以后，才能对调查对象的认识不再停留在对其性质的大体轮廓的了解上，而是更具体、更生动、更准确、更全面，从而更深刻地把握它们的质的规定性。

由上可见，定性和定量对于我们认识事物都是至关重要的，而且它们不能相互取代、彼此割裂，只能有机地结合在一起。这是保证调查观察和分析研究的科学性的一个重要原则。

定性与定量应当有机结合，但是我们在调查中还需强调对事物进行数量的测定和解析。我们进行旅游资源调查时，通常会犯这样的错误，往往对定量分析重视不够，有的甚至仅凭自己耳闻目睹的几个事例，就随意作出定性的判断，因而难免产生主观性和片面性。要克服这方面的毛病，我们在调查中必须胸中有“数”，即是说要搞清楚事物的量，问一问它是特殊的、偶然的，还是普遍的、必然的。应当知道，局部的真实并不等于全局的真实，调查不能只靠自己耳闻目睹一二个事例，更重要的是掌握准确的数据统计。

我们强调对量的把握，但也须注意，表现质的量才是具有认识意义的量，掩盖着真相的量收集得愈多，离认识质的距离愈远。因此，调查者在资料面前应抱客观的态度，对量的含义要随时注意分析。总之，从量与质相结合的角度去观察事物、分析问题，比单从一方面去分析更容易接近真理。

上述四个原则是旅游资源调查中应当遵循的重要的思想方法和工作方法。当然，它们并没囊括调查方法论的所有原则，而且也不是模式化的硬性规定。它们的功用不在于具体指导调查的操作细节，而在于影响和制约调查正确进行的方向和途径。

二、有关调查方法的心理效应

（一）典型调查法的心理效应

典型调查法根据旅游资源调查的目的和任务，在对被调查对象进行全面分析的基础上，有意识地选择一个或若干具有典型意义或有代表性的旅游资源进行调查研究，借以认识同类现象总体情况的调查方式。

1. 要注意典型选择的心理问题

这是保证典型调查法的科学化的最基本、最关键的一环。典型选得准确、恰当，就有可能以点带面，事半功倍；反之，就可能是以偏概全，事倍功半，甚至徒劳无功。因此，我们应首先注意把好这一关，全力做好选取典型的工作。而要想做好这一点，不妨从以下几方面着手进行：①确定典型标准。什么是典型？哪些旅游资源可以作为典型？一般来说，所谓典型，是指同类中最具代表性的事物，代表性越高，典型性越强。据此，就应该选取在自身中能体现同类事物在一定时期内比较普遍而稳定的性质或特征的个体作为调查对象，那种稀奇少见或转瞬即逝的，带有很大的偶然性的个别事物，一般不宜作为典型调查的对象。另外，我们还应注意，不同的划分标准，可以有不同的类型，不要把典型机械地理解成只有一种模式、一种“样板”。只有准确、全面地理解了典型的性质及其划分标准，才能正确地选择典型。②总观全局，慎重选“点”。典型作为个体，其意义是在与全体的比较中才显示出来的，不首先对全局有一个整体上的初步的认识，就难以准确地确认典型。因此，我们初步了解某一旅游资源时，应对有关背景材料做一全面了解，同时听取各方面的介绍，包括领导方面和群众方面，然后对他们提供的情况加以比较分析，再根据自己调查课题的需要，来确定选取哪些作为调查重点。因为，并不是人们提供的一切典型都是自己的调查课题所需要的，而且典型调查的意向性，明确要求调查者不能盲目地“乱点鸳鸯谱”，而应慎重地进行理性的选择。否则，就难以辨认真典型与假典型、老典型与新典型之间的区别，把假典型当作真典型、把老典型当新典型来进行调查，就很难得出正确的、符合时代真实的正确结论。

2. 要注意调研过程中的心理问题

这是典型调查达到对调查对象的定性认识的必由之路，因为不经常地接触典型，对典型基本的情况都不熟悉，就根本谈不上认识典型的性质与特征，不深入地考察典型，也难以透过各种外部表现来深刻地洞察其内在的根本性的问题。而要做到这一点，我们不妨学学党政干部搞典型调查时下基层“蹲点”的方法。所谓“蹲点”，实质上就是选取了典型对象之后，在一定时间里对其进行经常性的接触与考察，直到查明情况，找出对策为止。旅游资源的典型调查虽不能机械地模仿这种做法，但道理上是一样的，那就是既然选定了某一典型对象，就不能浅尝辄止、轻意转移关注的焦点，就不能如蜻蜓点水一般，而应集中精力，围绕典型对象进行不间断地、多方面地了解。什么时候需要了解的问题、需要掌握的材料都基本得到，有可能形成对该对象性质的正确认识，什么时候调查才能告一段落。否则，掘地百尺，尚未汲泉而止，纵令掘挖千百处，也终归徒劳而无功。我们在作典型调查时，应切戒此类毛病。

3. 要注意调查结论的心理问题

有的典型人们称为“墙内开花墙外香”。为什么会出现这种情况？一种可能是“墙内人”居于“芝兰之室”，“久而不闻其香”，因司空见惯而产生适应，反而觉得不足为奇。另一种原因可能是总结时“水分太大”，因而使了解实情的“墙内人”心中不服。可见典型总结必须实事求是，不应添枝加叶，人为地加工拔高。

人们还曾把有些典型总结称为“厨师做菜”，所用的原材料本来很普通，但由于制作技术高超和配以种种佐料，却作成了美味佳肴。如同《红楼梦》中贾府的“茄子菜”，茄子本身平淡无奇，但经贾府厨师用高级佐料配制起来，居然味道大变，山珍海味不换，致使农村来的刘姥姥啧啧称赞。我们搞典型总结绝非“做菜”，调研者不应作“贾府的厨师”，不应添油加酱，不允许像写小说那样夸张以至虚构。

另外要严格界定调查结论的适用范围。典型虽然是同类事物中较有代表性的部分，但它毕竟是普遍中的特殊，是一般中的个别。因此，典型之所以成为典型，往往是由于它还具备着一些为其他同类事物所不具备的主客观因素。根据对典型的调查得出的结论也只能是在一定程度上，而不能完全地反映同类事物的共同特征。这就要求我们应慎重地对待典型调查的结论，对各种结论要有明确的、严格的界定和说明，指出它的适用范围，而不能简单地把它绝对化、扩大化，不能用这种典型调查的结论去解释一切同类问题。

（二）实地观察法的心理效应

1. 实地观察法及其心理特征

实地观察，顾名思义，它是调查主体运用感觉器官对旅游资源进行直接感知的活动，与其他各种调查方法相比，它在获取信息的过程中有着自己的特点，具体表现在：

（1）感知活动的复合性。心理学告诉我们，事物具有不同的属性，它们作用于人的不同分析器而产生不同的感觉和知觉。反过来，人们在进行感知活动时所产生的各种感觉和知觉，能够反映同一事物的不同侧面，把不同的感觉和知觉复合在一起，也就可以形成对事物较为全面的认识。在实地观察活动中，观察主要是用眼睛进行观看或注视，但视觉并非唯一的观察形式。除此之外，人的味觉、听觉、嗅觉、触觉等在观察活动中也起着重要作用，它们和知觉一起相互补充，从而在人的意识中复合成对事物的整体认识。在实地观察时，充分调动各种感官的功能，可以在较短暂的时间里获取关于旅游资源的大量信息，形成对事物的"多维度"的认识，而这种认识的"多维度"性，正是各种感觉复合使用的结果，是其他调查法所难以具备的。

（2）观察对象的被动性。一般来说，实地观察时，调查者不能改变或影响被调查对象的本来状态，整个调查活动基本上都是调查者单方面的观察，而被观察的对象，被动地处于观察者的观察之下，正因为如此，实地参观才能获取真实的而不是经过人为改变以后的生活信息。如调查旅游者对某一旅游资源的反映，旅游者通常不停止游览的内容来与我们交谈，而是继续他们的游览活动，

（3）对事物评价的主观性。实地观察过程中旅游资源作为静止的事物，因此调查以后观察者形成的也就没有影响成分，因而带有"主观色彩"。当然，这里所言的"主观性"，不能理解为主观主义的凭空臆断，而应看作是调查者在基于自身的各种感知活动之上而作出的相对独立的判断，它同样是客观现实的反映。

2. 心理学原理在实际观察法中的运用

（1）充分调动各种感官的感知功能。上文已谈到实地观察法中感知活动的“复合性”，它是这种调查方法最主要的长处之一，但有些调查者却不善于充分发挥这一长处，在具体进行观察时，要么只会注意听他人的旅游资源介绍，而忘记同时应用眼睛去注视四周的场景，以之来印证他人介绍情况的真实性；要么只会聚精会神地睁大眼睛瞧看，却不善于同时发挥听觉、触觉等功能，结果就把大量关于旅游资源的信息都隔绝在认知世界之外。因此，我们在实地观察时，应当调动全身各种感官，打通接受信息的各种“渠道”，以便尽可能多地在同一时间里获取外界信息，然后才有可能把这些信息复合起来，构成对某一问题的综合的立体的认识。

（2）自觉运用有意注意进行观察。在心理学中，人的注意被分为有意注意和无意注意两种。其中有意注意是指人们根据一定的目的而使认识活动指向或集中于某一目标；无意注意则是毫无目的的随机性很强的心理活动。很显然，在实地观察中，要想获取对某一事物的正确认识，应该而且必须自觉运用有意注意，即把自己的注意力集中指向那些与调查主题或目的密切相关的事物上。而要做到这一点，不仅要求观察者要提高对实地观察活动意义的认识，而且要求他不断排除各种分散注意力的干扰因素。例如，当自己感到旅游资源不是很吸引人因而注意力不集中甚至意识“开小差”时，就应及时提醒自己“不能仅凭兴趣干事”，以便维持有意注意的稳定和持久。否则，心不在焉地“走马观花”，什么有趣就看什么，哪里热闹就到哪里转转，注意力没有固定的目标，更缺乏长时间的兴趣，那样是很难观察到什么有价值的问题的。

（3）以思维指导观察活动。严格地说来观察也是人思维活动的结果，但时常有人误以为观察最省力，不用动脑筋。实际上没有思维的积极参与，要想使对旅游资源的感性认识上升为理性的评价或判断，是根本不可能的。我们在进行实地观察时，应该积极开动思维机器，边观察边思考，凡事多问个“为什么”，并且带着疑问去观察，就有可能得出为一般人所难以意识到的有创见的结论来。

（三）访问法的心理效应

1. 询问调查是以调查访谈询问的方式了解旅游资源情况的一种方法

应用这种方法可以从所在地的部门、居民及旅游者中，及时地了解没有记载的事实和难以出现的现象。整个访谈询问过程是调查者与被访问对象相互作用、相互影响的过程，访谈询问成功与否，主要取决于与被调查者的密切配合，以及调查者事前的各种准备工作和对访谈技巧的掌握应用。

（1）访问是访问者与被访者之间的言语的双向交流过程。实地观察中观察者没有与对象进行言语交流，而访问没有这一点就无法开展，整个调查过程，都是在访问者的提问与受访者的回答的多次反复中完成的；实地观察往往从实物图貌中获取印象，再从印象中形成对现象的认识和评价，而访问法则借助语言直接从他人的答话中获得有关信息。

（2）交谈双方存在着主动和被动关系。尽管访问法是双方言语的交流，但二者在谈话中的角色是不同的。访问者的目的是明确的，为证明某一理论假设或了解某一方面的情况，他必须主动发问，而且必须及时掌握和控制话题方向、节奏和谈话方式等，以便整个谈话过程紧紧围绕调查主题而展开。而受访者则根据对方的提问来回答有关问题，他只需同提问者积极配合，为其提供所需的信息。因此，在整个交谈过程中，访问者处于主动地位，受访者处于被动地位。当然，这并不等于说在具体实施时，访问者可以任意控制或支配受访者，而受访者只能一味听其指使，事实上，成功的有效的访问往往是在双方建立的平等互助合作的关系或氛围中进行的。

（3）访问中包含着一些非语言因素。访问法获取信息的最主要途径是受访者的回答，但是人们思维的结果（包括情感、态度、观点等）并非仅仅通过语言来表示，还有许多非语言行为如手势、眼神、表情、姿式等也能表达人的主观心态。例如，当你向一位普通群众问及对某一景点的看法时，他可能口头上说很好，可是他嘴角边同时流露出的一丝不在乎的微笑却说明他对一景观略有不屑。人们表达思想或情感方式的多样性，决定了在询问法中，调查者应高度重视各种非语言因素，因为这些因素不仅证实受访人提供的有关材料，而且有时也能“证伪”某些材料，从而避免被某些假象迷惑的情况发生。

（4）访问具有一定的“弹性”。这里所谓“弹性”，就是在访谈过程中可能出现的各种变化。由于调查对象是有生命有情感的个人，而不是固定不变的物体，因而在访谈过程中会因对方心境、情绪等的变化或因环境条件的变化而影响预定的访问进程，有时甚至会改变谈话的中心。例如，事先约好访谈时间，但受访人突然有事外出；或者谈话时有其他人参加进来，受访人因有所顾忌而开始缄默不语；或者受访人兴致很高，不仅积极回答访问者的各种问题，而且还主动提供其他方面的情况。等等情形都使访问调查充满了一种随机性和伸缩性，很难有一个统一规范、一成不变的访谈过程。

2. 询问对象的消极心理及对策

询问对象是指向调查者反映情况的人，它包括居民、旅游者、旅游工作人员等。询问对象能够畅所欲言，是旅游资源调查取得成功的重要条件。而要做到这一点，就要研究调查对象的心理反映，注意排除其消极心理。

询问对象的消极心理主要表现为迎合心理、应付心理、盲从心理、从众心理等。针对这些消极心理，我们应注意采取一些心理策略。

（1）要注意自身仪表与气质。在面对面的谈话中，影响受访者情绪的重要因素之一是访问者的形象。我们就要注意穿着打扮不要过于时髦，而应朴素大方，以便缩小与受访者的差距。如果去一些偏远地区进行调查访问，如果穿得过于衣冠楚楚，就会使受访人从心理上产生一种隔膜感，彼此间很难形成亲切自然的交谈氛围。同样，我们还要讲究气质的美，既坦诚真挚，又稳重理智，以便赢得受访人的信赖，为交谈创造良好条件。

（2）要善于灵活掌握访谈程序。把访谈看作是调查过程中的一个阶段，它自身还有一个程序或访谈步骤，了解这一程序或步骤，可以使访问深入完整。一般而言，访问法实施时要经过以下几个程序：①接近被调查者；②提出问题；③引导和追询；④访问结束。

在访问过程中，以上四个程序往往重叠进行，且因为访问情景或环境的不同而有各种具体变化，具有较大的灵活性，因此作为访谈者应注意讲究访谈的技巧和艺术。

（3）创造良好气氛，避免"冷场"现象。"冷场"现象常常出现在集体言谈的开始阶段，主要是因为参加座谈者最初有一种不适应感，其实这是许多集体会议都会出现的暂时现象。在遇到这种情况时，不要过于着急，而应考虑做好三件事：①把举行本次会议的意义和作用讲清楚，以引起参与座谈者的重视，使他们感到，提供信息和反映情况是他们应尽的责任，并且在未来的决策中可能有他们的意见或建议在起作用，这种责任感和"价值观念"可以促使他们主动发言，打破"冷场"局面。②善于运用生动活泼的语言来活跃座谈气氛。开会固然是一项很严肃的了解情况、反映问题的活动，但严肃并不等于不能有幽默、诙谐等。在开会时，我们如能根据调查对象的基本特征，不失时机地提出一两个有趣的话题，对于解除与会者的压抑、拘谨心理，活跃气氛是很有效的。③进一步申明开会原则，其中包括，平等原则，即参与座谈者一律平等，大家都有反映情况、表达观点的权利，干部和群众的意见同样重要；自由原则，即会场一般自由发言，有话则长，无话则短，知无不言，言无不尽；保密原则，即如果座谈涉及某些复杂或敏感的问题，应保证对座谈者的谈话不署名、不录音等。申明了有关原则，可以使与会人员心情舒畅、毫无顾虑地发表谈话，"冷场"问题就迎刃而解了。

（4）保持"中立"态度，不褒此贬彼。开座谈会时，作为主持人应注意不要过分明显地流露出主观偏向，要认真倾听每一个发言者的谈话并进行记录，尤其是当某一问题在座谈者之间引起争论时，更要努力保持“中立”立场（当然，对有明显错误的言论应立即予以制止），因为只有这样，才能最大限度地调动每一个座谈者的积极性，充分了解有关情况。

第二节 旅游资源评价的心理调控

旅游资源的评价是在旅游资源调查的基础上，对旅游资源规模、质量、等级、开发前景及开发条件进行科学分析和可行性研究，为旅游资源的开发规划及管理决策提供科学依据。

一、旅游资源评价心理调控的意义

（一）通过心理调控，可以使评价的准备更加合理充分

对于评价的组织准备，从心理学的角度分析来看，要特别注意人员组成的心理结构合时性。诚然，评价人员的知识结构是重要的，但是思想品德、素质能力及其他心理状况更是不可忽视的方面。例如，如果某一评价小组是由一些顺从、主动性差、优柔寡断的人员所组成，工作就会缺乏生气，从而影响评价活动的顺利开展。反之，倘若全部由独立性强、易急躁冲动、情绪不稳定的人员组成也将难以互相配合、协调一致、踏踏实实做好工作。

评价的思想准备就其心理学内容而言，主要体现在评价态度的端正上。评价态度是一种内在的心理倾向，决定着参评者在评价活动的心理取向。它主要反映在两个方面，即主评对评价对象的态度，以及对评价活动本身的态度。例如，参评人员对评价持“无所谓”的态度，就会使他们对各种活动敷衍应付，马马虎虎，自然会影响评价的效果。因此，我们在评价活动的准备阶段就必须强化正确的评价态度，以求提高评价效益。

（二）通过心理调控可以保证旅游资源评价活动的实施得以顺利进行，更好地完成各环节的任务

参评者的心理状态、个性倾向及行为方式对评价的实施过程影响特别明显，因而在实施过程中的心理调控也更为重要。表现在信息收集与分析的环节上，主评心理状态能直接影响信息资料收集的真伪、全缺和快慢。例如，倘若主评对评价对象抱有成见，致使对不足之处分外挑剔，对其优点充耳不闻、视而不见，影响对信息的获取、分析与整理。表现在结果的解释和结论的确定上，主评的心理倾向以及各种心理影响尤为突出，这是造成评价偏差的重要原因。例如，在评价活动中，不少情况是一种集体评价，此时主评由多人组成，以求结论更加准确客观，但是如果不注意心理因素影响，就很容易出

现评价偏差，这是由于集体评价往往是在同一时空的条件下，对同一评价对象发生意见，这时人际影响十分突出，其结果容易造成相符行为，也就是说，某些人的意见和行为，出于各种原因，与他人的行为、意志相符合。比方说，有的人根据集体中持某种评价意见人数的多少，作出符合大多数的意见的评价；有的则为了保持同行的融洽关系，表现出一定的从众行为；有的屈从于某种权威人士的意见；也有的因缺乏自信而遵从他人的评价结论。这种不负责任的人云亦云，随波逐流，影响了对问题的深入分析和探讨，不同的意见不能充分地发表，不合理的结论得不到及时修正，自然会影响评价的准确性。可见，在评价的实施过程中，重视和加强心理调控是非常必要的，它有利于我们有效地克服各种不良因素的干扰，使评价更加合理。

（三）通过心理调控可以使评价的功能得以全面发挥，圆满实现评价的目的

心理学认为，人的个体行为规律是：需要决定动机，动机支配行为，行为指向目标。在这里，动机具有十分重要的作用，它驱动和诱发人们的行为，规定行为的方向和力度，是产生行为的直接原因。一个人的工作成绩，不仅与他的能力有关，而且与其动机激发程度也有极密切的关系。因此，为了更好地使评价产生良好的效益，就要研究人的需要，研究激发动机的规律。

综上所述不难看出，无论是评价前、评价中还是评价后，主评心理状态和心理倾向的影响是明显的。所以我们必须认真研究评价全过程的心理活动形式和规律，特别是要研究产生消极影响的心理现象及其形成和发生的规律，探讨心理调控的方法和措施，以求克服消极心理的不良影响，确保评价的客观性、准确性和有效性。

二、主评人员的心理及调控

（一）主评心理与评价偏差

一般地说，评价在多数情况下是一种集体评价，主评由多人组成，评价过程中经常需要阐述自己的观点和意见，此时的人际影响往往造成对评价的干扰。其表现形式主要有从众、服从、暗示、感染等。

1. 从众心理

从众是指在他人影响下放弃个人意见而与多数人保持一致的社会心理行为，这是由实际存在的或自感的群体压力所造成的。按表现的程度可分为：

(1) 表里皆从型。即不仅在表面行动和意见上与群体一致，而且在内心世界也的确放弃了个人意见，从感知、判断到态度、信仰和行为完全与多数人一致。

（2）表从里不从型，又称服从型。这种情况虽然也是在受到群体压力后才表现出来与大多数一致的行为，但内心仍坚持自己的意见，只作表面的服从。

（3）里从表不从型。即在群体影响下，对众人的意见从内心已经同意，但碍于面子或情绪上的原因，在表面上仍固执己见。

旅游资源评价中所说的从众现象主要是指前面两种。分析其心理机制有下列情况：有人缺乏自信，对多数人无条件信任和依赖，从而处处遵从集体意见；有人在评价集体中的相对地位较低（包括学术上和职位上），发表意见则尽量向众人靠拢，不愿坚持自己的正确观点；有人喜欢参照与自己条件相类似的人的态度，作出彼此接近或相同的评价；有的人则出于对群体内部融洽关系的考虑，表现出一定的从众行为，等等。他们都是在集体意见和舆论的压力下，自愿或不自愿地放弃了自己的观点。

对于从众行为，应作具体分析，一般情况下，多数人的意见，其正确的可能性是较大的，因此在研究问题时，认真考虑这些意见是十分必要的，经过分析思考，确认自己的观点不合理时，及时放弃自己的意见对于迅速作出正确的结论是有益的。但是，如果凡事不经过自己的思索，只听别人的意见，随波逐流，人云亦云，或者明知他人的观点有问题，也不提出异议，进行认真讨论，这些做法都是有害的，不利于评价的正常开展，容易给评价造成偏差，是不足取的。

2. 服从心理

服从是按照社会要求、群体规范或他人意志而行事的社会心理现象。服从类似于从众，但又区别于从众。从相互作用的关系上说，从众多是与众人一致，而服从既可服从众人，也可能服从个人，即服从于某些权威人士。从作用的程度上说，从众自愿的成分较多，而服从有更多的强制因素。

造成服从的原因，从外部影响来说有两种情况，一是在一定的社会要求、群体规范下的服从；二是对个人权威的服从。在旅游资源评价活动中，影响评价准确性的主要是后一种，一般有两种类型：一种是钦佩型，这种权威性的建立在对权威人物的尊重甚至是迷信的基础上的，此时权威人物的见解被确信无疑；另一种是惧怕型，出于权威的某些方面有威慑或控制作用，如职位的原因，使服从者迫于权势而服从。就服从者的个性特点分析，有以下特点者易于服从权威指令：①重视社会压力和个人行为的社会价值。②善于强制和压抑个人内心的情绪体验。③思想方法简单，常对事物进行绝对性的思考和评价。④刻板印象较深。⑤好追求权力地位。⑥习惯于绝对服从上级，等等。

对旅游资源评价中的服从现象应进行具体分析。一般地说，群体意识或权威意见，在多数情况下合理的，评价者恰当参照这些意见，并经过独立思考，及时同意这些意见，对于统一集体评价结论，协调各种评价观点具有重要意义。但是，对于权威意见不加思考地无原则服从，或者明知某些观点有问题，但迫于压力，无可奈何地口服心不服，就破坏了集体评价的民主气势，正确意见和建议得不到阐述和采纳，不恰当的评价得不到及时更正，势必造成评价的偏差，这是必须认真克服的。

3. 暗示现象

暗示是在无对抗条件下，通过语言、行动、表情等，对他人的心理和行为发生影响，使他人接受某种观点或按一定方式活动的心理现象。暗示在生活中是较为普遍的，它常以含蓄、间接的方式使人相信从而接受并产生相符行为。在教育评价中进行集体评价时，也常出现暗示现象。一般地说，下列情况易产生暗示：①德高望重、见多识广、地位高、权力大的人在评价过程中的言行易使人受暗示。②多数人的行为观点和意见易形成暗示。③从时空因素上分析，评价时先发表的意见，容易造成先入为主的印象，产生暗示作用。④从受暗示者的角度看，顺从型的人或知识、能力水平低者易受暗示的影响。在集体评价中，为了集思广益，更有效地发挥群体优势，使评价更完善、准确，应注意暗示现象造成的不良影响。

4. 感染现象

感染是在语言、表情、动作等的影响下使他人产生相同情绪和行为的一个社会心理现象。感染与暗示的共同之处在于它们都是在无压力的条件下产生的，是一种无意识的屈从。所不同的是感染更偏重于情绪上的影响。在集体评价时，某些评价者的情绪有时会造成感染而影响别人，特别是在这些评价意见和情绪受到一些人的赞赏时，更容易影响他人，而且这种影响在性格及价值观等个性特点和倾向相近的人中间更易发生作用。例如，有的评价者在评价时表现出常有宽慰的怜悯性情绪色彩，而且这种评价意见得到了一定的支持，或者该评价者具有一定的影响力，这时其他评价人员往往会受到感染，不由自主地赞同这种评价意见和观点。

一般说，感染在集体评价中对于协调和统一大家的意见，具有一定的积极作用，一种正确的观点和积极向上的情绪，通过感染可以使评价集体和谐地开展评价活动，迅速获得正确结果。不过，必须注意感染在评价中的消极作用，因为在较强的感染下，有些不同的意见容易被自行湮灭，影响正常的争辩和讨论，造成评价结果的失真。

在集体评价中，除以上几种心理因素容易造成评价偏差外，还有模仿心理、偏见等，我们都应引以注意，以求有效的预防、控制和排除其不良干扰。

（二）主评心理调节与控制

由以上讨论可以看出，影响评价的心理因素是十分广泛的，因此，作为减少或消除这些影响的对策——心理调控也必须是全面的，不仅要涉及一般的心理因素，而且应该注意主评的思想觉悟和道德水准、工作能力、知识经验等。

具体地说，从内容上看、应注意如下几个方面：①评价者应具有较高的思想觉悟和道德修养。我们知道，旅游资源评价具有导向、鉴定等功能，这些功能的实现不仅取决于方案的正确、合理性，更在于实施评价主体的思想品德状况。评价者要依据客观标准作出符合实际的评价，就必须热爱旅游事业和所从事的评价工作，态度认真负责，评价公正不偏、一视同仁，不因个人好恶或恩怨施于评价，团结合作。②评价者应该具有一定的实际工作能力，掌握一定的评价知识和工作中的具体方法与技术，包括评价的组织方法，有关指标体系的设计、内容、结构的知识及使用方法，收集评价登记处理的方法，处理评价信息的方法，评价结果解释和分析的方法，以及对评价的再评价的方法等。③评价者应具有一定的自我意识，自我评价和自我控制能力，具有良好的心理品质。对此，要求主评必须加强自身修养，要充分认识自己的责任和地位。在评价活动中，主评的态度和言行，要对评价的组织、决策部门负责，要对评价组织成员负责。因此评价者要不断提高政治素养和思想水平，提高自我意识，要从反射的“我”认识现实的“我”，要注意他人心目中自己的形象，不断在他人对自己的评价中认识自己，要在评价活动中陶冶自己的情操，主动克服不良心理倾向，提高心理素质。

从调控方法上讲，主要应做好以下几件事：①要选拔合适人选，选拔的具体要求应视评价的对象和内容而定。从总体上说，要在人员素质上提供保证，注意入选人员的思想觉悟、道德水平、心理品质、工作能力和经验，以及与评价有关的知识掌握情况。建立评价组织时应注意整体素质与人员结构，使之具有较强的代表性和工作适应性。②搞好教育与培训。采取平时教育与集中培训相结合的方法，保证评价人员的素质不断提高。要加强思想品德教育和政策法规教育，学习有关文件、标准、规章评价的一般理论和具体方法，学习评价方案的设计原理与方法，学习评价的组织实施的具体要求与程序，学习种种调查的方法技术，学习数据的统计、处理以及对结果的解释方法等。③加强管理与监控。要按既定的程序实施评价，要制定必要的规章制度，严格按章办事，加强监督环节，保证信息通畅，及时检查，及时反馈，及时改正，以克服各种消极心理效应的负面影响。要加强评价过程的组织领导，评价的组织领导人员，要准确把握心理动态，适时排除影响评价客观性的各种心理障碍。要注意审核验收，做好评价的再评价，提高评价人员的重视程度，自觉进行自我调控，要不断总结经验，不断提高评价质量。

三、旅游资源的心理学评价方法

（一）心理物理学派

心理物理学派的代表人物有丹尼尔和布雅夫等人。该学派把风景与风景审美理解为一种刺激—反应的关系，将心理物理学的信号检测方法引用到风景质量评价中，通过测量公众对风景的审美态度获得一个反映风景质量的量表，然后将该量表与风景组成成分之间建立起数学关系。其基本思想是：人类具有普遍一致的风景审美观，可将之作为风景质量的衡量标准；风景审美是风景与人之间的共同作用过程，风景质量评估在于建立反映这一作用关系的定量模型；人们对风景的审美评判，可以通过风景的自然要素来定量表达。风景质量评估操作过程分为：测量公众平均审美态度，以照片和幻灯为工具获得公众对所展示的风景美感评价；确定所展示风景的基本要素；建立风景质量与风景的基本要素间的相关模型；将建立的数学模型用于同类风景的质量主体。应用较为成熟的是风景类型的森林风景。

例如，丹尼尔等以阔叶草K，小于16寸的林木胸径X，下层灌木G，禾草H，采伐残遗物C，小于5寸的林木胸径P，5～16寸的林木胸径T等七个因素评估西黄松林的风景质量S。评价模型为：

$$S=(0.2K+0.60X+0.26G+0.04H)-(0.1C+0.001P+0.02T)-3.87$$

（二）心理学派

又称认知学派。该学派侧重于研究解释人对风景的审美过程，把风景作为人的生存和认识空间来评价，强调风景对人的认识作用在情感上的影响，试图用人的进化过程及功能需要来解释人对风景的审美过程。其代表性的理论观点有：阿普尔顿的“了望一庇护”理论，指出人在风景审美过程中，总是以猎人和猎物的双重身份出现，用人的生存需要来解释、评价风景。卡普兰夫妇以进化论为前提，从人的生存需要出发，提出了风景信息观点，逐步完善了风景审美理论模型，认为人在风景审美过程中，既注重风景中那些易于辨识和理解的特性，又对风景中蕴藏的神秘特性信息感兴趣。此后，金布利特对森林风景神秘性进行研究，发现障景视距、空间局限程度、可及性、林中光线等因素决定着森林风景的神秘性。乌尔里希进一步将进化论美学思维同心理学情感学说结合，认为在人的风景审美过程中，最初的情感至为重要，直接表现为赏景者对眼前的风景的兴致，在此基础上产生进一步的或深入欣赏或回避的行为。这一过程对于赏景者对风景的认识、评价及相关行为有重要影响。

（三）形象评估法

旅游者是旅游产品与服务的消费者，游客往往根据一项旅游资源留给他们的形象、经历来确定他是否前往某一旅游区。这就要求我们评估某一旅游资源时要回答 3 个问题：①对某区域旅游资源人们具有什么样的形象？即确定形象存在与性质。②形象有多大价值？它是令人愉快呢，还是令人生厌？针对这一问题的研究要描述并预测旅游区景观变化的影响。③某特定的资源具有什么样的质量？在评价时要客观，避免价值观的主观性，以准确地反映资源的“独特性”。

最新研究旅游资源评价的理论与方法是由世界旅游组织（WTO）提出的“商标形象”评价法，即某种形象稳定持久地促使某个国家的名字深深印入游客的头脑中。商标形象的典型例子是加拿大的枫叶、法国的艾菲尔铁塔。这种评价法是把一个国家作为一个整体来评价，而非针对某一项特定的旅游资源。这种方法的核心是：

（1）详尽分析现状。主要对 6 种资源的强项与弱项作详尽的分析，有自然环境，社会文化环境，政府对旅游业的支持，基础设施，经济状况，旅游规划与资源管理。

（2）确定合适的商标形象。通过对光顾该地的游客作旅游动机调查及选定的相关人士的调研，确定这个国家的形象。

（3）开发并销售新形象或修正旧形象。

使用 WTO 方法分析旅游资源的基本步骤是：

（1）把旅游吸引物按表征分类；

（2）按“弱——般—强”尺度对自然与社会吸引物进行评价；

（3）按“昂贵—便宜”尺度评价吸引物（认识透视，旅游经历），这属于经济评价；

（4）按照政府“支持—限制”尺度评价吸引物（表征透视，旅游基础设施），这属于政府态度评价；

（5）按“规划—不规划”尺度评价吸引物（组织透视，空间特征），这属于计划管理评价；

（6）按“合适—不宜”尺度评价基础设施（组织透视，空间特征），这属于基础设施评价；

（7）对选择的样本调查，确定旅游动机与感兴趣的吸引物类型与性质（游客喜好属于交叉透视，而动机属于认识透视）；

(8) 按“地方市场—拓展市场”尺度评价资源与吸引物。

第三节 旅游资源开发与保护的心理要求

一、旅游资源开发的心理要求

旅游资源开发，就是指通过适当的方式把旅游资源改造成吸引物，并使旅游活动得以实现的技术经济过程。

旅游资源开发成什么样的旅游景观，虽然与旅游资源的性质有关，但同它的开发主体和使用主体的心理有很大关系。

(一) 旅游资源开发主体的心理原则

1. 统筹规划、分工协作的原则

应将旅游资源开发纳入区域社会经济发展战略中去考虑，列入区域开发计划，依旅游业在开发区域中的地位，确定旅游资源开发区的基础设施及协作产业群，合理地开发规划旅游地域综合体。依据开发区旅游资源的结构特征、区位条件、社会经济背景、客源市场及变化趋势，按旅游地域分工、协作的原则，确定开发主题、开发序位、开发规模及开发层次。

2. 明确主题、突出重点的原则

现代旅游资源的开发常常是多种资源的综合开发，在开发时要求将各项资源综合起来考虑。旅游资源的可开发地及数量很多，不可能一起上马，必须突出重点，形成一个主题。也就是说，通过开发，使之具有一个鲜明的旅游形象，并且有自己的特点，有自己独特的风格，才具有强大的吸引力。

3. 独特性原则

旅游资源贵在稀有，其质量在很大程度上取决于其与众不同的独特程度。这是它们能够对旅游者产生吸引力的根本所在。因此突出旅游资源本身原有的个性，有意识地保存和增强这些特征具有十分重要的意义。在旅游资源的开发建设中，这一原则具体体现在以下几个方面。

(1) 尽可能保持自然和历史形成的原始风貌。任何过分修饰和全面毁旧翻新的做法都是不足取的。特别是对于自然旅游资源和历史旅游资源来说，这种做法只能削弱它们对旅游者的吸引力。在这个问题上，开发者必须以市场的价值观念看待开发后的吸引力问题，而不能单凭自己的观念意识主观地决定。当然，对于那些只有文献记载或传说、而实物遗迹全然无存的历史人文资源，根据史料或传说在原址重新复建则另当别论。然而即便如此，也要注意尽量反映其历史风貌，而不宜以现代的建筑材料和建筑风格取而代之。

(2)尽量选择利用具有特色的旅游资源项目，以突出自己的优越地位，即所谓“人无我有，人有我新，人新我奇，以奇制胜”。例如某项旅游资源在一定的地理区域范围内属最高、最大、最古、最奇等。借用和开发自然和历史遗产是如此，新创当代人造旅游资源也要如此。总之，只有具有独特性，才能有助于确保旅游资源的吸引力和竞争力。

(3) 努力反映当地的文化特点。突出民族化，保持地方传统格调也是为了突出自己的独特性，同时也有当地旅游形象的树立。旅游者前来访问的重要目的之一便是要观新赏异，体验异乡风情。不难想象，如果开发后的旅游地环境同客源地的情况无大差别，游客是不大愿意前来访问的，即使是来过一次，以后也难再故地重游。

4. 生态环境保护原则

开发旅游资源的目的就是为了利用。但在某种意义上，对某些旅游资源，特别是对自然资源和历史遗产资源来讲，开发的本身就意味着一定程度的“破坏”。近年来随着大众旅游的发展，环境问题、生态问题已成为阻碍旅游业持续发展的障碍。对此，人们提出了不少这方面的新概念，例如强调维持生态环境的“生态旅游”，以及讨论如何使旅游业延续发展的“持续旅游业”等。这些都说明，在开发利用旅游资源的同时，必须要着眼于生态环境的保护，不能单纯地片面强调开发而不顾对环境的破坏。

5. 经济性原则

在旅游资源开发建设过程中，①应当注重成本效益分析。我们知道，并非所有的旅游资源都值得开发，而且并非所拥有旅游资源的地区都可以或者都应该发展旅游业。在开发资源所付出的成本高于它所能带来收益的情况下，这种开发显然是不经济的。②要根据自己的经济实力和有关开发项目的投资原则，分期分批和有重点地优先开发某些项目，不能不加选择地盲目开发，更不能不分先后地全面开发。③要尽量利用当地或本国的原材料、技术力量和人员以降低开发成本。

（二）旅游资源使用主体的心理要求

开发旅游资源，一定要针对旅游资源使用主体，即旅游者的心理需要。根据调查和研究，旅游者的心理需要主要有：

(1) 方便性，是指各种旅游资源必须同时能为旅游者提供饮食、交通、住宿和其他方便。也就是说，旅游资源要与旅游设施配套，能满足旅游者的多种需要，使他们能在方便、自在、愉快的气氛中旅行和游览，才能成为有价值的旅游资源。有的自然保护区风景极佳，但当地交通不便，没有相应的饭店、旅馆和娱乐设施，就不可能真正开展旅游业服务。旅游者由于感到不方便，会望而却步。喜马拉雅山和南极洲这样的地区，固然有冰天雪地的奇丽景色，可以说是世界上独一无二的。但由于气候恶劣、交通、生活条件太差，除了少数探险家以探险为乐，以及偶尔乘飞机飞越这些地区上空以外，对于以游览娱乐为主要目的的旅游者来说，只能是心向神往而已。在目前条件下，这些地区还不能大规模开发为旅游资源。

（2）新异性，是指用以吸引旅游者的事物或现象必须新鲜、奇异，有自己的特点。旅游者大多是怀着猎奇心理，外出观赏各地的自然景色、文化历史遗迹和了解当地人民的社会生活及民族风情的。我们必须针对这种猎奇心理，从多方面发掘旅游资源，增添新异的特点。比如桂林山水、苏州古典园林、北京和西安的古迹、各少数民族地区的风俗等，就是不同旅游资源的代表，必须使它们成为各具特点的旅游区。不难想象，如果以自然美为特点的桂林山水之间也是高楼林立，使人不识山水真面目，它对旅游者的吸引力就会大大减少；在苏州古典式园林中大搞火柴盒式的钢筋水泥建筑、也会使人感到不和谐，而衰减其对园林的兴趣。如果桂林，苏州都建成一式的高楼大厦，那旅游者就可能只去一处而不去第二个地方，甚至两处都不愿前往了。同样，在各个民族地区，各民族群众的社会生活、风俗习惯、文化娱乐、各种集市等，经过发掘整理，就是一种极丰富的旅游资源，如果使之“洋化”，反而会失去对旅游者的魅力，因为它没有新异感。美国夏威夷群岛上原有许多本地风格的小房子，吸引了很多住惯高楼大厦的旅游者去住。后来夏威夷旅游当局为了容纳更多的旅游者，盖起了很多高层建筑，结果反而由此失去了不少旅游者。这个教训说明，必须充分重视旅游者的猎奇动机，发掘、建设多形式的旅游资源，才能够招徕更多的旅游者来游览，并使之来后还愿意逗留更长的时间，心甘情愿地付出更多的费用。

（3）美观性，是指旅游资源必须给人以美感，使人观赏之后，能理解其中蕴含的美，玩味不尽，恋恋不舍，愿意再来游览。

首先，不论是自然风景还是人文现象，都应具有独特的美感，给人以多种美的熏陶。比如挺拔险峻的山岳，给人一种崇高、壮美、向上的感受，建设这类风景区，小巧、幽雅风格的建筑，在名山大川的宏大气势中给人一种俏丽雅致、玲珑可爱的享受，会大大丰富人们的美感。再比如，中国园林堪称世界三大园林流派之一（其他是西亚、希腊），是我国最重要旅游资源，其特点是把自然山水与人工艺术融为一体，成为大自然的人工再现和缩影。它们布局上采用框景、借景和障景等手法，使景物曲折错落，前后呼应，含蓄幽深，易于激起人们丰富的想象和错觉。各种花木池鱼、楼台亭榭和假山叠石构成一个精巧、紧凑的艺术整体，令人目不暇给、惊叹不已。有的园林还在水的尽头建一座小桥，使人产生河水延伸到桥那边的错觉，深化了游览的意境，令人觉得余味无穷。这种美学特点对中外旅游者都具有极大吸引力。认真考察和运用旅游资源的各种美学特点，对于开发旅游资源具有重要指导意义。

其次，旅游资源的美应该是能为旅游者所理解和接受的。有人把一些难于为外国旅游者理解和接受的东西，如某些有特定内容的影片或群众活动安排为游览项目，甚至进行生硬的政治宣传，结果不但不能给人以美的享受，反而造成误解。这是应该注意避免的。旅游当然与政治有关，但应该是寓政于游，在丰富多彩、生动活泼的娱乐中巧妙地融入接待国的政策和宣传，而不能以政代游，强加于人。有的事物不符合旅游者的民族传统、宗教信仰和生活习惯，也不宜向旅游者"出售"，否则也不会为旅游者所理解，甚至招来非难。反之，有些具有强烈民族审美色彩的文娱活动，看来似乎不易为外国旅游者理解，实际上却很受欢迎。我国一些旅游地区为外国旅游者表演精彩的京剧、评弹、粤剧、昆曲、中国武术等，展示了中国文化独特的艺术风格，结果出乎意料地得到热情的反应。

（4）综合性，旅游资源应该是多种内容、多种形式的综合整体，能吸引各种旅游者，给人以多种满足。在许多旅游者看来，旅游不仅只是游山玩水，还包括考察社会、探讨学术、交流文化、研究民俗等等内容。这种旅游形式被称为"立体旅游"。旅游资源的建设必须适应旅游者这种心理要求。因为，旅游者的需要和兴趣既然是多方面的，旅游活动也就切忌单调枯燥。有的地方发现一个岩洞，就孤零零地把一个岩洞作为旅游项目开放，在这里，旅游者除了进洞参观以外，没有任何其他活动，他们就会觉得索然无味，不愿久留。因此，我们要充分挖掘潜力，在突出特点的前提下，把自然的与人文的、古代的与现代的、国内的和国外有关的、城市的与乡村的、艺术的与生活的、奇特的与平凡的、紧张的与轻松的、动的与静的等方面有机地结合起来，把游、乐、食、住、行、购等方面可以利用的东西都发掘出来，利用起来，作为吸引旅游者的资源。不应只局限于风光游览、归乡旅游等少数形式，应该根据各地资源和可能，大力发展各种内容的旅游活动，以适应不同类型旅游者的各种旅游需要。江苏省无锡市充分利用自己的湖光山色，开办了古运河游览、横渡太湖、自行车旅行、徒步旅行、钓鱼旅行、疗养旅行、烹调学习、寒山寺夜半听钟声和新婚旅行等多项旅游活动，吸引了大批国内外旅游者。

（5）经济性，是指各种旅游资源都应本着"薄利多销"的原则来吸引旅游者。这就是说，不仅要考虑到眼前的经济效益，还要考虑到针对潜在的旅游者的经济能力来激发他们的旅游动机。大多数旅游者是不富裕的，旅游部门可以给予各种形式的优待。如在旅游淡季给予华侨探亲特价优待，组织青年、学生特价教育旅游，开办经济级旅游，以收费低廉来吸引各国中下层人民。另外，开办自行车长途旅游、徒步旅游等费用低廉的旅游形式，也会受到欢迎，激发起更多人的旅游动机。近年来国外兴起的“劳务旅游”也是一种新颖、价廉而又能满足旅游者多种需要的旅游形式。旅游公司组织旅游者到旅游地住一段时间，在游览的同时，从事某些劳动，以便赚些旅游所需的钱；同时借劳动之机可在当地多游览和停留些时间，把钱又花在当地；还可利用这个机会多接触当地人民，了解他们的生活和文化。因此，劳务旅游特别受大学生和其他青年人的欢迎。此外，我们要尽量完善组团制度，减少外商中间承包收费，加强旅游业自身的经营管理，也可降低旅游费用，维护本国旅游业在旅游者心目中的信誉，激起他们到本地旅游的愿望。

二、旅游资源保护的心理要求

旅游资源是旅游业存在和发展的根本基础，作为一个国家或地区旅游业的基本资产，如果开发和利用得当，可以用之不尽，从而可造福于子孙万代。但是实际上，人们在旅游资源的开发、利用和管理等工作中，往往存在着这样或那样的问题，从而很容易使旅游资源遭受破坏或损坏。这种破坏轻者会造成旅游资源质量的下降，从而影响其原有的吸引力；重者则有可能导致这些旅游资源遭到损毁，从而危及该地旅游业的存在基础。这些并非是危言耸听，而是已为世界各地发生的大量情况所证明了的事实。

造成旅游资源损坏的原因既有自然性破坏，但更多的是人为性破坏。在这类原因中，一部分是由旅游者的不当行为造成的破坏。例如世界七大奇观之一的埃及金字塔由于长期大量游人的攀登，已经受到严重损害。我国万里长城的某些地段也有类似的问题，旅游者的乱刻乱划则更加剧了问题的严重性。由于旅游者的大量拥入和乱丢弃物，世界上许多著名的旅游区都出现了不同程度的环境污染。我们应该认识到，每一个旅游区的接待能力都是有限度的，都有其接待旅游者的负荷极限。一旦超过这个极限，该地旅游资源遭受破坏的可能性便会成倍地增加。

另外一类人为破坏则是由当地人、甚至是由旅游企业自己造成的。这类人为破坏比旅游者造成的问题更严重，危害更大，而且更不容易控制。这方面的例子很多。据有关报刊报道，在我国，对林木乱砍乱伐者有之；为修屋建房而挖取长城砖石者有之，向河、湖内乱倒垃圾甚至倾泻工业废水者有之；偷猎和贩卖稀有动物者有之。有些地方盗掘古墓文物的事件屡有发生，以致流传有“要致富、挖坟墓”之说。这些问题屡屡见诸报端，其严重性可想而知。其他国家这方面的例也不胜枚举。

针对旅游资源人为破坏的心理因素，减少和防止这类现象发生的措施有：

（1）加强旅游资源保护意识和知识的宣传教育。从旅游资源人为破坏的种种原因背后，我们都能看到，上至建设决策者、下至普通游客和群众，保护资源的意识不强，或者根本没有这一意识，这是人为破坏的根源所在。所以旅游资源的保护首要解决的问题是广大群众的保护意识，让群众了解旅游资源是千百年自然造化和人类文化遗产的精髓，人类精神需求的宝贵财富，保护旅游资源是对自己负责，也是对子孙后人负责。让他们清楚地认识到，旅游资源是脆弱的，一旦破坏便难以复原。

（2）健全旅游资源保护法制管理体系。旅游资源的保护问题已经引起世界各国决策者的重视。1972 年联合国教科文组织通过了《世界文化和自然遗产保护公约》，强调了保护自然文化珍品对人类的重要性。我国已颁布了《文物保护法》《风景名胜区管理暂行条例》。虽然有这些法律规范，但是旅游资源仍受到人为破坏。究其原因，①保护法的宣传不普及、不深入、不广泛，许多人根本就不知道自己做的事违反了法律规范；②执法不严。这就向我们提出了既要有法，还要宣传法，严格执法，真正健全旅游资源保护的法制管理体系。

（3）大力开展旅游资源保护的研究和人才培养。旅游资源的保护不仅要有良好的愿望，而且要建立在科学的基础之上，因此旅游资源保护的研究是一项重要的科研项目。由于旅游资源类型多，分布广，引起破坏的原因多种多样，故旅游资源的保护涉及到多门学科、多种技术。但是，在我国旅游业还是一项新兴的产业，旅游资源保护的研究刚刚开始，许多现存问题和随旅游业进一步发展出现的诸发旅游资源保护方法论、旅游资源保护政策、旅游资源保护工程等新问题都等待着系统的保护理论和技术措施来解决。

目前，在旅游业人才培养中，重视的是开发人才、管理人才，而对保护人才的培养还不够重视，“保护”一词只是挂在嘴上的一种宣传，缺少技术人员来具体实施。这样，即使有了理论，有了政策也难落到实处，所以在旅游业迅猛发展的今天，对旅游资源保护人才的培养迫在眉睫。

（4）进一步完善风景名胜区多级保护系统。我国国务院审定并批准了两批国家级重点风景名胜区，各省各地审批建设了省级风景名胜区和地市级风景名胜区，这样在全国形成了风景名胜区多级保护系统。但政府和有关部门应进一步从法律、政策、理论、技术、管理等诸方面对风景名胜区的保护再加以充实、完善，如建立全国风景名胜保护信息系统。这样，旅游资源的保护将出现一个崭新局面。

(5) 注意处理好保护与近期需要和开发利用的关系。首先要处理好保护与近期需要的关系。保护旅游资源是涉及保护生态平衡、保护文物古迹、保护文化传统的重大问题，是符合人类长远利益的大事，它不仅要求保护旅游资源本身，还要求保护其周围环境。重要旅游城市（包括历史化名城）还要求加强发展规划，保护城市的整体风貌。对此，我国和许多国家都采取了有效措施，制定了有关的法律。可是人们往往从近期利益出发，为生产建设和生活之需而置保护要求于不顾，如侵占或污染旅游地，开山劈石殃及自然风光或文物古迹，肆意开垦毁坏树木，甚至发展旅游业也常搞破坏性建设。这些错误做法都损害了长远利益，也威胁着旅游业的发展。

其次要处理好保护与开发利用的关系。旅游资源保护得好才能具有或提高利用价值，利用又推动了保护工作，并且旅游所得为进一步开发保护提供了资金。在主要方面二者是一致的，但也存在着矛盾。例如，为加强保护，便要尽可能保护旅游资源的自然的或历史的风貌。譬如为保护文物古迹，则须限制游人数量，缩短开放时间，对活动方式也要慎重选择。然而旅游者的需求及经营者的愿望往往与上述要求是相抵触的。应当理解这样一个道理：并非一切旅游资源都以能为所有游客利用为最理想的开发方式。若为满足年老体弱者登山而将险峻的山路“化险为夷”，因而使其失去了特色；若为满足游人的愿望便超负荷接待，因而使珍贵文物遭受损失，都是舍本逐末的错误做法。

(6) 顺应旅游者心理，加强旅游资源的管理。在旅游资源管理中，最麻烦的问题之一就是某些旅游者对旅游资源有意无意的破坏。尽管人们采取了很多措施，但收效不大，以至在古老的宫墙、梁柱、栏杆和其他景物上常常遍布旧痕新伤。攀摘花木，敲盗玉石、乱扔垃圾的事也时有发生。我们就要通过一定的引导措施，使那些热衷于把自己的尊姓大名“遍刻天下”的旅游者放弃原来的消极行为，并利用他们希望把自己与旅游地联系起来，获得别人承认与尊重这一愿望，推动这些人为游览区做些有益的事情。比如，我们可以发展旅游纪念品的生产和销售，让旅游者把带有游览区标志、文字、图案的纪念品带回，分赠亲友，从而满足旅游者的愿望。我们也可以根据旅游者把自己与旅游地联系起来的愿望，因势利导，让他们为旅游地做些好事留下。例如，有的游览区适宜植树造林，管理人员准备好树苗、植树工具、树牌，让旅游者自愿种植，并在牌子上写下种树者的名字、简历和种树时间。类似办法还有开辟花圃，种植花卉，等等。这样既绿化了游览区，又能使旅游者的名字长留当地，满足了他们的愿望。

另外，我们在维修各种旅游资源时，可以针对旅游者心理，适当装饰旅游资源。一些山岳游览区山势险峻，山路漫长。管理部门可在登山路旁设置若干古式凉亭，内放石凳、石桌，让登山的旅游者在此小憩评说，论证古今，既可休息以消除疲劳，又能更深刻地领略自然风光。设立与游览内容有关并与环境协调的雕塑、喷泉、纪念碑，在风景游览区内广植花木，开辟适宜的水面游览点，建造别具风格的茶座、咖啡厅、摄影布景等，更是旅游者所欢迎的。还可根据历史资料，重建某些曾享有盛名而已经湮没的古迹，再现历史，满足旅游者的怀旧心理和追求古典美感的愿望。

总之，旅游资源是旅游活动客体，是旅游者进行旅游活动的对象，是旅游业经营的基础。旅游心理学研究、探讨开发和保护旅游资源的心理与旅游资源和评估心理调控的一个主要目的，就是要使旅游资源充分具有旅游功能和旅游价值，能对旅游者产生极大吸引力，能顺应和满足人们正当旅游需求心理。而且，要使人们了解旅游资源是千百年自然造化和人类文化代代相传的精髓。保护好旅游资源，是我们这一代人的责任，也是对子孙后人的负责。

思考题：

1. 旅游资源调查有哪些心理原则？

2. 如何在对旅游资源规模、质量、开发前景及开发条件等科学分析和可行性研究中掌握好评价的心理调控？

3. 在评价旅游资源中，主评人员的心理是什么？如何调节与控制？

4. 对旅游资源开发有哪些心理要求？

5. 对保护旅游资源有哪些心理要求？

第十六章　旅游服务员的职业心理素质

不论是我国，还是世界各国，有众多的旅游者参加旅游活动，那必然有为之服务的旅游业及其服务员，旅游服务员是旅游服务工作的主体，是在旅游活动中最活跃的分子和最具魅力的因素。因为旅游者和旅游服务员在旅游活动中发生紧密的关系，他们之间心理融汇、沟通的程度、服务质量的好坏，决定着旅游者旅游能否满足心理需要的结果。因此，旅游服务员的职业心理素质高低，不仅直接影响旅游者的旅游效果，也是事关旅游业成败、兴衰和存亡的大事。

职业心理素质，是指旅游服务人员从事旅游服务工作所必需的各种心理素养品质的总和。它包括服务员的身体素质、心理素质、敬业素质、外在素质、文化素质、专业素质和技术能力与习惯的素质，其中敬业素质是核心。这些素质是旅游服务人员从事旅游服务工作，优化服务，获取工作成就的决定因素。而且，旅游服务人员的职业心理素质对旅游行业总体服务能力、服务态度、服务表现也产生较大影响。旅游服务人员在与各种各样旅游者交往中，如何调适和强化自身的职业心理素质呢？这些都是旅游服务心理问题，是旅游心理学致力要弄清楚的。

第一节　职业心理对服务员仪表和气质的要求

旅游者在旅游活动中，接受旅游服务员为其服务，体现了一种人际关系，其中存在着旅游者对旅游服务员的认知。旅游者在这个认知过程中，一般地是从旅游服务员的行为表现开始，从他的仪表、举止风貌、衣着打扮、面部表情、眼神姿态等外在性，逐渐深入到他的人格结构、内在气质。

仪表和气质与人的行为表现是紧密相联的。旅游服务人员的服务表现应是外部形象仪表美和内在气质动态美的和谐统一。

一、职业心理对服务员要求保持良好的仪表

旅游服务员的仪表指他的外表，可以归纳为体形容貌、服饰穿着、行为风度和言谈举止等。从旅游心理学角度讲，它是人的内在气质的外在表现。

仪表似指人的躯体外表，其实是人的心理状态的自然流露。对初次人际

交往的人来说，仪表是一种重要吸引因素。在旅游企业中，服务员始终处在一个重要位置上，他的优美仪表就便是百花丛中的牡丹，使旅游者视觉感到舒适，产生心理上的亲切愉悦感。所以，旅游服务人员的仪表如何，不仅代表自身、企业；在接待外国旅游者时，还代表国家的形象，展示着人格、国格和企业的信誉与尊严，而且还体现着社会主义文明程度、道德水准，反映着民族和时代的精神面貌。因此，旅游服务人员应在心理上有一个清晰、强烈的形象意识。

（一）体形、容貌端庄自然

社会心理学中对人认知理论认为，体能和颜面是对人认知的接口。在对人认知的过程中，最早接触到的是他人的体态和颜面。这是因为，心理的载体是人体，内在的各种心态只有通过人体和人体活动才能体现出来。体态是一个人通过躯体表现在外的状态，分为静态和动态两种。静体态是一个人恒常的、相对稳定的外在状态，包括体形和附着于固有体形的衣服装饰、体魄、容貌、风度、作派等。体形本身是个物理性体态，对人认知虽然不是对这些因素本身的认知，但是，体形是对人认知的前提。静体态中的其他成分都与体形分不开，体形能代表一个人的特点。

因此，旅游者和旅游服务人员共处在旅游活动的生活空间，达到必要的人际距离时，通过视觉看到对方的是旅游服务人员的体形、容貌。服务员容貌端庄自然、体格健壮、清洁卫生、精神饱满，就能给旅游者以安全、卫生、愉快和亲近感觉的心理效果，使旅游者喜欢与旅游服务员接触，乐于接受其服务。旅游服务员的良好容貌、体形与先天素质和后天的修饰有关。天生丽质，相貌出众，当然引人注目。而后天通过锻炼和修饰可以弥补先天的缺陷。但是，修饰要符合国情、民族习惯、时代的精神风貌、职业特点，应注意自己的自然美与修饰美的适度结合，以达到端庄、大方、典雅等形神兼备的风韵。

（二）服饰整洁、美观合体，并与环境和谐

服饰穿戴是附着于个人体形的展示物，是现代社会中体现仪表的重要手段，也是对容貌、体形的装饰和衬托。旅游业里的旅游服务员服饰穿戴整洁大方、美观合体，并与周围环境相和谐，与旅游者的审美观相适应，与特定的旅游职业相符合，这样就能给予旅游者以清新、明快、朴素、典雅、稳重的视觉印象，这虽是静态的，是无声的，却意在表达亲切的、热情欢迎的心态。它促使旅游者联想到旅游服务员对自己尊重的服务精神，能使旅游者对旅游企业和旅游商品的质量产生不同程度的信任，促进旅游者的旅游消费行为，增强旅游企业的形象和声誉，使经营取得良好效益。当前，国内外一些著名的旅游企业、旅游饭店、星级宾馆，都十分重视服务人员的仪表、仪容，在整容、服饰方面精心研究和设计，这是因为他们充分意识到对旅游者的心理影响。

（三）稳重、文雅的行为风度

社会心理学的体态认知理论认为，体态分为静态和动态两种。风度是静体态中附着于固有体形的；而行为风度是一个人通过动作表现出来的，是动体态，是随时随地改变着的躯体外在状态，包括点头、手势等。这些动作经常是无意之中表现的，但是，几乎没有一个动作不是在表达个人的意思。每个动作都十分准确地表达着语义和情感，都是无声的语言。只是它与静体态相比，更带有主动性和交流性，是为了向对方更清楚地表达个人的意思，突出某种意义，是自我表征。

旅游服务员的行为风度，主要是指服务员在待客接物中所表现的风度和动作，如站立、行走、手势、姿势、点头等的神态举止。一般说，旅游服务员的行姿要“轻、稳、灵”；站姿要保持身直、挺胸、两肩平正，给旅客留下挺拔、舒展、健美的印象；坐姿要稳，身体稍微前倾，并注意手足的空间位置。旅游服务员的行为风度要稳重、文雅、娴静、真诚、和蔼，这样才能向旅游者表达自己的意思，表现对旅游者的尊重和期待对自己服务的需求。旅游服务员的良好行为风度，能在服务的接触中或交往中，使旅游者内心深处产生亲切的感觉，使旅游活动达到良好的效果。

二、职业心理对服务员气质的特殊要求

气质在心理学中是指个人在心理活动中所表现出来的独特的、比较稳定的动力特征。所谓心理活动的动力特征，是指心理过程的强度（例如，情绪体验的强度、意志力的强度）、速度与稳定性（例如，知觉的速度、思维的灵活程度、注意力集中时间的长短）以及心理活动的指向性特点（有的人倾向于外部事物，从外界获得新印象；有的人倾向于内心世界，经常体验自己的情绪，分析自己的思想和印象）等方面的在行为上的表现。它能通过人的言语、举止、行动的动态表现出来。

个人的气质特点不依活动的内容为转移，它表现出一个人生来就具有的自然特性。这是因为气质较多地受个体生物组织特性的制约，具有较大的稳定性，即所谓“江山易改，本性难移”。个体一出生，就具有由生理机制决定的某种气质萌芽。我们可以观察到，新生婴儿有的爱哭闹，四肢活动量大；有的则比较安静，较少啼哭而活动量小。这种先天的生理机制构成了个体气质的最初基础，并在儿童的游戏、作业和交往活动中表现出来。同时，由于成

熟和环境的影响，在个体生长发育过程中，气质也会发生某种程度的改变。因此，一个人的气质虽然具有较大的稳定性，但也具有一定的可塑性，是稳定性和可塑性的有机统一。

由于旅游服务员的服务对象——旅游者有不同的气质：有的脾气急躁、性情粗野、热情直率、容易激动；有的开朗大方、情感丰富、爱说爱笑，喜与服务员交往、交谈；有的十分稳重、谦逊温和、沉稳干练、少言寡语，不多与服务员交往，难以揣摸心思；有的沉静、好独处、不善言谈、腼腆不爱交往、随大流、少有独立主见。因此，旅游服务员面对不同的服务对象，不能任性，这对旅游服务员的气质是有特殊要求的。

（一）有较强的可塑性

可塑性是指旅游服务人员的气质对服务环境中出现的各种情况及其变化的适应程度。旅游服务工作没有固定模式，总是因人因事而异。而且绝不可能以服务员自己的气质去选择同样气质的旅游者，或者要旅游者的气质来适应自己。因此，旅游服务员要有较强的可塑性，对于旅游者不论是沉静的、稳重的；还是急躁的、开朗大方的，都能按照自己服务环境经常变化的服务对象提供优质服务，并且接照这些不同的旅游者的心理需要，适应旅游者变化的需要。有时，有些旅游者处在一个旅游环境中，往往会发生心血来潮的冲动，当他高兴时常会不顾自己以往的习惯或文化制约，或者不顾原旅游活动打算而寻求更为新奇的需要。服务员对这种合理的、新奇的需要，应该按照旅游者的需要而为其服务，要能适应这时旅游者变更活动的需要，才能将服务工作做得更周到。

（二）感受性、灵敏性不宜过高、太低

感受性就是个体对于外界刺激的感觉能力达到多大强度时才能引起反应。感受性并不是一成不变，由于某些因素的作用而使感受性暂时提高或降低的现象。灵敏性是指个体心理反映的速度和动作的敏捷程度。

旅游服务人员在现代旅游业中为旅游者提供各种服务工作，是处在一个经常变换活动空间，受多种因素影响的。因为他们往往需要面对不同国家，各种文化背景，各具个性倾向与特点的，又不受原来在家庭与工作单位所担任社会角色束缚的各种阶层、不同性别、各种年龄的旅游者所组成的旅游群体。旅游服务员与这些旅游者进行不断的、经常变换的服务和交往。可想而知，旅游服务员如果感受性和灵敏性太高，稍有外界刺激就引起心理反应，那末，在这些旅游群体中各种各样旅游者会随时表现出各种各样的举动，提出各种各样和各种程度不同的要求，而且还可能发生各种意想不到的事件等，所有这些随时有可能发生的大大小小的刺激都会作用于他的头脑，势必会造成精力分散，注意力不集中，而影响他的服务行为。如果面对此时情况，旅游服务员感受性或灵敏性太低，他对周围发生的一切现象熟视无睹或目空一切，就将会怠慢旅游者，导致主客之间发生矛盾，降低旅游服务员在旅游者心目中的形象，会使旅游者会对他和服务工作，甚至对整个旅游企业不满。因此，为了保持服务员能处在热情饱满的最佳服务工作状态，对旅游服务人员的灵敏性要求既不能过高，也不能太低。在正常的情况下，服务员的灵敏性应根据客流量的大小随时调节高低，不宜过高、太低。

（三）较好的忍耐性和情绪兴奋性不能低

忍耐性就是个体在遇到各种刺激和压力时的心理承受能力。情绪兴奋性是指个体遇到高兴或扫兴的事情时，是否能控制住自己的情绪波动，始终处在遇喜时不狂不骄，遇挫折而不馁的状态。

在现代旅游业中，旅游服务员所分工的工作与一般工作不同，不论是导游服务、旅游饭店服务、旅游餐厅服务，还是交通服务，提供服务的旅游者如何经常变化，为旅游者服务基本上是常年不变的。例如一个旅游点的导游服务员日复一日、年复一年地带领一批又一批的旅客到本地一个或几个熟悉的名胜古迹、人文景观，为旅客讲解自己无需努力并已讲过千遍的、一出口就能讲的讲解词；一个旅游饭店的客房服务员常年每天重复着同一类型的整理和清扫工作；一个旅游餐厅服务员常年为客人端菜、上菜；一个出租汽车驾驶员常年驾车奔走在熟悉的马路上等。这些服务员在不同的旅游服务工作岗位上总是重复地进行老一套工作，按照单一性需要理论，过分持久的单一性工作必然会产生厌倦，产生一种不同寻常的压力，会使人难以再继续承受这种工作。可是旅游企业和服务员的职业要求，一批批新来的旅游者的需求，期望各种旅游服务员把导游、旅游饭店、餐厅、出租汽车、纪念品商店等服务工作搞好，把众多的旅游者的兴致和情绪激发起来，这就要求服务员有忍受巨大心理压力的本领，精神饱满地将常年单一的服务工作搞好。尤其是在遇到接待的旅游者提出严格要求，而且稍有不当就严厉指责时，更要有较好的忍耐性来对待，把工作做得更好，决不能不控制住自己的情绪波动得罪客人，而影响自己的形象和企业的声誉。

第二节 职业心理对服务员性格和情感的要求

性格的意思是指“特征”“标志”“属性”或“特性”。它可以标志事物的特性，也可标志人的性格。人的性格就是一个人对现实态度和习惯化了的行为方式中表现出来的较稳定的有核心意义的个性心理特征。情感是人对客观事物是否符合自己需要而产生的态度体验。“人非草木，孰能无情?”情感是人对客观事物的一种普遍的反映形式。人没有无缘无故的爱和恨。人的情感不是凭空产生的，而是由一定刺激情景引起的。性格与情感两者的结合，是形成旅游服务人员能够满腔热情、坚持为旅游者服务的重要职业心理素质。旅游心理学研究旅游服务员的性格、情感问题，其目的就是为了帮助旅游服务人员树立并坚持一种符合职业心理素质需要的、饱满的服务热情。

一、服务员的性格要符合职业心理素质的需要

每个人在活动过程中对客观现实给与他的种种影响，特别是社会环境的影响，都有其独特的、各不相同的对待方式（即态度）和与之相应的行为方式。如果这些方式在他的生活中是经常的、稳定的，那么这些态度和行为方式就成了一个人的性格特征。性格是个人活动中与特定的社会环境相互作用的产物。它具有的特点是：①性格是在社会实践中形成的，具有明显的社会性。它的社会性一方面表现在它是后天生活实践中产生和发展起来的；另一方面，表现在人们对性格特征的评价过程中，都很重视其社会的价值取向。②性格是人对事物的惯常的态度与行为方式，它具有相对的稳定性。在分析一个人的性格特征时，不能仅看一时一事的表现，而要看他的一贯的态度和特征。稳定性是指经常表现出来的特性，性格的稳定性是一个人的态度与人格结构的稳定性决定的。③性格是后天形成的，它具有较大的可塑性。性格特征是在一定的社会历史条件下，在一个人的长期生活历程中逐渐形成的，它既经形成又比较稳固。但是，性格具有稳定性的特点，并不排斥性格的可变性。不过，性格的改变不是一朝一夕的事，它需要经过较长时期的实践锻炼。④性格是个性的核心特征。个性作为一种整体结构包含着许多方面的因素和特征。这些因素和特征都在性格中表现出来。

心理学研究和实践经验都证明，某些个体性格特征，如勤奋、认真、坚持性、自信等，可以促进能力的形成和提高；某些个体性格特征，如严于律己、责任感、事业心等可以支配和控制气质和习惯。所以，当分析某一个人所具有某一种一定的性格特征时，就有可能在某种程度上预见他在某情况下将要怎样去行动。由此可见，性格在一个人的心理活动中的地位，它在一个人的行为中的作用也是非同一般的。

现代旅游业的服务员要符合职业心理需要提供优异的旅游服务，应具备哪些性格特征呢？

(1) 旅游服务员对旅游事业无限热爱；对待学习和工作一贯严肃、认真、踏实、富有同情心；对自己始终谦虚谨慎，有自尊心。

（2）从旅游服务工作的客观角度看，旅游服务员应具备谅解、支持、团结、友谊、诚实、热情等良好的性格特征。因为，旅游服务工作在旅游活动中是与人打交道的工作。旅游服务员具备这些性格特征，就能与旅客建立和谐的人际关系；在提供服务中，可以保持最佳的服务状态，使旅客感到亲切、满意，乐于接受服务。

（3）旅游服务员要具备独立、适应、事业心、责任心、恒心的性格特征。通常，独立性强的人抱负水准高；适应能力强的人有应变能力和开拓精神；有事业心、责任心的人工作勤奋，效率高。

旅游服务员为了塑造自己良好的性格特征，要认识到自己的性格特征虽有其稳定的一面，而在社会实践中是有较大的可塑性。按照旅游服务的职业心理需要，不断加强个人的心理素质修养。主要有三种途径：①努力提高文化水平，加强职业道德修养，保持乐观的心境。这方面应以旅游企业为主，经常举办服务员培训班，加强对服务员的教育工作。②要努力学习别人的优点、长处，诚心接受他人的帮助。旅游企业要定期进行服务工作交流和评比，奖励优秀服务员，树立先进，使学习有榜样。③要积极参加社会实践，在工作中不断检验自我修养的结果。

二、服务员的情感要符合职业心理素质的需要

人们在社会生活实践中，为了生存和发展，要接触自然和社会环境中的种种事物。这些事物对人具有不同的意义。人对其抱有不同的态度，就会产生种种不同的体验。情感是人的主观体验，即人对自己心理状态的自我感觉。它是对客观事物与人的需要之间的关系的反映，是通过主观体验来反映客观事物与人的需要之间的关系。人们对事物所抱的态度，主观上都能体验到。体验是情感的特征。没有主观的体验，人就不会知道自己是否产生了情感。

情感的产生以需要为中介。人对客观事物采取什么态度，决定于该事物是否能够满足人的需要。人的需要是产生情感的主观原因。如果某一事物能够直接或间接满足人的需要，人对其产生肯定的态度，就会有肯定性的体验，如产生热爱、满意、愉快等情感体验；如果某一事物不能满足或违背人的需要，人对其产生否定的态度时，就会产生憎恨、不愉快、痛苦等情感体验。

旅游心理学研究情感时，常涉及到人的情绪。情感和情绪都是客观事物是否符合人的需要与愿望、观点而产生的体验。它们是两个既有区别又有联系的概念。

情感与情绪的区别：①情绪具有较大的情境性、激动性和暂时性，它往往随着情境的改变和需要的满足而减弱或消失。而情感则具有较大的稳定性、

深刻性和持久性，是人对事物稳定态度的反映。②情绪的表现形式具有明显的冲动性和外部表现。它一旦产生往往难以控制；而情感则比较内隐、含蓄，常以内心体验的形式存在，始终处于意识支配的范围内。③从需要角度看，情绪一般与人的生理性需要相联系，情感往往与社会性需要、社会认识、理性观念及观点相联系，为此情感带有明显的社会制约性。

情感与情绪的区别是相对的，从本质上说，它们都是人脑对客观事物与人的需要之间的关系的反映，是人的主观心理体验，在具体人身上它们互相依存密切联系。一方面，情绪是情感的外在表现，情感离不开情绪。稳定的情感是在情绪的基础上形成起来的，而且是通过情绪的形式表现出来的，离开情绪的情感是不存在的。另一方面，情感是情绪的本质内容，情绪离不开情感。在情绪发生过程中常常包含着情感，情感的深度决定着情绪表现的强度，情感的性质决定情绪表现的形式。

人类的情感表现多种多样，千姿百态。古人就有："喜、怒、哀、惧、爱、恶、欲"七情的说法；近代有的心理学家把它分为快乐、愤怒、悲哀、恐惧四种基本形式。在日常生活和具体活动中，人们的情感体验形式，如按照情绪状态、情绪发生强度和持续时间的长短分类，概括起来主要有以下几种：

（1）心境。心境是一种微弱、平静而持久的情绪状态的情感体验，也叫心情。通常有心情舒畅愉快、焦虑、兴高采烈或无精打采、恬静或烦躁等。心境具有弥漫性，它不是关于某一事物的特定体验，而且由一定情境唤起后在一段时间内影响对各种事物的态度的体验。当一个人处在某种心境中，他往往以同样的情绪状态看待一切事物，使自己的整个生活都渲染上某种情绪色彩，影响着人的全部行为表现。例如，在欢畅的心境下，会觉得事事、处处快乐，"山笑水笑人欢乐""绿水青山带笑颜"，这是对愉快的心境的描绘。心境的产生受制于多种因素影响，如地位的高低或变迁、工作的顺和逆、事业的成和败、人际关系的融洽或紧张、职务的升和降、身体健康的好和坏、环境的优和劣等。心境对人的生活、工作、学习和健康有很大影响，积极乐观的心境能使人更好地发挥积极性、创造性，提高工作效率，有益于身心健康。心境不是主、客观环境影响的消极产物，人可以有意识地控制、掌握自己的心境，使心境经常稳定在乐观主义基础上，经常保持愉悦舒畅的状态。

（2）激情。激情是一种强烈的、短暂的、爆发性的情绪状态的情感体验。狂喜、暴怒、绝望、惊恐、绝望、惊厥等都是激情的表现。激情多由重大突发事件所引起；因对立意向的冲突或过度的兴奋与抑制也容易引起激情。激情对人们的活动有很大影响，积极的激情常常能调动人的身心的巨大潜力，成为激励人上进的强大动力，使人积极投入到行动中去，做出通常情况下做不出的事情来。如使人产生英雄气概，抒发感人的心声。而消极的激情会使人出现“意识狭窄”现象，即认识范围缩小，理智分析能力受到限制，自我控制能力减弱，以致惊慌失措，不能正确评价自己行动的意义和后果，作出一些鲁莽的行为或动作，甚至铸成千古之恨。当然消极的激情也并非不可控制，人能意识到自己的激情状态，并有意识地调节和控制它。

（3）应激。应激是出乎意料的紧急状况所引起的高度紧张的情绪状态的情感体验，是人对某种意外的环境刺激作出的适应性反应。在旅游环境突然起火、爆炸、地震、控制失灵等危险情境时，在旅游者爆满、应接不暇时，都会引起旅游业从业人员应激反应。应激的产生与人面临的情境以及人对自己能力的估计有关。当新异的情景、对他提出的要求是他过去所未曾经历过的，与以往的经验不一致，且他意识到已有的知识经验不足以对付当前情景，而产生无能为力的压力感时，就会处于应激状态。一般说，它有两种表现形式：一种是惊惶失措，行为刻板，不能准确地处理事件，或作出事与愿违的行为；另一种是使人思路清晰，急中生智，判断精确大胆，动作机敏准确，能化险为夷，渡过难关。

（4）热情。热情是一种强有力、稳定而深刻的情感状态。热情掌握人们全部身心活动，决定着一个人的思想行为的基本方向，成为鼓舞和推动人的行为的巨大力量，是事业成功的一个必要条件。它能激励人们锲而不舍地去实现和达到伟大的目标。

情感影响整个人的思想和行为。按照旅游业职业心理素质要求，旅游服务人员的情感应具备以下四个方面的内容。

（1）要有良好的情感指向性。情感指向性是指一个人的情感的价值是由它所指向的对象的社会意义决定的。比如旅游服务员的热情指向旅游业的服务本身或服务对象——广大旅游者，或是指向自己的学习、工作，以促进旅游企业的发展，这是高尚的情感；如果热情指向的是损害国家、企业利益，为自己提供私利的个别人或小集团，那将是卑微的情感，不仅毫无价值，而且还会使人萎靡、腐化、堕落。在我们的社会主义国家里，每一个旅游服务员都是国家的主人；在接待外国旅游者时是国家的代表、民间大使、友好的使者。因此，旅游服务员的良好的情感应指向全心全意为旅游者服务上来，为两个文明建设的宏伟目标出力。

（2）要有深厚的情感。深厚的情感是指与真正的理想、信念、观点、革命人生观紧密相联的情感。它是一个人情感指向性高尚的一种表示。如对祖国、对人民的笃厚的爱，对事业的深厚而灼热的情感等。具有深厚情感的旅游服务员都是情感指向性高尚的服务员。他们在服务工作中的热情不是凭偶发性的因素，对旅客的热情也不是靠一时的冲动性，其热情服务是能在旅游服务工作的方方面面表现出来的。

（3）要有稳定而持久的情感。稳定而持久的情感是与情感的深厚性联系在一起，并在相当长一段时间内不变化的情感。旅游服务员对这方面的要求是，要将积极的情感稳定而持久地控制在对工作的热情上，控制在为旅游者服务上；对工作的热情应持之以恒，对工作的积极态度应始终如一。

（4）要发挥较高的情感动力功能。情感的动力功能指情感在人的实践活动中所发生的情感功能作用程度。它是激励人们行为的动力因素。通常说，发挥较高的情感动力功能，能够把旅游服务员的任何情感转化成促使其积极学习、努力工作的动力。为此，旅游企业主管人员在教育服务人员时，引导他们，树立为发展我国社会主义旅游事业而工作的思想，可以激发旅游服务员们主动、热情、周到地搞好旅游服务工作。

第三节　职业心理对服务员意志和能力的要求

意志是人自觉地确定目的，并根据目的支配、调节自己的行为，克服各种困难，实现预定目的的心理过程。能力是直接影响活动效率、保证活动顺利完成的个性心理特征。

一个优秀的旅游企业为了招徕旅客，优化服务，经常要求服务人员不断提高服务水平。因为，每一个服务员的意志、能力不一样，服务水平也完全不一样，有高有低。在其他条件相同的情况下，服务员的服务水平高低，主要还取决于各个服务员的观察力、记忆力、想象力、思维力、表达能力、注意力、交际能力以及本身业务熟练的程度等，还有是否具有克服困难的勇气和坚韧不拔的毅力以及控制自己行为的能力。一般说，上述能力的提高，并非一朝一夕所能达到的。由此可见，服务员的服务水平与他的意志、能力是密切相关的。为了提高旅游企业的服务水平，每个服务员都需要加强自己的意志修养，提高自身的业务能力。

一、职业心理要求服务员具备坚强的意志品质

意志反映了人在认识和变革主、客观现实过程中的主观能动作用，是人的意识能动性的集中表现。人的意识的能动性表现在两个方面：①是人的意识能对来自客观现实的信息进行加工改造，是意识的抽象能力和推理能力的表现；②是人的意识能主动地调节和支配实践活动，并通过实践活动反作用于客观世界，即按照人的意志去改造客观世界。人的意识能支配和调节人的

行动作用于客观现实，构成人所特有的意志行动。

意志品质是衡量一个人意志坚强与否的尺度，旅游服务员要在复杂的接待服务环境，面对各种不同的服务对象，把自己锻炼成一名优秀服务工作者，就要不断地克服各种主客观原因造成的各种心理障碍，不断发挥主观能动性作用，增强自己的意志素质。要具备的意志品质主要有以下几点。

（一）自觉性

意志的自觉性是指一个人在行动中具有明确目的性，并充分认识行动的社会意义，使自己行动服从于社会要求方面的品质。这种品质反映着一个人的坚定立场和信仰，贯穿于意志行动的始终，是意志产生的源泉。

旅游服务员应具备较强的自觉性，才能有坚强的意志。这样每个服务员在旅游服务工作中会在自己的意志调节和控制下，自觉地支配自己的服务行为。这要求旅游服务员始终不渝地为提高自己的服务水平而努力；同时，正确地对待自己的成绩与进步，虚心地向他人学习，改正自己的不足，勇于克服各种困难，战胜各种挫折。如果缺乏意志自觉性，就容易成为易受暗示性的人，行动缺乏主见和信心，容易受别人影响，盲目从事，很可能一事无成。

（二）果断性

果断性指一个人能够适时地作出有根据的和坚决的决定，并毫不犹豫地付诸执行；而在不需执行和情况改变时，能立即停止和改变已作出的决定。

旅游服务员应具备果断性的意志品质，在接待服务过程中，处理各种突发的矛盾时，才能够反应机敏，迅速果断，勇于负责，使矛盾化解；同时，对于工作中遇到的各种矛盾，要能够善于权衡利弊，全面考虑，并恰到好处地利用一切可以利用的条件，及时给予处理。如果缺乏意志果断性，就会优柔寡断，遇事犹豫不决、患得患失、顾虑重重，把原来可以解决的问题复杂化，甚至变得难于解决，影响优化服务。

（三）自制性

意志的自制性是指一个人善于控制和支配自己行动的品质。旅游服务员具备较强的自制性十分必要。这要求在任何情况下能保持清醒的头脑，能够控制自己的情绪，不受外界干扰的影响，能谦让、忍耐，不论与何种类型的旅客接触，无论发生什么问题，都能镇定自若、冷静处理，而且能够善于把握自己的言语分寸，不失礼于旅客；在旅游企业里对工作不挑捡，对繁重的任务不回避，遵守纪律，约束自己，随时随地能克制和调节自己的言行。在旅游服务工作中，服务员绝对不能任性，一任性往往不能约束自己的言行，不能控制自己的情绪，感情用事，贻误工作，得罪旅客。

（四）坚持性

坚持性是能顽强地克服行动中困难，不屈不挠地执行决定的品质。对旅游服务员来说，具备意志的坚持性是必不可少的。因为，众多的旅游服务员的分工很细，每个服务员的服务工作，成年累月都是同样单一的工种，只有具备一种锲而不舍的意志品质，才能每天坚持完成自己分配的服务工作，并且为不同的旅游者提供服务；尽管服务对象复杂或提出不少难题，还是能够作出成绩。

二、职业心理要求服务员具有旅游专业能力

能力是直接影响活动效率，保证活动顺利完成的个性心理特征。能力和活动的关系主要有两方面：①能力在活动中发展并表现在活动之中，能力存在于活动之中，离开了活动就无所谓能力；②从事某种活动必须以某种能力为前提。如旅游服务员进行服务活动必须以观察力、记忆力、注意力、交际能力为前提，才能保证服务活动顺利完成。人的活动一般比较复杂，只靠单个的某种能力不能保证活动的圆满完成。因此，除了一般的基本能力外，又需要具备与某种活动有关的特殊能力。旅游服务员的服务对象是旅游活动中的旅游者，因此，他必须具备旅游专业的特殊能力。任何人的能力都是借助于某个基本条件而形成的。这些条件主要有：①智力。它标志着人的大脑对于客观事物的认识、领会和作出反应的心理水平，是能力形成的和发展的先天条件。②知识技能。知识是人类社会历史经验的概括和总结；技能是由于不断练习而自动化的动作方式，是能力形成和发展的后天基础。③实践。实践的机会越多，能力提高越快。④个人的勤奋程度。它是造成能力差别的重要原因之一。通常是，一般能力愈发展，就愈为特殊能力的发展创造有利条件；在专业活动中发展特殊能力的同时，又促进了一般能力的发展。

旅游服务员的能力是直接影响服务效率、服务效果的重要心理特征，也是影响企业服务水平的主要因素。职业心理对旅游服务员除要求具有一般活动的基本能力外，还需要具备旅游专业的能力。

（一）较强的认识能力

旅游服务人员具备较强的认识能力包括三个方面内容：①有敏锐的观察力。观察力是指在不显著之处看到事物的特性的能力。旅客们经常会将自己内心的需要隐藏起来，不轻易表露。服务员如有敏锐的观察力，主动提供旅客内心需求的服务项目，使旅客不仅欣慰，而且佩服服务员的本领。②有预见能力。预见能力是根据事物的发展，推断和预测未来的能力。有了较强的预见能力，工作就能主动，就能提早决定自己应采取的行为方式及投入的工

作量。旅游服务工作中遇到的情况是千变万化的，如果总是“船到桥头船会直”，工作就会被动。预见能力还可以及早消除各种不利因素，防患于未然。③分析的能力。分析是将观察到的感性材料上升到理性的高度，提示事物的本质和规律。旅游服务员在服务活动中单有观察力还不够，还要善于透过现象看本质，能经常观察和分析各种类型旅游者的心理需求和特点，能针对性提供服务；还要能分析不同旅游者的倾向、情绪的变化及其引起的原因，因势利导，采取恰当的方式和措施做好服务工作，使旅游者的旅游活动顺利进行。

（二）良好的记忆能力

记忆力是一般能力，但它不是抽象的。良好的记忆能力帮助服务人员及时回想出在服务环境中所需要的一切知识和技能。旅游服务员有良好的记忆力是搞好优质服务的智力基础。记忆能力也是“百闻不厌”的心理支柱。因此，现代旅游企业强化服务人员的记忆能力是提高服务能力的重要措施。

如何强化记忆能力呢？①旅游服务人员要明确自己需要记忆的目标，这样使大脑处于高度激活状态，注意方位明确，容易接受外部信息，记得清，存得久。②讲究科学的记忆方法。③要精力集中，对要记忆的事物力求理解。④要反复运用，以收到多次复习之效。

（三）专心致志的注意力

注意力是指人的心理活动指向和集中在一定事物上所形成一种专心致志的心理现象。按照现代旅游业工作的特点，职业心理对旅游服务人员的注意力要求应是：在服务岗位上，服务员精力应集中到旅客服务上来，专心致志做好服务工作，对外界影响自己精力集中的各种不利因素要有较强的“抗干扰”能力。只有这样，才能思想集中，动作敏捷，耐心周到地服务旅客。同时，又要求服务员的注意力应相对稳定在一定范围内，在接待一位旅客时，还能兼顾注意到其他旅客的需求情况。

（四）较强的交际能力

旅游服务员为旅游者提供服务，实质上也是一种人际交往，而具备交际能力，是服务员综合利用各种才干进行人际交往的本领。较强的交际能力主要表现在以下几点：①在初次接触时就能取得旅客对自己良好的第一印象。②具有对旅客的招徕能力，能与旅客有融洽的感情；有诱导和满足旅客需求的功夫；有展示本企业的服务优势来吸引旅客的技巧；有促使旅客主动消费的招法，还有能使旅客成为“回头客”、再次光顾本企业的谋略。③有简捷、流畅、音色美的语言表达能力。④有妥善处理各种矛盾的应变能力。尤其是旅客本身有不恰当问题而发生矛盾时，在既不损伤企业声誉或规定，又能维护旅客的情面的状况下，妥善地把各种问题处理好。

现代旅游业的许多旅游企业，尤其是大型的、涉外的旅游企业，都拥有一支职业心理素质较优的服务人员队伍。这是它们在不断发展的旅游事业中，在市场竞争激烈环境中立于不败之地的保证，是它们在国内外众多旅游者中获得声誉，取得较高的经济效益的基础。但是，旅游服务员的职业心理素质不完全是天生的，由于他们来自多方面，有些从旅游专科学校毕业后分配来，有些从社会上招聘进来，有些从其他行业转业进来，有些是农村青年经过短期培训后进来，因此，他们的职业心理素质不一，文化程度高低不一。所以，需要各旅游企业按照职业心理素质需要，对旅游服务员的仪表、气质、性格、情感、意志、能力加强教育和培养。这不仅是企业本身发展的需要，是旅游者顺利进行旅游活动的需要，也是旅游服务员自身进步，为创造一流服务、为社会主义经济建设贡献的需要。

思考题：

1. 为什么服务员的职业心理素质是关系旅游业的成败、兴衰和存亡的大事？
2. 职业心理对旅游服务员性格有什么要求？
3. 职业心理对旅游服务员情感有什么要求？
4. 职业心理对旅游服务员意志有什么要求？
5. 职业心理对旅游服务员能力有什么要求？

第五篇　旅游企业管理心理

第十七章　职工个体心理差异与管理

美国的企业家艾柯卡认为，企业“成功的关键不在信息而在人，管理就是发动人去工作”。因此，要调动旅游企业职工的积极性，必须要研究旅游企业职工个体心理与行为，了解职工的个体心理差异，以便更好地对其实施管理。心理学研究指出，个体差异，主要是指人与人之间在个体心理特征上的差别。它主要表现在气质、性格、能力等方面的差异。本章仅就个体存在的心理差异进行分析，并据此提出对待不同个体的管理方式，有效地调动职工积极性，实现人适其职，职得其人，人尽其才，才尽其用，以提高旅游企业的管理水平。

第一节　气质差异与管理

一、什么是气质（Personality）

气质，是指个体心理活动进行的速度、强度、稳定性和指向性，心理活动的动力特征，类似人们通常所说的性情、脾气。它本身并不反映活动的内容和意义，但却给人的活动涂上了一定的个人色彩，形成一定的风貌。

所谓心理活动进行的速度，主要指知觉、思维反应速度的快慢；强度，指情绪体验的强弱、意志努力程度；稳定性，是指注意力集中时间的长短；指向性，指人的反应与活动主要依赖于外部印象，还是依赖于内部已有的印象和思想。

气质是在人的生理素质基础上，通过生活实践在后天条件影响下形成的，并受人的世界观和性格等的控制。气质的特点一般通过人与人之间的相互交往显示出来。

二、气质的成因与类型

关于人类的气质，人类行为的个别差异问题，在很早以前就为人们所关注。许多中外学者曾从不同的角度探讨过人的气质。

（一）阴阳五行说

我国春秋战国时期，医学上曾根据表示人的阴阳强弱关系的太阴、少阴、太阳、少阳、阴阳和平，把人的生理特点归于金、木、水、火、土五种类型，不同类型有不同的体质形态和气质。在今天看来它缺乏一定的科学根据。

（二）“四根”说

古希腊医生恩培多克勒提出人有“四根”，即身体的固体部分是土根，液体部分是水根，呼吸系统是空气根，血液是火根。四根不同的配合，形成不同的心理品质，这就是所谓的“四根说”。它也是没有科学根据的，但它为后来气质学说的形成提供了启示。

（三）体液说

公元前 5 世纪的古希腊名医希波克拉底（公元前 460～前 377 年），发展了“四根说”，提出了人体有四种体液，即血液、粘液、黄胆汁、黑胆汁。四种体液在人体中所占不同比例的组合，就形成了多血质、粘液质、胆汁质、抑郁质四种气质。这是最早对气质进行的科学的划分和描述。希氏虽对这些气质类型进行了划分和描述，却没能对这些类型进行科学的解释，但他仍被认为是气质学说的创始人。

以上学说，都没从根本上解决人的气质理论问题，都没解答人的气质的生理和心理机制问题。后来，俄国生物学家巴甫洛夫对上述问题进行了研究解释，提出了“神经说”。

（四）神经说

巴甫洛夫认为，每个人都有许多不同的气质特点，但这些特点并非偶然地彼此结合，而是有规则地互相联系着。人的气质是由高级神经活动的强度、平衡性和灵活性三种特性不同的组合形成的。他科学地解答了希波克拉底四种气质类型划分的神经生理原因（表 17-1）。这是目前人们普遍赞成的气质学说。

表 17-1　高级神经活动类型与气质类型对照表

神经活动的基本特征			高级神经活动的类型	气质类型	气质特征
强度	平衡性	灵活性			
强	不平衡		兴奋型 （不可遏止型）	胆汁质	直率，热情，精力充沛，情绪易冲动，心境变化剧烈，外倾
强	平衡	灵活	活泼型 （灵活型）	多血质	活泼好动，敏感，反应迅速，注意力容易转移，兴趣易改变，外倾
强	平衡	不灵活	安静型	（不灵活型） 粘液质	安静，稳定，反应迟缓，情绪不外露，注意力难转移，内倾
弱	不平衡		弱型 （抑郁型）	抑郁质	孤僻，行动迟缓，情绪体验深刻，善于察觉他人细节，内倾

三、气质类型与管理

（一）正确理解气质的类型

首先，气质没有好坏之分。因为气质是心理活动的动力特征，并不决定具体个性特征的内容和好坏，它同心理活动的内容无关。比如，两个人同属胆汁质，一个人勤勤恳恳，干一行爱一行；而另一个则是干集体的工作松松垮垮，干自己的事却不遗余力。其次，气质的类型不决定人的活动成就的高低。并非某种气质的人能成才，某种气质的人不能成才。如著名的文学家普希金属胆汁质，果戈里属抑郁质，赫尔岑属多血质。第三，任何一种气质都有积极方面和消极方面。例如，多血质的人情绪饱满，灵活敏捷，善于交际，容易适应环境，但注意力不稳定，兴趣易转移。再如，抑郁质的人，反应迟缓，缺乏热情，耐受力差，但情感细腻，做事谨慎，观察敏锐。

此外，人们纯属某种典型的气质比较少，多数是两种或多种气质的混合型。

（二）要根据不同气质安排适宜的工作

气质不影响人们的成就高低，但不是说气质对工作没有影响。气质对工作效率高低的影响是不容忽视的。在普通职业中，我们可以看到具有不同气质特点的人从事同一工作，可以干的同样出色。这说明，在这里决定工作成败的关键是其工作态度、熟练程度等因素，而不是气质特点。因为人们在工作中通过气质的互补作用，通过发挥主观能动性，均可以适应工作，圆满完成任务。但不能否定，当一个人所具有的气质特点符合工作要求时，这个人就比较容易适应，工作起来就比较轻松。反之，则要困难些。

实践证明，从事任何一项工作，都要求人们具有一定的心理品质或条件。有些工作要求人的动作反应迅速，思维机敏灵活，如操作自动化系统、打字、汽车驾驶等，多血质、胆汁质的人比较适合。有些工作要求工作人员具有坚持性、持久和细致，如文字工作、设备维修、档案管理、会计等，粘液质、抑郁质的人比较适合。有些工作对心理品质要求特别高，如飞行员、宇航员、运动员等，要求有极其灵敏的反应能力，要求注意力集中、灵活，对这类人员需要认真选拔并加以训练。总之，在分配工作时，要尽可能地使人和工作和机器保持协调，以利提高工作效率。

（三）在组织工作班子时要考虑气质结构

不同气质类型的人所组成的群体，可以产生互补，有助于人际关系的协调，活跃群体的气氛。假如一个群体，都是粘液质和抑郁质的人，这个群体必然缺乏朝气；相反，都是多血质的人，虽然他们共同语言多，但也不好协调。

（四）针对不同气质的人，采取不同的方式、方法进行思想政治工作

气质不同，人们对同一思想工作方式反应不同。因此，在做思想工作时，要针对不同气质的人，采取不同的方式、方法。比如，胆汁质的人易于冲动，吃软不吃硬，因此，在批评教育这类人时，要摆事实，讲道理，不能以势压人；要"冷处理"，给他一定的自我考虑时间。对于多血质的人，由于他们接受快，但不稳定，易反复，因此要多做工作，不要以为一时通了就没问题了。对于粘液质的人，由于他们反应慢，批评时要适当加大刺激量，要有耐心。对于抑郁质的人，由于他们敏感，内心活动多，情绪体验深，所以要少指责，多体贴，不涉及问题以外的事，以免加重他们的思想负担。

（五）引导不同气质的人，促进员工的身心健康

不同气质的人，对社会刺激的反应不同，承受能力不同，特别是遇到重大挫折时尤为明显，势必造成不同的心理负担，影响个体的心理和身体健康。这是管理者必须重视的问题。比如，胆汁质的人，争胜好强，精力旺盛，被称为"工作狂"。因此，领导要关心他们，不要因为他们能干、愿干，就一味加担子，忽略他们的身体健康。抑郁质的人，心胸不开阔，遇事内心活动多，特别是遇到较大的刺激，往往难以承受，常此以往会导致心理和身体疾病。因此，要关心体贴他们，开导他们。

总之，气质是影响人的心理活动和行为的动力特点，是人的稳定的心理特征之一。但人的心理和行为不是由气质决定的，人的心理和行为是由社会生活条件和个人的具体生活状态决定的。气质同其他个性心理特征相比，不是一个人精神世界最本质的特征，而只是具有从属的意义。但由于它是构成人们各种个性品质的一个基础，因此，它是一个必须充分重视的重要因素。

第二节　性格差异与管理

一、性格的概念和特征

性格是个性的重要心理特征，是区别个性的主要心理标志。性格一方面反映人的行为方式。它可以从外在行为上表现出来。如：一个人发笑，从笑中可以看出其性格。另一方面，性格还可以反映出一个人的动机和态度。因此，性格是行为方式和现实态度的统一体。人与人的差异，首先表现在性格上。

（一）性格（Character）

性格，是指一个人在个体生活过程中所形成的，对客观现实稳固的态度及与之相适应的习惯化了的行为方式的综合。它是个性的重要组成部分，人的性格是受一定思想、意识、信仰、世界观的影响和制约的。由于具体的生活道路不同，每个人的性格会有不同的特征。

（二）性格的特征

（1）复杂性。性格是个人多方面特征的综合，就像一个多面的物体，每一面均属性格的一部分，且各部分之间都有密切的关系。这些个人特征，有些是显而易见的，有些则是蕴藏在潜意识中，不但他人无从观察，就连自己也不易感受到。性格不是生来就有的，也不是一朝一夕形成的，它是在主客体的相互作用中伴随着世界观的确立而形成的。

（2）独特性。由于遗传、成熟、环境及学习等因素对各人的影响不同，因而形成个人性格也不同，即使是双胞胎，也只是遗传的一个因素完全相同而已，而其成熟、学习、环境等因素是无法完全相同的。

（3）整体性。构成个人性格的各种特征，并不是孤立的，而是具有内在联系的一个统一体。因此，可以说性格是个人身心合一的组合。一个人生理方面的差异会直接而迅速地影响到心理状态和行为表现。同样一个人为了谋求对社会生活的适应，也会随着环境的变化，不断调整与改变个人的观念和行为方式。

（4）持续性。个人性格虽然在异常重大外界条件的压力下会产生突变，但一般情况下，性格具有持续性。例如：我们对一个人的了解，除直接寻找他的现实行为原因外，还要了解一下他过去的历史、工作、生活等情况。

二、性格的类型

性格类型是指把具有共同性格特征的一群人归为一类，用某一概括名称表示出来。由于性格的极端复杂性，在心理学研究中，至今还没有一个公认的有充分根据的性格分类原则和标准，也没有统一的类型分类。

按性格特征的优势分类，主要有三种类型：

（1）理智型。这种人在对待外界事物时，能够以理智战胜感情，排除干扰，权衡利弊，以行为标准高度和理智认识水平支配调节个体活动。

（2）情绪型。这种性格的人往往行动受到感情制约，通过内心体验判断事物和处理问题，以情绪体验为主要心理活动，忽略或缩短了其他心理过程。

（3）意志型。这种性格特征的人主要把明确的目标和行动的计划放在主导位置并以主动自觉的态度对待和完成决定，自尊、自信、自立意识较强烈。

按个体心理活动的倾向来划分性格类型，普遍分为以下两种：

（1）外倾型。即心理活动倾向于外部。思想、语言、表情、动作等明显表露出来，开朗大方，善于交际。

（2）内倾型。即心理活动倾向于内部。一般表现为沉静，反应迟缓，适应性差。

按照个体独立性的程度划分性格类型，有以下两种：

（1）顺从型。独立性差，容易人云亦云，缺乏主观意识和办事能力，遇到紧急情况会更加无主见。

（2）独立型。属于这种性格类型的人能够独立发现和处理问题，善于思考，在突发情况下能处惊不乱，发挥主观能动性。

三、性格与管理

在企业管理工作中，各级管理者在分析某一个职工具有某种性格特征时，根据性格的形成特点，就可预见他在某种情况下将要怎样去行动，以此作为管理的依据。同时，还要注意去培养职工的性格，积极创造条件，让职工的性格向着健康的方向发展。美国哈佛大学教授阿吉里斯研究了管理方式及其工作环境对性格成熟的影响。他观察分析了组织中经常见到的员工对工作不努力和对某些事物漠不关心的情况。这种情况的产生是否单是个人性格的问题呢？他认为事实并非如此。在许多情况下，是因为受到管理方式的束缚而使性格不能成熟。在这些组织里，他们对工作环境只有极少的控制力。同时，他们被鼓励做一个被动、依赖及附属的人，因此，他们的行为便不成熟。

为了加强管理，深入了解人的性格，还必须对人的性格进行鉴定。在一般情况下，人们经常依靠自己的经验去鉴定一个人的性格。但是，比起能力或其他心理方面的鉴定来，性格的鉴定存在着特殊的困难。因为环境因素和人的行为表现十分复杂，若鉴定一个人的性格就必须做系统的观察研究，并善于从极其多样的行为方式中选择典型的行为方式。

第三节　能力差异与管理

一、能力及其类型

能力是指能够直接影响人们在实践中的活动效率并能促使活动顺利完成的个性心理特征。

在现实生活中，由于人们面对着不同的环境条件和要实现的不同目标任务，会采用不同方式和手段，以显示其自身面对现实客观世界的各种能力。具体讲，能力可以从以下几个方面进行不同的分类。

（一）按照能力的性质划分

（1）一般能力。指人们应具有的基本的认识能力，比如观察能力、分辨能力、记忆能力、注意力、想象力等。逻辑思维能力标志着一般能力水平的高低。

（2）特殊能力。是指在某种专业领域活动中表现出的能力，如平衡能力、音乐能力、绘画能力、写作能力、侦察能力等。特殊能力是在一般能力的基础上展示和发挥的行为表现。

（二）按照能力的创造性程度划分

（1）再造性能力。根据别人的指导和积累的经验进行一系列活动的能力，比如幼儿咿呀学语的过程。

（2）创造性能力。指能够打破传统的思维定势产生新的构思并付诸实践的能力，是在再造性能力的基础上产生飞跃发展的。

二、能力形成与发展的一般条件

能力是个性心理特征的重要组成部分，是保证完成各种活动的基础力量，充分体现出人脑的高度灵活性、指挥性和协调性。能力的水平高低受到内部条件与外部条件的作用与制约，主要来自以下方面：

（1）素质。素质主要是指人脑和神经系统的特性，并体现在感觉器官和运动器官上，具有先天因素和生理解剖特点。素质是能力发展的基本前提，是个人能力形成的自然物质条件。比如从小显露出良好的音乐素质，就会被认为在一般人当中具有突出的音乐能力。但素质并不代表和决定今后能力的发展。

（2）实践。社会实践对人的各种能力的形成与发展起决定作用。能力从一般到特殊，从低级到高级的发展过程是在人们不断认识世界、改造世界中完成的，人们所处环境熏陶、所受的教育和自身学习的愿望及兴趣，都需要通过实践的反复才能被人理解和掌握。比如驾驭车辆的机械操纵能力是在实际训练中形成的；消费者对商品的识别鉴定能力是在历次消费活动中培养的。

（3）环境。有关研究证明，环境对人的早期能力及智力发育有着很大影响。如果环境闭塞，缺少生动刺激和外界交往，那么人的心理功能和能力的发展会受到严重限制。

（4）教育。通过教育可以提高思维能力和操作能力，这是人们接受知识和智慧以及发展个人能力的桥梁。如果因材施教，方法得当，会培养人们的特殊才能。

（5）勤奋。无论是教育、环境或实践，都需要通过内部转化过程，人的主观努力和勤奋态度是必不可少的催化剂。“天才就是勤奋”从一定程度上反映了主体的重要作用及对能力的正确评价。

（6）其他。能力是人脑功能的特殊体现，因此保证充足的营养和睡眠对脑组织发育是十分必需的。此外遗传因素等也会对能力的形成产生特殊作用。

三、能力的差异与管理

能力是个性特征的表现，反应在每个人身上有所差异，主要表现为：

（1）认识的差异。在观察力、理解力、注意力、现象力、表达力等认识过程中的能力不同。如有人迟钝；有人敏捷。

（2）类型的差异。在能力的有机组合和表现上反映了不同类型。如有人想象丰富，感情细腻，观察入微，善于模仿，属艺术型；有人善于逻辑推理，分析概括，属思维型。

（3）水平的差异。对待同一活动所显示的不同能力。有少数人才华出众，能力非凡，创造力强，高人一筹；能力低下者是极少数；大多数处于一般能力水平。

（4）年龄的差异。在能力发展上有早晚之分。有人大器晚成，如齐白石 30 岁学画，40 岁成名；有人能力早熟，使古代与近代不乏具有各种特殊才能的“神童”。

人是企业的宝贵资源。人的能力有高有低，能力的类型有差别，能力表现的早晚有区别。因此，作为一个领导者或管理者，要了解人的能力，要量才用人，要着力开发人力资源。

合理分配工作，就要做到人尽其才。

（1）要根据工作岗位的要求选人。每个工作岗位对任职者都有一定的能力要求，既有岗位所需要的一般能力的要求，又有岗位所需要的关键能力的要求。这是择人、用人的标准，也是培训人员的方向。比如，有的工作要任职者有较强的思维能力，有的工作要求任职者有快速反应能力，有的工作要任职者有敏锐的洞察力，有的工作则要求任职者有某方面的特殊能力。

（2）要根据人的实际能力安排相应工作，做到人适其职，职得其人。

大量的事实告诉我们：①一个人不可能适应所有部门的每一项工作；②接受同等教育程度的人，能力发展水平不一定相等；③同样聪明的人，并不一定适应同一工作。

总之，要明确岗位的要求，要以岗位要求择人，做到人与岗位相适，有机配合好，达到人尽其才，事半功倍。

(3) 要掌握能力的阈限。能力的阈限，是指完成一项工作必须具备的能力水平。人的能力水平高于能力阈限，形成浪费；低于能力的阈限，则不能保证完成和做好工作。经验证明，安排人的工作，使人的能力水平略低于能力阈限，有利于激励人的积极性，但不能差距太大。同时，人的能力是不断发展的，当一个人的能力水平发展超过了能力阈限时，或者远远达不到能力阈限时，就要适时调整。

(4) 要建立合理的人才结构。一个组织、一个工作群体内部的工作，必然对能力水平的要求不同；同时，不同能力水平的人所组成的工作群体，在一般情况下，有利于发挥每个人的能力，有利于形成合力。因此，领导者在组建一个工作群体时，要注意人才结构，不要搞“清一色”，要高、中、初几个方面的人才相结合，应是一个金字塔型的人才结构，但这个金字塔也不能过陡。

(5) 要根据人们的不同智力水平，实施不同的教育。对不同智力水平的人实施教育，不要一刀切，不加区别地使用一种教育模式。

职工个体心理差异问题，主要包括气质、性格、能力三个方面。气质是指个体心理活动进行的速度、强度、稳定性和指向性，它是心理活动的动力特征。气质类型主要有多血质、粘液质、胆汁质、抑郁质。性格是指一个人在态度和行为方面的较稳定的心理特征，是个性的重要心理特征，是区别个性的主要心理标志。它具有复杂性、独特性、整体性、持续性等特征。能力是指能够直接影响人们在实践中的活动效率并能促使活动顺利完成的个性心理特征。按照能力的性质可以把它划分为一般能力和特殊能力，按照它的创造性程度又可以分为再造性能力和创造性能力。气质、性格、能力三个方面的差异的存在，要求管理者在管理的实践中要根据个体的差异运用不同的方式进行有效的管理。

思考题：

1. 什么是气质？气质有哪些类型？
2. 什么是性格？性格的特征有哪些？性格有哪些类型划分？

3. 什么是能力？能力的划分标准有哪些？能力形成与发展的一般条件是什么？
4. 试述气质、性格、能力与管理的关系。
5. 试述管理者应如何根据人的个性来实施管理。

第十八章　员工的激励与管理

目前，我国正处于改革开放的伟大变革时期。这一变革是巨大的，它使人们的价值观念发生了根本性的变化，极大地影响着人们的心理和行为。表现在旅游企业里，即许多职工对企业的期望，对个人的前途的关注，对他人关系的处理，同10年前相比，也发生了突出的变化。这一变化就使得企业的管理者不得不把如何调动职工的积极性当作一个重要课题来研究。

企业职工的工作积极性，其实就是职工工作动机的表现。要调动企业职工的工作积极性，实质就是把职工满足个人需要的积极性引导到本职工作上来。如何调动职工工作积极性，实行既定目标？除了坚持正确的政治方向，坚持强有力的政治思想工作，协调好人际关系和领导者有高超的领导艺术之外，还必须注意对企业职工工作动机实施激发。

第一节　激励与激励因素

激励是管理上一个异常重要的功能，是管理心理学的核心问题。作为管理者，为了实行既定目标，就更加需要激励全体成员，以充分调动人们的积极性和创造性。

一、什么是激励

激励（Motivation）就其词义上看，就是激发鼓励的意思。所谓激发就是通过某些刺激使人发奋起来。在管理心理学中的激励含义，主要是指激发人的动机，使人有一股内在的动力，朝着所期望的目标前进的心理活动过程。激励也可以说是调动积极性的过程。见图18-1所示。

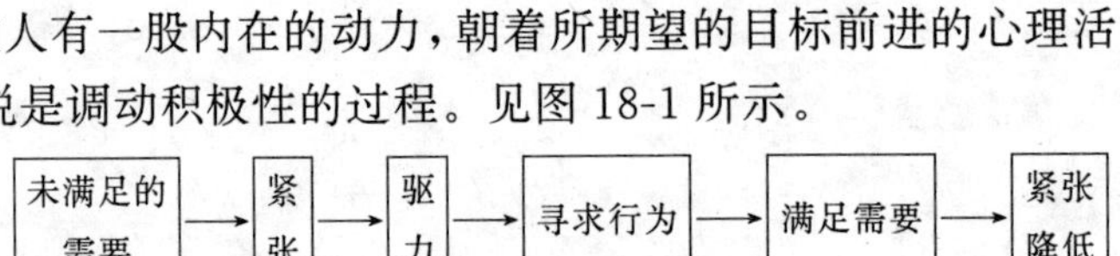

图18-1　激励过程

二、激励的作用

激励，对于调动人们潜在的积极性，出色地去实现既定目标，不断提高工作绩效，均具有十分重要的作用。

（一）激励在管理职能中的重大作用

组织中，有效地组织并充分利用人力、物力和财力资源是管理的重要职能，其中又以人力资源的管理最为重要。在人力资源中，以人的激励最为关键和最困难。

激励之所以越来越受到重视，是由竞争加剧、激励对象的差异性和其要求的多样化所决定的。其表现如下：

（1）在国内外竞争加剧的情况下，企业为了生存和发展，就要不断地提高自己的竞争力。为此，就必须最大限度地激励全体员工，充分挖掘出其内在的潜力。

（2）组织中人员的表现有好、中、差之分，我们通过各种激励办法，就是要不断地使表现好的人，继续保持积极行为；使表现一般的和差的人，逐步地转变成为主动积极为组织多做贡献的成员，促使更多的人能够自觉自愿地为实现组织目标而奋斗。

（3）激励对象的要求是多方面的，要满足这些要求就必须采取多种激励方法。包括提供物质激励，友谊和关心、尊重，好的工作条件，有趣的和有意义的工作等等。满足每个人的要求就能达到激励职工的目的。

管理者的任务就在于对于不同的人采取适合其要求的激励因素和激励措施。

（二）激励在组织实现目标中的重要作用

通过激励可以把有才能的、组织所需要的人吸引过来，并长期为该组织工作。从世界范围看，美国特别重视这一点，它从世界各国吸引了很多有才能的专家、学者，这也是美国所以在科学技术许多领域保持领先地位的重要原因之一。例如，美国国际商用机器公司（IBM）有许多有效的激励办法：提供养老金、集体人寿保险和优厚的医疗待遇；给工人兴办了每年只交 3 美元会费就能享受带家属到乡村疗养待遇的乡村俱乐部；减免那些愿意重返学校提高知识和技能的职工的学费等。

通过激励可以使已经就职的职工最充分地发挥技术和才能，变消极为积极，从而保持工作的有效性和高效率。

（三）激励对提高职工工效的作用

通过激励还可以进一步激发职工的创造性和革新精神，从而大大提高工作的绩效。

三、激励效果的影响因素

人能够被某种因素所激励而积极，也可能被某种因素所刺激而消极。

（一）个体因素

人的思想、分析、推理、判断行为及沟通等，不管如何理智，都免不了受个体情绪的影响。一般说来，考虑的问题越重要，受情绪因素的影响也越大。

（1）中枢神经系统和内分泌系统功能的影响。当我们集中精力动脑筋想问题时，心跳就加快，对环境中其他刺激的接受程度就降低；而在心跳正常时，对外界刺激的接受就较灵敏。

（2）个人情绪的反应直接影响行为的引发和进行。如当领导批评得越严厉时，职工的“自卫反应”便越强烈。这说明，人们不可能完全以理性为主进行反应。当职工和领导在一起时，其内外行为是会发生变化的，这是因为权力和地位对心理产生的冲击作用。情绪对行为的影响，自己对自己的体会较难，而发现别人则较为容易。所以，人们互相帮助，能够减轻或消除情绪对理性决策的影响。

（3）情绪虽有时被压抑，但其作用却不会消失。情绪总是不断地在影响人们的行为、思考、推理、判断和决策的。当个人对某种情况有情绪反应时，该情况必与其本人的利益有关；绝对地客观看问题是不可能的，因为人是综合运用理性和情绪来思考问题的。

（4）情绪冲突对行为的影响。情绪的冲突对行为的影响较大，如一个人平时工作不积极，偶尔一次受到表扬引起强烈的情绪冲突，产生要求进步的需求，开始改变过去的不良行为。这种冲突是来自内在的需要的，经过积极引导，新的生命力就注入到人的心灵或组织中去，就会产生持久的效果。

（二）环境因素

人所处的周围环境，会影响他的各种行为。如果要把人们引向某一方向，就必须使人们与环境间的关系有相应的变化和调整，不是改变环境，就是人去适应环境。如果人与环境经常处于不相适应的状态，不但影响行为，而且会导致生理上的变化。引导人们适应环境的方法主要有以下几种：

（1）设置目标。对于所要完成的工作内容，要有明确的规定，使人们能积极努力地奔向目标。

（2）规定标准。标准不能订得太高，也不能订得太低。如果让一个人去做他力所能及的工作，他就会失去信心，产生挫折感；如果让他做轻而易举的事，他就不会有什么激励作用。规定的标准必须是经过努力可以达到的，所谓“跳一跳”，才能摘到的果子。

（3）制定方案建议制度。做任何一件事，都可能有几个方案可供选择，有了这种制度就能激发职工遇事动脑筋、想办法，采用最有效的工作方法，选择最经济合理的实施方案。对于先进的工作方法和经济合理的方案应给予必要的奖励。

（4）公开的授权。权力和责任的公开化，使自己和他人都能正视权力和责任，避免有职无权和对工作不负责任的现象。

不论是环境因素，还是个体因素，对不同的人来说是不一样的。因为人的动机、需要、行为虽有一般规律，但又都因人而异。例如，职业、年龄、文化程度、经济状况、家庭出身等各人是不同的，因此，可用一个综合性的因素说明，这个综合性因素就是成熟度。所有的人都是从不成熟发展到成熟的，不过速度有快有慢，道路有曲有直，时间有早有晚而已。

第二节　激励理论及应用

20世纪20～30年代以来，管理学家、心理学家和社会学家从不同的角度研究了应怎样激励人的问题，并提出了许多激励理论。对这些理论可以从不同的角度进行各种归纳和分类。

激励理论是关于如何满足人的各种需要，调动人的积极性的原则和方法的概括。长期以来，世界各国的许多管理学家、心理学家都从不同角度提出了各种理论，用来解释人的激励问题。关于激励理论，比较流行的分类方法是按其所研究的激励侧面的不同及其与行为的关系不同，把各种激励理论归纳和划分为内容型、行为改造型和过程型激励理论三大类。

一、内容型激励理论（Content Theory）及其应用

这是研究需要这个激励的基础的理论，它着重对激励的原因与起激励作用的因素的具体内容进行研究。其中，最有名的是亚伯拉罕·马斯洛（Abraham Harold Maslow）的需要层次理论（Hierarchy of Needs Theory）、克莱顿·奥德弗（Clayton Alderfer）的E.R.G.理论（E.R.G. Theory）、弗雷德里克·赫茨伯格（Frederick Herzberg）的双因素理论（Two-Factor Theory）和戴维·麦克利兰（D.C. McClelland）的成就需要理论（Need for Achievement Theory）等。

（一）需要层次论

美国心理学家马斯洛在他1943年所著的《人的动机理论》一书中，提出

了需要层次理论。在本书前的章节中已介绍，这里再简述一下。

把人类的需要划分为五个层次，并按其重要程度和发生的先后顺序加以排列：

生理的需要：包括饥饿、干渴、栖身、性和其他身体需要。

安全的需要：保护自己免受生理和心理伤害的需要。

社交的需要：包括爱、归属、接纳和友谊。

尊重的需要：内部尊重因素，如自尊、自主和成就；外部尊重因素，如地位、认可和关注。

自我实现的需要、一种追求个人能力极限的内驱力，包括成长、发挥自己的潜能和自我实现。

马斯洛的需要层次论也有局限性。首先，它的人本主义色彩过于浓厚，只讲个人的需要，而忽略了社会的需要。其次，它过分强调人的内在价值，而忽略了社会利益和发展的需要。最后，它的机械主义色彩也很明显，过分强调需要的各层次间的满足上升关系。

在管理活动中，作为企业管理者应根据人们的需要，找出相应的激励因素并按照人的需要规律（如需要的层次性、主导性、斗争性），去采取相应的组织措施，引导和控制人的行为，实现组织目标。

（二）E. R.G. 理论

美国的心理学家克莱顿·奥德弗在马斯洛研究的基础上，提出人的需要可分为生存需要（E）、关系需要（R）和成长需要（G）。生存的需要类似于马斯洛的生理和安全需要。关系需要类似于社会需要。成长需要类似于尊重和自我实现需要。可见，其两者观点并无实质性的差别。

但奥德弗认为：①他所提出的三种需要间并无明显的界限，而是一个连续体，不是层次等级。②需要间并不是满足上升的关系，它既可以跨越，也可以倒退。即当人们在低层次需要得不到满足时，人们也会转而寻求高一级需要，同时在高一级需求遭受挫折时，又会转向或倒退至较低的需要层次。

奥德弗揭示的需要发展变化的规律，有着重要意义。它告诉我们，为什么有的人在低层次需要没有满足时，就去追求高层次的需要；为何有的人在追求高层次需要时，会突然转向较低层次需要的追求。

（三）双因素理论

1. 双因素理论的主要内容

双因素理论，是20世纪50年代末美国心理学家弗雷德里克·赫茨伯格提出的。科学管理阶段，泰勒（Taylor）等人认为激发人的积极性主要靠外部条件刺激，即靠金钱等物质刺激。后来马斯洛提出需要层次理论，他把人的需要分为五种，认为这五种需要得到基本满足的人，才具有充分、旺盛的创造力。赫茨伯格则提出一个与前人不同的新观点，认为调动人的积极性，主要是从人的内部，用工作本身来调动人的内在积极性，工作对人的吸引力才是主要的激励因素。

赫茨伯格的结论来自于他对企业中的工程师和会计师的调查。调查的主要问题是："什么时候你对自己的工作感到特别满意？""什么时候你对自己的工作感到特别不满意？""原因何在？"通过调查所得资料和分析表明，使员工不满意的因素和使员工满意的因素是不同的。赫茨伯格发现工作的满足因素与工作内容有关，称为激励因素；工作的不满足因素与工作的周围事物有关，称为保健因素。

（1）保健因素（hygienes）：包括公司的政策和制度，技术监督，与领导人的关系，与同事间的关系，与下属的关系，工资，职务保障，个人生活，工作环境，职位等。

（2）激励因素（motivators）：包括成就，承认，工作本身，责任，晋升，个人成长与发展等。

赫茨伯格认为保健因素就如同生理卫生对人体的效果。它的满足只能消除员工的不满，但不能激发和增进员工的积极性。只有激励因素的改善或得到满足，才会增进人们的积极性，提高工作效率。以上观点称为"双因素理论"。我们以表 18-1 来展示这一理论的基本内容。

表 18-1　激励因素与保健因素的比较

项目	激励需要	保健需要
起源	人类形成的趋向	动物生存的趋向
特征	性质上属于心理方面的长期满足 满足/没有满足 重视目标	性质上属于生理方面的短暂满足 不满足/没有满足 重视任务
满足和不满足的源泉	工作内容：对个人来说主要是内部的 工作本身 个人标准	工作关系：对个人来说主要是外部的 工作环境 非个人标准
显示出来的需要	成就 成长 责任 赏识	物质的 社交的 身份地位 方向、安全 经济的

2. 双因素理论在管理中的应用

（1）在企业管理中，既要注意保健因素的满足，更要注意激励因素的满足。双因素理论告诉我们，人们的保健因素需要如果得不到满足，人们就会产生不满，积极性就会下降。因此，管理者要十分重视改善环境、增加福利、不断提高员工的收入水平、建立良好的人际关系等。但是，保健因素的满足只能消除人们的不满，保证人们的积极性不下降，并不能增进人们的积极性。因此，要增进人们的积极性，必须十分重视人的激励因素需要的满足。

(2) 利用激励因素调动人的积极性，是我们的领导者需要着力做到的一件事。就是说，我们要对激励因素充分认识，积极开阔视野，努力去满足员工的需要。

(3) 激励因素和保健因素的区别是相对的，其作用也是相互转化的。例如，工资、奖金解决得合理，真正体现了按劳分配原则，是可以起激励作用的；反之，就成了保健因素。

(四) 成就需要理论

1. 成就需要理论的主要内容

20 世纪 50 年代以来，美国哈佛大学心理学家戴维·麦克利兰对成就需要这一因素进行了大量的调查研究，提出了成就需要理论。成就需要理论抛开人的基本生理需要，主要研究在人的生理需要基本得到满足的前提下，人还有权力需要、友谊需要和成就需要。①权力需要。指人们对施加影响和控制他人表现出极大的兴趣。②友谊需要。亦称归属需要或社交需要。较高层次的人多具有友谊需要，他们通常从友爱、情谊和人际交往中得到欢乐和满足。③成就需要。有成就需要的人，对胜任和成功有强烈的要求，具有挑战性的成就会引发快感，振奋精神。

2. 成就需要理论的应用

如何运用成就需要理论，增进成就对人的激励，麦克利兰提出了四种方法：

(1) 要经常安排一些成就的反馈，使被激励者了解自己的成功之所在，进一步激励他们对成就的愿望。在高成就需要的人取得显著成绩时，要给他们合理的薪酬，以使他们安心在企业工作。

(2) 提供取得成就的榜样，刺激人们取得成功的愿望和行为。

(3) 要把高成就需要的人放在具有挑战性的岗位上，肯定他们的成就，鼓励他们多出成果。

(4) 不要限制员工创新，以成就激励他们脚踏实地干事业。

以上介绍了四种内容型激励理论，各种需要理论把人的需要进行了不同的分析和归类，现以马斯洛的需要层次论为中心，把四种需要理论对比如图 18-2。

赫茨伯格	马斯洛	奥德弗	麦克利兰
双因素理论	需要层次论	E. R. G. 理论	成就需要理论
激励因素	自我实现	成长发展	成就
	尊重	人们之间关系	权力
	社交		友谊
保健因素	安全	生存	
	生理		

图 18-2　几种需要理论的对比

二、过程型激励理论（Process Theory）及其应用

这是着重研究动机的形成和行为目标的选择，即激励过程的理论，其中最有影响的是维克多·弗鲁姆（Victor·Vroom）的期望理论（Expectancy Theory）、亚当斯（Adams）的公平理论（Equity Theory）和波特尔（Borter）和劳勒（Lawler）的激励过程模式等。我们着重介绍以下三种。

（一）期望理论

1. 期望理论的主要内容

期望理论，又称媒介理论，是美国心理学家弗鲁姆在1964年出版的《工作与激励》一书中首先提出的。

弗鲁姆的期望理论，概括地说就是：人们从事某一工作的动机强度，或者被激发出的力量（积极性）大小，取决于目标价值（效价）大小和预计能够达到这个目标的程度（期望值）。其基本模式是：

激发力量＝效价×期望值

或：　$F=V\cdot E$

式中：F（Motive force）代表激发量；

V（Value）代表效价；

E（Expectancy）代表期望值。

激发力量，是指动机的强度，即被激发出的力量，实现目标的积极性。

效价，是指目标对于满足个人需要的价值，即一个人对某一结果的偏爱强度。

期望值，是指采取行为对实现目标的可能性大小，或实现目标的概率。它是根据个人经验判断估计的，一般用概率表示，其数值由0～1。

期望理论是按照人们的期望来解释激励问题的，人类的需要本身就是一种动力，需要在未满足之前，对需要者来说，只是一种期望，所以说需要作为一种动力是通过期望表现出来的，它与期望大小成正比，而期望的大小又

取决于目标价值和期望值大小。

从激励模式看，效价和期望值任何一个是零，激发力量（积极性）都是零；效价和期望值都小，激发力量肯定小；效价和期望值任何一个小，激发力量也小；只有两者都大，激发力量才大。

2. 期望理论在管理中的应用

弗鲁姆的期望理论，在以下几个方面，对于调动人的积极性有重要的意义：

（1）科学地设置目标，更好地调动人的积极性。期望理论告诉我们，人是为了某种需要，才会去努力实现某种目标的，达到目标对于满足个人需要的意义或价值，就是目标价值。目标价值（即效价）高，激发出的力量才会大。因而，只有科学地设置目标，才能更好地调动人的积极性。那么，如何科学地设置目标，以激发人们起人们更高的积极性呢？就要求管理者要调查了解员工的需要，根据需要设置相应的目标。同时，还要针对不同的人的不同需要，设置不同目标。

（2）巧用期望值，调动人的积极性。期望值，是指一个人根据过去的经验判断自己达到某种目标的可能性大小。期望值大小，对于一个人的积极性影响很大。目标价值一定，期望值就成了影响积极性的关键。人们对期望值的估计，即对实现目标可能性大小的估计。因为对期望值的估计是个体的主观判断，并不等于现实。期望值与现实相比，大体有三种情况。其一是大大超过期望值，即对期望值估计过低；其二是现实等于期望值的估计，即现实结果是人们意料之中的；其三是期望值大大超过现实结果，即抱希望很大，结果没有实现。我们在管理中，要教育引导人们对追求目标实现的可能性要作实事求是的估计，要有各种心理准备。

（3）改变目标或改变期望值，也是激发人的积极性的一个有效方法。例如，有些员工把自己的目标定的过高，无论怎样努力都难以实现，因而情绪低落。如果我们能够帮助他们确立适合的目标，改变原来过高的期望值，将有助于调动员工的积极性，焕发出工作热情。

（4）根据目标价值（效价）的变化，适时提出新的目标，有助于调动人的积极性。同其他事物一样，目标的价值也是变化的。时间变了，地点变了，情况变了，目标的价值也会随之发生变化。这是领导者不容忽视的一个问题。

综上所述，期望理论对于做好员工的思想工作，提高它的预见性、预期性和预防性都是有益的。

（二）公平理论

1. 公平理论的主要内容

在管理中，领导者总认为员工在受到奖酬之后，一定会获得满足，调动起积极性。然而有时却事与愿违，一方面，拿到了奖酬，另一方面，却牢骚满腹。1956 年美国心理学家亚当斯对此现象进行了研究，提出了著名的公平理论。

概括地说，公平理论是讲，在协作劳动中，每个人都会自觉或不自觉地把自己的投入（劳动）和得到的结果（报酬），与他人的投入（劳动）和得到的结果（报酬）进行社会比较，如果当他发现自己的投入和他人差不多，而得到的结果比他人少，便认为不公平，就会产生不公平感，就会满腔怒气。如果他发现自己的投入和他人差不多，得到的结果也和他人差不多，便认为是公平的、正常的，因而，心情舒畅，努力工作。

公平理论的具体含义是：①人们在协作劳动中，积极性的高低，不仅受其所得到的绝对报酬的影响，而且还要受相对报酬的影响。②当一个人看到他人比自己得到的结果多时，并不一定感到不满意。因为他很清楚自己的投入、能力、贡献都不及他人。但是，当他衡量自己与他人的投入差不多，而得到的结果比他人少时，就会认为不公平。③一个人与他人比较时，他所说的投入和结果，并非都是依据科学的计量手段测定出来的，许多是自己的主观感觉，并不一定都符合实际。④同自己对比的“他人”可能是本群体、本组织的一员，也可能是其他群体、其他组织的一员，还可能是社会上的人，有时是现在的自己同过去的自己进行历史的比较。

2. 公平理论在管理中的应用

公平的要求是人们普遍存在的心理需要。在现实生活中，人们都要求公平合理，例如，要求分配公平、交易公平、晋升公平、对人对事处理公平等等。公平问题对人们的行为有着重要的影响和制约作用。作为一个领导者，在工作中忽视了公平问题，尽管做了许多工作，满足了人们不少的要求，却收不到预期效果。不公平现象是挫伤员工积极性的重要原因，它能使激励的效果荡然无存。领导者在工作中能否做到公平，是其管理水平高低的重要表现，也是领导者素质高低的标志。

在企业，公平问题集中表现在分配、提拔重用和各种待遇上，特别是分配问题上。造成不公平的原因，有主观的，也有客观的。主要有以下几个方面：①制度原因。由于企业的管理制度不完善，许多工作缺乏公平的标准。②资源配置原因。企业中不同的部门设备配置不合理，有的先进，有的落后。③政策原因。在企业内部，政策不统一，机会不均等造成分配不公。④领导作风不正引起。有的领导者工作不深入，或偏听偏信，想当然处理问题；有的领导者对员工亲疏不一，不能一碗水端平；个别领导以权谋私，拉帮结派，排斥异己等，从而导致分配问题的不公平。作为企业的领导者，必须充分认识公平理论的意义，利用其观点指导管理工作，有效地调动员工的积极性。

（三）波特尔和劳勒的激励过程模式

波特尔和劳勒在期望理论的基础上，讨论了绩效与满足感之间的关系。他们认为，激励不等于绩效和满足，三者是不同的变量，它们之间的关系是复杂的，从而提出如图 18-3 的激励模式。

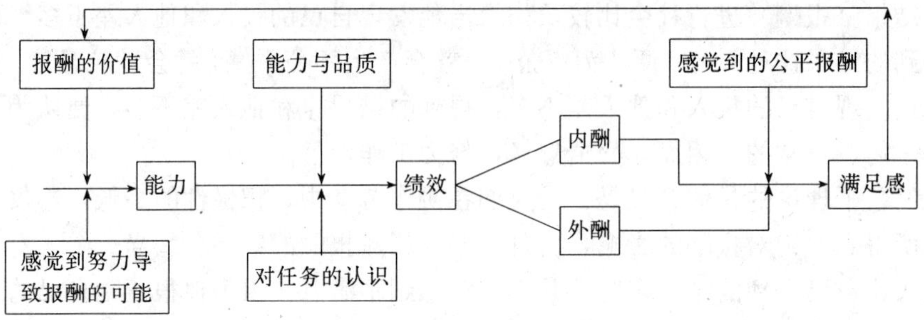

图18-3 波特尔和劳勒的激励模式

这一模式说明：①努力取决于报酬的价值加上人们感觉到的经过努力获得报酬的可能性；②报酬的获得取决于工作绩效；③绩效的取得取决于能力，同时还要受到对任务的理解、能力水平影响；④工作绩效导致内在的和外在的报酬，实现满足；⑤而需要能否满足，还要受公平与否的影响。

波特尔和劳勒的这一模式告诉我们：要激发人的积极性，首先要使人们认识目标的价值，或者提高人们对目标价值的认识，并坚定完成任务、取得报酬的信心。其次，要使人们真正理解工作任务本身，并提高能力水平。最后，要创造一个好的环境，做到报酬公平。

三、行为改造型激励理论（Behavior Modification Theory）及其应用

这是着重研究激励的目的的理论。激励的目的正是为了改造和修正行为。这种理论主要有挫折理论和归因理论等。其中，挫折理论将在下一章做介绍。归因问题的相关知识因在前面章节中已做了介绍，在此仅就归因理论的内容和对管理的启示做简要介绍。

（一）归因理论的主要内容

（1）归因理论是由美国的心理学家凯利提出的。①他认为行为的原则可以归为三个方面的因素，即行为者本人的特点、行为对象的特点，以及行为者与行为对象交往时所处的情景。要把一个人行为的特殊性、连续性、一致

性作为归因的参照点。②对他人行为归因时，人们还会结合他人的其他条件进行归因，比如，结合这个人的身份、地位、文化等条件。③当他人与认知者本身有利害关系时，认知者可能会作出不同的归因。就是说，可能会作出不客观的归因。

（2）归因的失误。人们对他们行为的归因并不都是正确的，常常会作出错误的判断。主要原因是：①无形的偏见导致归因失误。偏见使人戴上了有色眼镜，不能对他人的行为进行客观的、实事求是的分析，自觉不自觉地进行错误的归因。③归因依据错误导致归因失误。在对人的行为进行归因时，由于掌握的材料不够充分，或工作不深入，未能掌握行为原因的真实依据，从而导致归因失误。③思维定势导致归因失误。每个人根据自己的知识和过去的经验，会形成这样或那样的思维方式。如果不管遇到什么问题都按固定的思维方式进行分析，往往会导致归因失误。

（二）归因理论的启示

管理者应该充分了解归因的基本原则，认识归因存在失误的原因主要是由于偏见、思维定势和归因的依据错误所致，在管理工作中引导人们进行正确的归因，从而有效地激励员工的积极性。

激励是管理上一个异常重要的功能，主要是指激发人的动机，使人有一股内在的动力，朝着所期望的目标前进的心理活动过程。激励，对于调动人们潜在的积极性，出色地去实现既定目标，不断提高工作绩效，均具有十分重要的作用。20世纪20～30年代以来，管理学家、心理学家和社会学家从不同的角度研究了应怎样激励人的问题，并提出了许多激励理论。对这些理论可以从不同的角度进行各种归纳和分类。主要有内容型激励理论、过程型激励理论和行为改造型激励理论。这些理论中以需要层次理论、双因素理论、期望理论、公平理论、归因理论和挫折理论较常见或应用比较多，并且对于研究管理中人的激励问题做出了突出的贡献。

思考题：

1. 什么是激励？激励的主要作用有哪些？

2. 激励理论有哪些类型划分？

3. 简述“双因素理论”的主要内容。
4. 简述“期望理论”的主要内容。
5. 简述“公平理论”的主要内容。

第十九章　挫折与管理

人的一生不是一帆风顺，挫折或失败总是难免的。当然挫折有大有小，有轻有重。挫折既是客观存在的事实，又是人的主观感受。由于认识的不同，目标标准高低不同，因而对挫折感受也不尽相同。旅游心理学将对挫折产生的原因及其在情绪和行为上的表现，进行分析，并就受挫后如何做好疏导工作进行有意的探讨。

第一节　挫折产生的原因

一、什么是挫折

在心理学上，挫折是指一种情绪状态，类似日常生活中所指的挫败、阻挠、失意。

挫折的基本概念，是指个人在达成目标的行为过程中，由于遇到障碍或干扰，致使目标没有达到，需要得不到满足而出现的情绪状态。

动机的强度随着需要的满足或受阻而减低。当一个需要获得满足后，它就不再是行为的动机，而其他某一需要的强度就会显露出来。需要的满足，可以被看作是一种“成功”。但是，需要并不是任何时候都可以得到满足。动机产生后，由于行为是导向目标的，但是目标的实现并非畅通无阻，可能有四种情况：

（1）动机设定的目标无须特别努力便可达到，实现需要的满足。

（2）在实现目标的过程中，行为受到阻碍或迟延，但通过努力克服种种困难，最终实现了目标，需要得到满足。

（3）一个动机行为在进行中，突然有一个新的更重要的动机出现，即设置了一个新的目标，因而暂时放弃了原来的动机和目标，改变了原来的行为。

（4）行为受到干扰和阻碍，个人目标无法实现，而是受到挫折。

第一、二种情况是行为的成功，第三种是动机、目标改变，第四种是行为的挫折。

一个人的需要在受到阻碍时，其强度也会减低，但这种情况并不是一开始就发生的。相反地，他会有“对抗行为”的倾向——企图通过各种尝试来克服这种阻碍。他可能会尝试多种的行为，以寻求某一种行为可达到他的需要或减轻因阻碍而产生的紧张。如图 19-1 所示。

第一、二种尝试都未成功，直至第三种尝试才获得成功，满足了需要，达到了目标。

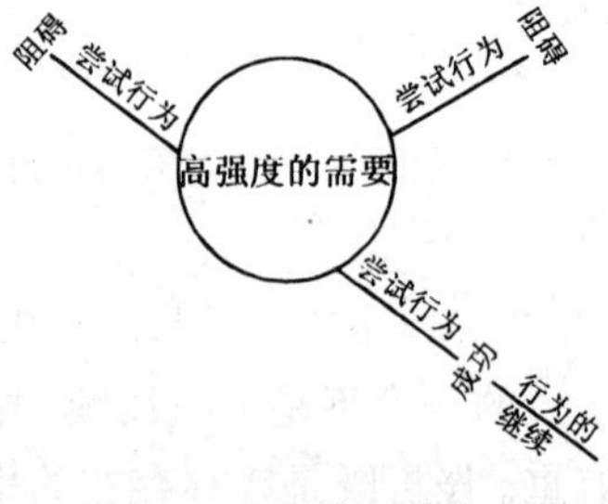

图 19-1　尝试行为满足需要或受阻碍

如果经过各种尝试，阻碍无法克服，其需要最终不能得到满足，就会受到挫折。一旦受到挫折后，就可能产生对抗行为。理智的对抗行为可能导致需要目标的变化或需要强度的降低。非理智的对抗行为可能会导致破坏性行为或侵害性的行为。挫折使人们的情绪还可能遭受痛苦的干扰，甚至会使人影响健康而引起种种疾病。

一般说，人们在从事有目标的活动时，随时因主客观原因都可能遇到挫折，不过挫折对个人来说也并非完全无益。"失败是成功之母"，人们从挫折中找出原因，就可以引导人们以更好的方法满足需要。

二、产生挫折的原因

（一）外在因素

又称客观因素或外因，主要包括自然因素和社会因素两类。

（1）自然因素。即阻碍和影响人的目标实现，需要得不到满足的自然条件。它又有轻重之分。严重的如自然灾害、衰老、疾病、死亡。轻微的，如突然天降大雨、无法如期赴约。自然因素带有不可抗拒性和不可控制性。随着科学技术的发展和生产力的发展，虽然人对自然灾害的抗御能力逐步提高了，但这些因素使人受挫折仍是不可避免的 。

（2）社会因素。指在社会生活中使人遭受挫折的各种社会性的原因，包括政治、经济、人际关系、家庭、道德、风俗等因素。社会因素造成个体的挫折有三种情况：其一是个体与社会规范相背离，受到社会、组织和群体的阻止或惩处。比如，个体以权谋私，以不道德的手段实现个人的目的，当然要受到社会的限制乃至棒喝。其二是个体的目标和社会规范一致，但受到一些错误势力、不良风气的阻挠，使个人受挫折。其三是个体要求及目标脱离社会现实，不可能实现。

（二）内在因素

主要指个体的主观因素，包括生理条件和心理因素。

（1）个体的生理条件。包括个人的身材、容貌、健康状况等。这些因素在一定条件下，也会限制和阻碍人的目标实现，造成受挫。如：某些特殊工作招聘的人员，对身材、容貌有特殊要求，而有些人虽然有从事这一职业的兴趣，但因身材矮小或容貌欠缺，而被拒之门外。

（2）个性因素。包括个人的价值观、人生观、世界观、生活态度、抱负水平、气质、性格、能力等，对人的挫折也有很大影响。缺乏正确世界观、人生观的人，遇到困难常常是悲观失望，遇到挫折一蹶不振，悲观厌世。而具有科学世界观和人生观的人，遇到困难总是积极想方设法克服困难，面对挫折能认真总结教训，另辟新路，积极进取。心胸开阔、性格开朗的人，利于克服困难；而心胸狭窄、性格内向的人在困难面前往往焦急泄气，于克服困难不利。

（3）知识、经验与才能。这是一个人能否做好工作，达到目标的重要条件。

（4）动机冲突。即在日常生活中，一个人同时产生两个或两个以上的动机。这些就产生了难以抉择的心理状态，这就是动机冲突。动机冲突往往使人错过成功的机会，作出错误的选择，导致失败。有些人常常脚踏两只船，结果什么也干不好。

应当指出，一个人受到挫折，往往是多种因素造成的。同时，这些因素又有主有次。

（三）工作情境因素

在组织管理中，使员工产生挫折，除了一般的外在因素和内在因素外，还有与组织管理有关的特殊因素，即工作情境因素。

（1）组织管理方式引起的挫折。比如，领导者作风不民主，独断专行，对下属过分严厉的监督、控制以至惩罚，缺乏信任、尊重，不听取、不采纳下属的正确意见，甚至视下属的意见为不服从领导，嫉妒下属的才能等，造成下属无法做好工作，做不好又挨领导者批评。员工的这种挫折，纯属领导者造成，而个体却有苦难言。

（2）由组织中的人际关系引起的挫折。组织中上下级之间缺乏信息沟通，互不信任；组织成员之间关系紧张，互相猜疑、嫉妒；人与人之间心理互不相容，从而使个体的友爱、亲合需要得不到满足，产生挫折感。同时，在这样一个群体或组织中，个体也难以把工作做好。

（3）工作安排不当引起挫折。组织领导对个体工作的安排，不适合个体的兴趣、气质、能力与性格，使个体产生挫折感。特别是个别领导者出于某种目的，明明某个人不适合做某项工作，偏偏让他干这一工作，会使个体感到愤慨。

（4）工作环境引起的挫折。如工作环境不安全，事故经常发生，或者工作环境太差，使人心情抑郁、烦躁，产生挫折感，不利工作效率的提高。

报酬不合理，晋级、职务提拔不公平，引起员工的挫折感。

三、挫折的容忍力

挫折的容忍力，是指个体对挫折的适应能力，即受挫折后免于失常的能力。也就是人们日常所说的，经得起打击、失败等挫折的能力。

对同样的挫折，人们的反应是不一致的。也就是说，每个人的挫折容忍力是不相同的。有的人，历尽艰险，屡遭挫折，但却坚忍不拔、百折不挠，有很高的挫折容忍力；有的人一碰钉子就垂头丧气、一蹶不振、消极颓废，对挫折的容忍力很低。同样是考试失利，有的人痛苦万分，感到无地自容；有的人则淡然处之，如同事情没有发生。

一个人对挫折的容忍力的大小，也是由多种因素决定的，主要是：

（1）生理条件。即与身体健康有关。一个健康、发育正常的人，对生理需要的挫折的容忍力，要比百病缠身、生理有缺陷的人要高。

（2）挫折的容忍力同一个人的世界观、人生观、道德观有关。一个具有彻底的辨证唯物世界观，以天下为己任，以他人利益为重的人，就能目光远大，面对现实，无所畏惧，不怕挫折，经得起坎坷磨难。

（3）人的意志、气质、性格对挫折的容忍力的影响。意志坚强、性格开朗的人，抗拒挫折压力的能力强，能够通过各种方式排泄由于挫折带来的郁闷情绪。

（4）过去的经验与学习对挫折容忍力的影响。一个从小娇生惯养，没有经过风雨见过世面的人，一个一帆风顺、平步青云的人，突然遇到大的挫折，必然不知所措，难于承受。而一个经受过多次挫折，具有正反两方面经验的人，面对挫折，必然会冷静分析，正确对待。

（5）对挫折的知觉判断影响挫折容忍力。由于每个人对世界认识的不同，对同样的挫折的容忍力就有很大差异。比如，两个人竞选厂长都落选了，某甲可能认为自己不可能选上，所以要参与竞选是为了看看自己到底有多大群众基础，人们对自己如何评价。因此，落选对他来说根本无所谓，甚至很乐观。而某乙认为自己一定能选上，选不上意味着自己被排斥在领导行列之外，认为从此“没有了前途”，因而承受不了落选打击。可见，对挫折的知觉判断如何，对挫折有无心理准备，对挫折容忍力影响很大。

综上所述，人对挫折的容忍力，并不是天生的，而是通过后天社会生活、社会实践习得的，是可以培养的。

第二节　挫折的行为反应

一、人受挫折后的情绪反应

人的挫折包括事实上的挫折和想象中的挫折。所谓事实上的挫折，就是已经出现的挫折。所谓想象中的挫折，就是还没有构成事实的挫折，即有可能成为挫折，也有可能成不了挫折。但是，想象中的挫折，也同事实上的挫折一样，对人形成压力，影响人的行为。

人受到挫折，特别是重大的、突如其来的挫折，对人是一个重大打击，必然引起人的心理变化，使其产生以下情绪反应：

（1）愤怒。即生气、不满、怒目相视、咬牙切齿。

（2）不安。就是忧虑不安、坐卧不宁、茶饭不进、恍恍惚惚。

（3）冷漠。即受挫折后，将愤怒情绪压抑下去，在表面上表现出一种冷淡、无动于衷的态度，失去了喜怒哀乐的表情。造成个体对挫折的冷淡反应的直接原因，多数是由于长期受挫折，又不能对造成挫折的对象加以攻击，若攻击则会带来更大的挫折；有的则是由于无力改变挫折造成的困境，又得不到他人得援助，内心发生反复冲突，经受了长时间恐惧、痛苦而出现的情绪反应。

（4）幻想。受挫折后用一种想象的而非现实的态度对待挫折。

（5）退化。就是表现出一种幼稚，同其年龄、身份、知识不相称的情绪反应，如啼笑、傻笑、在地上打滚等。

人受到重大挫折，不仅情绪受到刺激，在生理上也会引起急剧变化。如，血压升高、脉搏加速、呼吸急促、汗腺分泌增加、脸色苍白等等。长久下去，便可能导致疾病，如，高血压、偏头痛等。

二、受挫折后的行为表现

人们遇到挫折总会作出某些行为反应，尽管人各不同，但总有一定的模式。在奔向目标的行为受到阻碍的当初，人们总是试图直接克服构成障碍的原因。如果阻力过大无法克服，便试图回避障碍，另辟新径达到目标。如果仍行不通，人们就有可能采取替代的方法，重新确立目标。倘若再失败，人们为了减轻或避免挫折带来的不愉快与痛苦，要进行心理防卫。

所谓心理防卫，是指个体在长期生活中，自觉或不自觉形成的一些对付或适应挫折情境的行为方式。因为这些行为方式在性质上是为了防卫自我不受愤怒、焦虑等情绪的侵害，属于防卫性质的，故称心理防卫。

心理防卫，或受挫折后的行为反应，可分为积极的反应和消极的反应（理智和非理智）。

（一）积极的（理智的）反应

（1）坚持。即继续努力，反复尝试。就是说，当一个人在通向目标的道路上，虽然遇到障碍，遭受挫折，但自认为目标不错，故不灰心气馁，坚持努力，克服困难，总结经验教训，不达目的不罢休。

（2）改变。即改变行为，或者改变目标。当人们认为自己的目标方向不错，但行为受挫，有可能变换行为方式，去实现原定的目标。而当人们受挫折后，发现自己的目标方向错了，或者认为原来的目标根本无法实现，有可能变换目标，用新的目标代替原来的目标。

（3）调整。即调整目标水平。当个体受挫后，发现由于目标过高或者目标选择不当，有可能降低目标要求或调整目标。

（二）消极的（非理智的）反应

（1）攻击。又称侵犯和对抗。攻击可分为两种。其一是直接攻击，即对使其遭受挫折的人或物进行直接攻击。常见的有顶撞、谩骂、吵闹，甚至拳脚相加。一般来说，自尊心强的人、脾气暴躁的人，容易将愤怒的情绪向外发泄，而采取直接攻击的行为反应。其二是间接攻击，或称转向攻击。有的人对自己缺乏信心，认为受挫折是由于自己无能，自己不中用，而把攻击的矛头对准自己，责骂自己，甚至践踏自己。性格内向的人容易产生这种行为。有的人意识到使自己受挫折的真正对象不能攻击，于是把愤怒的情绪发泄到与其受挫无关的他人或物上。转向攻击的对象常常是自己的妻子、孩子或周围的弱者。

（2）逃避。即个人不敢面对自己预感的挫折情境，而逃到较为安全的地方。逃避可能有三种。其一是逃向另一个现实。即离开那个受挫折的现场，逃向另一个现实世界。有的在此处栽了跟头，而要求调离到另一个部门或单位。有的则放弃应该干的工作或者表面应付，而埋头于与工作无关的嗜好或娱乐。其二是逃向幻想世界。如求神保佑，或者思想上坠入某个虚幻世界。其三是逃向生理疾病。这是一种本能的逃避，如，一次考试失败，从而惧怕考试，一到考试便发烧、感冒，考试一过就好。个人借生理上的某种机能障碍以逃避面对的困难，这是一种病态，并非有意识地装病。

（3）倒退（退化、回归）。即个体受挫折后表现出与自己的年龄、身份、知识不相称的幼稚无知行为，并失去自我控制。

（4）理由化（合理解释）。这是一种常见的行为。即个人受挫后，为了避免精神上的痛苦和不安，找出种种冠冕堂皇的理由或可以原谅的借口为自己的失败或错误进行辩解，以此达到心安理得。显然，这是强词夺理，旨在保持自己的面子，或缩小自己的责任，这些理由，在别人看并不是什么真正的理由，也不合逻辑，而他自己却觉得理由很充分。这便是鲁迅先生所刻划的“阿Q精神”。

(5) 补偿。即一个人受挫折后，在某一方面受了损失，便企图在另一方面得到补偿。这就是人们常说的“堤内损失堤外补”。当然，堤外补的方法、手段合理正当，无可非议；若堤外补得不正当、不合理，那就错上加错了。

(6) 投射。一个人犯了错误，不是认真检查自己，吸取教训，而是把错误归罪于他人，或者乱咬他人。如，有的人说：“我是贪污了，但贪污多得人为什么不抓？”或说：“某某比我问题严重多了，我算什么问题？”

(7) 压抑。即将受挫折后的愤怒、不满等感情抑制住，什么也不讲，表面若无其事，内心却十分痛苦。压抑虽然可暂时获得安全感，但不满情绪并未消失，而是潜伏下来。有的压抑是不自愿的，如对顶头上司的不满，因习惯了不能顶撞顶头上司，所以遇到挫折，即便对其上司不满，也习惯地不讲什么。有些压抑的情绪，过了几日，就会“忘却”，恢复如初。

(8) 表同作用。指一个人在受到挫折后，把该问题的成功者具有的、使自己羡慕的品质加到自己身上，模仿其行为，以寄希望于以后自己也能成功，以减轻个人因挫折造成的痛苦。这种现象在少年中较多。比如，一个学生考试没考好，受到挫折，而他把目标放在同班考得好的某个同学身上。对方穿什么衣服，他就穿什么衣服；对方在课堂上有什么举动，他也做什么举动。他以为对方的一举一动都是成功的象征，模仿对方，自己就有成功的希望。

(9) 反向作用。指一个人受挫折后所表现的行为方向与其真实动机的方向恰恰相反的心理现象。如，一个人对父母不孝，受到组织的批评，但他并没有真正认识自己的错误，转变对父母的态度。但迫于组织、舆论的压力，回家后，对其父母表现得过分殷勤，殷勤中带有讽刺、挖苦，带有威胁，使其父母无法接受也不敢接受。这种口是心非的举动，是暂时的，不久就会有更大的冲突。个人的内心明明存在空虚、憎恨、敌视的感情，但为了掩盖它，却做出与其相反的行为举动。

(10) 固执。即受挫折后，个体老是重复某种没有意义的动作，尽管事实已证明这些动作毫无效果，或者事实已经有了改变，但他仍然要继续这些动作。固执反应与经受挫折的时间、挫折的严重程度有关。如果一个人长时间遭受一种挫折，他就会形成对这种挫折的习惯化的刻板反应方式。如有的人遭受挫折打击后嘴里总是嘟嘟囔囔地重复述说受挫折的某些情节，或重复某些动作。应当指出，严重的固执，已到了精神不正常的边缘，需要早作心理治疗。

人在受挫折后，可能产生的行为，远不止以上几种。一个人受挫折后可能产生什么样的行为，主要取决于两个因素：一是挫折本身，即挫折是什么性质的，份量有多大，对个人伤害有多重；二是个人的特点，个人对挫折的容忍力。

第三节 战胜挫折的方法

现实生活是充满矛盾的，人在社会中生活、学习、工作，不可能是一帆风顺的，挫折也是难免的。从旅游业企业领导和管理者角度讲，应当尽量消除引起本企业员工挫折的环境，避免使员工受到不应有的挫折。同时，当员工受到挫折时，应尽量减低挫折所引起的不良影响，提高员工对挫折的容忍力。

一、正确对待挫折

人的一生中会遇到各种各样的挫折，因此，在挫折发生前，要教育企业员工有思想准备，事前做好预防工作，及时清除可能导致挫折的各种因素。对于自然因素，有些虽然不可避免，但有些还是可以采取措施加以预防的。对于产生挫折的社会因素，要治理好社会环境，加强法制观念，进行遵纪守法教育，培养良好的社会风尚，打击刑事犯罪等。

二、对受挫折后的攻击行为要持宽容的态度

面对受挫折者员工的非理智性对抗行为及发生的攻击行为，旅游企业管理者应持宽容的态度，一方面表明管理者的修养；另一方面表明他不是软弱，而是有更好的方法应付攻击。对受挫折者持宽容态度可以让受挫折者感到温暖和关心，从而降低他们的对抗情绪，以利于矛盾的解决。

三、改变情境

应付挫折的有效方法之一是改变引起挫折的情境。例如，创造一种情境，使受挫折的员工感到集体的温暖。改革不合理的组织机构和管理制度，以调动和发挥人的积极性，实行员工参与企业管理和授权管理。改善人际关系，在企业内部协调好各种关系，培育员工相互信任、相互支持、相互尊重，建立“同是一家人”的感情。对管理人员进行处理人际关系的训练。

四、采用精神发泄法

这是一种心理治疗方法，这种方法是要创造一种情境，使员工中受挫者可以自由表达他们受压抑的情感，使之恢复理智状态。

总之，心理学中把个人在达成目标的行为过程中，由于遇到障碍或干扰，致使目标没有达到，需要得不到满足而出现的情绪状态叫挫折。产生挫折的原因既有外在因素，又有内在因素，还有工作情境因素。挫折的容忍力，是指个体对挫折的适应能力，即受挫折后免于失常的能力，也就是人们日常所说的，经得起打击、失败等挫折的能力。挫折的容忍力的高低主要受个人的生理条件、价值观、意志、过去的经验、知觉判断等因素影响。人受到挫折，特别是重大的、突如其来的挫折，必然引起人的心理变化，使其产生情绪和行为反应。这些反应有些是对个体有利的，而有些则是对个体有害的。从旅游企业管理者角度讲，应教育员工认识到：人在社会中生活、学习、工作，不可能是一帆风顺的，挫折也是难免的，应正确对待挫折。管理者要尽量消除引起员工挫折的环境，避免使员工受到不应有的挫折。

思考题：

1. 什么是挫折？挫折产生的原因有哪些？
2. 什么是挫折的容忍力？影响挫折容忍力的因素有哪些？
3. 人受挫折后的情绪和行为有哪些表现？
4. 论述人们应该如何战胜挫折。

第二十章　群体心理与管理

群体心理不是独立存在的精神体，不是实体，但又体现群体现象之中；群体心理不是每个群体成员个人心理过程本身，但又存在于每个个体身上。群体心理是一种十分复杂的心理现象。所谓群体心理是指群体成员在群体的活动中共有的、有别于其他群体的价值、态度和行为方式的总和。

群体心理是个体心理和组织心理的一个中介系统。确切地说，群体是组织与个人的联系形式。因为，群体的存在，既是组织实现其功能的媒介，又是领导发挥作用的基础，还对个体行为产生巨大影响。群体也是组织实现目标的基本工作单元。一个企业所从事各种活动，大都是在发挥某种功能的群体内进行的。而一个企业的活力也大都是与相关的群体的士气、内聚力等有密切的关系。以现代旅游业来说，为旅游者旅行游览活动提供游览、食宿、交通、娱乐、购物等的各种旅游企业，为了加强现代管理，首先要管理好所在企业组织中相互关联的诸群体。旅游心理学研究认为，作为旅游企业领导者和管理者要发挥群体的作用，增强群体内聚力，调动从业人员积极性，提高服务水平和服务效率，务必大力开展对群体管理心理研究，以适应为发展现代旅游事业的现代科学管理的新要求。因而，群体管理心理的研究就成为旅游心理学的一个重要内容，并且占有一定的地位。

第一节　群体的基本问题

一、群体和群体心理的基本涵义

研究群体和群体心理，先要理解它们的基本涵义和特征。

（一）群体的基本涵义

群体有时又称团体、集团。它的基本涵义：不是个体的简单的集合，是一个介于组织与个人之间的人群结合体，只要二个人以上，为实现共同的目标和利益，相互作用，相互影响，以一定方式联系在一起进行活动的人群，就称之为群体。

群体包含三个要素。它是由相互作用、活动和思想感情相互联系的要素组成。如图 20-1 所示。

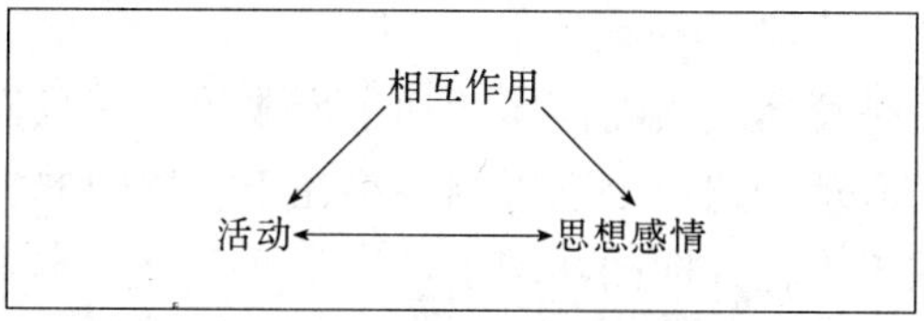

图 20-1　群体三要素组成图

群体成员以一定方式联系在一起的，其中思想、感情和心理的联系是极为重要的因素，心理上没有什么联系的人群就不是群体；群体一定组织一些活动，无论是学习活动、工作活动等都必须以分工协作为基础，在活动中发挥各自的智慧，才能合力；群体内的成员为实现共同的利益和目标，必然会相互配合、相互作用、相互依存、相互影响。

社会学理论认为，群体是社会群体。因为一个人如果脱离社会生活，离群索居是无法生存的，在人类生活中，每个人总是隶属于一定的群体，只有人类社会才有社会群体。社会群体是指人们按照一定的社会关系所结成的有共同交往活动的人类社会生活单位。

（二）群体心理涵义

它是指群体成员在群体的活动中共有的、有别于其他群体的价值、态度和行为方式的总和。

（1）共有的心理反应是群体活动的心理基础，共有的行为方式是共有心理的外在表现。一个旅游企业的班组的群体心理是班组成员对班组服务活动的共有的心理特点和行为方式，在对待班组间的评比、竞赛上，班组工作的优或劣，成或败上，有共同的观念、评价、情感和情绪，有共同的欲求、希望和目标，共同的态度。群体心理的共有性，把群体心理和社会个体心理区别开来。群体是由个体组成，但是，由个体组成的群体有着个体没有的特点。群体心理一经形成为成员共有，是大家心目中共有的评价、选择、情感等，也就在比个体优越得多的水平上代表或体现大家的心境和心态。一个和谐的旅游企业班组（或科室），会使一个个成员工作起来精神焕发、士气高涨，这都是在个体孤立状态下不会有的心理状态。这说明，群体心理总是以群体面貌出现的心理状态。

（2）群体心理具有群体界限性。群体是一种机体，应群体需要而生，因群体结构而别。所以，群体有自己固有的界限，有内外之分。每个旅游企业都有规章制度，不同的规章制度，区别了不同旅游企业的作风、面貌、格调。群体心理既是群体内共有的，又是与其他群体有区别的，因此，它是向内的，是维护本群体利益的。一个旅游企业的班组假若有成员心向外，牺牲本班组或本企业的利益，就会被这个班组的其他成员视他为损坏行为，是不被允许的。

(3) 群体心理是群体成员在群体活动中形成的。这是说群体心理的根源不在于个体之间的心理沟通、心理影响，不在于个体间的相互作用或社会相互作用本身，而在于人们共同的活动中，这个活动是“主观见之于客观”的过程。这些个人在活动中相互联系，形成关系，互相制约，最后形成为这些个人共有的心理。

(三) 群体的特征

(1) 群体有共同的目标和利益，这是群体成员意识到的，并且由其成员互相合作，共同努力来完成的。共同的目标和利益是维持群体的基本条件。

(2) 群体是一个有严密的组织的结构，有自己的规范和规则，这些规范是群体成员共同制订，每个成员务必遵守，否则将受到谴责。其规范不因成员的去留而变更。它是成员间相互协作密切配合的组织保证。

(3) 群体成员具有群体意识和归属性。群体的各成员相互依存，彼此认同，在心理上彼此意识到对方的存在，意识到其他成员的存在，有我和其他人同属一个群体的感觉和意识，各成员之间有工作、思想和信息上的交流，彼此在思想、感情和心理上建立起密切的联系，群体能满足各成员的归属感。

(4) 每个成员在群体内占有一定的地位，充当一定的角色，承担一定的任务，负有一定的责任。强大的群体压力，制约各个成员的活动。

二、社会群体的分类

不同学科可以按照不同的标准把社会群体区分为不同的类型，这里依据社会学提出的几种分类。

(1) 按照群体中社会关系的性质，把社会群体区分为血缘群体、地缘群体、趣缘群体和业缘群体。这四种类型群体在现代社会里并存和协同发挥作用，同时业缘群体处于主导地位，是社会发展进步的表现。

(2) 按照群体成员是否有经常的面对面的直接交往，把社会群体分为基本群体和次级群体。基本群体是其成员有经常的面对面的直接交往的群体。如，家庭、邻里、工作班组等人数不多的社会群体。其中工作班组的基本群体又称工作群体。相反，其成员没有经常的面对面的直接交往的群体被称为次级社会群体。次级社会群体大多是规模较大的业缘群体，如机关、学校、工厂、公司、旅游企业等，这些人数较多的业缘群体又叫社会组织。

(3) 按照群体中社会关系的规范化程度，把社会群体区分为正式群体和非正式群体。正式群体及其内部关系是按正式的社会规范建立起来并受正式规范所制约的，如家庭、学校、机关、工厂、公司等；非正式群体及其内部关系则具有非规范化的特点，如邻里、友群、老乡群体等。一般说，正式群体是社会稳定的基础，非正式群体则能增强社会的活力。

三、工作群体及其社会功能

按照现代旅游企业群体管理心理需要，这里着重对工作群体进行分析研究。

（一）工作群体是一种特殊的基本群体

当人们进入社会从事工作的时候，自然而然地为社会分工所决定，分配到工厂、企事业的工作班组等业缘基本群体中。这种业缘基本群体，在完成工作任务、满足社会成员的需要、调节人际关系及稳定社会等方面，起着非常重要的作用。这就是工作群体，是现代社会的社会组织的基层单位，是在一定的工作任务的基础上组织起来的，其成员有经常面对面的直接交往的社会基本群体。

工作群体是一种特殊的基本群体。它的特殊性，首先是以工作任务为纽带的基本群体，因而它有业缘群体的一般特点，其中最突出的是它有完成组织目标所赋予任务的功能；其次，工作群体是一种建立在正式规范基础上并受正式规范制约的正式群体，因而具有正式群体的一般特点，它中间的关系是一种正式关系；再次，工作群体虽是正式群体，但又是正式组织的基层单位，是一种基本群体。它数量不多的成员有面对面直接交往，使他们相互关系容易超出工作范围之外，形成多方面人格接触，形成人际关系的非正式性一面。

（二）工作群体的社会功能

工作群体具有几方面的社会功能。首先，工作群体有完成任务的功能。工作群体作为大的社会组织的基层单位，是大的社会组织的组成部分。其所以被建立起来，是为了有效地完成组织目标所赋予的任务。因此，完成任务的好坏，工作的效率高低，是工作群体功能发挥如何的主要标志，是其社会价值和意义的根本所在。人们无疑地要重视工作群体完成任务的功能。为了完成工作任务，工作群体必须以任务为中心，来安排群体的活动，健全群体的机制。其次，工作群体有交流感情和实现人的价值的功能。一个好的工作群体，能使其成员具有明显的认同感和完全感，增加力量感，在交流感情方面能发挥重要的作用。在实现人的价值方面，工作群体更有其他基本群体所不能比拟的优势。因为人的价值主要是在集体生活中，特别是在集体劳动的过程中实现的。群体成员能够在工作群体中依靠集体的智慧和力量，发现自己的才干，增加自己的才干，使自己表现出来的才干得到及时的、肯定的评价，并且由此而激发出实现自身价值的更大愿望。工作群体还有调节人际关系、稳定社会的巨大功能。

四、群体对个体心理与行为的影响

群体对个体心理与行为的影响，主要表现有：

（一）归属感

群体内各个成员在发生相互作用时，其行为表现是协调的，同一群体的成员在一致对外时，不会发生矛盾，彼此都感到同属一个群体。如，当群体获得荣誉或受到批评时，群体成员会表现得更加团结。这时，成员的归属感会强烈表现出来。

（二）认同感

群体内的各个成员对周围的一些重大事件与原则问题，都能保持一致的认识和评价，这主要是由于各个成员有共同的目标，彼此之间利害关系是一致的。尽管群体认识不一定符合客观事物的本来面貌，但大家都能信以为真。

（三）支持力量

当群体成员的行为符合群体规范和群体期待时，群体会对他的行为给予种种赞许与鼓励，以支持他的行为。因而对其具体行为能起强化作用。

五、群体对个体适应环境的影响

个体在群体中由于受到其他成员的认知、情感与行为的影响，使个体往往表现出不同于个体在单独情况下的心理反应。这种反应固然是群体压力下的产物，但另一方面也是个体藉以适应环境的方式。

（一）助长作用

个人在与其他人一起工作时，即使他们之间互不沟通，有其他人在场无形中消除单调，激发了工作动机，使工作效率得到提高。

（二）标准化倾向

人们对事物的知觉、判断以及工作速度、生产的数量，在单独情境下个体差异很大；但在群体中，其个体变异明显变小，趋向于同一标准，这称为社会标准化倾向。心理实验表明，工作人员在群体中有行为的常规，对事物有大体一致的看法，对一天工作量有一定标准。这种群体中成员遵守的无形规定成为了他们行为的规范。

（三）顾虑倾向

个人在大众面前往往感到不自在，其行为表现与一般情景不尽相同。也就是说，个体行为不仅受群体内成员的影响，而且还受群体外各种各样甚至看不见的大众的影响，顾虑倾向因人而异。一般说，性格内向，产生顾虑倾向较明显，而性格外向的人容易自来熟，顾虑倾向不太明显。顾虑倾向是群体对个体心理行为影响的一种效应。

（四）从众行为

在群体内，当个人的意见与多数成员的意见不一致时，会感到心理紧张，总感到有一种无形的压力，这种压力不同于行政命令，也不是明文规定，对个体心理上的影响和压力甚至比行政命令还大，心理总感到不能违抗而应保持一致，必须采取相符行为才有安全感。在群体压力下，个人放弃自己意见而采取大多数成员相一致的行为，称为从众行为，俗称随大流。群体对从众行为程度的影响有多种因素。个体认同的群体，其成员从众性强，个人感到群体内成员地位高或能力高于自己，则容易从众。

第二节　群体的心理动力

群体心理动力是研究群体活动的内部机制的理论，主要研究勒温的群体动力理论和社会主义的群体内动力。

一、勒温的群体动力理论

群体动力理论的创始人是德国心理学家勒温。1932 年勒温借用物理学中“磁场”的概念，认为人的心理、人的行为决定于内部需要和环境的相互作用。因此，要测定人的心理与行为就必须了解完成这一行为的内在的心理力场和外在的心理力场的情景因素。当人的需求未能满足时，就会产生内部力场的张力，而环境起着导火线的作用。据此，勒温提出了心理力场的理论公式：（参见本书第二章第一节）

$$B = f(P, E)$$

勒温的“场”理论最初只用于研究个体行为。1933 年他到美国后，又应用于研究群体行为，提出“群体动力”的概念。所谓“群体动力”就是指群体活动的方向，而研究群体动力就要研究影响群体活动动向的各种因素，因为，群体活动的动向同样决定于内部力场和情境力场的相互作用。

“群体动力”理论对管理心理学形成和发展有很大影响。

二、社会主义的群体内动力

社会主义的内动力有五大要素，即确立群体主体意识和竞争体制，并使之群体结构合理，具有生机的危机感以及正效应的群体压力。

（一）确立群体主体意识

主体意识不仅指个人，而且指群体和社会。群体具有了主体意识，它就能独挡一面。在遇到挫折时，能化挫折为成功；在困难时能化困难为顺利；在动态结构方面不仅是能动而是充分发挥主观能动性；在管理方面不独断独行而发扬民主，发挥群体成员的积极性。这种群体内动力将是超前的。

（二）确立竞争体制

竞争是一种普遍的社会现象。它是指群体中个人与他人之间为达到有限的目标，力求超过别人，取得优势地位的心理状态，是人的“争先意识”或“力求优越”的动机表现。在群体中，没有竞争，就没有比较，就没有发展和创造，是群体最核心的内动力。

竞争是有条件的，不是在任何条件下都能发生。它取决于以下因素：①目标有限程度和资源稀缺程度，是引起竞争的根本原因；②群体及成员的价值观；③群体间的竞争成果取决于群体内成员是否合作，是否一致；④目标与现实差距大会产生激烈的竞争。

在许多旅游企业内部，竞争常常被用作激发从业人员士气的“杠杆”，使企业、从业人员振奋，成为提高工作效率的重要管理手段。因此，可以说竞争体制是群体内动力的生命。

（三）群体结构合理

群体结构合理，就会产生强大的合力；反之，群体结构不合理，就会产生抵消作用。

工作群体结构要合理，一个旅游企业，如旅游饭店，不论是前厅还是客房班组的各服务工种要有适当比例；在性别组合上，按服务需要也应有适当的比例；年龄结构合理；从业人员、服务人员的素质、文化水准、艺术修养都应做到结构合理，使群体的和谐感达到一定高度，从而产生其内动力。

（四）有生机的危机感

这所说的危机不是指祸机，而是指危机感将会孕育着进步的生机，给群体或群体成员以崇高的冒险精神和挑战精神。没有危机感，这种精神是产生不来的。在面临的危机中，意识到不是把自己估计过高，而是估计过低。要保持自己尊严和自信，迸发出强烈的进取精神，注意实干，注重效率，这种内动力自然会强化群体意识。

（五）群体压力

群体压力是指群体规范对其成员所具有的无形的约束力，这种约束力使个体成员在心理上感到有压力。群体压力会左右群体成员的行为。因为，任何群体都有由其成员们建立起来的行为标准的规范，所以，任何群体对自己所属成员都有一定压力。作为一个企业领导者、管理者，在企业管理中应重视这种现象。

群体对其成员施加的压力，一般有五种类型：

(1) 理智压力。这是采用“晓之以理”，摆事实，讲道理，以理服人，使成员从道理上明白是非，接受群体意见。

(2) 感情压力。这是采用“动之以情”，以深厚的真挚的感情来感动其成员，促其遵从群体。

(3) 舆论压力。群体的舆论对其成员容易形成一种压力。常言：“群言难违。”正面的群体舆论能促其成员坚持正确行为；惩戒性的舆论使其成员不敢再坚持错误。

(4) 心理隔离。即群体使用断绝其成员心理上的沟通和行为的接触，使之在群体中孤立而被动。

(5) 强制手段的压力。即群体对其个别成员采取惩罚手段，如扣发奖金，解雇，甚至开除等。

第三节　群体的士气与内聚力

一个优秀企业能有效地实现经济目标而持续发展，在较大程度上取决于所在企业组织中相关联的诸群体成员的士气与内聚力。而士气与内聚力也是增强企业活力和内部团结的一个重要心理因素。

一、群体的士气及其在管理中应用

（一）士气的一般概念

士气原本是军队的用语，表示团结一致、斗志昂扬的集体战斗精神，现在已经普遍用来表示现代企业组织中群体成员的工作精神和服务精神状态与相互认同、协作的群体意识。史密斯（G. R. Smith）对于士气定义为：“对某一团体或组织感到满意，乐意成为该团体的一员并协助达成团体目标”的一种态度；心理学家雷顿（A. H. Leighton）则认为：“所谓士气是一群人追求共同目标地、持久地、首尾一贯地协力工作的团体能力。”尽管国内外学者对士气的说法较多，但将士气解释成“群体成员为实现组织目标所表现的工作干劲与协作精神”似乎较通俗明了一些。

士气是增强企业活力和内部团结的一个重要心理因素。一个企业能否有效地实现自己的目标，在较大程度上取决于所在企业群体成员的士气。那么，一个士气高昂的群体究竟是以怎样的尺度来衡量的呢？国外管理心理学家克瑞奇（D. K. Rech）与克勒奇菲尔德（C. S. Crutchfield）的研究结果表明，一个士气高昂的有效群体通常具备下列 7 种特征：

（1）群体团结是来自内部的内聚力（又称凝聚力），不是来自外部的压力；

（2）群体内的成员没有分裂成互相对立的小团体倾向；

（3）群体内部具有处理内部冲突与适应外部变化的能力；

（4）群体成员之间具有强烈认同感、归属感；

（5）群体中每个成员都了解群体的奋斗目标；

（6）群体成员对群体目标和群体领导持肯定和支持的态度；

（7）群体成员承认群体存在价值，并具有维护此群体继续存在的意向。

（二）群体士气与工作效率

士气也是提高工作（生产）效率的必要条件，但它终究不是全部条件。一般讲，高士气并非等于高效率。只有同高度的生产性相结合，才能对提高工作效率、实现组织目标产生真正的价值和积极意义。这是因为，士气与生产性在一定条件下不是成比例发展的。例如，一个士气高昂的旅行社，如果资金不足，翻译、导游人员外语水平差，管理不当，就很难发挥旅行社应有的功能，取得好的经营效果；相反，一个实行严格科学管理的旅游企业，虽然员工有意见，士气不高，但在一定时期内可能保持高的工作效率。管理心理学家戴维斯（K. Davis）在《工作中的人际关系》一书中，用图 20-2 表示士气与生产性之间的戏剧性关系。

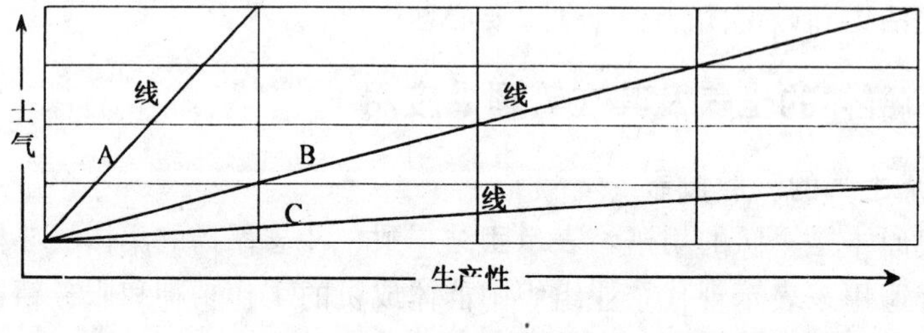

A 线表示高士气低生产性；B 线表示高士气高生产性；C 线表示低士气高生产性

图 20-2　士气与生产性之间的关系

该图表明：A 线是单纯提高士气没与群体目标相联系，使高士气受到限制，结果生产（工作）效率上不去；B 线是把提高群众成员的士气建立在群体目标或企业目标一致的基础上，这样，高士气必然带来生产的高效率；C 线是企业通过严格科学管理，但不关心群体士气情况下所产生的低士气、生产效率高的结果。因此，企业期待的是 B 线状态。管理学家麦格雷戈（D. McGregor）曾说："管理人员的主要责任，在于如何安排组织的条件及其执行的方法，指导职工从实现组织的目标中，同时达到自己的目标。"

影响士气的因素很多，概括起来主要有：①领导者大公无私、奋发图强的精神状态，能激发起群体成员积极向上工作意识、战斗意识与高昂的情绪，士气就高；②个人、群体、组织目标之间一致性；③内部团结性；④经济报酬合理性与需求满足公平；⑤领导者采取民主管理，善于倾听群体成员意见；⑥群体成员对工作的满意感；⑦优美的工作环境，安全舒适的工作条件，工作起来士气高；⑧鼓励交往与参与管理，培养集体主义精神；⑨群体成员身心健康、精神饱满，心境良好，对工作充满信心，对群体充满希望，士气高。

二、群体的内聚力

（一）群体内聚力的概念

群体内聚力，又称群体凝聚力。它是指群体成员之间心理结合力的总体。这种心理结合力表现在两个方面：一个方面是群体成员对群体所感受到的魅力（吸引力），从而自愿参与群体活动；另一个方面是群体对其成员所具有的魅力度，从而把群体成员积极地组织到群体活动中去。这就是，群体内聚力既是表现群体团结力量（吸引力）的概念，又是表现个人心理反应（对群体力量的感受性）的概念。

群体内聚力所具有的这种两重性，是由群体活动本身的特点决定的。群体活动一方面是群体性活动，另一方面又是由个人参与的。从其群体性看，群体活动有为群体成员共有的目标和实现目标的手段和步骤，群体成员对共同目标和步骤、手段的感受越深，越积极参与群体活动；从群体活动个人性看，群体活动是由个人具体承担任务而实现的，群体活动依赖于个人。因此，群体活动必须建立在对个人目标欲求和欲求满足的基础上，群体对成员越有魅力，群体成员越愿意参与群体活动。可见，群体内聚力是衡量一个群体成功与否的重要标志。

（二）影响群体内聚力的因素

群体内聚力的强弱程度主要受以下几种因素的影响：

（1）群体的领导者和领导方式对内聚力的影响。领导者是群体的核心，领导班子自身团结一致，齐心协力，坚强有力；并在领导方式上发扬民主，使群体成员有充分表达自己意见的机会，参与管理，使群体有较强的内聚力。

（2）群体的同质性对内聚力的影响。群体的同质性即指群体成员之间的共同相似性，其有相似吸引的作用。例如，群体成员有共同的奋斗目标、理想、信念；相同的需要、动机、兴趣与爱好，相同的民族及文化背景，相似的个性及个性心理特征等都是群体的同质性。一般说，同质性有相互吸引的作用，同质性越高，群体的内聚力也就越高。

(3) 来自群体外部的压力能增强群体内部的内聚力。在群体外部竞争十分激烈的情况下，为了在竞争中求得生存和发展，或在群体生死存亡的紧要关头，群体的内聚力也会增强。

(4) 群体成员的集体荣誉感、成就感、归属感、强烈的认同感，都希望维护群体的荣誉，保持群体先进性，群体内聚力就较高。

(5) 群体内部奖励方式对群体内聚力的影响。我国研究证明，个人奖励与群体奖励相结合的形式，可能增强群体的内聚力。

(6) 群体内聚力强弱还和成员的能动作用分不开，就是说，成员对已有个性特征、思想觉悟、思想水平、思想方法等能量的发挥程度也影响群体内聚力。而群体水平、如何发挥群体功能，对所属成员影响较大。群体内聚力是群体素质、群体水平和群体成员素质、成员水平的综合性表现。群体有无内聚力，内聚力强或弱，都直接影响群体完成任务效果。

(三) 群体内聚力与生产效率的关系

研究与实践表明：群体内聚力与生产（工作）效率之间存在着较复杂的关系，群体内聚力强可能提高劳动生产效率，也可能降低劳动生产效率。为何会出现截然相反的情况呢？这是因为，生产效率并非由内聚力单一因素决定的；群体工作目标与组织目标的一致性，也是一个重要因素。如果群体工作目标与组织工作目标一致，则内聚力与工作效率之间成正相关，内聚力高，工作效率也高；反之群体目标与组织目标不一致，则内聚力与工作效率成负相关，内聚力越高，则会抱团来抵制组织目标，其工作（生产）效率反而越低。

社会心理学家沙克特 (S. Schachter) 研究群体内聚力与生产效率之间关系作了一个实验。他在有严格控制条件的情况下，检验了群体内聚力和对群体成员的诱导（即群体目标与组织目标的一致性）对生产效率的影响。积极诱导是要求成员增加生产，消极诱导则是要求减慢完成任务速度。实验的自变量为内聚力和诱导，因变量是生产效率。分 5 个实验组，如图 20-3 所示。

沙克特使用两种不同方法，进行 32 分钟的实验在前 16 分钟，对 5 个组都不做诱导，发现各组的产量平衡发展；在后 16 分钟把 1 个组用来作对照结果的组，不做条件改变，而对其余 4 个组进行不同条件的实验，结果在不同的内聚力和积极或消极诱导的条件下对生产率的影响是不相同的。图中可见，内聚力高低或强弱对生产（工作）率造成了影响，但更重要的是诱导产生的作用。

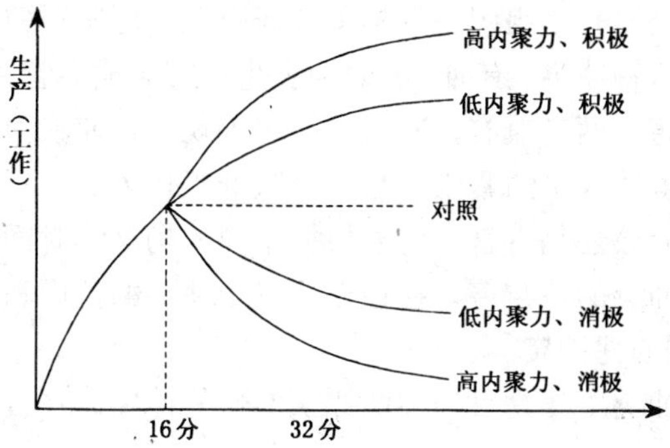

图 20-3　内聚力诱导和生产（工作）率

第四节　群体的冲突与化解

任何群体都会发生矛盾，矛盾并不都是冲突，只有当矛盾激化到一定程度，才会以冲突形式出现。因此，群体活动中遇到冲突是不可避免的。冲突有：有效冲突和有害冲突。问题在于要促使矛盾向有利方向转化而化解冲突。

一、冲突的基本概念

冲突表示了一种状态，处于这种状态的个人、群体或个人之间、群体之间在目标、认识、情感等方面具有不相容的特点，这种不相容进而引起了对立或敌视的态度与行为。冲突可能发生在心理活动的三个方面：①目标方面，这种冲突将会在人们所希望获得的终极状态或所喜欢的结果之间互不相容时产生；②认知方面，这种冲突产生于个人意识到了自己的意见或想法的自相矛盾；③情感方面，在感情或情绪上互不相容时也会产生冲突。冲突可以是激烈可见的，也可以是缓慢进行的。冲突的力量可以逐渐积累并在特定的情形中突然激化。

（一）有效冲突与有害冲突

一些管理心理学家对于企业中群体冲突观点认识有一个发展过程。最初，认为冲突只有消极意义，只能起破坏作用，不利于企业正常活动进行，因此，要采取各种办法避免冲突。后来一些心理学家认为，应把冲突分为有效（建设性）冲突和有害（破坏性）冲突。

（1）有效冲突：它是可以增进并有利于组织作业的冲突。如组织中没有这种冲突，组织就会停滞不前，没有变化。这种冲突包括对同一目标的不同看法、实现目标的不同方式的争论，还包括那些可以振奋精神的竞争。

（2）有害冲突：它是组织中具损害性或阻碍目标实现的群体冲突。企业管理者必须消除这种冲突。有时，有效冲突也可转化成有害冲突。还有时，冲突分不出有效有害，两者兼有。冲突的有害表现在：使人力、物力分散，内聚力降低；造成群体成员的紧张与敌意，减低工作关心。

判断冲突的有效还是有害，也要根据不同的场合、时间、人员特点、目标等进行区分。冲突的益与害，往往还依赖于冲突的范围和解决的方法。

（二）个人的心理冲突

个人的心理冲突主要是目标性的或认知性的冲突。在目标性冲突中，有三种基本类型。

（1）双趋型。从两个或多个都会带来积极后果的备选对象中抉择时产生的个人心理冲突。例如："你想当导游还是当旅游饭店前厅经理？"在两者抉择产生了心理冲突，这实际上是一种"鱼我所欲，熊掌亦我所欲"式的心理冲突。

（2）双避型（亦称回避—回避型冲突）。从两个或多个会带来消极后果的备选对象中抉择时产生的心理冲突。例如，旅游企业管理者对犯错误的员工说，"要么罚款，要么当众检讨"时，员工面临两个要同时回避的处分时所产生的心理冲突。

（3）趋避型（亦称接近—回避型）。在进行一件既可带来积极后果，又可能带来消极后果的事情时所产生的心理冲突。例如，旅游企业中一青年员工准备上大学考研究生，增长知识对前途有利，但是要花两年时间可能影响增加工资或升迁，而产生了心理冲突。

（4）双重趋避型（亦称双重接近—回避型）。指一个人面对两种相反的宣传，处在四选一的状况，出现的个人心理冲突。例如，旅游企业一领导者强调竞争而轻视合作；另一位则强调合作而轻视竞争，所在企业的员工就处在双重"进退维谷"的心理冲突。

有时，个人心理冲突是认知与情感间的冲突。实际在现实中人们的心理冲突是极其复杂的，必须从实际出发进行分析，但了解一些冲突的基本类型，有助于进一步了解更复杂的个人冲突心态。

（三）群体中个人之间的冲突

冲突不仅会在人的内心中产生，而且群体中人与人之间也会经常发生冲突。群体中成员与成员之间的冲突是形形色色的，冲突的内容也各不相同，造成原因更是多种多样。一般说，由工作上的意见分歧造成的冲突属于正常的冲突，对于这种冲突，如果处理得当，有助于群体目标的实现。而由于个人的恩怨造成的冲突属于不正常的冲突。从冲突的起因来分析，可能是客观因素，也可能是主观（心理）因素造成的冲突。

在企业中群体个人之间在工作过程中所发生的冲突，主要由于下述因素造成：

（1）认识不同的冲突。由于群体中成员们的知识、经验、态度、观点等的不同，对同一事物会有不同的认识，基于认识不同会发生群体中个人之间的冲突，这种冲突在旅游企业中相当普遍。人们在开发旅游资源新景点、旅游线路，发展旅游企业的规划，优化服务和提高服务水平等方面因有不同的认识，从而引发冲突。

（2）价值观基因的冲突。价值观是关于事物具有不同价值（对个人或对社会的重要性与意义）的看法、观点或观念体系，体现在人们对是非、善恶、好坏和对人生价值的看法，对生活意义的评价及行为方式的选择等方面，人生观是它的重要组成部分。价值观依其存在的方式分为社会价值观和个人价值观。前者是作为社会意识形态存在并为大多数人所持有的，后者只存在于个体头脑中。对于人类来说，任何事物都有潜在的价值。价值是客观存在的，而当它们反映在意识中，成为价值观念时，则由于在满足人的需要上作用的不同而带有主观的色彩。

由于群体中各个成员的价值观不同，也会造成冲突。例如，在旅游业中有的人认为要发展旅游资源中的自然景观；有的人则认为要发展人造景点可以吸引旅游者，这是由于价值观分歧而造成的冲突。

（3）信息基因的冲突。由于人们信息沟通的渠道不同，彼此之间又互不通气而造成冲突。

（4）本位基因冲突。即由于个人的小团体意识、本位主义、私心太重引起的冲突。

（5）行为与习惯基因冲突。即指个人的不良习惯造成的冲突。

（6）个性与品德等本质基因造成的冲突。

（四）群体与群体之间冲突

在我国国有企业、集体所有制企业，企业与企业之间、企业内部各群体之间没有根本的利害冲突，企业领导和各群体都为了共同目标而努力工作。但是，不能否认在我国的企业与企业之间、企业内各群体之间也会发生矛盾，当矛盾激化时会造成冲突。

群体与群体之间的冲突主要有以下原因：

（1）组织安排各群体的人力、物力、财力等方面的差异。各群体为使本身挣得更多，便会使群体之间发生冲突。

（2）组织机构不合理，规章制度不健全，责任制不明确，互相推诿或互相封锁自成体系而造成冲突。

(3) 企业内各群体竞争不适当引起对立情绪或相互攻讦、指责，发生矛盾而激化，造成冲突。

(4) 各群体成员，特别是群体骨干与领导者在价值观、需要、态度、知觉的差异，从不同群体角度对待同一目标或事物上会引发冲突。

五、化解冲突

化解冲突有许多不同的方法。这里结合国内外的研究，提出一些原则和方法。

（一）思想政治工作原则

在我国，思想政治工作既可调动广大职工积极性，也可以用于解决冲突。思想政治工作要讲政治。政治是马克思主义的政治，是建设有中国特色社会主义政治。政治包括政治方向、政治立场、政治观点、政治纪律、政治鉴别力、政治敏锐性。政治是经济的集中表现，是为经济服务的，这是马克思主义的基本原理。只有讲政治，才能正确认识和处理两类不同性质的社会矛盾。因为在企业（包括旅游企业）中的群体冲突极大多数是人民内部矛盾。通过思想政治工作原则，妥善处理好群体中成员之间、群体与群体之间的各种利益（如目标一致性等）；最大限度地调动企业中各群体的全体成员积极性，并把企业各方面的积极性引导好、保护好、发挥好，为企业经济发展创造良好的、安定的工作环境，就能“大事化小、小事化了”。只有讲政治，才能提高企业领导干部的思想政治素质，增强总揽和驾驭企业全局的能力，加强现代化企业管理制度建设，发扬民主，加强群体规范，建立和发展平等、团结、友爱、互助的社会主义的新型关系。

这里介绍王广礼主编的《思想政治工作行为技法》一书。该书总结了众多政治思想管理工作的经验，其中的方法有：理解行为技法。灌输行为技法、渗透行为技法、感染行为技法、规范行为技法、参与行为技法、组织行为技法、领导行为技法和环境行为技法等。这些冲突解决技法，值得借鉴和深入理解和研究。

（二）《孙子兵法》原则

《孙子兵法》是春秋战国时期孙武著作，全书上中下三卷，共513篇95条，主要论战争。当前不少外国企业尤其是日本企业十分称颂《孙子兵法》，并借鉴应用到企业管理。孙子处理冲突原则是真正解决冲突本身，它提倡迎着问题上，但却要讲谋略。这里介绍香港中文大学闵建蜀教授总结的几种方法：①比较：知己知彼，百战不殆；不知彼而知己，一胜一负；不知彼不知己，每战必殆。②好领导：千军易得，一将难求；要沉着、冷静。③同心：上下同，欲者胜。④选好人才：疑人不用，用人不疑，搞好授权工作。⑤战略上打击敌人，即出奇制胜：上兵伐谋，其次伐交，其次伐兵，其次攻城。百战百胜，非善之善者也，不战而屈人之兵，善之善者也。⑥谨慎：稳扎稳打。⑦主动出击：先夺其所爱，则听矣。⑧速战：兵贵胜，不贵久。⑨迂回。⑩权变：兵无常势，水无常形，而能因变化而取胜者谓之神。

（三）国外管理心理学家们的原则

国外管理心理学家们对解决冲突的一些原则是：①发展建设性冲突，消除破坏性冲突，提倡引入竞争机制，提高生产效率，反对用暴力或破坏干扰安定团结局面。②改变组织结构，增加组织沟通，调动人员等。③提倡发扬民主，敢于发表不同意见，形成生动活泼局面。④改变组织的变量，如进行培训等。⑤将外来人渗入群体。⑥订立规则，限制冲突。⑦加强信息沟通，提倡意见交流，增加透明度，减少隔阂，缩短心理距离。⑧动员各方面的力量做“平衡心理差异”工作。

第五节　非正式群体及其管理

非正式群体像正式群体一样，也是一种客观存在。由于它特殊的组成形式，非正式群体在行为与功能等方面有其独到之处。旅游心理学分析研究非正式群体的产生、功能以及如何加强管理和发挥它的积极作用。这是旅游业各企业管理者应重视的问题之一。

一、非正式群体的产生

非正式群体是一种人们在社会工作和生活中自愿结合而成的群体。马克思主义认为，人既有自然属性，又有社会属性。人的社会属性决定了人们的相互联系。在企业内由于工作交往和相互了解的加深，在同一组织的成员除了在正式工作场合，按照一定的行为规范，扮演组织所分配的角色外，他们还与一些志同道合、观点一致、感情亲近、关系密切的人结为一体，建立一种非正式的联系，以期满足他们共同心理需要。

非正式群体产生的因素多种多样的。除了一致的利益、相同的兴趣爱好和亲朋同学关系外，概括起来与下述一些心理趋向有直接关联。

（一）追求平等感的心理趋向

追求平等感是人的本性之一。当个体所给予和自己所获得的一致时，就会感到心理平衡，有一种平等感。正是这种平等感会把人们紧紧联系在一起。

平等感是与人们是否得到尊重，心理是否平衡，感情上是否接纳别人等因素发生联系。在这种自然形成的非正式群体内部，成员之间都能彼此尊重，以礼相待，在一定程度上可以满足各自的平等感需要。

（二）追求友谊的心理趋向

人们在社会生活中都有一种强烈的社交欲望，“在家靠父母，出门靠朋友”，就是说在社会上要结识朋友。尤其是在青年职工集中的旅游企业里，追求友谊的欲望更为强烈，他们常常跨班组、跨部门广交朋友，组成一个又一个的以建立友谊为宗旨，基于共同的爱好、兴趣的非正式群体。

（三）追求认同感的心理趋向

人们都需要获得成就和在工作中的突出表现，希望能得到他人或社会的认同。不论是旅行社的从业人员和导游，还是旅游饭店和餐厅服务人员要想通过正式群体的途径得到同群体成员或领导的认同或赞许，将需要付出一定的努力和确有突出表现。而在一个非正式群体内，彼此之间很容易互相认同，互相尊重，因而非正式群体对他的心理认同感就有大的吸引力。

（四）追求保持利益的心理趋向

在旅游企业里的正式群体中，某一类型成员为了保护自身利益的需要，而自行结合成一个非正式群体，如在旅游饭店中常常有本地员工结合在一起，共同对付外地员工。

（五）追求师缘专业群体的心理趋向

在正式群体中的一些人因源自同一师傅，在师傅的影响下形成一个非正式群体。如旅游饭店餐厅厨房中，以同出某种菜系的名师的厨师们形成以创新某菜系的非正式群体。

非正式群体一旦形成后，它一般具有下述显著特点：①相互依附，具有共同兴趣、爱好或价值观念；②相互提携，协作精神强，内聚力大；③相互平等，心理上彼此意识到对方的存在，彼此有“同一家”的心理感觉；④相互认同，相互尊重，不以损害同一群体成员的利益为手段来满足自己的私欲；⑤相互监督，要求每个成员遵守群体的惯例，顺从群体的行为，对付外来的干预；而且如果有违反惯例行为的成员，就会处以疏远或孤立的惩处。

二、非正式群体的功能

非正式群体的功能同样具有两重性：一是对内部成员的功能；二是对企业组织的功能。

（一）非正式群体对其成员的功能

主要表现在满足它内部成员的多种心理需要方面：①控制功能。非正式群体中具有一种巨大约束力，它体现在群体成员都必须遵守群体的一些不成文规范或惯例，都必须与群体保持一致，否则会受到疏远、孤立，甚至脱离的惩处。这种约束力就起着对群体成员行为的控制。②改造功能。群体内每个成员将按照群体的态度和行为模式受到改造。这种改造有的是通过压力、控制进行的，更多的是潜移默化中完成的。③激励功能。非正式群体的群体观念是很强的。其成员可能在正式群体中甘心落后或处于中游，而在非正式群体中则不肯示弱。例如，在正式群体对某项工作百般号召，他可能无动于衷，而非正式群体一声号令，他会立刻行动。④安全感功能。在一个非正式群体内大家和睦相处，彼此平等，不存在互相排斥、挤压的紧张关系，在心理上得到一种依靠、慰籍和安定的感觉。⑤亲合感功能。在内聚力很强的非正式群体内，成员之间互相联系，互相支持，互相帮助，大家心理上默契，感情上互相亲近、互相依恋。⑥增加力量感功能。面临外来压力，一个人往往会感到形单影只，无能为力，而在群体里能得到同群体成员支持，使他感到振奋，获得力量。

（二）对企业组织的功能

非正式群体对企业组织的功能有正负之分，对于实现组织目标既有积极的一面，也有消极的一面：①一个内聚力强的非正式群体与组织目标相吻合时，全体成员会自觉自愿地以高士气、高效率去完成组织交给的任务。倘若两者的任务目标相悖时，则会可能一起采取抵制态度，以拖、泡、磨的办法对待组织任务。②成员接触频繁，信息交流迅速是非正式群体的主要特性之一。这对于传播企业组织意见，推广企业价值观念和完善沟通网络很有帮助。但它传播小道消息，甚至散布谣言也快，危害组织内部人际关系。③企业所推行的价值观在某些方面同他们的价值观一致时，他们会很快接纳。而对于那些有差异部分，他们往往不是群起而拒之，就是漠不关心，我行我素。④非正式群体成员共同意识强，能相互帮助解决问题，从客观上帮助组织作了工作。当某一群体成员受到组织批评或处理不当时，容易引起其他成员同情，而引起群体整个成员对组织不满。因此在处理个别成员过失时就要倾听同一群体成员意见。⑤由于企业领导对非正式群体成员的约束力小，因此，当领导与他们交换意见时，他们往往顾忌少，敢想敢言，而能得到真实的反馈信息。

三、在管理中创造条件发挥非正式群体的积极作用

企业组织领导者对于非正式群体的功能两面性，要有一个全面的认识，要从实现组织目标的全局利益出发，充分利用和发挥非正式群体的积极作用，切

实采取措施限制和消除其消极作用。那末，如何发挥非正式群体积极作用呢？

（一）正确对待，因势利导

在我国社会主义企业里产生的非正式群体，是劳动群众群体中人际关系的一个重要方面，是一种客观存在。企业领导者应该承认这种现实，正视它的存在，并且应进而了解本企业内存在多少非正式群体，并接触掌握各自的构成原因、宗旨、目标、思想倾向、骨干人物、成员状况和活动方式等。这是发挥其积极作用，限制其消极作用的先决条件。在尊重它的基础上，采取因势利导的方法，不放任自流，不放弃企业领导，而是加强对非正式群体的引导，根据他们的目标、需要、思想、感情、兴趣爱好等，采取相宜措施，该支持的支持，该满足的满足。对于他们的不合理要求，多用说服教育，进行妥善处理。

（二）经常联系，沟通情感

企业领导必须主动接触非正式群体成员，与他们建立较为密切的、经常的联系，消除他们的戒备心理障碍，使领导者能被他们接纳，而且要参加他们的有些业余活动；要积极支持他们的正当而有益的活动；以真诚态度与他们促膝谈心或三三两两交谈，尊重他们的意见，接受批评。

（三）充分利用，适当限制

企业领导为实现组织目标实现，应根据非正式群体的性质和特点，采用多种方式充分利用其许多积极因素。一般说，可利用它的成员接触频繁、思想交流广泛，沟通渠道畅通的特点，来了解职工的心理动态、需求变化、对工作的态度和影响以及对领导的意见。这些反馈信息可帮助企业领导修正计划，改善工作，做到心中有数，同时还可做好问题人物的思想工作；可利用它的成员之间心理协调、步调一致的特点，引导他们相互学习，共同提高业务能力，为企业实现目标出力；可利用它的成员之间关系融洽、相互依赖的特点，引导他们相互爱护稳定职业，提高士气完成工作任务，并解决成员困难。特别要注意做好非正式群体中的带头人的工作，因他在群体中有威望、影响大、说话灵，引导他号召成员配合组织工作。

针对非正式群体的一些消极因素，企业领导要在深入了解分析和研究其原因、背景、动机等基础上，采取切实有效的对策和预防措施，及时影响和适当限制他们可能发生的消极行为。

旅游心理学对于旅游企业管理心理中的群体管理心理的探索和研究，明确群体心理是其本身与个体心理、组织心理、领导心理发生有机联系的中间环节。群体既是组织实现其功能的媒介（执行单位），又是领导发挥作用的基础，还对个体（群体成员）行为产生巨大影响。所以群体管理心理是个体心理和组织心理的一个中介系统。确切地说，群体是组织与个体的联系形成。群体由个体组成的，但个体在群体中会产生出不同于处在单独环境中的行为方式。群体管理行为应与现代化企业包括现代旅游企业联系在一起，在旅游企业中可处理好人际关系，使之达到群体成员的心理平衡，使他们士气高昂，能调动每个成员的积极性和创造性，有效地发挥企业组织力量，完成企业领导提出的目标。

思考题

1. 什么是群体心理？它的特征是什么？
2. 如何理解群体的士气及其在管理中应用？
3. 什么是群体内聚力？
4. 什么是非正式群体？有哪些功能？

第二十一章　人际关系与管理

人际关系是人们满足需要，协调活动，实现目标的基础和保证，在旅游企业中形成良好的人际关系是旅游企业不断兴旺发达的一个重要条件。本章主要研究人际关系的影响因素，建立与维持良好人际关系的基本原则及人际关系平衡与改善的途径和方法，从而有助于旅游企业加强管理，提高企业的凝聚力及企业的竞争力。

第一节　人际关系概述

一、什么是人际关系

所谓人际关系，是指人与人之间心理上的关系，即人们彼此之间在思想感情上的距离。人际关系反映了个人或团体寻求满足其社会需要的心理状态，因此，人际关系的变化与发展决定于双方社会需要满足的程度。如果双方在相互交往中都获得了各自社会需要的满足，相互之间才能建立并维持接近的心理关系，表示为友好的情感。相反，如果其中一方对另一方表示不友好，不真诚或发生不利于另一方的行为，就会引起另一方不安，这时双方的友好关系就中止，或发生疏远关系，甚至发生敌对关系。不论是亲密关系，疏远关系，还是敌对关系，都是心理上的距离，统称为人际关系。

二、人际关系的重要性

人际关系对旅游企业管理工作的各个方面都产生着重要而直接的影响，主要表现在以下几个方面：

（一）影响员工的自我发展与自我完善

人作为社会化的动物，在自我发展的过程中，既受外部环境的影响，又受人与人之间相互交往关系的影响。一个人只有和他人构成良好的人际关系，他才能得以充分的发展自己的个性，实现自我的价值。良好的人际关系常常会产生社会助长作用，可以鼓励员工互帮互学，相互促进，增强员工之间的行为模仿和相互竞争的动机，从而加速员工的自我发展与完善。

（二）影响员工的身心健康

人有合群的需要，希望在人际关系中得到爱与被爱，理解与被理解，尊重与被尊重。人际关系失调，人会产生寂寞感、孤独感和悲伤感，甚至会导致心理变态。现代社会，心因性疾病正呈不断上升发展的趋势。人类的很多疾病，如神经衰弱、高血压、心脏病、胃溃疡等都与人际关系的失调有着密切的关系。

（三）影响团体的内聚力

内聚力是影响团体发挥效能的重要因素，而良好的人际关系则是团体内聚力的基础。良好的人际关系有助于意见沟通，可以使员工对团体目标产生认同，在思想、态度和情绪等方面有更多的一致性，同时避免心理冲突，使员工人际需要得到满足，从而产生强烈的归属感，增强团体的凝聚力。

（四）影响企业的服务质量

旅游企业提供的旅游产品属于服务产品，旅游企业员工的情绪将直接影响其产品质量，即服务质量的高低。企业内部人际关系协调，员工心情舒畅，情绪积极向上，才能提供令客人满意的高质量的服务。

（五）影响管理绩效

良好的人际关系有利于员工互相协作，相互配合，提高工作效率，实现组织目标。反之，将会导致人员之间相互猜疑，相互冲突，在工作中缺乏协作与配合，甚至相互拆台，管理者不得不陷于人际冲突的调节之中，无暇顾及管理的中心工作，从而使管理绩效受到影响。

三、人际关系的类型

根据不同的分类标准，我们可将人的交往关系划分成不同的类型。

（一）根据交往关系大小

（1）两人关系之间的关系。如夫妻关系、朋友关系、同事关系、服务员与客人的关系等。

（2）个人与团体的关系。如个人与家庭、员工与班组的关系等。

（3）个人与组织的关系。如个人与社会、个人与国家、员工与饭店的关系等。

（二）根据人际交往需要不同

（1）包容型需要引起的人际关系。具有这种需要类型的人，喜欢并主动地与他人交往，乐意建立并维持和谐的人际关系，希望被别人接纳；具有参与、交往、宽容、谦逊等行为特征。

（2）控制型需要引起的人际关系。具有这种需要类型的人，力图在权威和权力的基础上与他人建立并维持良好的关系；总想控制、支配、领导他人；具有影响、控制、支配等行为特征。

（3）情感型需要引起的人际关系。具有这种需要类型的人，希望在友谊和爱情的基础上与他人建立并维持良好的关系；想对别人亲热与亲近，也期待别人对自己亲热与亲近；具有亲切、友善、同情、照顾或者憎恨、冷漠、厌恶等行为特征。

（三）根据交往双方的相互关系状况

（1）合作型。相互交往以宽容、忍让、帮助、给予为特征；遇事为他人着想，考虑问题全面细致；具有团结、协作、支援、友谊的关系。

（2）竞争型。相互交往表现为敌对、封锁、相互利用等特征；遇事只为自己打算，总想胜过或压倒对方；团体人际关系较为紧张。

（3）分离型。这种人在交往时，以疏远他人、与世无争为特征；团体人际关系较冷淡，离异。

在旅游企业管理心理学中，我们所探讨的人际关系主要是指在一个旅游企业之中，员工与领导者之间，员工与群体之间，以及员工与员工之间的相互交往关系。

四、人际关系的行为模式

人际关系的状况往往通过行为活动表现出来，一定的人际关系表现出一定的人际行为模式，一方的某种行为，会引起另一方的相应的行为。例如某个饭店的领导恰如其分地表扬了某位员工，除了激发其积极行为外，还会引起其他员工的赞同行为（如鼓掌、赞同、学习等行为）；相反，不恰当地表扬某人，也可能引起其他员工不满的行为（如退场、质疑、谩骂等行为）。可见，正确的行为引起积极的行为反应，错误的行为引起消极的行为反应，这是常见的人际关系中的行为模式。当然，人际行为模式除了受他人行为影响之外，还与许多其他因素有关系，也可能出现引导性行为与反应性行为不一致的关系。西方社会心理学家李雷从几千件人际关系的研究报告中概括出人际关系的八种模式：

（1）由管理、指挥、指导、劝导、教育等行为导致尊重和服从的反应；

（2）由帮助、同情、支持等行为，导致信任和接受的反应；

（3）由合作、同意、友好等行为，导致协助和温和的反应；

（4）由尊敬、信任、赞扬、请求帮助等行为，导致劝导和帮助的反应；

（5）由害羞、礼貌、服从等行为，导致骄傲、控制等反应；

（6）由反抗、疲倦、怀疑、异样等行为，导致惩罚或拒绝反应；

（7）由攻击、惩罚、不友好等行为，导致敌对和反抗等反应；

（8）由激烈、拒绝、夸大、炫耀等行为，导致不信任和自卑的反应。

第二节　影响人际关系的因素

在团体中，人与人总是处在各种关系之中。然而，人与人之间的关系深浅、密切程度、心理距离大小各不相同。在同一团体中，有的情同手足，是挚友与知音；有的表面和气，而实际上没有深交；有的势不两立，冷眼相对；有的朝夕相见，却很少往来等等。那么，影响人际关系差异的原因主要有哪些呢？

一、空间距离与交往频率

通常人们的空间距离越接近，彼此接触的机会越多，相互联系、相互依赖、相互帮助的时候也越多，就越容易形成密切的人际关系。例如，同一部门的员工之间，同一办公室和科室的同事之间，同班同学之间及邻居之间，都容易形成良好的人际关系。虽然，空间距离不是人际关系好坏的唯一的、决定性的因素，但是，“远亲不如近邻”，空间距离接近的优势，无疑是影响人际交往的一个有利条件。旅游企业管理者应重视空间距离对人际关系的影响，在对员工的工作场所进行设计和安排时，应将人际交往的因素考虑在内。这样，既便于员工之间的相互交往，有利于形成协调一致的关系，又可防止因空间距离接近而产生的与组织整体利益不一致的小团体主义倾向。

交往频率也是影响人际关系的一个重要因素。“日久见人心”，交往的次数多，接触机会也多，相互之间能真正了解和理解，便于建立良好人际关系。但是交往内容和交往的诚意也是不可忽视的条件，如果交往只是相互应酬，不能推心置腹、真诚相待，也很难有和谐、友好的人际关系。

空间距离和交往频率作为影响人际关系密切程度的重要因素，尤其对于素不相识的人来说，在形成人际关系的初期有着重要作用，但这一因素随着时间的推移，其发挥的作用将越来越小，尤其是当双方人际关系紧张时，空间距离越近，交往频率越频繁，人际关系将会越紧张。

二、相似性因素

交往中的相似性因素对人际关系的建立极为重要。在个人特性方面，交往双方若能意识到彼此间的相似性，则容易相互吸引，两者越相似，则越能相互吸引，产生亲密感。这里的个人特性指年龄与性别、个人社会背景、兴趣爱好、态度与性格等。俗话说，“物以类聚，人以群分”，人们往往倾向于喜欢在某一方面，或更多方面与自己相似的人。

年龄与性别的相似性。一般来说，在其他信息缺乏的情况下，同年龄，同性别的人比较容易相互吸引，产生密切关系。如年轻职员习惯与年轻职员在一起，老年职工希望与老年职工在一起。

个人社会背景的相似性。文化程度、经济收入、籍贯、职业、社会地位、社会价值等因素相近似者，容易接近，并成为朋友。有的经济学家研究认为：最好的朋友是同等地位的人，他们的社会地位、经济状况及社会价值等方面都很相似。

态度的相似性是影响人际关系密切程度的重要因素。例如，团体成员之间在政治主张、宗教信仰，以及对国内外重大事件的看法较为一致的，在感情上更为融洽，行动上更为团结，这就是人们常说的志同道合，极易成为朋友，建立和谐的人际关系。

三、互补性因素

在人际交往中，人们虽然喜欢与各方面和自己相似的人相处，但有时同不相似的人交往会得到更多的补偿。在某些人格范围内，相反的品质会使人们彼此更加喜欢。互补对于喜欢的作用，明显地以满足各自某种需要为前提，如果双方需要都能得到充分的满足，那么就会形成良好的人际关系。例如，一个独立性较强的人喜欢和依赖性较强的人在一起，各人的特点正好适合对方的需要，各得其所，从而形成亲密友好的人际关系。

美国社会心理学家修兹根据人际交往需求不同，将人际关系行为模式分为主动型和被动型两类，每种类型各有三大特征（表 21-1）。

表 21-1 人际关系的类型

类型 特征	主动型	被动型
包容	主动与他人交往	期待别人来接纳
控制	支配他人	愿受他人支配
感情	对他人表示亲善	希望得到他人亲善

这样，主动型和被动型的人在三个特征上分别形成三对互补的关系，比较容易出现和谐的人际关系。

四、相悦性因素

所谓相悦，主要是指人们之间情感上的相互接纳和肯定。

当人们彼此从对方的言谈举止中感到对方能接纳自己和喜欢自己时，就极易产生巨大的相互吸引力，从而建立起良好的人际关系。人们总是喜欢那些喜欢自己的人。许多研究都表明，决定一个人是否喜欢另一个人的最强有力的因素就是另一个人是否也喜欢他(她)。希望得到他人的良好评价和称赞，是人们的一种正常心理现象。人们往往从别人良好的评价中了解自己在群体中或在别人心目中的地位，从而树立起自己的自尊，发现自身的价值，产生一种被承认和被接纳的满足感。于是，人们能从对方的友好态度中感到愉悦，从而喜欢与其相处。当然，明智的人同样也能高兴地接受他人善意而合理的批评，并常常以这样的人作为自己的良师益友，但这同样也是出于他人对自己的接纳与喜欢。

可见，人际交往的相悦性因素不是基于相互之间的捧场，而应该是相互间能彼此帮助，共同提高。

五、能力性因素

一个有专业特长，能力很强的人，其本身就具有较强的吸引力与磁力，使别人对他产生一种敬佩感，欣赏其才华，愿意与其接近。人们往往因有能力强的朋友而感到自豪，得到心理上的满足感，并且人们也相信能力强的人对自己更有帮助。心理学研究证明，一个很有才华又有点小缺点的人，反而会因他更像凡人而更令人喜欢他；如果有才华的人表现得过于完美无缺，尽善尽美，反而会使人感到高不可攀，望而却步，敬而远之。

六、仪表性因素

仪表也是影响人际关系的一个重要因素。人的仪表包括长相、衣着、体态、风度等。爱美之心，人皆有之。人际之间初步交往，特别是由于第一印象的作用，仪表因素对人际吸引显得特别重要，但随着交往的深入，仪表因素所起的作用将越来越小，吸引力逐渐由外在仪表特征逐渐转入内部道德品质和个性特征。

第三节　建立和发展良好的人际关系

一、良好人际关系的形成过程

良好的人际关系是在人际交往过程中建立和发展起来的。一般说来，从人际交往由浅入深的角度来看，人际关系的形成过程需要经历定向、情感探索、情感交换和稳定交往四个阶段。

(一) 定向阶段

在良好人际关系形成的最初阶段，人们总是依据自己的意愿、审美观和价值观选择对自己最有意义和魅力的交往对象，并在自己心理定势的前提下搜集对方信息，以求深入地了解对方。同时，人们还可能从正面展示自己，以求给对方创造一个良好的最初印象，使以后双方关系的发展获得一个积极的方向。这一阶段的目的，是彼此探索双方在哪些方面可以建立真实的情感联系，而不是仅仅停留在一般的人际交往模式上。

(二) 情感探索阶段

随着双方共同情感领域的发现和创造，人们会进一步向对方表露自己较强层次的思想感情倾向，扩展新领域，增加新内容。在这一阶段，人们在双方关系上已有一定程度的情感卷入，但是双方仍然注意自己表现的规范性，话题避免触及别人隐私，自我暴露也不涉及自己根本的方面。此时，如果交往双方都有继续交往的倾向，则会进入第三个阶段，即情感交换阶段。如果对方毫无情感表示，两者将不可能建立什么关系。

(三) 情感交换阶段

情感交换阶段是人际关系建立的关键阶段。在这一阶段，双方关系的性质开始出现实质性变化，交往开始广泛涉及自我的许多方面，并有较深的情感卷入。良好人际关系能否建立，关键取决于情感这个联系纽带。此时，人们会相互提供真实的评价性的反馈信息，提供建议，彼此进行真诚的赞扬和批评交往。

(四) 稳定交往阶段

经过前三个阶段的相互接触，彼此已形成良好的稳定情感，心理距离已达到相当接近和十分密切的程度。此时，人们已经可以允许对方进入自己的高度私密性的个人领域，分享自己的生活空间和财产，在外在的相互行为上会有相亲相爱的表现，但在实际生活中，很少有人能达到这一情感层次的友谊关系。许多人同别人的关系并没有在第三阶段的基础上进一步发展，而是仅仅在第三阶段的同一水平上重复。

总之，在人际关系的形成过程中，情感程度是逐阶段上升的，前一阶段是后一阶段的基础，后一阶段是前一阶段的结果。在人际关系形成的过程中，无论哪一个阶段出现障碍，都将意味着交往的中断或破裂，关系便不能建立和形成。

二、建立良好人际关系的心理原则

每个人都希望有一个美好的人际关系世界，都希望能有更多的朋友，并与他们保持真挚的友谊。虽然人际关系纷繁复杂，但心理学家仍然从最一般的方面总结出了帮助人们赢得朋友，保持真挚的友谊，避免人际关系破裂的心理原则，即换位原则、互尊原则、相容原则和理解原则。

（一）换位原则

所谓换位原则，也可称将心比心原则，是指在人际关系过程中要善于把自己从想象中置于别人的位置，设身处地地为别人着想，使自己站在对方的角度考虑问题，以求心灵相通。心理换位是克服自我中心的有效手段，有助于树立互相尊重、谅解的思想，能使人心胸开阔，心情开朗，严于律己，宽以待人，为搞好人际关系提供了良好的心理条件。

（二）互尊原则

所谓互尊原则，是指在人际交往过程中应互相尊重对方的人格，切忌互相揭短，伤害他人的自尊心。

马斯洛需要层次理论认为，受尊重是人的一种基本需要。在人际交往中，人们也必然会希望得到对方的尊重，因此，尊重对方，也是人际关系的一个重要心理原则。尊重别人就等于尊重自己。具体地说，互尊原则有三个基本要求。①对他人人格的尊重。这对于交往双方地位不平等的人际关系尤为重要。比如上级对下级说话，如果因其地位低下，就看不起他，大呼小唤，必然致使对方的疏远；相反，若越过地位的悬殊，摆脱权威身份的束缚，肯定双方在人格上的平等，就会关系融洽。②对他人工作能力及成绩的尊重。每一个人都希望自己的工作、能力及成绩受到他人的尊重和肯定。如果在人际关系中，被他人视为无用之人，其自尊心必然受到极大的损害，不利于人际关系的和谐。③对他人的意见、习惯和隐私等的尊重。在人际交往中，一个人有权决定自我暴露的程度，有权选择自己的生活方式与价值观念，这些都应该给予充分的尊重。若是过于干涉，特别是在大庭广众面前宣扬他人隐私，就会激起对方的不满，甚至反击，从而弱化人际关系。

（三）相容原则

所谓相容原则，是指人们对交往关系的满意，对交往伙伴的喜爱，以及双方有形或无形的心理接近。心理相容原则要求人们在相互学习、工作、生活中，要注意接纳对方的接近，适当地决定双方的交往频率，注意个性的相容。

（四）理解原则

所谓理解原则，是指人们在人际关系交往中，对交往对方的心理等状况给予充分的了解和谅解。人们常说“理解万岁”，每个人都有自己的个性，都有自己的长处和短处。在交往过程中，如果人与人之间能增进相互了解，就能对对方的不足给予相互谅解；就能消除隔阂，增进团结。所以理解原则是建立良好人际关系的又一重要心理原则。

三、维持良好人际关系的方法

要想同别人建立和维持良好的人际关系，只懂得前面所谈的人际关系基本心理原则还不够。基本原则只是从根本方面说明如何使自己被别人所接纳，如何与别人相处，而在具体的交往活动中，来自基本原则的换位、互尊、相容、理解，还需要通过具体的交往技术表现出来。

与他人友好相处的各种技术，实际上也是从人际关系原则中派生出来的。卡内基曾经总结出多种与他人成功相处的技术，其中主要的有以下几个方面：

（一）避免争论

争论在人们的日常生活中经常发生。卡内基发现，争论的结果往往都是双方比以前更加相信自己绝对正确。从维持良好人际关系的角度来说，争论没有胜利者。如果你输了，当然只好认输；即使赢了，从人际关系的角度来讲，也是输了。因为你的胜利常常直接伤害另一个人的尊严，威胁另一人的自我价值。而且，人们之间的争论可能会演化成直接的人身攻击，这对于人际关系而言显然是极为有害的。所以，应避免争论，采用协商、讨论的途径来解决分歧。

（二）尊重他人意见，避免直接指责

每个人都希望受到他人尊重，希望自我价值得到他人的认可与赏识。人们对威胁自我价值的人，总是有强烈的排斥情绪。卡内基认为，即使在融洽的时候，要使人改变主义，承认错误都不容易，当然更不能用指责的方式来试图改变他人的意见。在日常交往中，我们应当用支持他人自我价值，尊重对方意见的方式来与人相处，发现别人有明显错误时，要学会提醒他，使别人感到我们并不认为他不聪明或无知，“要比别人聪明，但千万不要告诉别人你比他聪明”。

（三）如果自己错了，就很坦率地承认

在人际交往中，人们往往对自己犯的小错误难以原谅，而对于别人犯的很大的错误却表现出极大的宽容。尤其是在别人承认了他的错误之后，人们会显示出超乎寻常的容忍性。因为承认错误，错误再小，也是对自我价值的

一种否定，所以人们常说“知耻近乎勇”；而宽容他人的错误，错误越大，越能显示出自我的优越。

第四节　人际关系的平衡与改善

旅游企业管理者的一个非常重要的任务就是使企业内的人际关系处于平衡状态，否则就会产生不和谐气氛。如果企业处在勾心斗角、相互扯皮的环境下，就谈不上什么真诚的协商与合作。因此，领导者和管理者不仅要注意人际关系的平衡，而且要重视人际关系的改善。

一、人际关系的平衡

人际关系的平衡原理是海特等人提出的。所谓平衡，是指由认知所产生的态度构成的人际关系的和谐状态。

人与人之间的关系不仅由彼此之间的交往决定，而且往往要牵涉到第三者。美国社会心理学家纽科姆用A—B—X的模式来说明这种关系。A是一个认识的主体，B是另一个认识的主体，X是第三者（可能是某物，某事，也可能是某人）。纽科姆认为，A与B对X的态度是否一致与他们能否形成协调关系密切相关。若态度一致，他们之间的关系是协调、平衡的；若态度不一致，他们的关系就紧张、不协调。为了消除彼此间的紧张状态，双方开始加强意见沟通，努力恢复协调一致的关系。当看到不能取得一致时，友好程度受到影响。例如，假定A与B是在同一饭店工作的同事，X是与A、B二人有关的工作。A认为这项工作很有意义，应全力以赴把它做得尽善尽美；而B认为这项工作没有什么意义，不值得用心去做，持敷衍了事的态度。那么，A与B的人际关系，在A—B—X系统中就会出现紧张状态（图22-1）。这种紧张状态的程度受到下列因素的影响：

（1）A喜欢B的程度。A越喜欢B，二人对X的态度越不一致，关系就越紧张。

（2）X对A的重要程度。X对A越重要，二人对X的态度越不一致，A与B的关系就越紧张。

（3）A与B因X而发生相互作用的频率。A与B越是必须经常共同参加此项工作，则关系越紧张。

（4）A与B两人对X所持态度分歧的程度。分歧越大，越显紧张。

（5）A对自己所持态度的自信程度。A越觉得对这项工作所持的态度是正确，则越紧张。

在这种情况下，为了消除紧张，恢复平衡，需要在A与B之间加强沟通，通过交换意见，使A与B之间的关系发生改变。那么，这种紧张的关系会如何改变呢？大致有三种变化，我们用图解来说明（图21-2）。

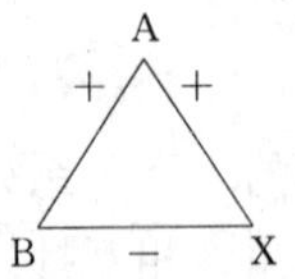

图21-1 A—B—X系统

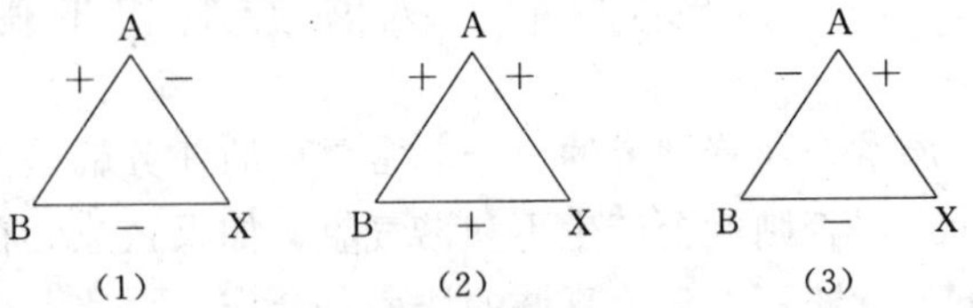

图21-2 A与B的关系

图中"＋"号表示A很喜欢B及A认为X很重要，"－"表示B认为X无关紧要。

(1) A改变对X的态度，使自己的态度与B一致，从而消除紧张状态，恢复平衡。

(2) B改变对X的态度，使自己的态度与A一致，从而消除紧张状态，恢复平衡。

(3) A改变对B的态度，这样也会达到一种特殊的平衡状态。

总之，只有在上述三角形上有两个"－"号，一个"＋"号；或着三个"＋"号时，才会消除紧张关系，达到平衡状态。

纽科姆的通过沟通而改变人际关系的模式在西方有广泛的影响，并用于分析人际关系的改变。但应注意，A—B—X模式只是表明在人际关系紧张时，有改变这种关系的倾向，而不能肯定地预测改变的方向。人际关系平衡理论虽不能说普遍有效，但不失为改善人际关系的一种有参考价值的理论。

二、改善人际关系的方法

一般说来，旅游企业内部人际关系的改善，应从管理者和个人这两方面着手。

（一）从管理者方面来说，改善人际关系需要在以下几方面努力

1. 建立一个强有力的、善于协调处理人际关系的领导班子

一个企业领导班子的作风，对其企业的人际关系有着重要的影响。领导班子具有良好的思想作风、工作作风和生活作风，办事公正，密切联系群众，就能促进整个企业建立友好和谐的人际关系。

就管理者自身的素质来说，业务能力、管理能力和人际关系的协调能力是管理者必须具备的基本能力。在选择具体的领导者和管理者时要考虑能否正确处理业务知识与管理条件的关系；要求管理者不仅要懂得本行业、本学

科的业务知识，还要求必须懂得管理，善于协调人际关系。这相对于专业知识来说是管理者更应具备的能力。有了这种能力，才能使员工行动协调，有利于改善人际关系，使企业处在一个“人和”的管理之中。

2. 建立合理的组织机构和采取必要的组织措施

一个企业组织结构是否合理，组织措施是否得力，对于调动员工的积极性，改善人际关系，加强信息沟通，影响极大。如果组织结构合理，人员精干，上下左右信息畅通，责权利分明，每个人都会各得其所，各司其职，各负其责，各尽所能，各展其才，人际关系自然会比较和谐。如果组织机构重叠，人浮于事，必然会互相扯皮，推诿责任，甚至相互拆台，这样组织机构的整体性能必定很差，办事效率低下，内耗严重，自然企业内部人际关系会紧张和恶化。

3. 推行参与管理

心理学研究证明，员工参与管理会增强其主人翁感，会使员工从中体会到自己的价值和责任，从而提高满足感。让员工参与管理，有利于沟通意见，增加相互之间的信任和理解，减少其消极被动的心理状态和抱怨不满的情绪。这样不仅可以改善管理者与被管理者之间的关系，也有助于协调员工之间的关系。

4. 加强信息交流和意见沟通

人们在群体生活中一定会发生信息的相互交流和意见的相互沟通。信息交流和意见沟通的目的在于增加彼此间的了解，减少隔阂与误解，以增进群体的和谐；增加领导与管理工作的透明度，改善和协调干群关系。领导者要善于听取下属的意见，鼓励职工发表意见，特别是建设性的意见和批评意见。对于正确的意见要及时采纳，并给一定的奖励；对于不正确的意见，要耐心进行解释，消除误会。

5. 培养集体意识

集体意识指群体成员对集体的共同利益、共同目标和共同荣誉的观念。组织成员有了集体意识，就能够思想统一、感情融洽、行动协调，每个成员对集体的归属感、自豪感、责任感就会加强，从而对工作效率的提高和人际关系的改善，都有很大的促进作用。因此，管理者和领导者要重视有意识地培养员工的集体意识，以更好地改善人际关系。

（二）从个人方面来说，改善人际关系应注意以下方面

1. 加强自我意识的修养

自我意识是个人对自己本身及与客观世界关系的认识和态度。人贵有自知之明，自我意识成熟的人，能够正确地认识自我，评价自我，控制自我，调适自我，从而有利于搞好和改善人际关系。

2. 重视人格的锻炼

一个人具有良好的人格，就会心胸开阔，性格开朗，严于律已，宽以待人，这就为搞好人际关系提供了良好的心理条件。而一个人如果心胸狭窄，性格怪僻，对人猜疑、嫉妒，不喜欢他人超过自己，对搞好人际关系就会产生不良影响。可见，注重人格锻炼，培养良好的人格，对改善人际关系十分重要。

3. 提高人际交往的技巧

在人际交往中，合理的运用“PAC分析”，是一门高超的艺术。加拿大的伯恩博士认为，人的个性是由三种心理状态构成的：父母、成人和儿童。父母自我状态以权威感和优越感为标志，可分父母命令式和父母抚慰式两种行为模式；成人自我状态以客观和理智为主要标志；而儿童自我状态以幼稚、冲动、任性和顺从为标志，以儿童任性式和儿童服从式为其行为模式。

一般来说，有三种平行互补的人际交往方式，即成人型对成人型，父母命令式对儿童服从式，儿童任性式对父母抚慰式。这三种平行互补的交往方式中，一方行为反应符合另一方的心理需求，行为方式互补，双方心态平衡，情绪愉快，人际关系融洽。其中，成人理智型对成人理智型是一种理想的人际相互交往方式。

“PAC分析”有助于人们更好地了解自己与他人，便于改善人际关系；培养遇事理性、冷静分析的态度，避免主观偏见，避免感情冲动；使理智（成人的自我状态与反应）成为和谐人际关系的主要动力；从创伤中恢复健康，培养自信心，建立健康的心理状态；有自知之明，能自我批评，不骄傲自满；有使命感，成就感；能因人因事因地制宜地协调人际关系。

人际关系是影响群体心理的一个重要因素，对于旅游企业管理有着重大的作用，是决定企业成败的重要因素之一。我国在有中国特色社会主义条件下的人际关系是新型的社会关系，它直接影响到社会主义精神文明建设。对于旅游企业来说，人际关系良好，成员之间相互关心，感情融洽，则精神文明程度高；反之，则精神文明程度低。因此，各级旅游企业管理者都应该重视人际关系的研究，按照社会主义精神文明建设要求，努力寻求合理正确的方针、政策、方法、方式，以调动全体员工的积极性，从而更好地实现组织的目标。

思考题：

1. 什么是人际关系？人际关系在旅游企业管理中有哪些作用？
2. 影响人际关系的主要因素有哪些？
3. 建立良好人际关系的心理原则是什么？
4. 在旅游企业中改善人际关系的方法有哪些？

第二十二章　群体管理中的信息沟通

信息沟通是群体管理中一个极其重要内容，也是影响群体行为的一个主要因素。信息沟通在企业、组织中的人与人之间、群体与群体之间进行。因此，从某种意义上说，企业本身就可以作为一个信息处理和决策系统。现代旅游业的各企业，尤其是大型国际旅行社、旅游饭店管理公司、大型涉外旅游星级宾馆、大酒店的规模日趋庞大，它们与国内外业务联系日益扩大。在旅游业内部必须了解、综合并统一各方面意见，对外需随时接受国内外旅游部门的旅游业务或预定客房等，还要及时了解国内外旅游动态信息资料，这些都与信息沟通有密切关系；同时，内外良好的人际关系的建立、维持与发展或激励各群体成员完成组织目标，也都赖于信息沟通。现代管理理论非常重视信息和信息沟通。旅游心理学研究信息沟通，主要是探讨旅游企业的群体管理中信息沟通的心理因素，寻求其中一般的旅游心理规律。

第一节　信息沟通的功能

一、信息沟通

沟通即指信息的交流，是联络通讯的意思。信息沟通指的是两个或两个以上的人之间经由联络渠道传递与交流信息、思想观点、情感愿望、业务联系、意见，达到相互了解与理解过程。信息不是客观事物本身，而是表征事物存在状态和事物发生、发展变化的消息、情报、指令、数据和信号中所包含的内容。信息沟通是人与人之间发生相互联系的最主要形式。信息沟通是群体存在的一个重要条件。因为信息沟通必须在两人及两人以上之间进行，如果在很多人之间没有信息沟通，他们很难构成一个实在的群体。在现代管理中信息沟通不仅是群体存在的重要条件，信息交流也是一种重要管理手段。在现代旅游业中的规模大的旅游企业内层次多，人员集中，关系复杂，要想对其施行卓有成效的管理，就必须建立起多种交流信息的渠道，借助通讯工具，如电话、电报、传真、电脑、信息网络等，加强信息沟通。

二、信息沟通在群体管理中的重要意义

一般说来，信息沟通在群体管理中具有以下几方面的重要意义。

（1）信息沟通是协调各群体、各个体、各要素，使企业成为一个整体的凝聚剂。每个企业都由数人、数十人，甚至成千上万人组成，企业每天活动也由许许多多的具体工作所构成，由于各群体、各个体的地位、利益、能量不同，各群体、各个体对企业工作目标的理解、所掌握的信息也不同，这就有可能使得各群体、各个体的工作目标偏离企业的总体目标，为了保证上下一心、不折不扣地完成企业的总目标，这就需要互相交流意见，统一思想认识，自觉地协调各群体、各个体的工作活动。因而，没有信息沟通就没有协调，也就不可能实现企业的总目标。

（2）信息沟通是企业领导者激励从业人员，实现领导职能的基本途径。一个领导者不管他有多么高超的领导艺术水平，有多么灵验的管理方法，他必须将自己的意图和想法告诉各群体及其成员，并且了解他们的想法。这样做都需要信息沟通这个基本工具和途径。

（3）信息沟通也是企业与外部各方面之间建立联系的桥梁。企业必然要和各级政府与有关部门、顾客、公众、原材料供应商、同业协作户、竞争者发生各种各样的关系，它必须按照顾客的需求调整产品结构（旅游企业是优化服务），遵守政府法规法令，担负自己应尽的社会责任，并且在激烈的市场竞争中取得一席之地，这使得企业不得不和外部环境进行有效的信息沟通。而且由于外部环境永远处于变化之中，企业为了生存就必须适应这种变化，抓住机遇，这就要求企业不断地与外界保持持久的信息沟通，以便把握住成功的机会，使企业不断发展。

三、信息沟通的结构

关于信息的结构（有的专家称为程序）有几种说法。有的认为：信息沟通包括三种要素：信息传递者、信息接受者和信息内容；有人认为，信息沟通程序由五种基本要素组成的：即信息发出者、信息编码、信息沟通渠道、信息接受者和信息反馈；据山农（Claude Shannon）和韦弗（Warren Weaver）的观点，信息沟通结构有七个部分，它们是：发讯者、编码、信息的传输渠道、解码、接收者、反馈和噪音；本节主要介绍L·L·贝克尔的观点，他认为信息沟通过程由七个要素组成，包括信息源、信息、通道、信息接受人、反馈障碍和背景。这七个要素之间相互关系，从图 22-1 可以一目了然。

信息源：是具有信息并试图进行沟通的人。

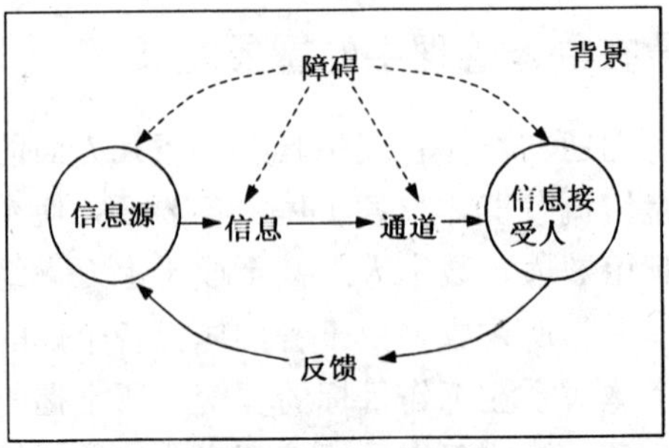

图 22-1 信息沟通过程及其组成要素

信息：从沟通意向的角度说，信息是沟通者试图传达给别人的观念和情感。

通道：指信息沟通所传达的方式。人的五种感受器官都可接受信息，但最大量的信息是通过视听途径获得的。

信息接受者：指接受来自信息源的信息的人。

反馈：反馈的作用是使信息沟通成为一个交互过程。而反馈不一定来自对方，人们也可以从自己发送的信息的过程中获得反馈。心理学家称为“自我反馈”。

障碍：人们之间的信息沟通经常会发生障碍。

背景：是指信息沟通发生的情境。它是影响信息沟通的每一个因素，同时也是影响整个信息沟通过程关键因素。

在信息沟通中，人们的心理活动影响沟通效果。

（1）感知。信息清晰程度影响沟通效果。

（2）注意。人们分心走神，心不在焉，信息沟通就受阻；集中注意力是良好的信息沟通的心理条件。

（3）感情与态度。接受与排斥，赞成与反对，喜爱与厌恶，情感共鸣等影响信息沟通效果。

（4）理解。可懂率影响信息沟通。

（5）行动。采取行动，及时反应，有利于达到信息沟通的目的。

四、信息沟通在群体管理中的功能

在现代旅游业中的旅行社、旅游饭店等企业的现代化管理中，信息沟通有多种功能：

（1）搜集信息资料，促进企业决策科学化的功能。科学决策是企业领导的基本职能之一，领导的过程，就是制定决策并实施决策的过程。现代化群体管理的核心就是决策，而且决策正确与否关系到企业生存与发展，决策的成败取决于个人知识经验、问题信息的多少、个人决断力等。而决策的过程实际上就是对信息的控制和管理的过程。企业决策所需要的信息主要有两类。一是内部信息，如领导班子结构和水平，各部门、各群体之间有机的协调，企业技术状况，经营成果，职工的需要，工作的士气，组织管理的效能，企业目标的落实情况等；二是外部信息，主要是国家的政策、方针、法规、计划指标，科技发展状况，国内外市场动态，客源，同行的经营活动，一般消费趋向及市场信息等。对于企业领导者、管理者，掌握信息愈全面，愈及时，愈准确，决策科学化的正确率就愈高。

（2）满足心理需要的功能。信息沟通也是人的一种心理需要，是职工表达思想感情和态度意愿，解除内心紧张和压力，寻求同情、友谊与理解的重要手段。

（3）有利于管理民主化的功能。信息沟通是职工参与民主管理的一个重要手段。在现代化群体管理中，管理者应利用各种渠道收集职工的意见。职工是企业管理的直接参加者，对企业经营管理的各个群体、各个环节比较了解、最有发言权。通过信息沟通让职工了解领导意图，明确企业目标，形成职工参与民主管理的集体气氛，充分发挥职工的主人翁责任感和自豪感。

（4）改善群体人际关系功能。信息沟通有助于加深企业群体领导与群体成员、部门与部门、群体与群体、群体成员之间相互了解和相互关系，使他们能够彼此接纳认同，互相协作。

（5）影响和改变行为的功能。管理心理学家李维特（Leavitt）把信息沟通称作影响和改变行为的工具。因为，通过信息沟通而获得的知识、经验、忠告、建议等信息是心理活动的重要刺激物。按照行为主义心理学派的“刺激—反应”（S—R）公式，当信息传递者给信息接受者一定的“刺激”（输入信息），信息接受者就会作出一定的“反应”（行为）。无论这种诱发的行为是内隐的（如情感），还是外显的（如行动），它都反映出“刺激物”（信息）的痕迹。

（6）有适应市场变化、市场竞争的功能。一个现代旅游业的企业（旅游社或旅游饭店）要想顺利开展工作，实现旅游事业发展，信息沟通有利其适应市场变化，有利于竞争，可以使企业及时招徕旅客；接受国内外旅游者预订旅游游程或旅游饭店客房；及时了解同行的动态。例如在2000年即将来临之际，世界各国旅游部门都纷纷抓住这千载难逢的机会，推出各项旅游庆典活动。有的旅行社推出“跨千年”两日游，在东海之滨的度假村于1999年12月31日晚举行新年联欢活动，翌日凌晨在海边迎接世纪之交第一缕曙光。

第二节 信息沟通的类型

信息沟通的类型很多，这里主要研究在群体管理中信息沟通的主要类型。

一、语词沟通与非语词沟通

语词沟通指以语词符号实现的信息沟通。语词沟通是可能性最大的一种沟通。它使人的信息沟通过程可以超越时间和空间的限制。旅游企业领导者不仅可以通过文字记载来研究古人对旅游的观点、思想，也可以将当代人的旅游事业成就传留给后代。借助于传播媒介，对旅游资源的开发的经验可以为很多人分享。所有这些，没有语词是无法实现的。在人类的一切经验中，共同性最大的是语词。因此，语词沟通是最准确、最有效的信息沟通方式，也是应用最广泛的一种信息沟通。如，不懂外国语，与外国人信息沟通的过程就变得十分困难。

非语词沟通是指以姿势、动作、表情、接触及非语词的声音和空间距离等实现的信息沟通。它的实现有三种方式。第一种方式是通过动态无声性目光、表情动作、手势语言和身体运动等实现信息沟通；第二种方式是通过静态无声性的身体姿势、空间距离及衣着打扮等实现信息沟通；第三种方式是通过非语词的声音，如重音、声调的变化和哭、笑、停顿等来实现信息沟通。

二、口语沟通与书面沟通

这两种沟通是语词沟通的基本方式。口语沟通是指借助于口头语言实现的信息沟通。通常提及口语沟通时，是指面对面的口语沟通。而通过广播、电视等实现的口语信息沟通通常称作大众信息沟通或大众传播。

口语沟通是在群体管理中最为经常发生的沟通形式。交谈、讨论、开会、讲课、演说等都属于口语信息沟通。它速度快，使用灵活，又可传递情感态度，故企业管理者乐于使用，而且，口语沟通是保持整体信息交流的最好信息沟通方式。因为在信息沟通过程中，除了语词之外，其他一些非词语性表情、动作、姿势等，都会对沟通的效果起积极的作用；并且可以及时得到反馈并据此对信息沟通进行调节。口语沟通中，沟通者之间相互作用充分，因而信息沟通的影响力也大。现在为了弥补口语沟通以后备查，在正式的公共场合通常采用口语沟通和书面沟通相结合形式。信息源常预先备稿，而信息接受者则作笔记或进行录音。

书面信息沟通即借助于书写的文字符号实现的信息沟通。布告、广告、通知、文件、报刊杂志等都属于书面沟通形式。这种信息沟通较为正式，它由于有机会修正内容和便于保留，因而沟通不易失误，准确性和持久性较高，可长期保存，反复阅读查询。同时，由于阅读接受信息的速度远比听讲快，因而在单位时间内的沟通效率也较高。

三、正式沟通与非正式沟通

从企业群体看，信息沟通可以分为正式沟通与非正式沟通。

正式信息沟通是按照组织结构进行信息传递与交流。对外如企业与企业之间、企业与其他组织之间的公函来往、咨询商谈、业务接洽、商务会谈等。对内如传达文件、发布指示、下达通知、召开会议、汇报工作等。非正式信息沟通是指正式信息沟通之外的信息传递与交流，是一种不受组织监督而自行选择的信息沟通方式。如，职工之间的私人交谈，午饭时议论奖金评定或晋升职称工作，散步时传播小道消息等。

非正式信息沟通不仅反映企业内群体成员的真实思想动机和情感感受，而且能为企业组织提供预料不到的、通过正式信息沟通难以获得的信息。因此，现代企业管理者都十分重视非正式信息沟通，有的专门利用同群体成员个别交谈，与非正式群体接触等途径，建立自己的非正式信息沟通网络，以补充正式信息沟通的不足。

四、横向沟通与纵向沟通

（一）横向沟通

横向信息沟通主要指企业中组织系统同一层次的群体之间，平级领导之间与基层职工之间所进行的信息沟通与交流。如旅游饭店内接待部门与客房部门之间，餐厅服务组与烹饪组之间，各部门、班组的领导之间，各部门经理或班组长之间，以及一般服务人员之间的情报、经验、观点、认识交流等都是横向信息沟通。由于横向沟通不存在你高我低的上下级关系，彼此沟通中比较自然、畅达，是有助于消除各相关群体与个人之间隔阂与冲突的有效形式。

（二）纵向沟通

纵向沟通又可再分为下行沟通与上行沟通。下行沟通是企业、群体领导向下属，上一级组织对下一级组织进行信息沟通。常见的如向下属传达组织决策、领导意图、计划、方针、措施、工作程序、质量标准、工作要求等的下行信息沟通。上行信息沟通是下属向领导汇报工作，提出建议，发表看法的沟通方法。这种沟通形式，一方面使领导者了解到工作的进展与职工的反映；另一方面也使下属同领导交谈中，得到领导的指示，摸清领导的意图、有时还会得到上级的赞许和心理上的满足。

五、单向沟通与双向沟通

单向信息沟通即指一方向另一方发出信息，发信者与接信者的方向位置不变，双方无论在语言上还是情感上都不需要信息反馈。发指示、下命令、作报告等都属于单向信息沟通。

双向信息沟通指的是发信者与接信者的位置不断变化互换，发信者以协商、讨论、征求意见、商业上讨价还价等面对接信者，信息发出后，又立即得到反馈。有时双方位置互换几次，直到双方共同明确为止。

这两种沟通方式比较，一般说，单向信息沟通适宜简单的信息沟通，沟通速度快，发信者不会受到接信者的挑战，能保持尊严；但发信者不了解接信者的想法，准确性较差。当接信者不愿接受意见时易产生抵制心理，而双向信息沟通准确性高，能增强自信心，由于能反馈，双方都能产生心理压力，但信息沟通慢。

六、个人内沟通与人际沟通

信息沟通开章明义就说一般指人与人之间的信息交流过程，即是人际信息沟通。本书所涉及的信息沟通问题，主要是以人际沟通为核心的。更多的信息沟通分析，都是有关人际信息沟通的理论的知识。但是，从实际上研究，不仅可以在个人与他人之间发生信息沟通，也可以在个人自身内部发生。这种在个人自身内部发生的沟通过程就是个人内沟通或自我沟通。个人内部神经系统是由信息传入和传出两个系统构成的。自言自语是明显的自觉的个人内信息沟通过程。一个人在做事时自己对自己不断发出命令，自己又接受或拒绝命令。自我信息沟通过程是一切沟通的基础。事实上，人们在对他人说出一句话或作出一个姿势时，就已经经历了复杂的自我沟通过程。不过只有你在必须对自己的一句话进行反复斟酌，或对一个举动反复考虑时，你才能清楚地意识到这种过程的存在。

第三节　信息沟通的网络

在群体管理中，人与人之间信息沟通的形式称为信息沟通网络，实质上是指在信息沟通过程中，人们将信息传递给对方或中间经过某些人才传达到目的对象（接受者），由此经过的路径，即沟通渠道，其所组成的结构形式，也就是信息沟通的网络。沟通网络能反映出一个群体（或组织）的结构，也能表明群体（或组织）的权威系统，并对群体行为产生重要影响。不同的信息沟通网络既可以影响群体工作效率，又可能影响群体成员的心理效应和群体心理气氛。

一、正式信息沟通渠道网络

正式信息沟通的网络一般可划分为 5 种基本类型：链式信息沟通网络、环式信息沟通网络、丫式信息沟通网络、星式信息沟通网络和全通道式信息沟通网络。如图 22-2 所示。

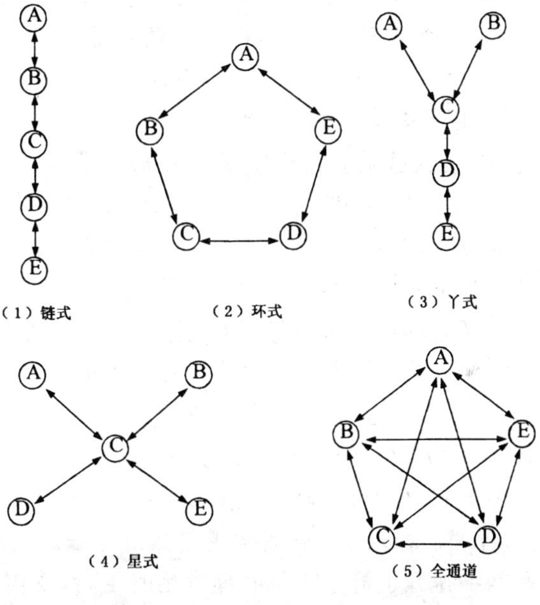

图 22-2　正式信息沟通的网络类型图

（一）链式信息沟通网络

在一个企业组织系统中，链式信息沟通网络相当于一个纵向信息沟通网络，代表 5 级层次的逐级传递方式，信息可以自上而下或自下而上地传递。其传递速度解决问题最快，正确性较高，领导者的地位、作用较明显，但士气较低，适应变化慢，适合解决简单问题。在群体管理中，如果因组织系统过于庞大、需要实行分层授权管理，则利用链式的信息沟通网络为佳。

（二）环式信息沟通网络

环式信息沟通网络是链式网络的一个封闭式控制结构。这种网络既可以看作 5 个人之间依次信息沟通，也可以被看成是一个具有 3 级层次的组织结构。环式信息沟通网络可采用的沟通渠道不多，群体成员满意程度较为一致，所以，群体士气高昂，适应工作变化较快。

如果企业需要在群体和组织中激励出一种高昂士气来实现群体目标，那末采用环式信息沟通网络是一种行之有效的措施。但是，在一个庞大的企业组织系统中，要使所有人员都做到平等地获得各种情报信息是不太可能的，也是不必要的。因此，可以考虑在企业决策层之类的小群体中采用这种环式信息沟通网络。

（三）Y式信息沟通网络

这是一个纵向信息沟通网络，兼有链式、星式特点。在企业组织中，这一网络大体相当于从企业领导、秘书班子再到群体主管或一般员工之间的纵向关系。在这种信息沟通网络中，只有C是信息沟通中心，成为沟通的中间媒介；解决简单问题效率高，速度快；是逐级管理信息沟通方式，但群体成员的满意程度，除C以外都较低。

如果将这种网络颠倒过来，并稍作变动就成为图22-3的模式。它表示一个企业组织中主管人员A通过第二级层次B，例如秘书，与3个下级发生信息沟通关系。这种组织结构在企业中十分常见。即秘书由于处于信息沟通中心，获得了最多的的情报信息，往往掌握着控制组织的真正权力，如果主管人员能力较弱或不抓实务则可能成为虚职。可是，在企业中如果管理者的工作任务十分繁重，需要有助手帮助选择信息，提供必要的决策资料，为管理者安排好内外活动，而且又要求对企业内部实行有效的管理，那末采取这种渠道是较好办法。但问题是也有不足之外，那就是这种网络拉开了群体成员心理满足的距离，影响了群体士气，因而会阻碍群体工作效率的提高

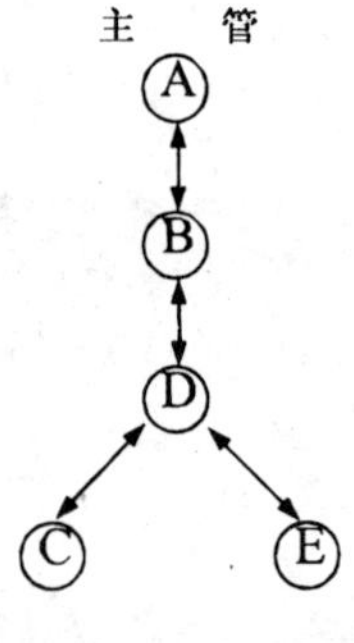

图22-3 Y式沟通网

（四）星式信息沟通网络

星式（又称轮式）信息沟通是有信息汇集点与传播中心的控制型网络。在企业中，它的图形大体上类似一个主管人员领导直接管理几个群体或部门的权威控制系统。它的集中化程度高，领导核心明显。在企业管理中，如果需要加强组织控制，争时间，抢速度，那么星式信息沟通网络是一个有效办法。它适用于解决简单问题，工作速度快，正确性高，效率高。但是，在这种网络中，只有处于核心地位的人才全面了解情况，其他成员之间信息闭塞，平行信息沟通少，很难达到心理满足，因而会影响群体成员情绪。

（五）全通道式信息沟通网络

全通道式信息沟通网络是一个开放式的系统。在这系统中，每个成员之间都有联系，都有信息沟通。在企业中，一个民主气氛很浓或合作精神很强的群体的组织结构，一般都采取这种信息沟通网络。

在这种信息沟通网络中，可能采取的沟通渠道很多，群体的集中化程度很低。但每个沟通者之间全面开放，使得群体成员的平均满足程度很高，各个成员之间满足程度的差距很小，群体士气高昂，合作气氛浓厚。

全通道信息沟通网络既有助于增强群体合作气氛，能解决复杂问题，又助于提高群体士气，达到个体高度的心理满足。但是，这种网络信息沟通渠道太多，易于造成混乱，而且很浪费时间，会影响工作效率。

此外，在企业管理实践中，为了改善信息沟通质量，提高督导工作的有效性，常采用“橄榄形”沟通方式。如图 22-4，图中 A→B、B→C 分别代表着管理层级上的上下级关系。“a”表示 A 在督导工作中对其间接下级 C 进行“越级检查”，以了解其直接下级 B 的督导工作效果；“b”表示 A 将从间接下级处收集到信息汇集整理，“c”“d”表示 A 将自 C 整理的信息传递给直接下级 B，并以此信息指导 B 对其下级 C 的督导工作。

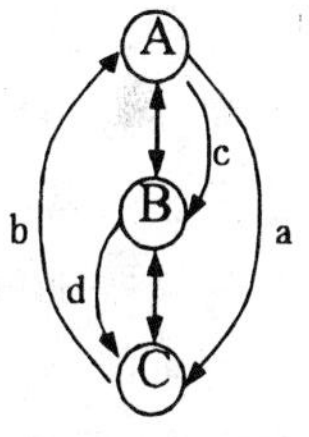

图 22-4　橄榄形信息沟通网

第四节　信息沟通的障碍与改善

一、有效信息沟通的障碍

在信息沟通过程中，由于存在着个人因素、人际因素、外界干扰和其他种种因素，信息往往遭遇障碍，使信息的传递不能发挥正常的作用。

（一）个人因素

个人因素主要有：①语言表达、交流和理解造成的信息沟通障碍。语言是人们交流思想、信息沟通的重要工具。语言不是思想，但人们通过语言、文字及其他符号，可以把思想观念转换（编码）为信息进行沟通，但语言不当会造成信息沟通的障碍。另外信息接受者由于注意、认知、思维及经验水平等因素，不能正确地接受与理解对方的意见、意图和精神，也同样会造成信息沟通的障碍。障碍可能听不清；也可能听清楚但不理解；还可能是误解或曲解。语言表达问题可能是发信者或接信者单方面的原因，也可能是双方面的因素。②由于有选择地接受造成的信息沟通障碍。所谓有选择地接受是指人们拒绝或片面地接受与他们期望不相一致的信息。旅游心理学研究表明，人们往往听或看他们感情上有所准备的东西。例如，有一旅游大饭店的领导做过一个实验，请本企业的多位部门主管回答“假如你是企业总经理，你认为哪个问题在企业中最重要”，结果每个部门的主管都认为从全企业角度出发，自己所负责的部门最重要。这个实验进一步表明：①人们只看到他们自己所熟悉的或同自己有利害关系的东西。②由于复杂的事物可以从各种角度去观察，人们所选择的角度强烈地影响了他们认识问题的能力和方法。③除了人们接受能力有所差异外，企业内许多人运用信息沟通的技巧也很不相同。有的人不能口头上完美地表述；有的人不善于听取意见；还有一些人阅读较慢，并且理解起来较困难，这些问题都妨碍进行有效的信息沟通。④企业的群体成员对人对事的态度、观点和信念不同，思想感情的差异，也会造成信息沟通在心理与思想感情上的障碍。⑤人的气质性格等个性特征差异引起信息沟通的障碍。通常一个企业领导诚实正直、以身作则，其下达的工作意见与指示，容易被职工信任接受；反之，作风差的领导传达的意见，职工不会轻易接受，就可能引起信息沟通障碍。

（二）人际因素

人际因素主要包括信息沟通双方的相互信任、信息来源的可靠程度和发送者与接受者之间的相似程度。

信息沟通发送者与接受者之间“给”与“受”的过程。信息沟通不是单方面，而是双方的事，因此，不论是内部上下级之间，还是对外业务上主客之间，双方的诚意和相互信任至关重要。上下级之间或业务上主客之间如双方猜疑，只会增加抵触情绪或互不信任，影响坦率交谈的机会，也就不可能进行有效的信息沟通。

信息来源的可靠性由四个因素所决定：诚实；能力；热情；客观。有时，信息来源可能并不同时具有这四个因素，但只要信息接受者认为发送者具有即可。可以说，信息来源的可靠性实际上是由接受者主观决定的。信息来源的可靠对企业中个人和群体行为的影响很大。就个人而言，职工对上级是否满意很大程度上取决于他对上级可靠性的评价。就群体而言，可靠性较大的工作单位或部门比较能公开地、准确地和经常地进行信息沟通，它们的工作成就相应地较为出色。

信息沟通的准确性与沟通双方间相似性有着直接的关系。信息沟通双方特征（如，年龄、智力、民族、社会地位、经济地位、兴趣、价值观、能力等）的相似性可以影响信息沟通的地位低的人常常通过推崇、赞扬和同意来获得职位高的人的重视。这清楚地表明，地位差别是信息沟通中的一个重要障碍。

一般说，信息沟通的等级越多，它到达目的地的时间也越长，信息失真率则越大。这种信息连续地从一个等级到另一个所发生的变化，称为信息传递链现象。

当工作群体规模较大时，成员与成员之间信息沟通也相应地变得较困难。这部分地由于可能的信息沟通渠道增长大大超过了人数的增长。据测算：如果将信息沟通的各种形式考虑在内，那么，5 人的群体中将存在（3^5-2^{5+1}）/2，即 90 条渠道。

（三）结构因素

结构因素使信息沟通发生障碍，主要包括地位差别、信息传递链、群体规模和空间约束。

一个人在企业中的地位很大程度上取决于他的职位。研究表明：个人的地位高低对信息沟通的方向和频率有很大的影响。有不少旅游企业中，人们一般愿意与地位较高的人沟通；地位较高的则愿意相互沟通；职位悬殊越大，信息趋向于职位高的流向职位低的；在谈话中职位高的人常常据于信息沟通的中心地位。导游员在不同景点往来服务时，旅行社与他信息沟通常受空间约束。这种空间约束不仅不利于导游员与旅行社其他成员交往，而且也限制了他们的信息沟通。一般说来，两人间的距离越短，他们的交往频率也越高。

现在，旅游企业的领导者与管理者处于一个信息时代，面临着"信息过载"的问题，互联网开通尤甚。对于经理人员如果不将大量的信息很好地整理分析并加以在管理中采用，那么，就很难于向企业内人员提供有效的、必要的信息，信息沟通也就随着变得困难重重。

二、改善信息沟通，克服障碍

改善信息沟通，克服障碍，必须由发送者和接受者双方努力。

（一）提高信息沟通心理水平

信息沟通受到许多心理因素的影响。要想改善信息沟通，克服障碍，应注意以下心理因素的作用：①良好的心理习惯与克服信息沟通障碍密切相关。信息沟通的良好心理习惯主要是感知认真，注意力集中，情绪镇定和态度端正。注意力集中有助于准确理解而又及时地传递和接受信息；情绪镇定有助于正确客观地判断和加工信息，可以避免偏激和主观性；态度端正有助于创造信息沟通时正常和谐的心理气氛，特别对于面对面沟通的双方来说能使双方心平气，侃侃而谈。②提高思维能力和水平是提高信息沟通效果的重要心理因素。高度思维分析能力和水平对于正确地传递、接受和理解信息有密切的关系。③增强记忆准确性是克服信息沟通的有效心理措施，尤其是口头信息沟通有直接影响。记忆准确性水平高的人，传递信息可靠，接受信息准确。

（二）正确地运用语言文字

在信息沟通中，运用语言文字得当，可以直接提高沟通效果。正确运用语言文字主要应注意以下方面：

（1）使用文字的意义要明确，不要模棱两可，尽量以免对方产生误解。

（2）努力使语言、文字做到措词得当，通俗易懂，不滥用词藻，力戒空话、套话、大话；非专业性信息沟通，少用专业性术语。

（3）语言文字尽量要直挚动人，具有感染性、有吸引力，从感情上激励对方。

（4）面对面沟通时，可借助手势语言和表情动作，以增强沟通的生动性与形象性，使对方增强理解与容易接受。

（5）要尽量使用短句，有利于信息沟通。

（6）叙事说理，力求言之有据，条理清楚，又富有逻辑性，不强词夺理。

（7）努力做到语言美，注意语言文字净化，说话和气。

（8）说话时注意快慢节奏、轻重、停顿，语气得当，必要时可以重复。

（9）交谈时对人称呼要明确合适，不造成误解。

（10）尽量使用规范化语言文字，少用土语、方言。

（三）要学会“听”

有效的聆听是克服信息沟通障碍的重要条件。戴维斯（Davis）提出有效聆听观点有10点：

（1）少讲多听，不要打断对方的讲话。

（2）交谈轻松、舒适，消除拘谨不安情绪。

（3）表示有交谈的兴趣，不要冷淡或不耐烦。

（4）尽可能排除外界干扰。

（5）站在对方立场上考虑问题，表现出对对方的同情心。

（6）要有耐心，不要插话。

（7）要控制情绪，保持冷静。

（8）不要妄加批语和争论。

（9）提出问题，以显示自己充分聆听和求甚解的心理。

（10）仍是少讲多听。

（四）良好的信息沟通方法与艺术

良好地信息沟通要切实采用下列主要方法：

（1）选择适当地点交谈。严肃庄重的内容应安排在会议室、办公室，亲切的交谈可以边散步边谈心，求助人的内容可到对方家中拜访中交谈。

（2）交谈时间要适当，既不要仓促草率，也不要马拉松式地纠缠对方。

（3）交谈主题内容明确，不要扯得太远。

（4）交谈气氛亲切、平等、诚恳。

（5）交谈结束时，要有礼貌地告辞。

美国管理协会曾提出改善信息沟通的建议，称为“良好沟通十诫”。有参考价值。简述如下：①信息沟通首先将概念搞清；②明确信息沟通的真正目的；③应注意考虑信息沟通时的一切环境因素，包括实质的环境及人性的环境等；④计划信息沟通内容时，应尽可能地与他人商议，也易于获得别人积极支持；⑤信息沟通时应注意说话的语调；⑥可能时，尽量传送有效的资料；⑦应有必要的反馈；⑧信息沟通不仅应着眼于现在，也应着眼于未来；⑨言行一致，表里如一；⑩应学会聆听，成会一位“好听众”。

总之，群体管理中的信息沟通，是企业管理中一个重要的内容。现代旅游业的各个旅游企业实行现代企业管理，更要重视群体管理中的信息沟通问题。这里要强调的，①企业领导者和群体管理者，必须认识信息沟通在群体管理中的重要意义，才能真正的运用好信息沟通；②充分发挥信息沟通在群体管理中的功能，使信息沟通协调各个体、各要素，使企业成为一个整体凝聚剂，使信息沟通有利于决策科学化，保证上下一心、不折不扣地完成企业总目标；③为企业求生存和发展，必须充分发挥信息沟通适应市场和市场竞争的作用；④要全面理解信息沟通的各种类型，使企业建立良好的信息沟通网络；⑤除了重视正式群体的信息沟通外，也要十分重视非正式群体的信息沟通；⑥要十分注意信息沟通的障碍和及时克服与改善之。

思考题：

1. 什么是信息沟通？
2. 在企业群体管理中，信息沟通的重要意义是什么？
3. 举例说明非正式群体的信息沟通对旅游企业管理的影响。
4. 如何克服和改善信息沟通的障碍？

第二十三章　组织与管理

组织、群体、个人三者是分不开的整体。由个人组成某一群体，而群体又存在于组织系统之中。个人不能孤立地生存，作为一个社会成员，他必然要生活、学习或工作在一个特定的组织环境中。个人的心理行为既要受特定的组织环境的制约和影响，又要影响组织功能的发挥。

现代旅游业中，各企业的管理不仅是对一定组织中的人、财、物的管理，而且还是依靠组织去进行管理。组织也是实现企业领导的重要工具。一个旅游企业要实行现代化科学管理，要按照民主集中制的原则，确立合理的组织结构，建立精干高效的组织机构。善于确立、组建和运用组织结构、组织机构，并根据情况的变化不断予以调整、改革，使之日益完善，形成组织内良好人际关系，以达到激发企业内广大职工的积极性、促进工作任务胜利完成的目的。研究人在组织中的心理活动，是旅游心理学的任务之一。

第一节　组织的特征与分类

一、组织的概念

组织的概念，各学科有各种不同的表述。社会学认为，从广义上来讲，社会组织也是社会群体，不过与初级群体相比，它是关系更为复杂的社会群体，是人们为了合理、有效地达到自己的目标，有计划、有组织地建立起来的一种社会机构。这种机构有组织，有领导，成员间有明确分工和职责范围，有一套制度，有明确目标，因此称它为社会组织。在人们日常生活中也经常使用组织这个词，用来表示中国共产党或中国共产主义青年团，即通常所说的党、团组织；有时也用这个词表示自己所在的机关、单位，这时组织的概念同社会学所讲的社会组织的概念是相吻合的。组织一词，有时人们也用来表示对人或对物的一种处理或安排，以适合于进行某项工作的需要。领导科学认为：组织是个历史范畴。随着生产力的发展和社会的进步，人类在认识、改造主观世界和客观世界的过程中，在社会分工协作的基础上，一些由共同目标、共同任务、共同利益联系在一起的人们，通过成文的或不成文的规程，形成了一定的群体。这种为实现共同目标，完成共同任务，按一定规则和程序正式组织只关心个人对于达成目标所表现的活动及扮演的角色。马克斯·韦伯（M. Weber）称此种正式组织为逻辑理性社会体系。在此体系中，个人只听从于组织的安排，力求 适合组织与工作的规范，以达成组织的最终目标。

美国社会学者布劳（Peter M. Blaw）和史考特（W. R. Scott）从分析获利者的类型构造了一种受益者的理论，以此作为划分组织类型的标准和根据。他俩把组织分成四类：①互利组织，如美国退伍军人团体。这类组织的目标是组织的所有参加者都有好处。②私有者的赢利组织，如商业组织。它的目的在于经商谋利。③服务性组织。它使顾客即服务的对象受益。④公益组织。这是为社会和一般公众谋利益的组织。

还有，爱桑尼（A. Etzioni）以权威的类型对组织进行了分类：①强制性组织。如监狱等。②功利组织。这种组织是通过金钱或物质的媒介而起作用的，也就是说人们为了得到某种物质报酬而服从组织的权威。③规范组织。这类组织是建立在伦理道德或观念信仰基础之上的。

上述一些西方社会学者对于组织的分类，都是从各自不同的立场、不同的角度对资本主义社会组织进行分析得出的结论，也反映了资本主义社会组织的某些现象和内容。对于我们社会主义国家进行组织的分类，给予了一些提示。

按照邓小平同志建设有中国特色社会主义的理论，我国处于并将长期处于社会主义初级阶段，这是基本国情。那末我国的组织分类也应以此作为依据，可分作以下几类：

（1）政治组织。政治组织包括中国共产党、全国人民代表大会、中国人民政治协商会议、国务院、中国共产主义青年团等。

（2）军事组织。军事组织包括中共中央军事委员会等。

（3）经济组织。经济组织包括以公有制经济为主体，集体所有制经济、国家和集体控股的股份制、非公有制经济（个体、私营企业）。

（4）文化、教育、科学研究组织。我国的文化组织，包括了广泛的文化事业的文学、戏剧、电影、广播电视、曲艺、音乐、舞蹈、美术各方面的组织。教育、科学和研究组织，包括了各级各类学校和科研组织，这在我国更是一个庞大的的组织体系。

（5）群众组织。它包括工会、妇女联合会、青年联合会等。

（6）体育组织。它包括各级体育单位和各种体育运动的协会，如足球、篮球、排球协会等。

（7）旅游组织。它包括各级旅游部门和各种旅游企业。

(8) 宗教组织。它包括各级爱国宗教协会。

此外，非正式组织，指个人在正式组织外依个人的情况而组成者，一般规模不太大。它具有以下的特点：

(1) 由于人与人之间有共同的思想感情，彼此吸引，相互依赖，是自发形成的组织，没有明文规定；

(2) 非正式组织的最主要功能是满足个人不同的需要，自觉地互相进行帮助，获得心理的满足；

(3) 非正式组织一经形成，即产生各种行为的规范，控制成员相互的行为，它可以促进也可以抵制正式组织目标的完成；

(4) 非正式组织的领袖并不一定具有较高地位与权力，他们或是能力较强，经验较多，或是善于体恤别人，但他们具有实际的影响力。

管理心理学研究认为，非正式组织形成往往与下述情况有关：①正式组织的规模和目标与成员的基本需求不甚一致；②正式组织不能有效地完成目标；③正式组织缺乏合理有力的领导机构，包括主要领导人不称职。

第二节 组织结构的形式与设计

一、组织结构

组织结构是在组织理论指导下，经过组织设计而形成的组织中各个有机组成因素之间关系的一种模式，也称为组织中的各因素相互联结的框架。该模式能够表明组织各要素的排列组合方式，组织各部门及各层次之间、人与事或人与人的相互关系。组织结构直接决定了组织中正式的指挥系统和沟通网络的效率，影响着组织中个人的心理、行为及社会方面的功能。因而恰当的组织结构，对于有效地实现组织目标至关重要。

组织结构主要内容：

(1) 纵向层次结构。组织的纵向层次结构是由组织内管理层次决定的。管理层次是指组织内指挥系统划分多少个等级。组织结构中的纵向层次有高、中、低、基层之分，例如旅游饭店组织中一般有管委会、总经理、部门经理、班组长。高层负责制定企业总目标、经营方针和远景规划；中层是工作职务专业化，划分不同的部门，负责制定各部门具体目标，执行上级经营方针，协调下级活动计划；低层负责落实上级决定，按照实际情况开展各种活动。

(2) 横向部门结构。组织的横向部门结构是由组织内管理幅度决定的。管理幅度是指某个管理层次上领导者或管理者直接领导和管理下级单位数和人数。如，旅游饭店总经理直接领导和管理副总经理、总会计师、总工程师、财务部、人事部……。随着组织的发展，工作专业化的复杂，为保证组织的正常运转和实现目标，建立职权、指挥、控制幅度和集权、分权等人与人相互影响的机制。

（3）开发有效的协调手段等。组织结构虽是人们确定的，但不是主观任意的产物，它反映了组织内外各种因素之间的客观关系。

二、组织结构的基本形式

组织结构形式不是固定不变的，没有一个万能的组织结构形式。设计哪种组织结构形式，主要由于企业的宗旨，职能，责、权、利，信息沟通和反馈的方式，技术条件和外界环境的不同而异。即使同一类型的组织，由于技术系统的改变，社会心理的变化，管理技术的改进，管理思想的进步，尤其是企业主要领导人更迭，其内部组织结构形式也会发生变化。每个组织成员的活动方式因组织结构形式的差异而异，必然会引起不同的心理活动。组织结构相对于组织过程而言是静态的，不同的企业组织有不同的组织结构形式。

在旅游企业里常见到的组织结构形式有：

（一）直线式组织结构

直线式组织结构最早被采用，也是最简单的一种组织形式。直线式的各级组织依层次由上至下，是垂直统管的。指挥与管理的职能是由企业总经理来执行，对下属全权负责。每一层级的平行部门各自分立无横向联系，部门经理对份内的一切事务负全部责任。在纵向的联系中，上下级之间没有中间环节，下级只对顶头上司负责。这种组织结构的特点是关系简单，职权明确，组织稳定，但对组织领导者必须通晓本组织内的一切业务，要具备较高的专业技能和管理知识及才干，因而负担沉重。这种组织结构一般只适用于规模小、任务简单的企业或部门。目前我国一些中小型旅游企业或旅游饭店采用这一组织形式。如图 23-1 所示。

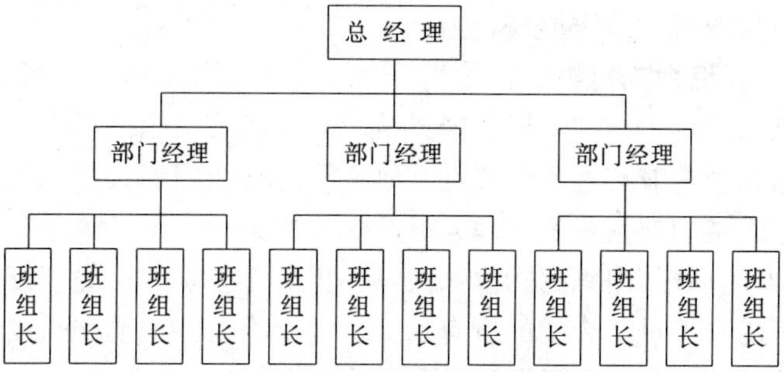

图23-1　直线式组织结构

（二）职能式组织结构

企业经营规模较大的采用职能式组织结构。这种组织结构在领导者和执行者之间设立了一些职能机构，帮助领导者担负研究、设计和管理企业的各种活动。在这类组织结构中领导者将全部管理事物依其性质分成若干专业部门，每一部门选用有业务专长的人来负责工作。这些职能部门的负责人不仅对自己的主管部门负全责，而且对他自己所管的每一项具体工作负全责，有权在其业务范围内向下级管理部门或执行单位下达指令或布置工作。下级人员除了接受上级主管人的领导外，还要接受上一级职能部门的管理。如图23-2所示。

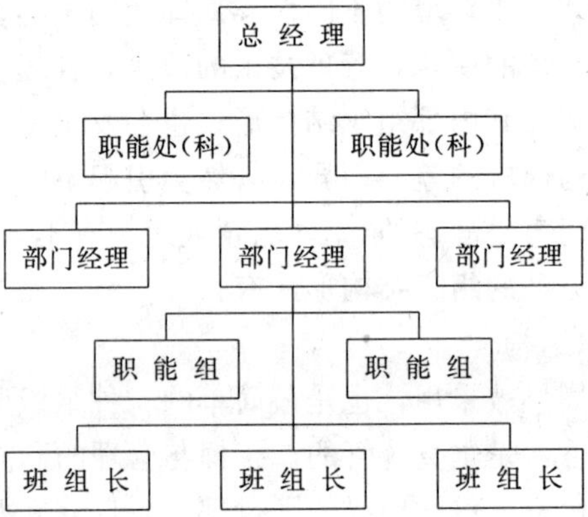

图23-2 职能式组织结构

职能式组织结构的主要优点是分职、专责，并在一定程度上增加了横向关系。因此，某种程度上适应了经营管理分工细致的要求。它的不足之处是多头领导，削弱了集中统一，容易由此产生相互矛盾的领导意见，使下级无所适从；不利于划分各行政负责人和职能部门的职责权限；还由于层次增加，延长了上下级距离，使相互间信息沟通会遇到某些障碍。目前，我国旅游企业很少采用这一组织结构形式。

（三）级职综合式组织结构

级职综合式组织结构是把直线式组织同职能式组织两者综合在一起而形成的组织结构。它兼有两者的优点。故又称为直线职能式组织结构。

这类组织结构把企业的管理人员分为两类：一类是各级指挥人员。他们一方面有别于直线式组织的指挥人员，不担负专门事务；另一方面又有别于职能式组织的指挥员，企业的所有指令、计划都得由他们逐级垂直下达。另一类是职能管理人员。他们是自己所隶属的各级负责人的参谋，在提供信息、预测、决策方案、各种建议以及监督决议实施等方面，辅佐负责人的工作。他们的管理意见必须通过各级负责人才能向下贯彻。对于下级机构，他们只能给以业务上的指导和帮助，并提供某些服务，而不能直接发号施令。

直线职能式组织结构能取直线式、职能式两种组织形式之长，又避其短，是一种较好的组织形式，因而，目前我国较多旅游企业采用。如图 23-3 所示。

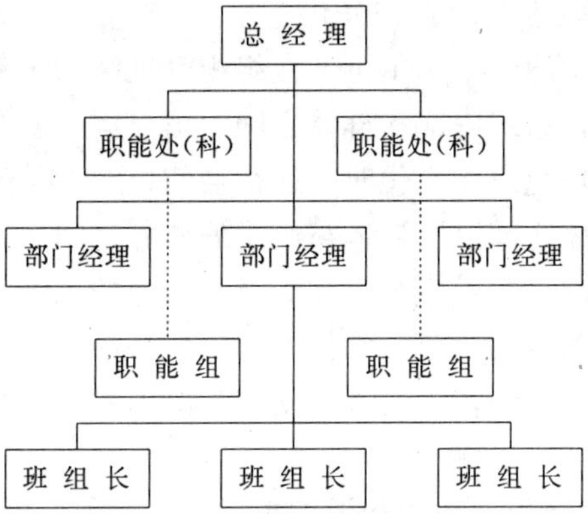

图23-3　职能综合式组织结构

三、不同的组织结构形式对人的心理影响

组织结构是人们在组织中进行活动的社会心理环境，因组织结构形式的不同，人们在组织中的身份、地位、责任、权利的分配和拥有的方式不同，以及信息传递、反馈的程度的不同，对人的心理活动自然会产生不同的影响。

（一）直线式组织结构对人的心理影响

直线式组织结构因其自身活动的特点，对组织成员的心理有着特殊的影响。

1. 影响企业领导者的素质和作风

直线式组织结构是高度集权的组织形式，组织领导和组织管理大权，集中在个别领导者或某几个领导者手中，它要求领导者精通业务，办事干练、熟悉各方面人、事、环境和信息，头脑敏捷，胸怀全局，能身先士卒，带动下级。然而，组织中一切重大事情都是领导者决定、经常发号施令，容易形成个人说了算，凭长官意志办事，容易滋长家长式管理作风和个人专断意识。

2. 容易使企业职工缺乏自主意识

由于组织领导者集各种大权于一身，一方面下级对领导唯命自从，只对上级负责，很难发挥主动性、创造性；另方面，职工的各种境遇和切身利益也多取决领导者对他们的了解和印象，因此容不得超出领导者管辖之外的自主活动，职工容易形成局外心理，似乎组织只是领导者的组织，好坏与己无关、自己工作仅是为领导者效力，职工的自主意识、创造意识和主人翁精神受到抑制，盲从心理会强化。可是当组织成员一旦有了自主要求而又不能实现时，就会从服从到不满，他们这种精神上的觉醒，往往是导致直线式组织结构发生变革的重要力量。

3. *职工容易形成对领导、组织疏远感*

直线式组织结构中的各个小单位，在组织管理活动中基本上没有横向联系，亦缺少互助气氛，组织内部和群体之间的信息沟通要经过上级主管者才能进行。这样在内外环境急剧变化时，往往会使组织成员的心理难于跟上事物变化的进程；在群体之间以及群体与组织的外界之间，会形成某种由封闭状态带来的疏远感。而且由于每个组织成员只向他的上级负责，致使那个颇得上级信任的人一定程度上脱离了工作上的伙伴，甚至形成孤独情绪；那些不被领导器重的人会形成怀才不遇，不受重视的消极心理，因而与领导者更趋疏远。

（二）职能式组织结构对人的心理的影响

职能式组织结构是在直线式组织结构基础上发展而出现的，因而，它对人们的心理影响往往带有和直线式组织明显不同的特色。

1. *有利于发扬民主精神*

这种组织结构由于在领导者和执行者之间插入了职能机构，其负责人都是拥有某种专长的人，他们有职有权，分担了领导者一部分工作，对自己所管理的工作负全责，他们又强调专业、强调分工、强调规程、强调计划和民主管理作风，这样有利抑制了领导者重关系不重人才，个人说了算的独断作风。在这种社会心理环境中，实行了横向分权管理，妥善协调和处理好上下级关系，有利于企业民主精神的发扬。

2. *有利于改变组织成员的盲从心理*

由于职工受多头领导从而对领导的权威感下降，减轻了权威对他们的心理压力，也改变了职工对领导者的盲从心理。但是多头领导难免政出多门，意见分歧，使下级和职工无所适从，会造成对上级抱怨。身处职能部门的职工由于其工作专业性强，独立性大，对有时候出现的来自行政主管人员外行干预，他们会以自己掌握的专业知识与领导论争。

（三）级职综合式组织结构对人的心理影响

级职综合式组织结构，由于兼有直线式和职能式两种形式的优点，因此它对人们的心理带来更积极的影响。

（1）这种组织结构使企业管理者逐渐注重研究和论证，讲究稳妥的管理风格。因为职能部门是领导者的参谋机构，它要为领导者提供咨询、预测、决策、协调活动等方面服务，在职能部门的影响下，促使企业领导或管理者养成注重研究和论证、追求稳健的管理风格。另外有利于施展职能管理人员的才干，发挥他们的业务专长，运用他们的知识、技能和经验，激发他们管理方面的积极性。还促使企业领导特别需要注意培养自己的主见和决断能力，防止在职能部门的作用下丧失自己独立的领导意识。

（2）这种组织结构会给职工形成某种安于现状的心理定势。由于企业领导作风稳健，管理规程比较严密，责任划分非常明确、工作要求十分规范；职工只要适应了组织的要求，就能按步就班工作下去。职工不担什么风险，有了安全感，因而容易满足现状。

这种组织适合大型企业采用，只要采取一些辅助措施，使领导者既能发扬民主作用，又能果断、创造性地实施领导；同时，还能刺激职工竞争心理，激发他们的进取意识。

四、组织结构设计

在一个拥有几百、上千乃至几万人的大型现代企业的组织中，主管人员由于精力和时间的限制，不可能直接地、面对面地安排和指导企业组织内每个成员的工作，而需要委托或多或少的人与他一起分担管理工作。委托多少人？委托那些什么人才的人？每个受委托人从事何种性质的工作？他们在工作中的关系以及与委托者——主管人员的关系如何？选择什么形式的组织结构？解决这些问题就需要设计组织的机构和结构，确定管理职务的类型和组合方法，规定它们的工作任务和相互关系。

（一）组织设计原理

组织结构设计，应基于下述五项基本原理：

1. 分工与协作原理

分工与协作为一件事的两个侧面，是不可分割的。分工是为了明确责任，达到协作的目的；协作是为了与工作结合，取得效果。合理的分工与协作，是推动企业发展的强大动力。

2. 管理幅度原理

组织结构设计必须确定合理的管理幅度。管理幅度是指一个组织的最高主管因受到时间和精力限制，需委托一定数量的人分担其管理工作。委托的结果是减少了他必须直接从事的业务工作量，但与此同时，也增加了他协调受托人之间的关系的工作量，这个有限的直接领导的下属数量就被称为管理幅度。

3．配合原理

在分工与协作的基础上，建立强有力的指挥系统，使各部门、各单位在统一指挥下彼此协调，密切配合。

4．平衡原理

为了维持组织的生存与发展，不被淘汰，必须使组织能适应社会环境的变化，使组织的内在因素与外在因素维持平衡。

5．效率原理

效率，是投入与产出之比，是衡量企业经营管理好坏的重要尺度，除短期的临时的组织之外，一切组织均须继续存在。因此，生存是对组织的绝对性考验。组织能否生存，看其是否有成效，而成效又决定组织是否有效率。

我国有一些管理学家结合我国的具体国情，对于组织结构的设计，又提出了如下一些原则：

1．有效性原则

要求组织结构和活动必须富有成效。也就是说，组织机构的设置首先要合理，其次组织内信息畅通。

2．统一领导和分级管理的原则

统一领导就是在管理中，有些权力应该相对的集中。分级管理就是把某些权力下放到职能部门，使之创造性地完成组织目标。

3．指挥和控制原则

指挥就是主管领导通过纵向权力系统，直接对下属进行指令性调度。控制就是主管领导对所有直接下属施行有效管理的幅度。这种指挥一般要求层次不宜多，不能多头领导。同时信息反馈及时，而控制的幅度不宜过大，直接控制人员不宜过多。

4．责权对等和例外的原则

责权对等就是指在每一个层次上都必须做到有责任的必须有权力，有权力的人必须负责。例外的原则就是主管部门把部分权力授予下级，并将权力的责任和分配标准化，让各层次的负责人按照既定的原则和制度，有权处理日常工作。

5．协调的原则

在组织管理中，既要协调好上下关系，即领导与隶属的关系；也要协调好左右的关系，即横向关系。

（二）组织结构设计的任务

设计组织结构是执行组织职能的基础工作。组织结构设计的任务，就是要合理地组织主管的各级“受委托人”的工作，把每个受托人要排在适当的位置上，首先要绘制一个优秀的组织结构系统蓝图。其次是编制职务说明书。它要求能简单而明确地指出：该管理职务的工作内容、职责与权力与组织中其他部门和职务的关系，要求担任该项职务者所必须拥有的基本素质、技术知识、工作经验、处理问题的能力等条件。

为完成上述两项任务，组织设计者要进行三个步骤：

（1）职务设计与分析。组织结构系统图是自上而下绘制的，我们在研究现有组织的改进时，也往往从自上而下的重新划分各个部门的职责来着手进行。但是设计一个全部的组织结构却需要从最基层开始，组织设计是自下而上的。

职务设计与分析是组织设计的最基础工作。职务设计是在目标活动逐步分解的基础上，设计和确定组织内从事具体管理工作所需的职务类别和数量，分析担任每个职务的人员应负的责任，应具备的素质要求。

（2）部门划分。根据各个职务所从事的工作内容的性质以及职务间的相互关系，依照一定的原则，可以将各个职务组合成被称为“部门”的管理单位。组织活动的特点、环境和条件不同，划分部门所依据的标准也是不一样的。对同一组织来说，在不同时期的背景中，划分部门的标准也可能会不断调整。

（3）结构的形成。职务设计和部门划分是根据工作要求来进行的。在此基础上，还要根据组织内外能够获取的现有人力资源，对初步设计的部门和职务进行调整，并平衡各部门、各职务的工作量，以使组织机构合理。如果再次分析的结果证明初步设计是合理的，那么剩下的任务，就是根据各自工作的性质和内容，规定各管理机构之间的职责、权限及义务关系，使各管理部门和职务形成一个严密的网络。

（三）组织结构设计的程序

组织结构设计必须经过一定的程序：

（1）收集有关资料，并加以分析。主要是收集有关环境的资料并加以分析，这样才能针对问题，把握机会，使组织更有成效；收集部分先进组织情况并了解他们的先进思想、组织形式和实施办法，使组织向先进学习；收集和分析本企业内职工的建议和意见。

（2）工作的划分。企业的工作，一般可分业务工作和管理工作两大类。划分业务工作时应注意：必须利用分工专业化的优点；力求管理上的方便；应有助于工作的协调；必须考虑职工的需要和满足；应能减少业务的费用，取得最大的经济效果；有利于人群关系的发展。管理工作划分的目的是为了管理工作的分工与落实。

（3）部门及层级的决定。组织内部部门及层级的多少，主要决定于组织规模及管理幅度大小。

（4）考虑有关因素，以决定分权和集权的程度。组织内部单位及层级决定后，下一步就考虑有关的因素，以决定集权和分权的程度。集权管理是指企业一切决定权，均由高级管理层级掌握的管理方式。分权管理，是指企业的一切决定权限不集中于高级管理层级，中、下级管理层级也有一定的决定权，各部门的管理者，对计划或管理有一定自主性的管理方式。一般多趋向于实行分级管理，以利于调动中、下级管理人员的积极性和主动性。

（5）决定组织的结构和人事配备。

（6）组织的运用。它的具体方法主要是：制订各种工作制度。工作制度是指具体规定工作的起点、应经过中间部门，以及工作终点等，以使各部门的工作能按照一定的次序与方法进行，同时集合全体组织协调一致地执行工作制度；

制订各种作业方法。作业方法是指以人或部门为基准，制订作业的方法，使各级人员对于职务与责任都有明确的观念，并且有完善的执行作业的标准方法。制订监控方法。监控方法是指时常观察、监督和控制自己管理范围内的事务或作业，并予以协调统一，以便发现问题，及时解决，使各项工作顺利进行；并且建立适当的表册以作记录，而且进行汇总报告。这是监控事务或作业的依据，是信息沟通的主要渠道之一。

在组织运用时，还应注意：高层管理人员间合作与协调；非正式组织的影响。

（7）检查运用结果并控制。组织控制可分狭义及广义两种。狭义的组织控制就是随时检查组织运用的结果，看其能否适应环境的变化，并作必要的修正。广义的组织控制则包括以下各项活动：组织结构的设计，包括划分各部门各单位，并说明其相互关系；规定工作范围、控制范围及编制组织手册；组织的实施和人员的培训；随时检查运用结果，以考察其是否适合环境状况；组织的再设计，再实施，再定期审核。

经过以上七个程序，构成一个组织设计的周期。将检查运用的结果和需控制的因素反馈至下一个程序，即改善组织结构设计的程序。

第三节　组织效率与组织管理心理

一、组织效率及其提高的策略

一般说，组织由三个成分组成，它们是目标、劳力分配和权威层次。但在这三者之上，有效性才是重要的组织活动指标。对个体来讲，个体有效性通常通过作业评介程序来确定，这个过程参考了人的能力、技能、知识、态度、动机、压力等其他内容；对群体来讲，有效性有时被认为是个体效率的总和，但这一点并不总是正确的，因为群体动力、领导、群体结构、角色、地位等已经个体有效之和进行了改变。组织有效性则更加肯定地大于个体或群体有效性的总和，因为环境、技术、战略选择、结构、程序、文化等都丰富了总和后的有效性。巴纳德于1938年写的《执行的功能》一书中认为，有效性就是共同努力去完成一个已知目标，完成的程度就指明了有效程度的大小。

（一）组织效率及其衡量标准

组织效率是指达到组织目标的能力或达到的程度。或是指组织本身具有的功效。如果组织的目标无法达到，则组织就失去了存在的意义。因此，效率既是衡量企业经营管理好坏的重要尺度，又是一个组织存在和发展的不可缺少的条件。一般说，组织必须长期存在，“生存”是对组织的绝对性的考验；组织要发展，而“发展”是对组织有效性的检验。所以，严格地讲，“效率”就是组织的生命。

现代管理心理学家毕尼斯提出衡量组织效率的标准：

（1）适应能力。即灵活机动地应付环境与解决问题的能力。

（2）确认本身能力。组织对本身的真正了解，如组织的目标是什么，应该做些什么，组织成员对组织目标的了解程度和拥护程度怎样，成员对自己的职责是否了解等。

（3）面对现实的能力。对组织外界环境的洞察能力与正确认识能力，并能采取相应的措施。

（4）组织内部的控制和协调。即协调组织内各部分的活动，解决它们之间的冲突的能力，以及把组织目标与个人需求结合起来的能力等。

（二）高效组织应具备的特征

从组织发展的观点来分析，一个高效组织应具备以下三个特征：

1．解决问题的能力

这是指一个组织根据客观环境的变化作出正确的判断，并具有灵活的适应环境的要求而解决问题的能力。

2. 决策分权化

这是指一个组织里的许多决策，特别一些重要的决策过程放在较低层次执行，使多数成员享受到主人翁责任感，同时也使成员自觉地、主动地安排自己的工作。

3. 建立良好的心理契约

这是指组织和成员之间有良好的沟通关系，包括在上下级之间，同级之间都有良好的相互交往，因而易于调整彼此之间的关系。建立良好的心理契约，还体现成员对组织的了解，了解组织的奋斗目标，并具有强烈的工作热情和对组织目标的实现充满信心。

这三点对一个高效率的组织是缺一不可的。

（三）如何提高组织效率

不论什么样的组织，其管理的目的都在于使组织内的每一个成员能尽职尽责，每一个部门或单位均能发挥其功能，并能协调工作，共同达到组织目标。

如何提高组织运行效率,这是研究组织行为必须要解决的一个重要课题。国内外的企业管理实践证明，为了提高组织效率，除了组织外部客观环境因素以外，在组织自身方面就应采取以下主要措施。

1. 达到管理体制与组织机构的合理化

国外一些资料表明，资本主义国家的企业重视改善企业管理体制和组织结构。他们认为，这不仅是提高管理水平和节约管理费用的前提，而且也是关系到企业成败的重要条件之一。所以许多西方管理学家认为，企业不仅需要有才能、有创造性的领导人,而且还必须有良好的合理的管理组织系统。这个系统必须适应于当前企业的生产技术和经营情况，必须具有高度效率和灵活性，必须适应竞争的需要，企业能获得高额的利润。这对我国的企业管理有所启示。

在我国社会主义初级阶段，国有企业是我国国民经济的支柱，建立现代企业制度是国有企业改革的方向，要按照“产权清晰，权责明确，政企分开，管理科学”的要求，对国有大中型企业实行规范的公司制改革，使企业成为适应市场的法人实体和竞争主体。要进一步明确国家和企业的权利和责任。国家按投入企业的资本额享有所有者权益，对企业债务承担有限责任；企业依法自主经营、自负盈亏。政府不能直接干预企业经营活动，企业也不能不受所有者约束，损害所有者权益。目前许多国有企业积极把改革同改组、改造、加强管理结合起来，从而大大提高了组织效率。

2. 恰当地确定管理层次和管理幅度

现代化企业一般职工众多，企业内单位划分也多，因此，企业除了横向单位增加外，也必然增加纵向单位。横向单位越多，就增加了管理幅度；纵向单位越多，就增加了管理层次。一个企业组织的管理层次多少和管理幅度大小，都直接影响着组织的管理效率。因此一个企业要适当地确定管理的层次和幅度。

实践证明，一个企业主要领导所能直接影响和直接指挥的下属人数是有限的。划定管理幅度的原则应该根据：①工作的性质；②主管的能力；③下属的训练和素质；④上下的沟通情况等。

3. 要有良好的信息沟通

现代化企业规模大，人员众多；科学技术越来越高，市场需要变化多端；而且组织内外的联系也越来越频繁复杂。所以一个企业要生存、发展，就必须要有良好的信息沟通，以使上情下达，下情上达，及时获取组织内部群体成员的士气、态度、观点和感情，以使组织及时迅速地作出正确的决策。组织良好的信息沟通，必须具备的特点是：企业统一目标必须让组织内所有人员了解；信息渠道畅通，建立有信息网络；信息沟通做到及时、迅速、正确。

4. 建立高度权威的指挥

一个企业要提高组织效率，完成组织目标，必须建立和健全以主管人为首的、具有高度权威的、强有力的、集中统一的指挥系统。这是社会化、现代企业的客观要求，否则各行其是，相互扯皮，势必影响组织效率。

二、组织管理心理

为了提高组织效率，有效地进行组织管理，协调好各方面关系，充分发挥组织内每个部门、每个职工的积极性，在组织管理中要遵循以下的心理原则。

（一）目标认同的心理原则

目标，实际上是一种期望达到的成就或结果。目标对于组织，或群体，或个人的努力程度和工作成绩都有十分重要意义，而且对个人心理也有很大影响。系统地制定目标和评价结果，可以促进组织的绩效和成员的满意感。

制定组织目标能使全体成员认同。首先，既要考虑目标的意义（价值），又要考虑目标的可行性。没有价值的目标是不会产生对组织成员的激励力量的，过份难或过份容易的目标，一般说，其诱导力量也不大。要使目标与企业实际相符，既有意义（价值），又可行，具有较强的号召力和凝聚力，使企业所有成员产生集体感、自豪感的认同心理，进而转化为巨大的力量。其次，还应注意将组织整体目标和个人目标协调起来。组织的整体目标是建立在个人努力基础之上的，没有趋向于整体目标的个人目标，则整体目标实现很难。要使组织各部门和全体成员采取与组织目标一致的行动，以确保实现目标。

（二）合理授权的原则

授权是企业领导者在委托下级人员代办某项工作时授予实施该项工作的权力。因此，这种权力的行使受领导者监督和干预，并随时可以收回。授权对领导者来说，是发挥组织职能，进行管理的手段；对于接受权力的下级来说，则是完成任务的条件。授权不仅能有力地激发下级的工作热情，唤起主人翁责任感，使他们努力工作，积极为组织和上级分忧，而且还能使下级得到多方面的锻炼，更快地成熟起来。但是授权要合理，否则就不能唤起良好的心理反应。所谓合理授权，就要注意责权相称；要注意自上而下逐级授权，而且越到基层，授权应越小。因为越级授权往往会使中层的下级产生反感，授权较大，既无必要，也会使下级难以掌握；授权后既要对下级有真诚的信任的态度，又不要撒手不管，而且要给予应有的支持。

（三）隐结构和显结构相一致的原则

隐结构是指人们在个性、能力、气质、情感等方面的相互关系。而显结构则是组织中结构关系以及个人在正式组织中的角色关系。

要实现隐结构和显结构的一致，首先，必须考虑到每个人所担负的职务角色要与他的心理因素相协调。在这个基础上，还要考虑到企业工作人员的配备、组织单位的划分和相互联系的建立，要与集体成员的心理结构以及各集体之间的心理气氛相统一。在考虑隐结构因素的合理编配以及与显结构相一致时，要处理好下面几个问题：

（1）注意气质互补。一个集体如果都是一种气质的人，往往不容易处理好相互关系；如将气质不同的人搭配在一起，刚柔相济，反而能产生相辅相成的作用。

（2）注意知识、经验的互补。大家水平一样齐，彼此特点很接近，谁也不服谁，难以调和，不利于解决工作中各方面的复杂问题。而相互之间各有高低长短，则能取长补短，相互吸引，发挥出更好的整体功能。

（3）要处理好每个基层单位相互之间的心理关系。尤其是那些工作联系紧密的单位，如果相互关系紧张，则势必影响协作。在任命这些单位的负责人时，也最好考虑他们互相配合的心理基础。不要将对立情绪较大的两个人分别放在两个工作关系紧密的岗位上去负责，以免把不良情绪带给他们系统的职工，而损害集体之间的团结与协作。

第四节　组织改革

一、企业组织改革和发展的主要目标和方针

现实的企业组织改革的观点：组织的适应性、革新性和稳定、持续性对于其生存和发展都是必不可少的。组织的改革应达到动态平衡的目的。一个组织的动态平衡包括下列内容：①有足够的稳定性，以利于达到目前的组织目标；②有足够的持续性，以保证组织在目标或方法方面进行有秩序的改革；③有足够的适应性，以使组织能对外部的机会和要求以及内部的变化条件作出合适的反应；④有足够的革新性，以便使组织在条件适宜时能主动地进行改革。

我国国有企业（包括旅游业中的国有企业）的改革和发展的主要目标与指导方针。1999 年 9 月 22 日，中共十五届四中全会通过的《中共中央关于国有企业改革和发展若干重大问题的决定》中明确提出，到 2010 年，国有企业改革和发展的目标是：适应经济体制与经济增长方式两个根本性转变和扩大对外开放的要求，基本完成战略性调整和改组，形成比较合理的国有经济布局和结构，建立比较完善的现代企业制度，经济效益明显提高，科技开发能力、市场竞争能力和抗御风险能力明显增强，使国有经济在国民经济中更好地发挥主导作用。

推进国有企业改革和发展，必须坚持以下指导方针：

（1）以公有制为主体，多种所有制经济共同发展。调整和完善所有制结构，积极探索公有制多种实现形式，增强国有经济在国民经济中的控制力，促进各种所有制经济公平竞争和共同发展。

（2）从战略上调整国有经济布局和改组国有企业。着眼于搞好整个国有经济，推进国有资产合理流动和重组，调整国有经济布局和结构，积极发展大型企业和企业集团，放开搞活中小企业。

（3）改革同改组、改造、加强管理相结合。适应市场经济的要求，着力转换企业经营机制，提高企业整体素质，构造产业结构优化和经济高效运行的微观基础。

（4）建立现代企业制度。实现产权清晰、权责明确、政企分开、管理科学，健全决策、执行和监督体系，使企业成为自主经营、自负盈亏的法人实体和市场主体。

（5）推动企业科技进步。加强企业的科研开发和技术改造，重视科技人

才，促进产学研结合，形成技术创新机制，走集约型和可持续发展道路。

(6) 全面加强企业管理。推行科学管理，强化基础工作，改善经营，提高效益，实行以按劳分配为主体的多种分配方式，形成有效激励和约束机制。

(7) 建立企业优胜劣汰的竞争机制。实行鼓励兼并、规范破产、下岗分流、减员增效和再就业工程。依靠各方面力量，扩大就业门路，确保国有企业下岗职工基本生活。

(8) 协调推进各项配套效率。转变政府职能，建立权责明确的国有资产管理、监督和营运体系，保证国有资产保值增值。加强法制建设，维护社会主义市场经济秩序。健全社会保障体系。帮助企业增资减债，减轻负担。

(9) 全心全意依靠工人阶级，发挥企业党组织的政治核心作用。加强企业党组织建设和思想政治工作，提高企业经营管理者队伍素质，坚持和完善职工代表大会为基本形式的企业民主管理，切实维护职工合法权益。

(10) 推进企业精神文明建设。加强思想道德教育和技术业务培训，全面提高职工队伍素质，培育积极向上的企业文化，推动物质文明建设和精神文明建设协调发展。

从心理学角度看，组织改革、调整和发展不仅指组织结构、技术和管理体制等方面，而且，还包括组织成员心理的改革。在一定意义上组织心理的变革更为重要。在企业改革中要有组织和谐的社会心理气氛。组织结构完善与组织管理功能优化同组织内部与外部社会心理气氛和谐分不开。它表现在下列方面：①企业每个成员对组织改革目标、方针有明确的认同感，对组织有强烈的归属感、责任感和义务感；积极拥护中共和政府的政策、方针；②组织成员之间具有良好的心理平衡与和谐的人际关系；③组织之间及组织成员之间具有良好的竞争与合作的意识，保持良好的竞争与合作的关系；④组织具有良好的信息交流与信息沟通机制，保持较高透明度与民主气氛；⑤组织成员能保持较高的主人翁意识和高涨的士气。

二、组织改革的动力

企业组织改革的进行既需要外部环境的推动、促进，更需要组织内部环境的动力。

（一）外环境的推动

一个企业组织不是孤立存在的，它是在社会的大气候、大环境下进行组织活动的。这种大气候、大环境就是企业组织改革的外环境。这种外环境对任何企业组织都有同样的影响。我国的企业组织的外环境主要是处于社会主义初级阶段，中共十五届四中全会对国有企业改革和发展，提出了跨世纪的战略决策，这是最大的外部动力；再加上当前科学技术迅猛发展，国内市场竞争愈来愈激烈，以及我国即将参加世贸组织（WTO）等，这些都会使人们的社会心理因素受到较大的影响。任何企业组织要想求生存、发展并具有在国内外市场上竞争的实力，就必须使自身与外环境保持平衡。只有坚决按照中共中央和国家的政策方针进行合理化的改革和发展，才能适应外环境并与外环境保持平衡。

（二）内环境的动力

组织内部环境包含多种因素，主要有组织成员的态度、价值观、组织目标、结构、管理体系等。一般情况下，当组织寻求新的发展、新的目标，或对原有目标进行修正时，必然要求组织重新调整和改革。组织结构的调整与完善也是组织改革的内在动力之一，可使职工自主意识增强，动机积极，态度端正，意见要求合理。这一切会迅速反映在职工的心理和行为活动上，职工支持改革，必然成为推动企业组织改革的一种内在动力。

（三）人是企业组织改革的重要动力

在组织改革和发展的诸因素中，最重要的动力就是人，而人的问题，最重要的是人的意识问题。人的进步意识，是实现组织改革最强大的动力因素。

人的进步意识，就是人的心理态度、行为模式、价值观念，坚决执行中国共产党的基本路线和各项方针、政策，有强烈的革命事业心和政治责任感，按照邓小平理论的要求，朝着建设有中国特色社会主义方向前进。人的心理的这种进步意识，必然会成为企业组织改革和发展的动力，这是企业组织有效改革和发展必不可少的基本因素。

三、企业组织改革者的心理趋向

（1）社会需要。在我国，社会需要，即是建设有中国特色社会主义的需要。在一般情况下，人们都是在需要的驱使下，按照一定的需求动机去寻求自己的需要。就个人和组织而言，如果需要得不到满足，或满足需要的努力遭遇阻碍，人们或组织就会以更大的努力来消除这种阻碍。人们在组织中要求组织改革，实质上就是消除这些阻碍，进一步满足建设有中国特色社会主义需要的行动过程。

（2）忧患意识。它是对国家、民族、组织前途和命运所产生的忧患感和责任感。回顾历史和面对现实，在社会发展的历史长河中，在组织面临困难的情况下，任何一种有意义的改革，无不是忧国忧民的有识之士所为。

（3）创新观念。创新观念是一种不断进取、求新求美的心理。创新观念使人们敢于探索，敢于走前人未走过的路，敢于解决前人未解决的问题。创新观念又能提高人们的胆识和自信，有独立的个人见解，有勇敢的冒险精神，有恒心。它是企业组织改革的重要心理基础。

(4)健康的竞争意识。竞争意识就是竞争的双方或多方具有同一目标，但不需要发生对立的争夺，即一方所采取的行动不会影响另一方或几方目标的实现，都能从彼此竞争结果中获益的思想。只有最佳水平的竞争，才能促使组织的改革。

四、企业组织改革中的心理障碍

（一）惰性心理障碍

传统的心理定势和文化滞后的作用，使一些人存有消极和惰性心理，这是阻碍改革的心理障碍。日常可见到的有“安于现状”的心理，以“中庸之道”为核心的折衷、调和的心理，小富即安的满足心理等。这都是惰性心理的表现。通常有惰性心理的人惧怕困难，不愿动脑筋，不想出力，对改革很难表现热情。

（二）心理承受力

心理承受力是指人们对企业组织改革措施的认识能力和接受能力。心理承受力有一定极限，在企业组织改革时，如果人们心理承受力太小，会引起他们心理上较大震动和惶惑，这会影响调动人们积极性。如果人们的心理承受能力越过弹性极限，会成为改革的心理障碍。

（三）心理适应性

适应性是个体与环境保持适当关系以满足自己需要的过程，这主要指个体与社会环境发展相适应。个人对环境的适应能力有强有弱。适应性强者，在改革方面具有主动性，能克服改革过程中的障碍，使改革成功。一些适应性弱者，其心理承受力也弱，成为改革的心理障碍。

五、优化企业组织改革的社会心理

任何企业组织的改革，必然会引起企业内部社会心理的震动，在震动中，积极的社会心理对改革的顺利进行起着重要的保证作用。因此，针对改革中人们的一些心理障碍，采取适当有效措施，从宏观和微观结合上疏导职工情绪，克服心理障碍，从而优化社会心理，是企业组织深化不可缺少的工作。

（一）统一认识

要以中国共产党和国家对企业改革和发展的目标为指导方针，使企业职工统一认识。当改革成为企业全体成员迫切的需要时，就会产生一股要求改革的强大力量。这股力量产生于企业和群体内部，它会与来自外部的改革要求相汇合，成为推动企业组织改革的动力。改革只有成为职工群众的需要，才会自觉地、主动地支持改革。

（二）克服心理惰性

心理惰性是在封闭的企业内部环境中形成的。内部环境不变、惰性难除。因此，实行改革开放，扩大社会交流，广泛接受各种信息，是破除心理惰性的首要方法。惰性心理又是一些人自以为是，自以为美，自以为乐的自满心理。因此，要克服部分人的惰性心理，就要充分揭露企业内部现存的各种不足之处，以发人深省。惰性心理又是知识贫乏的表现，因此，重新系统学习中国共产党和政府的改革政策、方针，学习科学，接受大量新观点，是破除惰性心理的基本途径。

（三）提高心理承受力

一定的心理承受力是一定社会历史条件下的产物。改革步子循序渐进，人们心理承受力会逐步提高。人人都有进取上进的心理，心理承受力低的人，一般素质较差，但都有进取心，企业组织只要能够让他们表现自己，有获得成功的机会，就会增强他们的自信，从而强化他们的心理承受力。

（四）提高心理适应性

企业组织改革需要积极的适应。从个人角度说，改造自己以适应改革和发展的需要。从企业组织改革角度来说，改革企业内部环境以适应人的发展的需要。这两个方面是提高人们心理适应性的基本途径。适应性只有在不断深化改革的过程中才能得到提高。

（五）积极参与

当人们参与某项活动时，就会产生责任感。参与的程度越深，他承担的责任的可能性会越大，自然会把它当做自己份内事去对待。因此，在企业组织改革中，若能吸收组织成员积极参加改革计划的制订与实施过程，就能使之产生一种自主与安全的心理，可减少改革的阻力，促进改革的顺利实现。

（六）威信

个人威信高的企业领导人，会增强对组织的影响力。因此，领导威信对动员全体职工接受改革有较大的影响。有威信的企业领导，其行为、号召、指挥，容易被职工所接受。所以，企业组织的改革的决策与领导权应由以组织为大局、不谋私利、作风正派、群众威信高、领导能力强的人来掌握。这样，由于领导人的影响力，强化群体对组织的认同感、归属感、集体荣誉感，共同采取有效措施，促进改革的顺利进行。

总之，研究人们在旅游企业组织中的心理活动是旅游心理学的重要课题。因为，任何人作为社会的一个成员，必定生活、工作和学习在特定的某个组织环境内。个人的心理行为既要受这特定组织环境的制约和影响；又会影响组织功能的发挥。人们在旅游企业组织中的心理活动，主要表现在哪里呢？①组织的目标中，规定了每个成员的责任和任务，在实施组织目标过程中，组织成员之间关系，因为个体与个体之间所充满的差异，如能力、气质、性格和经验等的差异，在组织正确引导时，必然会出现各种不同的心理活动；②在设计合理的组织结构，不论是直线式的，还是职能式的或级职综合式组织结构，这些不同的组织结构形式，对企业内的成员都有不同的心理影响；③在组织管理中的心理总是十分复杂，如有目标认同心理等；④在企业组织改革中的职工，他们的心理趋向更是多种多样，既有积极的，对企业改革有利；也有消极的（如惰性心理等）。在企业改革中，要充分利用积极的心理因素，推进改革，还要正确引导和开展思想政治工作，将消极心理转化为积极心理趋向，认真贯彻中国共产党和国家关于企业组织改革和发展的主要目标和方针，建立现代企业制度。

思考题：

1. 组织的特征有哪些？
2. 组织结构有哪些基本形式？每一种基本形式对人有哪些心理影响？
3. 组织设计有哪些原理？组织设计有哪些任务和程序？
4. 组织效率的衡量标准是什么？高效率的组织应具备哪些特征？
5. 企业组织改革的意义是什么？

第二十四章　领导心理与管理

一个企业成败的关键是领导。现代管理是人的管理，要想提高企业效益，就要最大限度地调动人的积极性。调动人的积极性有许多影响因素，领导心理和行为是其中之一，不同领导心理和行为会造成企业不同的气氛，给职工不同的心理影响。而企业的气氛与心理影响是决定人的行为表现和积极性高低的重要条件。因此，领导心理的研究是旅游企业管理工作的重要课题之一。

第一节　领导的地位和作用

有效的领导是企业取得成功的一个重要条件，那么什么是领导？领导的作用是什么？

一、领导的概念

领导活动，自古有之。它从人类的共同劳动中产生，随着社会分工的发展而发展。传统的管理理论认为，领导是组织赋予领导者的职位和权力，带领下级完成组织目标。管理心理学中，关于领导的研究重点放在领导者的心理和行为特征上，形成了传统品质理论。该理论认为具备了某些特征的人才能成为好的领导者，不具备这些特征就无法成为领导者，在这种理论诞生的几十年后，多数学者经过长时间的研究抛弃了上述观点，认为领导是一个动态过程，领导品质是可培养的，研究重点转移到了领导者、环境、被领导者的交差作用上。目前关于领导的定义，较为大多数人接受的说法是：领导是指引导和影响个人或组织，在一定条件下实现目标的行动过程，拥有一定的权利或地位的个人或集团。

“领导”一词在汉语里既有动词又有名词词性，我们习惯把领导者与领导行为均称为领导。领导者是组织中的一种角色，而领导是领导者的一种行为。在英语中很容易区别，leader 作为领导者在 14 世纪已经使用，leadership 即领导行为是在 19 世纪后才开始使用的。

二、领导功能与作用

领导者在群体中起关键的作用，一个有效的领导者必须同时将工作领袖和情绪领袖两种角色集于一身。他的主要功能有如下两方面。

（一）组织功能

这属于一般管理的研究范围，领导者领导群体成员采取一定的手段实现组织目标，就是组织功能。具体内容包括：

（1）领导者遵循科学的决策程序，根据组织的需要和内外条件确立组织目标。

（2）建立科学的管理系统，以提高管理的科学性与有效性。

（3）合理的组织和利用人力、物力、财力以保证组织目标的实现。

（二）激励功能

这是管理心理学研究的核心对象之一。一个领导如果仅缺乏技术性知识与能力，还不足以危及他能否继续担任一个领导者，因为只要他能够充分发挥激励功能，调动全体职工的聪明才智来实现领导的组织功能，就可实现企业的组织目标。但激励功能必须由领导者自身来完成，不能借助别人的能力来完成。激励功能包括以下几个方面。

1. 提高被领导者接受和执行目标的自觉程度

个体行为是由需要和动机决定的，如果职工认为组织目标与己无关，而把个人需要的满足作为目标时，其工作表现肯定会不好。领导者要把职工的积极性、创造性完全发挥出来，必须设置能满足其需要，激发其动机的组织目标。一般情况下，个体的目标与组织目标是不完全一致的，领导者的责任就是将组织目标的实现与满足个人需要统一起来，创造一种组织环境使职工加强对组织目标的感受性，从而提高职工接受和执行目标的自觉程度。

2. 激发被领导者实现组织目标的热情

将组织目标的实现与满足个人需要统一起来，可以激发职工的积极性，但要使积极性持续不断的发挥，就要看领导者的个人感染力的大小了。领导者与被领导者的相互影响是企业内部人际关系的一种表现形式，一般情况下，他们互相影响，但领导者起主要作用。因此领导者必须了解被领导者的需求结构层次，在领导行为作用过程中，不断有计划地确定不同时期的激励目标，借以激发职工持续不断的热情。

3. 提高被领导者的行为效率

被领导者的行为效率是指为实现企业目标所做贡献大小或能力的发挥程度。它也是鉴定领导行为优劣的重要依据，上面提到激发被领导者实现组织目标的热情及提高被领导者接受和执行目标的自觉性是有效行为的先决条件和重要前提。要提高被领导者的行为效率还有许多其他的影响因素，如企业内部的人际关系、规章制度、管理方式以及被领导人所从事的工作、在企业中所占的地位等等，这些因素无一不受到领导行为的影响。领导者要提高被领导者的行为效率，必须通过自己的领导行为，从各个方面为被领导者创造有利于提高行为效率的物质环境和心理气氛。

三、领导影响力

一个领导者要实现领导的功能及作用关键在于领导影响力。影响力是一个人在与他人交往中，影响与改变他人心理和行为的能力。影响力人人都有，但一般人与领导者影响力的作用是有差别的，领导者的影响力有着举足轻重的作用。从影响性质来看，可将其分为强制性影响力、自然性影响力。

（一）强制性影响力，也叫权力影响力

这种影响力是社会赋予个人的地位、职位、权力等构成的。只有领导者才具有这种影响力，它的特点是影响力具有强迫性、不可抗拒性，并以外部压力的形式表现出来，被影响者表现为服从、被动，这种影响力的激励作用是有限的。构成权力影响力的要素有：

1. 传统因素

通常情况下，人们认为领导者不同于普通人，他们有权，有才干。这种观念逐步形成某种形式的社会规范，约束被领导者产生服从意识。这种影响力是领导职务本身给予的，一旦正式担任了领导，就会自然地获得这种传统所附加给领导者的力量，从而领导者的言行便具有了影响力。

传统因素使人产生服从感，包括领导者对上级的服从感，以及领导者要求下属对自己的服从感。

2. 职位因素

领导者在企业中的职务与地位的不同产生的影响力也不同。领导者的职位越高，权力越大，产生的影响力就越大，别人对他的敬畏感也就越甚。职位因素造成的影响力与领导者本身的素质没有关系，它是社会组织赋予领导者的力量。

3. 资历因素

领导者的资格与经历也是造就影响力的重要因素。在领导者实现其领导行为之前，资历的影响力就存在着。资历是历史的产物，它反映一个人过去的生活阅历与经验，一位资历较深的领导者会使被领导者产生敬重感。

以上影响力都不是领导者实际行为造就的，而是外界赠予的，它们的核心是权力。

（二）自然性影响力，也称非权力影响力

这种影响力没有正式规范，没有上级授予形式，是自然产生的影响力，它

强调的是顺从与依赖。

1. 品格因素

指反映在领导者一切言行之中的道德、品行、人格、作风等。优秀的品格会给被领导者带来巨大的影响力，它是一个人本质的表现。好的品格可以使别人产生敬爱感。品格因素是非权力影响力中最重要的因素。无论职位多高，能力、知识多优秀的领导者，倘若品格出现问题，那他就不具有任何影响力。

2. 能力因素

领导者的才干、能力能给企业带来成功的希望，能使人们产生敬佩感。领导者有与职位相称的能力，对正确决策、提高工作效率、顺利完成目标有着重要的作用。这里的能力不单反映领导者能否胜任自己的工作，而且反映工作的结果是否成功，它是通过实践来表现的。

3. 知识因素

知识是一种最宝贵的财富，知识本身就是一种力量。具有广博知识的领导者容易取得人们的信任，使领导者产生影响力，使人们产生信赖感。知识水平的高低主要表现在对自身和客观世界的认识。现代企业中要求领导者树立在行政工作及生产指挥中的真正权威，领导者就必须提高其业务知识能力。勤于学习，善于学习，领导者的知识面要广，除了专业知识外，其他各种各样的知识也是要学习和掌握的。

4. 感情因素

感情是人们对客观事物（或人）的反映。领导者在实现领导行为的过程中，会同下属产生一定的感情关系，或亲密，或疏远等等，领导者与下属建立了好的感情关系，下属就会产生亲切感，相互之间的影响力也就大了。感情因素在非权力影响力中起的作用是很大的，领导者要使决策变为职工的自觉行动，如果没有感情影响力，仍然不能最大限度地发挥领导者的作用，领导者要十分注意与被领导者的感情关系。

上述非权力影响力，都是领导者自身的素质与行为造就的，它与权力无直接关系，这种影响力对别人产生的心理影响是自然的，较强制性影响力更有力量。

第二节 领导行为理论

领导行为是一种机能，是一种相互关系的行为。它包括的内容十分广泛，如：工作行为、人群关系行为、规划目标行为、控制行为、决策行为及预测行为等。领导者在领导过程中所采取的领导行为与他们的工作效率有着密切的关系，也是该企业实现其组织目标的关键。

从20世纪40年代起，心理学家与行为学家们对领导者在领导过程中所采取的领导行为，以及不同领导行为对职工的影响进行研究，以期寻求最佳的领导行为，形成了几种具有代表性的领导行为理论，本节予以简单介绍。

领导行为是一个多变量函数。20世纪40～60年代，国外大量学者对领导行为的维度进行分析，取得了基本一致的意见，即将其分为二个维度（任务、人）的分析法，虽然关于这两个维度的称谓有所不同，但其内容大致相似。下面列举一些重要理论。

一、领导行为四分图

1945年，俄亥俄州立大学首先开创了从领导行为方式来探讨领导行为模式的研究，他们对1000多个描述领导行为的特征不断进行提炼、概括，最终归纳为“抓组织”与“关心人”两大类。“抓组织”就是以工作为中心，领导者为实现工作目标，规定了自己布置下级应完成的任务。其中包括组织机构的设置、明确职责和相互关系、确定工作目标、建立信息网络。“关心人”就是以人际关系为中心。它包括建立相互信任的气氛、尊重下级意见、注意下属的感情和问题等。用这两个标准进行划分，将其设计成为领导行为四分图（图24-1）。

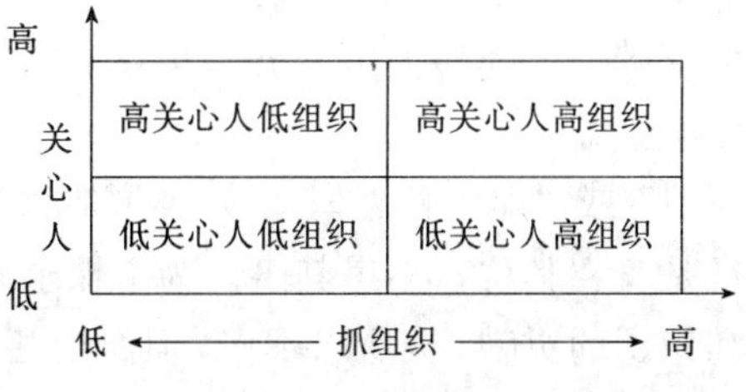

图24-1　领导行为四分图

这项研究发现“高组织高关心人”的领导行为将收到最佳效果。后来的一些研究补充修正了这一理论，如福来而斯曼（Flershman）等人以无故旷工、事故、过失记录、营业额、流动率为指标，考察企业11个月发现，生产部门抓组织与效率有明显的正比关系，关心人与效率有反比关系；而非生产部门恰好相反。从指标整体来看“关心人”是更有效的领导方式。

二、管理方格理论（Managerial Grid）

1964年，美国德克萨斯大学的两位管理学家罗伯特·布莱克（Robert R.

Blake)、简·莫顿（Jane S. Mouton）在《管理方格》一书中提出领导管理方格图，又称领导管理坐标图。

在两个维度基础上，管理方格图将横坐标做组织关心要素，纵坐标做关心人要素，画坐标图，且每个坐标细分为 9 个刻度，用坐标线画出 9×9=81 种方格组合。该理论认为任何一个领导者的行为都或多或少地体现在两个要素上，相应的都会投射到坐标图上。如图 24-2 所示。

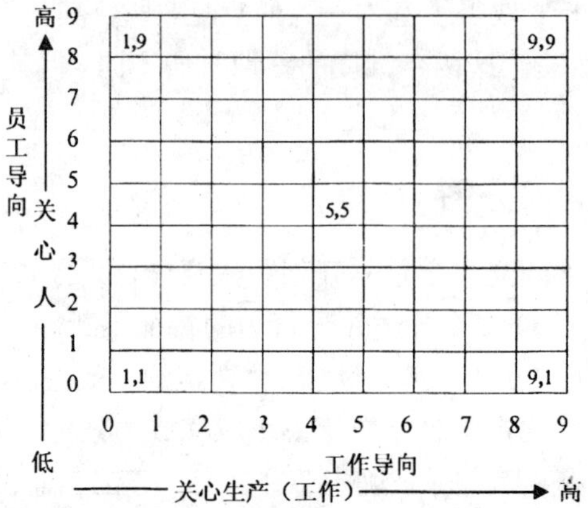

图 24-2　领导管理方格图

要评价领导者，则按其关心人与关心工作的程度找到其交叉点。如，某领导者关心工作的程度为 1，关心人的程度为 9，那么他就是 1，9 型领导者。

在管理方格图的基础上，他们提出了五种领导方式的类型。

（一）1，1 型领导方式

又称“贫乏管理型”或“虚弱管理型”。该类型的领导者不关心人，也不关心生产，他的特征是身在其位，不谋其事。为了保求职务他宁可熬时间也不做有益他的同事和组织的贡献。他所求不多，但所给甚微。“我不是决策人，只是工作在这”是该种类型领导者推卸责任的一种说法

1，1 型领导者能胜任单调、重复而又没有挑战的工作。他的下属可能将其对自己的忽视视为认可，但一但看清一切之后，可能会失望离去，在竞争激烈的情况下会导致一蹶不振的生产效率。

（二）9，1 型领导方式

称做“任务管理型”。这种类型的领导只关心生产，不关心人，他们追求成功，把提高生产率放在第一位，喜欢运用控制、监督、统治等权力行事，他们意志坚强，作出决策决不改变，在管理中表现得独断专行。

9，1 型领导的问题很明显，他使被领导者变得冷漠疲劳，公开或暗地里

反对领导者，在激烈竞争的有限时间里可能取得较高的生产率，但由于不关心人，不能提高职工士气，最终会导致生产效率的下降。

（三）1，9 型领导方式

称做“乡村俱乐部式管理”。这种类型只关心人，不关心生产。该类型的领导者最大特点是重视下级态度和情感，他们渴望被认可，被拥戴，不将自己的意志强加与人，对下级过多赞扬，并且能够容忍下级的各种行为，鼓励下级之间的交往，组织中形成了一种懒散的乡村俱乐部式的气氛。

1，9 型领导的优点是可以提高职工的满意度，但他不重视效率，随便为职工减压，生产效率无论从长期或短期看都不可能提高。

（四）5，5 型领导方式

这是一种管理上的“中庸之道”。这种类型的领导者追求问题“平衡”解决，在对待组织目标上，他寻求职工与组织均能妥协的目标，但并不一定是最佳目标；在关心人上他注意听取下级意见，并能采纳，但采纳的目的是为了分散责任，搞好关系。

5，5 型领导比 1，9、9，1 型领导好一些，对一些日常事务较多、规则方法比较多的企业比较适用，但易使下属变得圆滑，看头头的眼色行事，从长远看这种管理型是无法立足于竞争社会的。

（五）9，9 型领导

即“团队管理型”。这种类型领导者既关心人，又关心生产，能切合实际地分析问题，善于将组织需求与个人需求统一起来，使职工积极、高效地完成生产任务。他们乐于学习、掌握新知识和有效方法，被认为是处在自我实现层次较高的人。

9，9 型领导，是最完善型领导。他能激发职工创造热情，发挥个人能力，进而更好地实现组织目标，是组织共同追求的领导方式。

三、PM 行为理论

日本大阪大学的心理学教授三隅二不二，在 1958 年提出了该理论。PM 理论是指执行任务（Performance Directed）为主的领导方式和维持群体关系（Maintenance Directed）的领导方式。

P 的行为特征是将组织中的每一个成员的注意力引向目标，使问题明确化，拟定工作程序，运用专门的知识评定工作的成果。

M 的行为特征是维持和睦的人际关系，调节成员之间纠纷，为少数派提供发言的机会，促进成员的自觉性和自主性，增进成员之间的相互了解与交流。

三隅二不二设计了关于PM行为特征的具体内容量表，共分八个方面，每个方面下设五个问题。对领导者进行测试，将其具体得分情况在一个两维坐标图中表示（图24-3）。如某领导者的P项得分为27，M项得分为27，则该人为PM型领导。

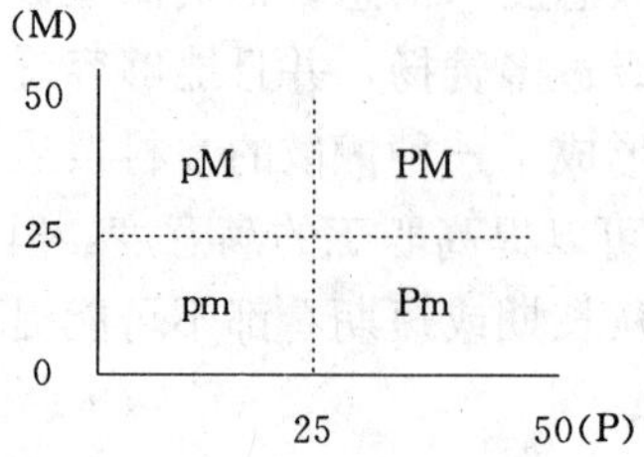

图24-3 PM行为特征图

调查发现领导者的PM类型可分为PM、pM、Pm、pm四种类型。

从领导行为的直接效果（以生产效率、对组织的信赖度、团结力描述）看P型和M型领导都只能取得中等的生产效率，对组织的信赖度与团结力各占第二位和第三位。pm型的领导行为，其管理效果最差。PM型的的领导行为管理效果最好。

第三节 领导者的心理品质分析

领导者的心理品质分析是决定领导者有效性的一个重要方向。在一个组织里，领导者有组织和发展社会生产力的自然职责，也有维护和完善生产关系的社会职责，所以对领导者的要求较高。个人心理品质是选拔领导者的一个重要标准，也是领导者较好实现领导职责的重要方面。

领导者的心理品质由多个因素组成，且不同时期的不同层次的领导者对每个构成的要求程度也是不同的，我们仅从领导者的心理品质要素即构成进行分析说明。

一、能力因素

领导者要指挥和影响下级，实现组织目标，对能力有一定的要求，在诸多心理品质中能力是最重要的。我们主要从以下三方面来说。

（一）决策能力

这是一种综合判断能力，领导者管理的领域大，层次多，需解决的问题更为复杂，并且没有任何简单的决策公式可供领导者不费力气地做出决策。正确的决策需要领导者知识经验、智力、意志的高度综合。领导者对待，应围绕它从不同角度来观察分析；对可供选择的解决问题方案认真研究比较，不失时机地作出决策。

（二）人事与行政管理能力

这是领导者能充分地发挥下属力量的能力。具备这种能力的领导者能够理解他人，了解每个人对自己、对工作群体的态度，充分发挥下属的积极性，使下属能自由而毫无顾忌地发挥自己的才能。领导者要知人善任，发挥每个下属的长处，做到“人尽其才”。

（三）技术能力

这是指对与自己工作有关的事项很熟练，能够解决实际问题。具有该能力的领导者对自己工作的技术要求、程序、手续以及一些规章制度、协议、法规等都十分熟悉，能够合理地分配工作，组织劳动行为来领导他人。不同层次的领导者所要求的能力是不同的（表 24-1）。

表 24-1　不同层次领导者所要求的能力表

能　力＼管理层次	上层	中层	基层
技术能力	不重要	重要	很重要
人事与行政管理能力	重要	很重要	很重要
决策能力	很重要	重要	很重要

每个领导者所具备的能力并不是一成不变的，在工作群体成长的不同阶段，领导者所具备的能力是不同的。

二、智力因素

智力是领导者最重要的个人特征。有效的领导者往往是智力比较高的，高智力是优秀领导的必要条件。据研究发现领导者的 IQ 通常在 120～135 左右。一般管理者的智商可能范围在 115～119，智商在 115 以下者担任基层管理工作且在竞争中处于劣势。我们研究与领导者相关的智力因素主要从以下几方面进行探讨。

（一）观察力

这里谈到领导者的观察力是领导者从一定目的和任务出发，有计划、有组织地对某一对象的知觉过程。它不仅限于知觉，是在思维和语言的参与下进行的，也就是说观察不仅包含对认知对象生动地“直观”，还包含对认知对象地分析综合，“察”出规律来，是一个知觉与思维相结合的智力过程。

对领导观察力的要求：观察敏锐，及时捕捉信息，处处留心，随时发现问题；观察准确，获得真实信息；观察全面，获得完整的信息，观察深刻，透过现象看本质。

（二）创造能力

创造能力由几种心理因素组成，以创新为先导，以思维的流畅性与思维的应变性为基础，以思维的创造性为核心。

领导者要提出多种创新方案，就要求思维具流畅性；在创新过程中，周围环境面临的问题，都是发展变化的，这就要求领导者思维的应变性强，能很快地适应变化了的情况；而创造能力的核心，即思维的创造性是一个决定性因素，它的强弱直接影响到创新成败。

三、情绪因素

无论对自己还是他人，都有良好的情绪，对领导者来说是一个重要品质。情绪能影响心智。科学家研究发现，当情绪非常强烈，超越专注力时，人将失去一种叫做“操作记忆”的认知能力，亦即脑部无法储存足够的资讯以应付手边的工作。任何心智活动（小至造句，大至解析复杂的研究课题），都以“操作记忆”为基本前提。如果一个领导者思考计划、规划组织目标、解决问题受情绪影响，领导质量也就会受影响；同样，领导者在实施领导行为过程中，情绪表现强烈，脾气火暴，毫不顾忌他人的感受，整个团体都会受影响。因此，一个成功的领导者，要具有良好的情绪，这包括情绪的稳定性（以坚定、稳健、冷静、自信来描述）与情绪愉快（以同情、合作、好脾气、热情、友好来描述）。

四、意志因素

一个领导者通过其领导行为来实现组织目标的过程，并不是一蹴而就的。这期间可能会遇到各种困难、挫折、阻力。如果没有坚强的意志坚持到底，组织目标就很难实现。坚强的意志包括独立性、果断性、坚定性和自制力等基本品质。

独立性表现在领导者在实现领导行为过程中不屈服于周围人的压力，不随波逐流，而能根据自己的认识与信念，独立采取决定，并执行决定。

坚定性也称为顽强性，表现为领导者遇到困难的时候，能够迎难而上，有一种不达目的誓不罢休的决心、勇气与闯劲。

果断性领导者善于当机立断，坚决地下决心作出决断，在决策和处理问题上能立即作出决定，采取行动，情况改变能立即停止行动。

自制力是善于掌握和支配自己行动的能力，既表现在意志的全过程中，又表现在对自己情绪状态的调节。

五、品质理论

国外管理学家们对领导者与非领导者个人的品质差别进行研究，形成了品质理论，也被称为英雄理论、伟人理论。这理论的中心是将领导者个人的品质特征作为描述和预测领导成效的因素，按其发展阶段，品质理论分为，传统品质理论与现代品质理论。

（一）传统品质理论

传统品质理论认为领导者的品质是生而具有的，人从出生之日起，就已注定了他是治人还是治于人。这些理论提出了领导者许多品质特质，但过分地强调先天因素，并且对各种品质进行了简单罗列，品质之间的重要程度以及各种品质的相容性及矛盾性也没有考虑。传统品质理论中有代表性的有美国心理学家 Cagibb 在 1969 年提出的天才领导者应具备的七项品质：善言辞；外表英俊潇洒；智力过人；具有自信心；心理健康；有支配他人的倾向；外向敏感。

（二）现代品质理论

品质理论在近年来开始被关注。人们发现，个人素质在领导的造就上起着很重要的作用。现代品质理论重在研究男女性别差异、保守激进取向、独立性、依存性及对人的感受性等。

现代品质理论中，人们认为以下几种个人品质和特性在领导领域中占有重要地位：高超的智力；情绪上的成熟；激励能力；解决问题技能；有领导欲望；有影响力。

第四节　领导策略分析

领导行为科学不同于其他自然科学，他永远无法用一个统一的方程式表示出来。在一个组织或团体内，要寻求领导者、被领导者和环境的和谐统一，我们就要运用领导策略，它是一个领导者水平与能力的综合体现。我们知道“管理要管人”，人力资源能否得到充分发挥与领导者有密切关系，领导者必须学会运用各种行之有效的方法和技巧，做好人的工作，鼓起人的干劲，达到增强企业活力和实现组织目标的最终目的。

一、追求工作有效性

工作有效性是提高工作效率和工作效益的追求，也就是利用现有条件产生出更好成就的手段。领导者要实现有效性必须做到以下几项工作。

（一）合理运用时间

“认识你的时间，管理你的时间”是每个领导者必须做到的，时间被认为是在管理中除人、财、物之外的另一种重要资源，它具有量上的不变性。谁也不能用任何方法取得更多的时间，它无法贮存且没有替代性，因此合理利用时间是取得最大效益的前提。对于领导者来讲，没有一个工作时间合理分配的固定模式，领导者工作时间分配的比例随不同组织、不同的领导职务和不同的环境而改变。领导者要合理运用时间有以下几种方法：

（1）记录自己的时间并对时间的利用情况进行分析。心理学表明人对时间的知觉受许多因素的影响，如手捧一杯清茶，一张报纸的领导者，觉得时间过得很慢；反之，一个忙忙碌碌的领导者会觉得时间过得太快。领导者不能过分相信自己凭记忆所估计的时间的使用，要对自己实际耗用时间进行如实的记录，根据记录来分析自己的时间利用情况，判断其是否合理，也就是说时间是花在与组织发展有关的大事上，还是白白浪费在次要的无干大局的方面。领导者应在大事上多花时间，不必事必躬亲，把时间花在没有效果的小事上。

（2）管理时间。首先，要有效地利用“整批时间”，在一段时间内尽可能地排除一切干扰，专心致志地做一件重要的工作，集中自己的时间，将时间化零为整。正确管理时间还要科学地有计划地安排工作顺序以及工作时间。领导工作大体分为三类，一是需要作出决策的问题，这当然是最重要的工作；二是监督和控制工作，这是领导者日常工作之一；第三是咨询和讨论，这在许多领导工作时间内，也占用大量的时间。完成对自己的活动分类之后，接下来制定工作进度表。表中体现出哪些活动在表中的固定位置上，哪些安排在闲暇时间里，才能更利于工作的开展。

（二）精于授权

可以说授权是提高效率和效能的秘诀之一。一个领导的成功与否体现在能否“成事”上，而不是体现在会不会“做事”上。授权就是成事的“分身术”，领导者不必凡事都亲历亲为，一些重大的事件自己处理，小事完全可以假手他人，这样一方面可使领导者摆脱具体、琐碎的事，另一方面又可以促进下级成长和发展。

授权有两种类型，一种是下达指令型，这种授权方法是低效率的。他要求下属惟命是从，不负任何责任，也不做任何决策。另外一种称充分信任型，这种授权注重结果而不是过程，被授权者可以自行决定如何完成任务，这种方法是正确有效的。

授权有三个组成部分，即什么事，要谁做和怎么做。在实现这三个步骤时会碰到以下几种具体情况，①只能由你来做的事。如组织目标与政策的制定。②马上分派给受到这方面训练的人来做。对于被授权人，你要下放给他们更多的职责和自主权以及充分的信任。③你需要花时间训练某人然后分派下去。要精心挑选被训练承担这方面工作的人，要有耐心进行指导和训练。

二、善于用人、知人善任

人是生产力中最活跃的因素。人操纵、驾驭设备、资金、技术，使之发挥更好的作用，才可能实现企业的组织目标；人事任用得当，才能够提高效率，作出成绩。用人的根本目的是完成工作。首先要对工作进行全面透彻的分析，明确完成该工作所需的技术和能力，划分职责，确定职务，然后按职配人。人在能力、性格、态度、专业上各有差异，如何选人是关键。选人首先要知人，知其才而后才能尽其用，知人要求全面考察，知长知短，全面知其德、识、才、学，并从发展前途上看人。了解全面之后要扬长避短，量才任用。所谓"金无足赤，人无完人"，用人切不可求全责备，要运用每个人的长处，作出成绩；在人员运用上，要恰当地将各种人才适当地搭配起来，形成一个科学合理的人员结构，使各种人的潜力都得到最大的发挥。在人员的搭配使用上，不是简单的1加1等于2，要注意成员之间的互补、包括性格互补、年龄互补、特长互补等。领导之间要相互尊重职权，这里包括对下级充分授权；对同级权力不争，责任不让；对待上级要支持其工作，作好分内的事。

三、科学决策

决策可以理解为用于决策分析的方法，领导处理重大事件所下的决心和行为以及决策的全过程。决策贯穿管理的各个方面，是管理过程的核心。决策是否周密、合理，及时关系到组织兴衰存亡。决策是以未来为前提的，它立足于现实而规划未来的活动，必须以预测为依据。通常进行决策包括以下几个阶段。如图 24-4 所示。

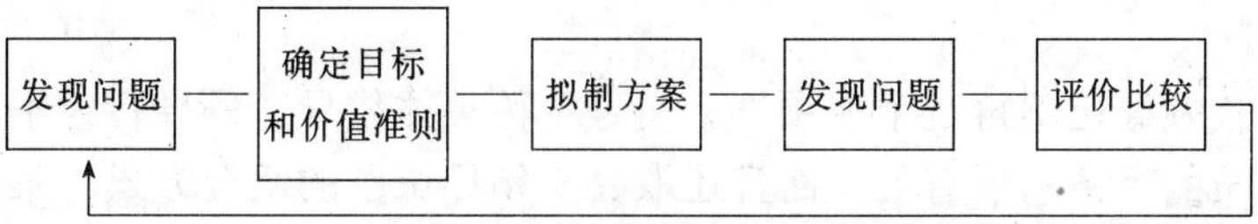

图 24-4　决策的过程

决策者尽量使自己的主观意志符合客观实际。在各种可行性的决策方法中适合大多数企业状况的有：

（1）围绕一个中心问题，从不同角度认识它。

（2）对所有可供选择解决问题的方案，认真研究，权衡利弊，从中筛选出最佳方案，对解决问题的答案不能简化为“行”或“不行”，应通过寻找一切可能的解决方法来选择。

（3）对要解决的问题，在时间和空间上加以调整。如，将问题的组成部分进行图解，在空间给以调整，可画一个表格或坐标，先纵向列出公司的目标，然后横向列出可供选择的方案，这样可以预先检查供选用的每一个方案。

（4）在评价供选择的方案之前要进行无拘束的衡量比较。当决策者着手研究一个问题的具体解决方案时，他往往不会考虑其他可能的方案及其优越性，所以对寻求解决问题的可行性方案来说，不受约束衡量比较和发表意见是一条很好途径。

（5）面对问题时，可以试着想一个著名的企业家或一家成功的公司会如何做，这种方法是最常见和最实用的一种方法。

四、思想政治工作

江泽民同志指出，要加强企业思想政治工作，坚持从严治厂，加强民主管理，全心全意依靠工人阶级，必须充分调动广大干部职工的社会主义积极性和创造性，使他们增强主人翁责任感，正确处理国家、集体、个人三者之间的利益关系，把自己的命运同国家和企业的命运联系起来。我国的旅游企业领导的基本职能就要加强思想政治工作。要讲政治，包括政治方向、政治立场、政治观点、政治纪律、政治鉴别力、政治敏锐性。思想政治工作以人为对象。做人的工作关键是要有吸引力和实效性，在明确宗旨和把握正确政治方向前提下，还需要深入了解人们的思想和心理，同时要讲究方式方法。疏导是一个好的方式方法。疏导，就是疏通、引导。疏通就是广开言路，集思广益；引导就是循循善诱，说服教育，这是一种实事求是、以理服人、讲求实效的好方法。

第五节 集体领导的结构与心理分析

现代领导已不再是个体领导。而是一种集体领导。领导行为不仅与各个领导成员的个体素质有关，而且还取决于领导班子的组合方式。集体领导内各个成员以及诸要素的最佳组合方式即集体领导结构。集体领导结构是否合理直接影响到各个成员作用的发挥，也是该集体提高工作绩效、具有战斗力的关键。

集体领导结构是一个多系列、多层次、多类型、多要素的动态平衡。它由许多结构组成。

一、年龄结构

集体领导的年龄结构，是指领导集体内部者平均年龄以及年龄比例构成。合理的年龄结构是使领导集体保持最佳的功能状态、富于生命力、高效率的重要条件。

发展心理学研究表明，在一定的社会条件和教育条件下，人在不同年龄阶段所表现的心理年龄特征是不同的，这种不同不仅体现在生理发展方面，而且体现在心理发展方面。就知觉而言，最佳年龄是10～17岁；记忆最佳年龄18～29岁；比较和判断的最佳年龄30～49岁；而动作和反映速度的最佳年龄是18～28岁。人所具有创造冲动的强弱同年龄成反比，这为我们进行年龄结构的研究奠定了基础。集体领导的年龄结构配备应注意以下几个方面。①年轻化。领导班子组成成员的平均年龄不宜过大，对于不同层次的领导班子其平均年龄值是不同的，高层领导班子平均年龄相对高一些，中下层的逐次降低，但不能为达到平均年龄值的年轻化而拉大成员之间的年龄差距，领导班子内各成员之间年龄差距应不大于10岁。②领导班子内部的年龄结构是一个运动的平衡体。现代企业领导已不再有终身制，领导班子成员的年龄的多层次一方面是为了使各个年龄段的人发挥不同的作用，另一方面是为领导班子形成后备力量。

二、知识结构

知识结构是以文化程度和学历结构为基础的。现代管理要求领导要有广博的知识和专长。领导班子文化素质越高的人越多，越易于与科技人员、技术工人发生“共振”。而每个领导成员各有专精之处，对于现代管理在知识方面的要求，任何一个成员均不可能完全达到，只有把不同知识水平、不同专业素养的人合理组合起来才能成为一个完整的知识结构。一般来讲，领导班子由专才和通才按一定的比例构成。通才意思是除了掌握多学科的知识外，尤其具备关于大问题的知识和思想，善于将自己所掌握的知识领域与更大的社会知识领域联系起来的“专家”；专才是指在某一专业上有过硬的科学知识和较强的研究实行能力。有研究结果表明随着现代企业的高科技化、专业化，通专比例为1∶6。

领导班子内部，各领导成员的知识结构在选择上应按以下标准。选配较高层次领导班子应以“A”型结构为宜，即在专业上既有深度又有广度用扇面

“∧”表示，知识广博用“－”表示，两者组合成“A”字。在选择低层次领导班子时，应尽量从实际出发采用“T”型结构，即知识广博用“－”表示，同时在专业上又有相当的深度用“|”表示，组合起来用构成“T”字。

还有一点应该指出，学历仅代表一个人曾经受训练的程度，还不能代表一个人的实际领导能力。科学研究表明，在现代社会中一个人只有10%的知识是从正规学校中学到的，有大约90%的知识是在工作实践和职业中学到的。因此在选择领导干部时，除了重视学历外，还应注意考察实际工作能力和知识水平。

三、智能结构

智能是一个人的智慧知识能力的综合体。智能结构是领导班子心理智能的一个重要结构，它对领导水平、领导效率起着决定性的作用。

智能是有差异的，这种差异除了表现在每个人可以具有不同于他人的特殊智能外，还表现在完成同一活动中不同的人可能采取不同的途径。领导集体的智能结构有长于在简单或复杂的问题中发现问题的发现型人才，还有勇于探索、善于创新的创造型人才。只有将不同智能类型的领导成员合理地组合起来，才能形成整体的最佳结构。

在领导集体内应该有善于思索，长于观察，富于想象，能够产生新思想、创造新理论、设计新计划新方案的思想家，又要有善于指挥调度、精于组织安排的组织家；还要有精明干练、精通业务，熟悉技术的实干家，这样就可以形成一个多功能、高效率的领导班子。

四、个性结构

（一）气质结构

气质是人典型的、稳定的心理特点，主要表现为人的心理活动的动力方面。气质类型的合理组合对于实际工作必将产生积极影响。

气质并无好坏之分，某种气质在某种条件下是好的，而在另一种条件下就是不好。领导者究竟应具备怎样的气质，实际上是与企业的性质以及领导者在企业中执行的任务相关联的。在一个领导集体中，领导者的气质类型匹配是否合理，对每一个成员会产生强烈的制约作用。例如一个企业领导班子内部成员均是胆汁质，脾气暴燥、不能自控的气质特点必会使内耗从生，矛盾四起。合理的结构要求气质搭配要多样化，即存在差异，但差异要限制在一个“度”内，不能差距过大。组建理想的气质结构时应从实际出发，因人制宜，没有一成不变的模式。在搭配过程中应注意气质类型不宜有典型的胆汁质及抑郁质，行政工作应以多血质为宜。

（二）性格结构

性格是个人现实的态度和习惯化的行为方式。人与人之间交往，常是性格相同则合得来，性格不同则谈不拢。但对于领导班子来说由于多人所负的工作职责不同，多人的兴趣不同，所扮演的角色不同，因此应该是一个有多种个性的人员组成的集体，以达到人事协调。但选择性格结构应注意以情绪稳定、外向、社会适应性好、活跃务实的性格类型为最佳，那些情绪不稳定、社会适应性差的性格类型是不符合领导者的性格标准的。

综上所述，领导班子结构是多维的动态综合体。在选择其结构时应注意任何合理的结构都是自适应、自控制、自协调的过程，在不断的运动中逐步求得平衡和合理。

总之，一个旅游企业的成功和不断发展或由于经营不善而失败，领导是一个关键的因素。旅游企业领导者的素质与行为，领导班子的集体领导结构与功能，领导的正确策略和是否从严管理企业，往往会造成不同的组织气氛和心理状态，从而会影响旅游企业员工的工作积极性和创造性，也会影响企业的成败。

思考题：

1. 领导者在企业中，能够有效地发挥其作用的影响因素有哪些，是如何影响的？
2. 从心理学的角度讲，选拔和任用领导者应从哪些方面考察？考察的具体要求是什么？
3. 试述管理方格理论，其中最有效的领导者应属于哪种类型？
4. 领导者在授权过程中，会碰到哪几种情况？应具体采取什么策略？